江苏文库 研究编
江苏历代文化名人传

江苏文脉整理与研究工程

江苏历代文化名人传·钱谦益

曹培根 著

江苏人民出版社

图书在版编目(CIP)数据

江苏历代文化名人传.钱谦益/曹培根著.--南京：江苏人民出版社,2025.6.--(江苏文库).-- ISBN 978-7-214-30143-7

Ⅰ.K825.4;K825.6

中国国家版本馆CIP数据核字第2025N9R667号

书　　　名	江苏历代文化名人传·钱谦益
著　　　者	曹培根
出 版 统 筹	张　凉
责 任 编 辑	刘风华
责 任 监 制	王　娟
装 帧 设 计	姜　嵩
出 版 发 行	江苏人民出版社
地　　　址	南京市湖南路1号A楼,邮编:210009
照　　　排	江苏凤凰制版有限公司
印　　　刷	苏州市越洋印刷有限公司
开　　　本	718毫米×1000毫米　1/16
印　　　张	21.25　插页4
字　　　数	305千字
版　　　次	2025年6月第1版
印　　　次	2025年6月第1次印刷
标 准 书 号	ISBN 978-7-214-30143-7
定　　　价	78.00元

(江苏人民出版社图书凡印装错误可向承印厂调换)

江苏文脉整理与研究工程

总主编

信长星　许昆林

第二届学术指导委员会

主　　任　莫砺锋

委　　员　（按姓氏笔画排序）
　　　　　邬书林　宋镇豪　张岂之　茅家琦
　　　　　郁贤皓　袁行霈　莫砺锋　赖永海

编纂出版委员会

主　编　徐　缨　夏心旻

副主编　梁　勇　赵金松　章朝阳　樊和平　程章灿

编　委　（按姓氏笔画排序）

马　欣　王　江　王卫星　王月清　王华宝
王建朗　王燕文　双传学　左健伟　田汉云
朱玉麒　朱庆葆　全　勤　刘　东　刘西忠
江庆柏　许佃兵　许益军　孙　逊　孙　敏
孙真福　李　扬　李贞强　李昌集　佘江涛
沈卫荣　张乃格　张伯伟　张爱军　张新科
武秀成　范金民　尚庆飞　罗时进　周　琪
周　斌　周建忠　周新国　赵生群　赵金松
胡发贵　胡阿祥　钟振振　姜　建　姜小青
贺云翱　莫砺锋　夏心旻　徐　俊　徐　海
徐　缨　徐小跃　徐之顺　徐兴无　陶思炎
曹玉梅　章朝阳　梁　勇　彭　林　蒋　寅
程章灿　傅康生　焦建俊　赖永海　熊月之
樊和平

分卷主编　徐小跃　姜小青（书目编）
　　　　　　周勋初　程章灿（文献编）
　　　　　　莫砺锋　徐兴无（精华编）
　　　　　　茅家琦　江庆柏（史料编）
　　　　　　左健伟　张乃格（方志编）
　　　　　　王月清　张新科（研究编）

出版说明

江苏文化源远流长、历久弥新,文化经典与历史文献层出不穷,典藏丰富;文化巨匠代有人出、彪炳史册,在中华民族乃至整个人类文明的发展史上有着相当重要的地位。为科学把握江苏文化的内涵与特征,在新时代彰显江苏文化对中华文化的贡献,江苏省委、省政府决定组织实施"江苏文脉整理与研究工程",以梳理江苏文脉资源,总结江苏文化发展的历史规律,再现江苏历史上的文化高地,为当代江苏构筑新的文化高地把准脉动、探明趋势、勾画蓝图。

组织编纂大型江苏历史文献总集《江苏文库》,是"江苏文脉整理与研究工程"的重要工作。《文库》以"编纂整理古今文献,梳理再现名人名作,探究追溯文化脉络,打造江苏文化名片"为宗旨,分六编集中呈现:

(一)书目编。完整著录历史上江苏籍学人的著述及其历史记录,全面反映江苏图书馆的图书典藏情况。

(二)文献编。收录历代江苏籍学人的代表性著作,集中呈现自历史开端至一九一一年的江苏文化文本,呈现江苏文化的整体景观。

(三)精华编。选取历代江苏籍学人著述中对中外文化产生重要影响、在文化学术史上具有经典性代表性的作品进行整理,并从中选取十余种,组织海外汉学家翻译成各国文字,作为江苏对外文化交流的标志性文化成果。

(四)方志编。从江苏现存各级各类旧志中选择价值较高、保存较好的志书,以充分发挥地方志资治、存史、教化等作用,保存江苏的地方文献与历史文化记忆。

（五）史料编。收录有关江苏地方史料类文献，反映江苏各地历史地理、政治经济、文化教育、宗教艺术、社会生活、风土民情等。

（六）研究编。组织、编纂当代学者研究、撰写的江苏文化研究著作。

文献、史料、方志三编属于基础文献，以影印方式出版，旨在提供原始文献，以满足学术研究需要；书目、精华、研究三编，以排印方式出版，既能满足学术研究的基本需求，又能满足全民阅读的基本需求。

"江苏文脉整理与研究工程"工作委员会

江苏文库·研究编编纂人员

主　编
王月清　张新科

副主编
徐之顺　姜　建　王卫星　胡发贵　胡传胜　刘西忠

一脉千古成江河

——江苏文库·研究编序言

樊和平

"江苏文脉整理与研究工程"是江苏文化史上继往开来的一个浩大工程。与当下方兴未艾的全国性"文库热"相比,江苏文脉工程有三个基本特点:一是全面系统的整理;二是"整理"与"研究"同步;三是以"文脉"为主题。在"书目编—文献编—精华编—史料编—方志编—研究编"的体系结构中,"研究编"是十分独特的板块,因为它是试图超越"修典"而推进文化传承创新的一种学术努力。

"盛世修典"之说不知起源于何时,不过语词结构已经表明"盛世"与"修典"之间的某种互释甚至共谋,以及由此而衍生的复杂文化心态。历史已经表明,"修典"在建构巨大历史功勋的同时,也包含内在的巨大文化风险,最基本的是"入典"的选择风险。《四库全书》的文化贡献不言自明,但最终其收书的数量竟与禁书、毁书、改书的数量大致相当,还有高出近一倍的书目被宣判为无价值。"入典"可能将一个时代的局限甚至选择者个人的局限放大为历史的文化局限,也可能由此扼杀文化多样性而产生文化专断。另一个更为潜在和深刻的风险,是对待传统的文化态度。文献整理,尤其是地域典籍的整理,在理念和战略上面临的最大考验,是以何种心态对待文化传统。当今之世,无论对个体还是社会,传统已经不仅是文化根源,而且是文化和经济发展的资源甚至资本。然而一旦传统成为资源和资本,邂逅市场逻辑的推波助澜,就面临沦为消费和运作对象的风险,从而以一种消费主义和工具主义的文化态度对待文化传统和文献整理。当传统成为消费和运作的对象,其文化价值不仅可能被误读误用,而且也可能在对传统的消费中使文化坐吃山空,造就出文化上的纨绔子弟,更可能在市场运作中使文化不断被糟蹋。"江苏文脉整理与研究工程"的"整理工程"以全面系统的整理的战略应对可能存在的第一种风险,即入典选择的风险;以"研究工程"应对第二种可能的风险,即消费主义与工具主义的风险。我们不仅是既往传统的继承者,更应当是未来传统的创造者;现代人的使命,不仅是继承优秀传统,更应当创造新的优秀传统,这便是传统的创造性转化与创新性发展的真义。诚然,创造传统任重道远,需要经过坚忍不拔的卓越努力和大浪淘沙般的历史积淀,但对"江苏文脉整理与研究工程"而言,无论如何必须在"整理"的同时开启"研究"的千里之行,在研究中继承和发展传统。这便是"研究编"的价值和使命所在,也是"江苏文脉整理与研究工程"在"文库热"中于顶层设计层面的拔群之处。

一　倾听来自历史深处的文化脉动

20世纪是文化大发现的世纪,20世纪以来西方世界最重要的战略,就是文化战略。20世纪20年代,德国社会学家马克斯·韦伯的《新教伦理与资本主义精神》,揭示了西方资本主义文明的文化密码,这就是"新教伦理"及其所造就的"资本主义精神",由此建构"新教伦理+资本主义"的所谓"理想类型",为西方资本主义进行了文化论证尤其是伦理论证,奠定了20世纪以后西方中心论的文化基础。20世纪70年代,哈佛大学教授丹尼尔·贝尔的《资本主义文化矛盾》,揭示了当代资本主义最深刻的矛盾不是经济矛盾,也不是政治矛盾,而是"文化矛盾",其集中表现是宗教释放的伦理冲动与市场释放的经济冲动分离与背离,进而对现代西方文明发出文化预警。20世纪70年代之后,亨廷顿的《文明的冲突与世界秩序的重建》将当今世界的一切冲突归结为文明冲突、文化冲突,将文化上升为西方世界尤其是美国国家战略的高度。以上三部曲构成西方世界尤其是美国文化帝国主义的国家文化战略,正如一些西方学者所发现的那样,时至今日,文化帝国主义被另一个概念代替——"全球化",显而易见,全球化不仅是一种浪潮,更是一种思潮,是西方世界的国家文化战略。文化虽然受经济发展制约甚至被经济发展水平所决定,但回顾从传统到现代的中国文明史,文化问题不仅逻辑地而且历史地成为文明发展的最高最难的问题,正因为如此,文化自信才成为比理论自信、道路自信、制度自信更具基础意义的最重要的自信。

在全球化背景下,文脉整理与研究具有重大的国家文化战略意义,不仅必要,而且急迫。文化遵循与经济社会不同的规律,全球化在造就广泛的全球市场并使全球成为一个"地球村"的同时,内在的最大文明风险和文化风险便是同质性。全球化催生的是一个文化上的独生子女,其可能的镜像是:一种文化风险将是整个世界的风险,一次文化失败将是整个人类的文化失败。文化的本质是什么?梁漱溟先生说,文化就是人的生活的根本样法,文化就是"人化"。丹尼尔·贝尔指出,文化是为人的生命过程提供解释系统,以对付生存困境的一种努力。据此,文化的同质化,最终导致的将是人的同质化,将是民族文化或西方学者所说地方性知识的消解和消失;同时,由于文化是人类应对生存困境的大智慧,或治疗生活世界痼疾的抗体,它所建构的是与自然世界相对应的精神世界和意义世界,文化的同质性将导致人类在面临重大生存困境时智慧资源的贫乏和生命力的苍白,从而将整个人类文明推向空前的高风险。应对全球化的挑战和西方文化帝国主义的国家战略,"江苏文脉整理与研究工程"是整个中华民族浩大文化工程的一部分和具体落实,其战略意义绝不止于保存文化记忆的自持和自赏,在这个全球化的高风险正日益逼近的时代,完整地保存地方文化物种,认同文化血脉,畅通文化命脉,不仅可以让我们在遭遇全球化的滔滔洪水之时可以于故乡文化的山脉之巅"一览众山小"地建设自己的精神家园和文化根据地,而且可以在患上全球化的文化感冒甚至某种文化瘟疫之后,不致乞求"西方药"来治"中国病",而是根据自己的文化基因和文化命理,寻找强化自身的文化抗体和文化免疫力之道,其深远意义,犹如在今天经过独生子女时代穿越时光隧道,回首当年我们的"兄弟姐妹那么多"

和父辈们儿孙满堂的那种天伦风光，不只是因为寂寞，而且是为了中华民族大家庭的文化安全和对未来文化风险的抗击能力。

"江苏文脉整理与研究工程"是以江苏这一特殊地域文化为对象的一次集体文化自觉和文化自信，与其他同类文化工程相比，其最具标识意义的是"文脉"理念。"文脉"是什么？它与"文献"和文化传统的关系到底如何？这是"文脉工程"必须解决的基本问题。

庞朴先生曾对"文化传统"与"传统文化"两个概念进行了审慎而严格的区分，认为"传统文化"可能是历史上曾经存在过的一切文化现象，而"文化传统"则是一以贯之的文化道统。在逻辑和历史两个维度，文化成为传统都必须同时具备三个条件：历史上发生的，一以贯之的，在现实生活中依然发挥作用的。传统当然发生于历史，但历史上发生的一切，从《道德经》《论语》到女人裹小脚，并不都成为传统，即便当今被考古或历史研究所不断发现的现象，也只能说是"文化遗存"，文化成为传统必须在历史长河中一以贯之而成为道统或法统，孔子提供的儒家学说，老子提供的道家智慧，之所以成为传统，就是因为它们始终与中国人的生活世界和精神世界相伴随，并成为人的生命和生活的文化指引。然而，文化并不只存在于文献典籍之中，否则它只是精英们的特权，作为"人的生活的根本样法"和"对付生存困境"的解释系统，它必定存在于芸芸众生的生命和生活之中，由此才可能，也才真正成为传统。《论语》与《道德经》之所以成为传统，不只是因为它们作为经典至今还为人们所学习和研究，而且因为在中国人精神的深层结构中，即便在未读过它们的田夫村妇身上，也存在同样的文化基因。中国人在得意时是儒家，"明知不可为而偏为之"；在失意时是道家，"后退一步天地宽"；在绝望时是佛家，"四大皆空"。从而建立了与自给自足的自然经济结构相匹合的自给自足的文化精神结构，在任何境遇下都不会丧失安身立命的精神基地，这就是传统。文化传统必须也必定是"活"的，是在现实中依然发挥作用的，是构成现代人的文化基因的生命因子。这种与人的生活和生命同在的文化传统就是"脉"，就是"文脉"。

文脉以文献、典籍为载体，但又不止于文献和典籍，而是与负载它的生命及其现实生活息息相关。"文脉"是什么？"文脉"对历史而言是

"血脉",对未来而言是"命脉",对当下而言是"山脉"。"江苏文脉"就是江苏人的文化血脉、文化命脉、文化山脉,是历史、现在、未来江苏人特殊的文化生命、文化标识、文化家园,以及生生不息的文化记忆和文化动力。虽然它们可能以诸种文化典籍和文化传统的方式呈现和延续,但"文脉工程"致力探寻和发现的则是跃动于这些典籍和传统,也跃动于江苏人生命之中的那种文化脉动。"江苏文脉整理与研究工程"的最大特点就在于它是"文脉工程"而不是一般的"文化工程",更不是"文库工程"。"文化工程""文库工程"可能只是一般的文化挖掘与整理,而"文脉工程"则是与地域的文化生命深切相通,贯穿地域的历史、现在与未来的生命工程。

"江苏文脉整理与研究工程"是"整理"与"研究"的璧合,在"研究工程"中能否、如何倾听到来自历史深处的文化脉动,关键是处理好"文献"与"文脉"的关系。"整理工程"是对文脉的客观呈现,而"研究工程"则是对文脉的自觉揭示,若想取得成功,必须学会在"文献"中倾听和发现"文脉"。"文献"如何呈现"文脉"?文献是人类文明尤其是人类文化记忆的特殊形态,也是人类信息交换和信息传播的特殊方式。回首人类文明史,到目前为止,大致经历了三种信息方式。最基本也是最原初的是口口交流的信息方式,在这种信息方式中,信息发布者和信息传播者同时在场,它是人的生命直接和整体在场并对话的信息传播方式,是从语言到身体、情感的全息参与,是生命与生命之间的直接沟通,但具有很大的时空局限。印刷术的产生大大扩展了人类信息交换的广度和深度,不仅可以以文字的方式与不在场的对象交换信息,而且可以以文献的方式与不同时代、不同时空的人们交换信息,这便是第二种信息方式,即以印刷为媒介的信息方式或印刷信息方式。第三种信息方式便是现代社会以电子网络技术为媒介的信息方式,即电子信息方式。文献与典籍是印刷信息方式的特殊形态,它将人类文化史和文明史上具有特殊价值的信息以印刷媒介的方式保存下来,供后人学习和研究,从而积淀为传统。文字本质上是人的生命的表达符号,所谓"诗言志"便是指向生命本身。然而由于它以文字为中介,一旦成为文献,便离开原有的时空背景,并与创作它的生命个体相分离,于是便需要解读,在解读中便可能发生误读,但无论如何,解读的对象并不只是文字本身,而是文字背后的生命现象。

文献尤其是典籍是不同时代人们对于文化精华的集体记忆,它们不仅经受过不同时代人们的共同选择,而且经受过大浪淘沙的历史洗礼,因而其中不仅有创造它的那个个体或文化英雄如老子、孔子的生命表达,而且有传播和接受它的那个民族的文化脉动,是负载它的那个民族的文化生命,这种文化生命一言以蔽之便是文化传统。正因为如此,作为集体记忆的精华,文献和典籍是个体和集体的文化脉动的客观形态,关键在于,必须学会倾听和揭示来自远方的生命旋律。由于它们巨大的时空跨度,往往不能直接把脉,而需要具有一种"悬丝诊脉"的卓越倾听能力。同时,为了把握真实的文化脉动,不仅需要对文献和典籍即"文本"进行研究,而且需要对创造它们的主体包括创作的个体和传播接受的集体的生命即"人物"进行研究。正如席勒所说,每个人都是时代的产儿,那些卓越的哲学家和有抱负的文学家却可能成为一切时代的同代人。文字一旦成为文献或典籍,便意味着创作它的个体成为一切时代的同代人,但无论如何,文献和它们的创造者首先是某个时代的产儿,因而要在浩如烟海的文献和典籍中倾听到来自传统深处的文化脉动,还需要将它们还原到民族的文化生命之中,形成文化发展的"精神的历史"。由此,文本研究、人物研究、学派流派研究、历史研究,便成为"文脉研究工程"的学术构造和逻辑结构。

二 中国文化传统中的江苏文脉

江苏文脉是中国文化传统的一部分,二者之间的关系并不只是部分与整体的关系,借助宋明理学的话语,是"理一"与"分殊"的关系。文脉与文化传统是民族生命的文化表达和自觉体现,如果只将它们理解为部分与整体的关系,那么江苏文脉只是中国文化传统或整个中华文化脉统中的一个构造,只是中华文化生命体中的一个器官。朱熹曾以佛家的"月映万川"诠释"理一分殊"。朗月高照,江河湖泊中水月熠熠,此番景象的哲学本真便是"一月普现一切水，一切水月一月摄"。天空中的"一月"与江河中的"一切水月"之间的关系是"分享"关系，不是分享了"一月"的某一部分，而是全部。江苏文脉与中国文化传统之间的关系便是"理一分殊"，中国文化传统是"理一"，江苏文脉是"分殊"，正因为如此，关于江苏文脉的研究必须在与整个中国文化传统的关系中整体性地把握和展开。其中，文化与地域的关系、江苏文化在中华文化发展中的贡献和地位，是两个基本课题。

到目前为止的一切人类文明的大格局基本上都是由以山河为标志的地理环境造就的，从轴心文明时代的四大文明古国，到"五大洲四大洋"的地理区隔，再到中国山东—山西、广东—广西、河南—河北，江苏的苏南—苏北的文化与经济差异，山河在其中具有基础性意义。在这个意义上，可以将在此以前的一切文明称为"山河文明"。如今，科技经济发展迎来一个"高"时代：高铁、高速公路、电子高速公路……正在并将继续推倒由山河造就的一切文明界碑，即将造就甚至正在造就一个"后山河时代"。"后山河时代"的最后一道屏障，"山河时代"遗赠给"后山河时代"的最宝贵的文明资源，便是地域文化。在这个意义上，江苏文脉的整理与研究，不仅可以为经过全球化席卷之后的同质化世界留下弥足珍贵的"文化大熊猫"，而且可以在未来的芸芸众生饱尝"独上高楼，望尽天涯路"的孤独之后，缔造一个"蓦然回首"的文化故乡，从中可以鸟瞰文化与世界关系的真谛。江苏独特的地域环境与江苏文化、江苏文脉之间的关系，已经不是所谓"一方水土一方人"所能表达，可以说，地脉、水脉、山脉与江苏文脉之间的关系，已经是一脉相承。

我们通过考察和反思发现，水系，地势，山势，大海，是对江苏文脉尤其是文化性格产生重大影响的地理因素。露水不显山，大江大河入大海，低平而辽阔，黄河改道，这一切的一切与其说是自然画卷和自然事件，不如说是江苏文脉的大地摇篮和文化宿命的历史必然，它们孕生和哺育了江苏文明，延绵了江苏文脉。历史学家发现，江苏是中国惟一同时拥有大海、大江、大湖、大平原的省份，有全国第一大河长江，第二大河黄河（故道），第三大河淮河，世界第一大人工河大运河，全国第三大淡水湖太湖，全国第四大淡水湖洪泽湖。江苏也是全国地势最低平的一个省区,绝大部分地区在海拔 50 米以下,少量低山丘陵大多分布于省际边缘,最高峰即连云港云台山的玉女峰也只有 625 米。丰沛而开放的水系和低平而辽阔的地势馈赠给江苏的不只是得天独厚的宜居,更沉潜、更深刻的是独特的文化性格和文脉传统,它们是对江苏地域文化产生重大影响的两个基本自然元素。

不少学者指证江苏文化具有水文化特性,而在众多水系中又具长江文化的特性。"水"的文化特性是什么?"老聃贵柔",老子尚水,以水演绎世界真谛和人生大智慧。"天下莫柔弱于水,而攻坚强者莫之能胜。"柔弱胜刚强,是水的品质和力量。西方文明史上第一个哲学家和科学家泰勒斯向全世界宣告的第一个大智慧便是:水是万物的始基。辽阔的平原在中国也许还有很多,却没有像江苏这样"处下"。老子也曾以大海揭示"处下"的智慧:"江海所以能为百谷王者,以其善下之,故能为百谷王。"历史上江苏的文化作品、江苏人的文化性格,相当程度上演绎了这种"水性"与"处下"的气质与智慧。历史上相当时期黄河曾经从江苏入海,然而黄河改道、黄河夺淮,几番自然力量或人力所为,最终黄河在江苏留下的只是一个"故道"的背影。黄河在江苏的改道当然是一个自然事件或历史事件,但我们也可能甚至毋宁将它当作一个文化事件,数次改道,偶然之中有必然,从中可以发现和佐证江苏文脉的"长江"守望和江南气质。不仅江苏的地脉"露水不显山",而且江苏的文化作品,江苏人的文化性格,一句话,江苏文脉,也是"露水不显山",虽不是"壁立千仞",却是"有容乃大"。一般说来,充沛的水系,广阔的平原,往往造就自给自足的自我封闭,然而,江苏东临大海,无论长江、淮河,还是历史上的黄河,都从这里入大海,归大海,不只昭示江苏的开放,而且演绎江苏文化、江苏文脉、江苏人海纳百川的博大和静水深流的仁厚。

黄河与长江好似中华文脉的动脉与静脉,也好似人的身体中的任督二脉,以长江文化为基色的江苏文化在中华文脉的缔造和绵延中作出了杰出贡献。有学者指出,在中国文明史上,长江文化每每在黄河文化衰弱之后承担起"救亡图存"的重任。人们常说南京古都不少为小朝廷,其实这正是"救亡图存"的反证,"天下兴亡,匹夫有责"的口号首先由江苏人顾炎武喊出，偶然之中有必然。学界关于江苏文化有三次高峰或三次大贡献，与两次大贡献之说。第一次高峰是开启于秦汉之际的汉文化，第二次高峰是六朝文化，第三次高峰是明清文化。人们已对六朝文化与明清文化两大高峰对中国文化的贡献基本达成共识，但江苏的汉文化高峰及其贡献也应当得到承认，而且三次文化高峰都发生于中国社会的大转折时期，对中国文化的承续作出了重大贡献。在秦汉之际的大变革和大一统国家的建构中，不仅在江苏大地上曾经演绎了波澜壮阔的对后来中国文明产生深远影响的历史史诗，而且演绎这些历史史诗的主角刘邦、项羽、韩信等都是江苏人，他们虽然自身不是文化人，但无疑对中国文化产生了深远影响。董仲舒提出"罢黜百家，独尊儒术"的主张，奠定了大一统的思想和文化基础，他本人虽不是江苏人，却在江苏留下印迹十多年。江苏的汉文化高峰对中国文化的最大贡献，一言概之即"大一统"，包括政治上的大一统和思想文化上的大一统。六朝被公认为中国文化发展的高峰，不少学者将它与古罗马文明相提并论，而六朝文化的中心在江苏、在南京。以南京为核心的六朝文化发生于三国之后的大动乱，它接纳大量流入南方的北方士族，使南北方文化合流，为保存和发展中国文化作出了杰出贡献。明朝是中国历史上第一次在南京，也是第一次在江苏建立统一的帝国都城，江苏的经济文化在全国处于举足轻重的地位，扬州学派、泰州学派、常州学派，形成明清时期中国文化的江苏气象，形成江苏文化对中国文化的第三次重大贡献。三大高峰是江苏的文化贡献，在重大历史转折关头或者民族国家危难之际挺身而出，海纳百川，则是江苏文化的精神和品质，这就是江苏文脉。也正因为如此，江苏文化和江苏文脉在"匹夫有责"的担当精神中总是透逸出某种深沉的忧患意识。

江苏文脉对中国文化的独特贡献及其特殊精神气质在文化经典中得到充分体现。中国四大文学名著，其中三大名著的作者都来自江苏，这就是《西游记》《红楼梦》《水浒》，其实《三国演义》也与江苏深切相关，虽然罗贯中不是江苏人，但以江苏为作品重要的时空背景之一。四大名著中不仅有明显的江苏文化的元素，甚至有深刻的江苏地域文化的基因。《西游记》到底是悲剧还是喜剧？仔细反思便会发现，《西游记》

就是文学版的《清明上河图》。《清明上河图》表面呈现一幅盛世生活画卷,实际却是一幅"盛世危情图",空虚的城防,懈怠的守城士兵……被繁华遗忘的是正在悄悄到来的深刻危机。《西游记》以唐僧西天取经渲染大唐的繁盛和开放,然而在经济的极盛之巅,中国人的精神世界却空前贫乏,贫乏得需要派一个和尚不远万里,请来印度的佛教,坐上中国意识形态的宝座,入主中国人的精神世界。口袋富了,脑袋空了,这是不折不扣的悲剧。然而,《西游记》的智慧,江苏文化的智慧,是将悲剧当作喜剧写,在喜剧的形式中潜隐悲剧的主题,就像《清明上河图》将空虚的城防和懈怠的士兵淹没于繁华的海洋一样。《西游记》喜剧与悲剧的二重性,隐喻了江苏文脉的忧患意识,而在对大唐盛世,对唐僧取经的一片颂歌中,深藏悲剧的潜主题,正是江苏文脉"匹夫有责"的担当精神和文化智慧的体现。鲁迅说,悲剧将人生的有价值的东西毁灭给人看。《西游记》是在喜剧形式的背后撕碎了大唐时代人的精神世界的深刻悲剧。把悲剧当作喜剧写,喜剧当作悲剧读,正是江苏文化、江苏文脉的大智慧和特殊气质所在,也是当今江苏文脉转化发展的重要创新点所在。正因为如此,"江苏文脉研究"必须以深刻的哲学洞察力和深厚的文化功力,倾听来自历史深处的江苏文化的脉动,读懂江苏,触摸江苏文脉。

三 通血脉,知命脉,仰望山脉

江苏文化的巨大魅力和强大生命力,在数千年发展中已经形成一种传统、一种脉动,不仅是一种客观呈现的文化,而且是一种深植个体生命和集体记忆的生生不息的文脉。这种文化和文脉不仅成为共同的价值认同,而且已经成为一种地域文化胎记。在精神领域,在文化领域,江苏不仅有灿若星河的文学家,而且有彪炳史册的思想家、学问家,更有数不尽的才子骚客。长江在这片土地上流连,黄河在这片土地上改道,淮河在这片土地上滋润,太湖在这片土地上一展胸怀。一代代中国人,一代代江苏人,在这里缔造了文化长江、文化黄河、文化淮河、文化太湖,演绎了波澜壮阔的历史诗篇,这便是江苏文脉。

为了在全球化时代完整地保存江苏文脉这一独特地域文化的集体记忆,以在"后山河时代"为人类缔造精神家园提供根源与资源,为了继承弘扬并创造性转化、创新性发展中国优秀传统文化,2016年江苏启动了"江苏文脉整理与研究工程"。根据"文脉"的理念,我们将研究工程或"研究编"的顶层设计以一句话表达:"通血脉,知命脉,仰望山脉。"由此将整个工程分为五个结构:江苏文化通史,江苏历代文化名人传,江苏文化专门史,江苏地方文化史,江苏文化史专题。

"江苏文化通史"的要义是"通血脉",关键词是"通"。"通"的要义,首先是江苏文化与中国文明的息息相通,与人类文明的息息相通,由此才能有民族感或"中国感",也才有世界眼光,因而必须进行关于"中国文化传统中的江苏文脉"的整体性研究;其次是江苏文脉中诸文化结构之间的"通",由此才是"江苏",才有"江苏味";再次是历史上各个重要历史时期文化发展之间的"通",由此才能构成"史",才有历史感;最后是与江苏人的生命与生活的"通",由此"江苏文脉"才能真正成为江苏人的文化血脉、文化命脉和文化山脉。达到以上"四通","江苏文化通史"才是真正的"通"史。

"江苏文化专门史"和"江苏文化史专题"的要义是"知命脉",关键词是"专",即"专门"与"专题"。"江苏文化专门史"在框架上分为物质文化史、精神文化史、制度文化史、特色文化史等,深入研究各类专门史,总体思路是系统研究和特色研究相结合,系统研究整体性地呈现江苏历史上的重要文化史,如哲学史、文学史、艺术史等,为了保证基本的完整性,我们根据国务院学科分类目录进行选择;特色研究着力研究历史上具有江苏特色的历史,如民间工艺史、昆曲史等。"江苏文化史专题"着力研究江苏历史上具有全国性影响的各种学派、流派,如扬州学派、泰州学派、常州学派等。

"江苏地方文化史"的要义是"血脉延伸和勾连",关键词是"地方"。"江苏地方文化史"以现省辖市区域划分为界,13市各市一卷。每卷上编为地方文化通史,讲述地方整体历史脉络中的文化历史分期演化和内在结构流变,注重把握文化运动规律和发展脉络,定位于地方文化总体性研究;下编为地方文化专题史,按照科学技术、教育科举、文学语言、宗教文化等专题划分,以一定逻辑结构聚焦对地方文化板块加以具体呈现,定位于凸显文化专题特色。每卷都是对一个地方文化的总结和梳理,这是江苏文化血脉的伸展和渗入,是江苏文化多样性、丰富性的生动呈现和重要载体。

"江苏历代文化名人传"的要义是"仰望山脉",关键词是"文化"。它不是一般性地为江苏历朝历代的"名人"作传,而只是为文化意义上的名人作传。为此,传主或者自身就是文化人并为中国文化的发展、为江苏文脉的积累积淀作出了重要贡献;或者虽然自身主要不是文化人而是政治家、社会活动家等,但对中国文化发展具有重大影响。如何对历史人物进行文化倾听、文化诠释、文化理解,是"文化名人传"的最大难点,也是其最有意义的方面。江苏历史上的文化名人汗牛充栋,"文化名人传"计划为100位江苏文化名人作传,为呈现江苏文化名人的整体画卷,同时编辑出版一部"江苏文化名人辞典",集中介绍历史上的江苏文化名人1000位左右。

一脉千古成江河,"茫茫九派流中国"。江苏文脉研究的千里之行已经迈出第一步,历史馈赠我们一次千载难逢的宝贵机遇,让我们巡天遥看,一览江苏数千年文化银河的无限风光,对创造江苏文化、缔造江苏文脉的先行者们献上心灵的鞠躬。面对奔涌如黄河、悠远如长江的江苏文脉,我们惟有以跋涉探索之心,怵惕敬畏之情,且行且进,循着爱因斯坦的"引力波",不断走近并播放来自江苏文脉深处的或澎湃,或激越,或温婉静穆的天籁之音。

我们一直在努力;

我们将一直努力!

目 录

绪论 ……………………………………………………………… 001

上篇

第一章 时地文化背景 …………………………………………… 008
  第一节 钱谦益所处的时代背景 ………………………… 008
  第二节 钱谦益所处的地域环境 ………………………… 014

第二章 钱氏文化世家 …………………………………………… 023
  第一节 吴越钱氏后裔 …………………………………… 023
  第二节 常熟钱氏世家 …………………………………… 028

第三章 早年读书生活 …………………………………………… 039
  第一节 家庭教育 ………………………………………… 039
  第二节 读书生活 ………………………………………… 043

第四章 早期曲折仕途 …………………………………………… 061
  第一节 丁忧离职 ………………………………………… 061
  第二节 还朝移疾 ………………………………………… 064
  第三节 入朝削籍 ………………………………………… 070
  第四节 阁讼待罪 ………………………………………… 076

第五章 革职遭逮经历 …………………………………………… 088
  第一节 革职返乡 ………………………………………… 088

第二节	丧母之痛	096
第三节	诬讦被逮	101
第四节	钱柳缘合	110

第六章　改朝换代之际 … 121
第一节　起官息政 … 122
第二节　降清北行 … 126
第三节　任职辞归 … 133

第七章　秘密反清复明 … 137
第一节　反清涉案 … 137
第二节　复明活动 … 145
第三节　壮心暮年 … 156

第八章　钱氏身后遭遇 … 187
第一节　钱氏家难 … 187
第二节　著作遭毁 … 201

下篇

第九章　佛缘经历与儒佛思想 … 209
第一节　佛缘环境 … 209
第二节　佛缘交往 … 211
第三节　儒佛思想 … 219

第十章　史著编撰与史学思想 … 224
第一节　史著编撰 … 224
第二节　史学思想 … 234

第十一章　创作实践与文学主张 … 239
第一节　创作实践 … 239
第二节　文学主张 … 250

第十二章　藏书经历与藏书思想 … 261
第一节　藏书经历 … 261

第二节　藏书思想 …………………………………………… 267

   第三节　藏书史料 …………………………………………… 269

附录　钱谦益著述概况 ……………………………………… 278

主要参考文献 ………………………………………………… 299

后记 …………………………………………………………… 312

绪　论

　　钱谦益确实是明末清初宋明理学向清代考据学演变这一环节中承前启后的重要人物。他一生凭借丰富的私人藏书，沉潜于典籍，在涉及学术转变的经学、史学、诗学、佛学和文献学等诸领域，均提出了具有先导意义的理论主张。清初，承接明人的经学倡导，他开创以经学取代理学的风气。入清后，他进一步发展先前"以汉人为宗主"的经学主张，将经学与史学相结合，提出"六经之中皆有史"理论，为学界所响应，开启通经致用新风。钱谦益在明末清初学术文化史上的地位，正如日本汉学家吉川幸次郎在《钱谦益与清朝经学》中所述："钱谦益是明末清初17世纪前半叶中国文学或文明史的巨人，他不仅是文学家、批评家、理论家，也是政坛巨子。"① 王俊义先生也认为，要研究明末清初的学术演变，绝不可忽略钱谦益的地位和影响。②

一、钱谦益与明末清初儒佛思想

　　由于明末皇室好佛的影响，明末佛教重新得到政治上的支持，万历间四次颁布《大藏经》，广传佛教经典，佛寺道场得到振兴。加之吴中佛教兴盛的地域环境与钱氏家族信佛的家庭背景，钱谦益一生佛缘殊胜，在他的交游者中，与佛教有相当渊源的人物较多，在他的文集中，大量的序文、行状、塔铭、碑铭、记文、书信、注疏评说等多与佛教相关，保存

---

① ［日］吉川幸次郎：《钱谦益与清朝经学》，《京都大学文学部研究纪要》1965 年第 9 号，第 1—82 页。
② 王俊义：《论钱谦益对明末清初学术演变的推动、影响及其评价》，《中国社会科学院研究生院学报》1996 年第 2 期，第 48—57 页。

了丰富的儒佛文献,反映了其儒佛思想。仅《钱牧斋全集》所录钱谦益撰写的佛学文章达 636 篇,其中,《牧斋初学集》162 篇,《牧斋有学集》315 篇,《牧斋杂著》159 篇。在《钱注杜诗》中,有 10 篇涉及佛学的笺注。

钱谦益强调儒佛融合,以经世致用挽救世道人心。特别是,钱谦益崇尚"佛性"与"忠孝"的融合,推崇虽方外而"忠君爱国之心与忠义士大夫等"的实践精神。确实,治明末清初佛教史,绕不开钱谦益。

二、钱谦益与明末清初史学

钱谦益曾任明翰林院编修、清明史馆副总裁,始终以修明史为己任,曾提出编修明史的主张,在他的私人藏书中特别留意史籍的收藏,为编修明史准备史料。钱谦益所撰《明史稿》于顺治七年(1650)毁于火灾,①传世的《国初群雄事略》《太祖实录辨证》在保存元明之际的史料及考订史料真伪、弥补前史记载的缺漏、订正前史内容的错误等方面具有重要作用。

钱谦益还编撰有《列朝诗集》,以诗存人,他也创作了大量的诗歌。钱谦益倡导恢复尊经重道、严谨求实的治史传统,他对元末明初史事的编纂和考证,反映了他实事求是的治史精神。他考证史事严格遵循言必有据的原则,其采用的考史方法对清初史学流派乃至乾嘉考据学派产生了重要的影响。吴晗认为:"就钱牧斋对明初史料的贡献说,我是很推崇这个学者的。二十年前读他的《初学集》《国初群雄事略》诸书,觉得他的学力见解,实在比王弇州、朱国祯高。"②

三、钱谦益与虞山诗派

明末清初,虞山诗派是与以陈子龙为代表的云间诗派、以吴伟业为代表的娄东诗派鼎足而立的重要流派。王士祯在《分甘余话》中说:"明末暨国初,歌行约有三派,虞山源于少陵,时与苏近;大樽源于东川,参

---

① 金鹤冲:《钱牧斋先生年谱》,《钱牧斋全集》,上海古籍出版社 2003 年版,第 943 页。
② 吴晗:《"社会贤达"钱牧斋》,《中国建设》1948 年 6 月第 5 期。

以大复;娄江源于元白,工丽时而过之。"①虞山诗派以钱谦益为首,重要的诗人有冯舒、冯班、瞿式耜、柳如是、陆贻典、钱曾、钱龙惕、钱陆灿、王誉昌、钱良择、何云、严熊、张远、冯行贤、吴历等,他们崇尚学有本源,倡导由经入史、兼及子集的诗学路径,继承杜甫诗史传统,具有忧世意识,重视学养,提倡真情,学古而不泥古,积极主张诗歌革新并能取诸家之长自成风格,对于东南诗坛的繁荣作出了重大贡献,对清代诗学产生了深远的影响。

虞山诗派的核心人物是钱谦益,他的创作成就"不亚于唐宋一流作家"。② 钱谦益拨弃俗学,创为"虞山之学"。③ 正如孙之梅所论:"在明清五百余年,钱谦益无疑是最杰出的诗人、理论家之一。他是最优秀的诗人,无论是数量还是水平都出群绝伦;他还是最优秀的明代文学研究家,其为数甚多的诗文集、序跋与《列朝诗集》及《小传》构成了明代诗歌最高水平的诗歌史;在创作与评论的过程中,他形成了自成体系的文学理论,其诗学理论在明清诗歌史上振衰除弊、继往开来,具有承上启下的作用。"④如果说,中国传统的文学史论著包括给文学家作传记、目录形式的文学史、文选形式的文学史、诗文评形式的文学史,⑤那么,钱谦益正是通过撰写大量的文人传,编选与评点文学作品,创作大量的诗文评作品,展现其文学史观。钱谦益在当时是东南文学的领袖,他的著作还流传到海外,产生了很大的影响。钱谦益编撰的《列朝诗集》传到日本后,对江户时代诗风诗论的变迁产生了极大影响。⑥ 钱谦益的著作流传到朝鲜,对朝鲜朝文学也产生了广泛深远的影响,朝鲜朝文人在实际创作与文学思想方面对钱谦益的接受促进了朝鲜朝文学的进一步发展。⑦

---

① 王士禛:《分甘余话》卷二"明清之际歌行三派"条,中华书局1989年版,第53页。
② 蒋寅:《清诗鉴赏》,人民文学出版社2022年9月版,前言。
③ 钱谦益:《复李叔则书》,《牧斋有学集》卷三十九书二,《钱牧斋全集》,上海古籍出版社2003年版,第1343—1346页。
④ 孙之梅:《钱谦益对诗学传统的开掘借鉴与创作成就》,《苏州大学学报》2020年第1期,第124—131页。
⑤ 伏俊琏:《文学自觉与中国文学史著述的形成》,《光明日报》2023年8月21日,第13版。
⑥ 范建明:《论钱谦益诗学对江户时代诗风诗论的影响》,《苏州大学学报》2021年第6期,第127—139页。
⑦ 李丽秋:《朝鲜朝文人对钱谦益的接受研究》,《东疆学刊》2021年第3期,第99—106页。

四、钱谦益与虞山藏书派

中国古代私家藏书,属于综合性的学术文化活动。明末清初,随着文化中心不断向江南转移,江南私人藏书在原有积聚基础上不断发展出具有自身特色的藏书文化。至明嘉靖后,常熟涌现众多全国一流水准的藏书家和藏书楼。当时的常熟成为全国的私家藏书中心地,以明代诗坛领袖、虞山诗派宗师钱谦益为代表的虞山藏书派成为具有辐射性和影响力、在中国私家藏书史上产生重要影响的独特流派。

虞山藏书派,或称常熟藏书派。最早见诸被誉为"清代校勘第一人"的清代学者顾广圻为《清河书画舫》十二卷抄本所撰跋:"藏书有常熟派,钱遵王、毛子晋父子诸公为极盛,至席玉照(名鉴)而殿。一时嗜手抄者如陆敕先、冯定远为极盛,至曹彬侯亦殿之。"[1]由于历史原因,乾隆二十六年(1761)起,禁毁钱谦益的著作、贬斥钱谦益的人格,著作中不能出现钱谦益的名字,故顾广圻的跋文中没有提到实开风气之先的钱谦益。后来,光绪年间,潘祖荫辑刊《滂喜斋丛书》,潘氏在为陈揆《稽瑞楼书目》所撰序文中点明了钱谦益乃始创,说道:"吾乡藏书家以常熟为最,常熟有二派,一专收宋椠,始于钱氏绛云楼、毛氏汲古阁,而席氏玉照殿之;一专收精抄,亦始于毛氏、钱氏遵王、陆孟凫,而曹彬侯殿之。"周星诒还特别强调钱谦益好古收藏,有书目著录,可供查证。他说:"藏书家首重常熟派,盖其考证板刻源流,校订古今同异及夫写录图画、装潢藏庋。自五川杨氏以后,若脉望、绛云、汲古及冯氏一家兄弟叔侄,沿流溯源,踵华增盛,广购精求,博考详校,所谓读书者之藏书者,惟此诸家足以当之。……而著录诸书,惟绛云、脉望、述古仅传书目,其余诸家,弆藏之富,著述无闻,未由稽考,人以为恨。"[2]虞山藏书派对后世的影响是极其深远的,可以说,论中国私家藏书史,绕不开虞山藏书派及其代表人物钱谦益。

钱谦益倡导藏书致用、读书用书,其藏书或经整理或撰跋,多为精

---

[1] 顾广圻著,王欣夫辑:《顾千里集》,中华书局2007年版,第331页。
[2] 周星诒:《题记》,钱曾著,管庭芬、章钰校证,余彦焱标点:《读书敏求记校证》,上海古籍出版社2007年12月版。

选之本。至明清之际,古籍宋元之本已非常少见,钱谦益首开好古收藏风气,这在明清易代时期,既反映其传承典籍之责,又借以更好地完成其以弘扬古学为己任的使命,珍贵的古籍为其从事学术研究提供了可靠的文献保障。钱谦益从事藏书事业,与其开创"虞山之学"相得益彰。钱谦益除喜好宋元刻本之外,特别关注当下,重视抢救性收集反映明代历史文化的名人稿本、罕见抄本等,为有明一代史料留档存案,这些珍贵文献也为其撰写明史与大量的人物传记提供了信史依据。钱谦益致力于褒扬藏书家,重点勾勒明以来藏书史实,意在让读书种子得以延续。他撰写了许多稀有藏书的题跋,为许多图书撰写序文,留下了众多的书人传记,保存了不可或缺的书史文献。

上篇

第一章　时地文化背景

樊树志先生在《钱谦益:文人从政的悲剧》一文中提出:"研究一个有争议有污点的人物,要理解他所处的时代,面临的困境,以及他的经历,作出合理的分析。"① 这在研究方法上,给我们多方面的启迪。作为明末清初首开风气的重要人物,钱谦益所处的时代背景、地域文化及其个性造就了其独特的人生经历。

第一节　钱谦益所处的时代背景

钱谦益所处的时代是明末清初剧烈变化的时代,是天崩地裂、改朝换代的时代,同时又是中国学术思想革新与大转变的时期。明末,内政混乱,衰势可见;外敌进逼,岌岌可危,社会矛盾错综复杂。清初,朝廷实行高压统治,反清斗争此起彼伏。

一、社会政治急剧变动

明末社会逐步走向衰微,各派势力角逐,农民起义大规模集中爆发,清朝趁机取代明朝统治中国。

---

① 樊树志:《钱谦益:文人从政的悲剧》,唐力行主编:《江南社会历史评论》第 5 期,商务印书馆 2013 年版,第 48 页。

1. 各派势力角逐争夺

由于中国封建社会形成的"家天下"格局,历代王朝最终难逃走向灭亡的命运。明朝没有例外,末年逐步走向衰微。皇帝昏怠,官僚机构腐败,宦官乱政,朋党相争,政治生态环境恶化。

明末宦官当权,扰乱朝政,横行不法,是其政治腐败的一大表象。虽有监察机制,但依附于皇权,形同虚设。真正要弹劾权臣,除非圣意授命。权臣严嵩即便多次受到言官证据确凿的弹劾,依然丝毫不受影响,后来"帝眷已潜移",经御史邹应龙等参劾,严嵩才被勒令致仕。当时若言官所论不合圣意,往往会被夺官、下狱。

明代,专制君主集权制度进一步强化,刑罚十分残酷,在五刑之外,还有廷杖、充军、带枷发遣和凌迟等酷刑。《明史·职官志三》载,永乐年间刑科给事中陈谔(1376—1444)曾因言事忤旨,被明成祖朱棣下令活埋在奉天门外,身子都埋入土,只露出脑袋,残酷至极。

宦官刘瑾(约1451—1510)与马永成、高凤、罗祥、魏彬、丘聚、谷大用、张永八人,因曾侍武宗朱厚照于东宫,武宗继位,并以旧恩得幸,人称"八党""八虎"或"八俺",日导武宗游宴后庭,纵情狗马、鹰兔、歌舞、角抵,荒疏政事。武宗将朝政大事全交给刘瑾处理,刘瑾担任司礼太监,总管太监的各种事务,又为东厂、西厂的提督,大肆培植党羽,打击异己。正德元年(1506)十月,大学士刘健、谢迁、李东阳与户部尚书韩文等大批朝臣接连上疏论宦官"八党"罪,请杀刘瑾,但武宗就是不听,非但刘瑾等人没被诛杀,反而上疏的朝臣们纷纷被迫致仕、革职、下狱。嘉靖三年(1524)发生议礼之争事件,历时三年半,先后有几百名大臣被廷杖、下诏狱、被贬谪。《明史·丘橓传》载,万历十一年(1583),左副都御史丘橓(1516—1585)陈吏治积弊八事,其中之四说到官场"贪墨成风,生民涂炭,而所劾罢者大都单寒软弱之流","严小吏而宽大吏,详去任而略见任"。

明末官僚机构膨胀与官吏扩充,行政效率低,百姓负担重。刘体乾(?—1574)屡次疏请革冗员、冗费,爱惜民力,反对增赋,因极力疏争,积怨于穆宗,竟被削职夺官。《明史·刘体乾传》载,皇帝因为财政费用不足,召令朝廷大臣汇聚意见,大多数人认为要追索以往的拖欠,并增加赋税数额。唯独刘体乾提出,苏轼曾说丰财之道,唯有清除损耗财资的人事,现在最大的危害有两件,即冗吏、冗费。成化五年(1469),武职已经超过8万,合计文职,有10万多人。而边功升授、勋贵传请、曹局添设、大臣恩荫,加上厂卫、盐局、勇士、匠户,岁增月益,不胜枚举,应清理革除冗员。虽然皇帝依从刘体乾奏裁减了各监司局的人员,但后来实际上冗吏、冗费越来越严重。至武宗正德年间,文官24683员,武官10万员,合计超过12万员。明朝户籍人口一说只有6000万,养超过12万的官员,不堪重负。到万历十年(1582)内阁首辅张居正病逝后,明朝内阁没有了权威。"一个失去内阁权威的明帝国,也就失去了它应有的政府管理。治国方面先天不足的明神宗无法在短时间内担负起国家管理的责任。"①天启元年(1621)二月,御史袁化中上疏陈述担忧的八桩时事:宫中的禁令日渐松弛,上书的言路渐轻,法纪日渐衰废,贿赂日渐明显,边疆防守日渐弊处,职务上掌管日渐失常,宦官日渐兴盛,人心日渐离散。② 袁化中所述切中当时的政治生态。崇祯始以"枚卜"选内阁,继而用奸臣温体仁、周延儒之类。崇祯专断独行,在位17年中刑部易尚书17人,冤假错案接连不断,诛杀郑崇俭等总督7人,巡抚王应豸、耿如杞、李养冲、孙元化、张翼明、陈祖苞、张其平、颜继祖、邵捷春、马成名、潘永图、李仙风(被逮自缢)等11人,以致众叛亲离。

  明末朝廷财政入不敷出,田税税率低,豪族多得利。朝廷连续征战与修建宫殿耗资巨大,财政逐步走向崩溃,仍大行横征暴敛。万历二十九年(1601),苏杭织造兼权税太监孙隆在苏州遍设关卡,对来往客商和农民敲诈勒索,并大幅度增收织机和绸缎的税银,于是机户被迫杜门罢织,大批织工染工失业,引发葛成领导的苏州织工反税监斗争,开江南城市工人与士绅阶层联合对抗滥用行政权力的先例。钱谦益撰有《葛将军歌》,称颂"葛将军,万夫雄",感慨"葛将军,今死矣。权奇俶傥谁与拟?"③

---

① 商传:《走进晚明》,商务印书馆2014年版,第186页。
②《明史》卷二四四《袁化中传》,中华书局1974年版,第6339页。
③ 钱谦益:《葛将军歌》,《崇祯诗集六》,《牧斋初学集》卷十,《钱牧斋全集》,上海古籍出版社2003年版,第349—350页。

明万历以后,阉党专权,为祸酷烈。常熟人顾大章(1576—1625),字伯钦,万历三十五年(1607)进士,天启元年(1621)任刑部员外郎署山东司事。因刚正不阿,为阉党所忌恨,遭陷害,引疾归故里。天启五年(1625),顾大章起官任礼部郎中、陕西按察副使,又遭魏忠贤陷害,与杨涟、左光斗、魏大中、袁化中、周朝瑞同时入狱,世称"天启六君子"。顾大章在《被逮道经故人里门》诗中记述:"槛车尘逐使车辕,一路知交尽掩门。犹喜多情今夜月,斜窥树隙照离尊。"当时,顾大章被捕后,先下锦衣卫镇抚司拷掠,又移刑部狱。顾大章在狱中对簿不屈,援笔作联:"故作风波翻世道,长留日月照人心。"又呼酒与其弟顾大韶慨然诀别,自缢而亡。顾大章的绝命诗慷慨悲壮,真实地反映了阉党擅权的淫威。崇祯十二年(1639)三月初八,顾大章子麟生葬其父于常熟均墩之新阡,钱谦益撰有《陕西按察司副使赠太仆寺卿顾公墓志铭》,记顾大章事迹。[1] 钱谦益又撰《都察院左副都御史赠右都御史加赠太子太保谥忠烈杨公墓志铭》,述"谦益苟畏祸惧死,没而不书,则举世无有知之者矣",记杨涟遭陷害史事:"天启四年,都察院左副都御史杨公劾奏逆阉魏忠贤二十四大罪。明年七月二十四日,考死诏狱。"[2]

当时各种政治势力互相攻击,朝政混乱。东林党人与复社同阉党所作的斗争,黄宗羲在《明儒学案·东林学案》中有总论:"熹宗之时,龟鼎将移,其以血肉撑拒,没虞渊而取坠日者,东林也。毅宗之变,攀龙髯而蓐蝼蚁者,属之东林乎?属之攻东林者乎?数十年来,勇者燔妻子,弱者埋土室,忠义之盛,度越前代,犹是东林之流风余韵也。一堂师友,冷风热血,洗涤乾坤,无智之徒,窃窃然从而议之,可悲也夫。"[3]日本学者小野和子在《明季党社考》中提出,复社"以全国性的力量为背景,虽说在野但是却发挥了如影子内阁般的巨大政治力量"[4]。确实,东林党

---

[1] 钱谦益:《陕西按察司副使赠太仆寺卿顾公墓志铭》,《牧斋初学集》卷五十墓志铭一,《钱牧斋全集》,上海古籍出版社2003年版,第1285—1288页。
[2] 钱谦益:《都察院左副都御史赠右都御史加赠太子太保谥忠烈杨公墓志铭》,《牧斋初学集》卷五十墓志铭一,《钱牧斋全集》,上海古籍出版社2003年版,第1268—1275页。
[3] 黄宗羲:《明儒学案》,《黄宗羲全集》第8册,浙江古籍出版社1992年版,第726—727页。
[4] [日]小野和子:《明季党社考》,上海古籍出版社2006年版,第233页。

及其后来的复社以舆论的力量发挥了"在野党"的作用。① 明朝党争一直延至南明,内部争斗加速了政权走向衰微。党争伤害国家元气,士大夫分崩离析使国家机构的职能丧失殆尽。

2. 农民起义如火如荼

农民起义贯穿明代始终,诚如吴晗在《简论明史》中所述:"明朝历史上有一个很奇怪的现象,就是明代建国之后就发生农民战争,明代农民战争次数之多,任何一个朝代都不能比。这是一个农民战争的时代。"②

《明史·食货志》记明代户籍专列"流民",土地兼并愈来愈严重,诸多失地的农民流转迁徙形成"流民",失地农民的生存问题成为严重的社会问题。当时,有些地方想方设法安置"流民"。如杨子器(1458—1513)于弘治九年(1496)任常熟县知县后,想方设法鼓励百姓多生产粮食,召回"流民"劝耕,等到荒田完全耕作成为熟田之后再交纳粮税。此法有效地增加了农户、耕地面积和赋税收入。然而,许多地方的"流民"仍处于生存危机之中,不断爆发起义。

到了明代末年,社会矛盾渐渐不可调和,天灾人祸引发大规模的农民起义。明末大规模的农民起义始于天启七年(1627)的陕北起义,经过洛阳之战、襄阳之战、成都之战和山海关之战,起义军与明军战斗17年,王二、高迎祥、李自成、张献忠等部农民军不断壮大,从分散到集中,从游击流动作战到运动流动作战。当时,李自成提出"均田免粮"口号,要求废除封建土地所有制,"迎闯王,不纳粮",得到广大农民的拥护。崇祯十七年(1644)正月,李自成定西安为"西京",立国号"大顺",改元"永昌",定军制、官制,正式建立了全国性的农民起义政权。二月,发布讨伐檄文。李自成亲自率领大军分两路向北京进军,一路所向披靡。三月十七日,起义军抵达北京城外。第二天,太监曹化淳开彰义门迎农民军入城。崇祯皇帝朱由检见大势已去,自缢于紫禁城外煤山(今景山公园),明朝作为统一国家的时代结束了。但是,李自成在胜利面前缺

---

① 张献忠:《道统、文统与政统——明中后期科举考试中主流意识形态的分化》,《学术研究》2013年第9期,第98—105页。
② 吴晗:《简论明史》,中华书局1980年版,第3页。

乏清醒头脑,以致功亏一篑。当年四月,李自成得知吴三桂拒绝劝降的消息后,轻率地统领大军赴山海关同吴三桂决战,被吴三桂与多尔衮的联军击败。李自成匆忙退回北京,再从北京、山西、西安退至湖北。次年五月,李自成在湖北通山县九宫山遭袭去世,其余部李过等后融入抗清斗争的行列。

3. 清朝取代明朝统治中国

后金政权逐步崛起扩张是明朝灭亡的众多因素之一。清朝逐步取代明朝,结束了明末各政治势力长期征战的态势,客观上实现了大一统局面,促进了中国古代历史上的一次民族大融合。

入关南下后,清廷强制实施薙发令、圈地令、投充法、逃人法、禁关令等残酷的高压政策,社会矛盾不断激化。

二、学术思想革新转型

在国破家亡的时代,一大批有识之士纷纷思索拯救社会的责任,反省并批判传统政治思想,学术思想空前活跃。面对惨痛的"亡国"与"亡天下"事实,顾炎武在《与潘次耕札》中述:"君子之为学也,非利己而已也,有明道淑人之心,有拨乱反正之事,知天下之势之何以流极而至于此,则思起而有以救之。"① 黄宗羲撰《明夷待访录》,批判君主专制,呼唤民主政体。有识之士从检讨明朝治国得失入手,从思想上到方法上全面反思君主专制制度。

宋明理学迅速走向衰微,以事功经世致用为宗旨,以挽救社会危机为目的,以朴实考经证史为方法的实学思潮勃然兴起,逐步实现从以理学为主到以经学为主的转变,开创时代新思潮、新学风。从纠偏、匡正时弊的角度而言是创新,同时,也是为了恢复中华传统儒学的本来面目。传统儒学的核心精神本就重视证据,反对盲从;关注民生,学以致用;辩证思维,发展观世。钱谦益在所撰《苏州府重修〈学志〉序》中指出纠正学风的迫切和必要:"正、嘉以还,以剿袭传讹相师,而士以通经为迂。万历之季,以谬妄无稽相夸,而士以读书为讳。驯至于今,俗学晦

---

① 顾炎武:《顾亭林诗文集·亭林余集》,中华书局1983年版,第166页。

蒙,缪种胶结,胥天下为夷言鬼语,而不知其所从来。……生心而发政,作政而害事,皆此焉。"①

梁启超《清代学术概论》概括启蒙期思想发展之趋向为:"第一,因矫晚明不学之弊,乃读古书;愈读而愈觉求真解之不易,则先求诸训诂名物、典章制度等等,于是考证一派出。第二,当时诸大师,皆遗老也;其于宗社之变,类含隐痛,志图匡复,故好研究古今史迹成败、地理阨塞以及其他经世之务。第三,自明之末叶,利玛窦等输入当时所谓西学者于中国,而学问研究方法上,生一种外来的变化;其初惟治天算者宗之,后则渐应用于他学。第四,学风既由空返实,于是有从书上求实者,有从事上求实者。南人明敏多条理,故向著作方面发展;北人朴悫坚卓,故向力行方面发展。"②时代呼唤学者反思学术危机,深刻剖析心学及理学末流走向极端造成的空疏弊害,引导学界从清谈空疏风气中走出来,回归古学,复兴经学,为学术思想转型推波助澜,营造实学氛围,形成学术思想更迭过程中的主流。

第二节　钱谦益所处的地域环境

钱谦益出生在明南直隶苏州府常熟县,植根于中华文化土壤,滋养于江南文化。江南经济发达,文化繁荣,开放多元。钱谦益在所撰《苏州府重修〈学志〉序》中称:"吾苏士风清嘉,文学精华,海内之学者,未能或之先也。在有宋时,天下之立学自吾苏始。而安定之教条,所谓传经谊,信师说者,吾苏士实先被之。……苏之于海内,盖所谓得气之先者也。"③

---

① 钱谦益:《苏州府重修〈学志〉序》,《牧斋初学集》卷二十八序一,《钱牧斋全集》,上海古籍出版社2003年版,第852—854页。
② 梁启超:《清代学术概论》,岳麓书社2010年版,第27—28页。
③ 钱谦益:《苏州府重修〈学志〉序》,《牧斋初学集》卷二十八序一,《钱牧斋全集》,上海古籍出版社2003年版,第852—854页。

一、经济发达

钱谦益所在的江南物产富庶，人文荟萃，是中国经济、文化最发达的地区之一。这里是中国经济开发较早的区域之一，古都南京是中国南方经济、政治、文化中心，大运河开凿后的扬州是东南财税、漕运、盐铁转运枢纽，明代中叶以来苏州成为中国资本主义萌芽发祥地之一。

江南是全国的重要赋税区，明代中叶以来资本主义萌芽，推动江南经济大规模发展。明后期，苏州、松江、常州三府地域面积仅占全国0.33%，耕地面积仅占全国2.85%，而农业财政贡献率占全国财政总收入的23.96%，其中，苏州府洪武二年（1369）向朝廷缴纳的粮食占全国总额的11%。至清，苏州、南京与浙江的杭州成为全国三大丝织业中心，扬州成为淮盐运销中心，无锡成为全国四大米市之一。江南成为全国田赋重地，康熙《江南通志》称："国之大计，以财用为根本，而江南田赋之供当天下十之三，漕糈当天下十之五，又益以江淮之盐荚、关河之征榷，是以一省当九州之半未已也"，"仕宦科名皆为诸省之冠"，"国家鼎建两京之外，分省一十有四而江南最为重地"。①

江南经济活跃，市场体系发达，小城镇空前繁盛，这是商品经济发展的产物。明清时期的大中城市大部分集中于东南沿海一带，特别是在长三角区域和珠江三角洲。江浙两省的大中城市差不多占了全国的1/3，而整个北方仅占1/4。明代在宋代苏州、松江、常州、杭州、嘉兴、湖州6府71个市镇基础上增至316个市镇，清代增至479个，平均每县分布8—9个市镇，构成四通八达、商品流通的市镇网络。《清史稿·地理志》载，清代江苏省县以下的小城镇约2000个。明清之际的江南经济发达，市镇发展，人口规模逐渐扩大。

江南交通便捷，百姓生活交往、经济贸易非常方便。江南本是水乡泽国，江南的胥河是已知世界上最早的运河水道，是公元前506年吴王阖闾命伍子胥开挖的运河，上游连接长江在安徽芜湖的支流水阳江，下游连接太湖水系的荆溪。公元前486至前484年，夫差开凿邗沟，南起

---

① 余国柱：《〈江南通志〉序》，于成龙、王新命等：《江南通志》，清康熙二十三年（1684）江南通志局刻本，第1函第1册第2页。

长江北岸,流经射阳湖西北,与淮河相连,与后来的隋唐大运河一起构成了覆盖江南与苏北的水网系统。大运河、长江、海运,加上江南各大湖泊水系共同构成庞大的水运网,使其流经区域成为中国人才与商品的集散中心,江南的丰富资源源源不断地流向中国各处乃至海外,极大地促进了经济发展与文化交流。太湖水系的苏、锡、常因水兴市,在明清时期,苏州成为江东第一大都会,交通便利的无锡成为当时中国最大的布匹、丝绸、米市码头,在四通八达的常州,纺织、酿酒、机械、冶金等行业兴旺发达。

江南书业繁荣,商贾云集。明成化、弘治时,北京、南京、苏州、杭州成为书籍四大集散地。明胡应麟在《少室山房笔丛》中说:"今海内书,凡聚之地有四:燕市也,金陵也,阊阖也,临安也。"① "阊阖"即阊阖门,又称阊门,是苏州古城之西门,此处代指苏州。江南经济发达且士民殷富,对满足百姓需求的衣食住行,以及教育、文学艺术等提出了比其他区域更高的要求。

二、文化繁荣

江南文化繁荣与社会经济、政治等密切相关。按照马克思主义的观点,人类创造历史的实践是在具体经济、政治、文化条件下进行的。一切文化活动与经济活动、政治活动之间相互作用、相互影响,共同构成社会发展的基本内涵,而文化有其特殊性,既是一定社会经济、政治等条件的产物,又反作用于经济和政治。江南沃土有深厚的文化积淀,明末清初时在全国的政治、经济地位仍然很高,文化事业也高于全国平均水平,成为当时的文化高地。同时,文化的繁荣,特别是读书人口的增多、人才的支撑,必然反作用于经济和政治。

江南崇文尚教素有传统,历代多书院。据王炳照《中国古代书院》统计,明代有书院1701所,清代有书院3622所,其中,北方有941所,南方有2681所。② 据邓洪波《中国书院史》统计,清代全国有书院4365

---

① 胡应麟:《少室山房笔丛》甲部卷四《经籍会通四》,上海书店2001年版,第41页。
② 王炳照:《中国古代书院》,商务印书馆1998年版,第202—203页。

所,其中3757所是由历朝官绅士民建造的,608所为兴复重建。① 明清江南教育极盛,书院多,并多是在全国有影响力的书院。例如,钱谦益所在的无锡有东林书院,创建于北宋政和元年(1111),为北宋学者杨时长期讲学之地。明万历三十二年(1604),无锡顾宪成、顾允成兄弟等人在旧址重建书院,并偕高攀龙、钱一本、薛敷教等讲学其中,世称东林学派。书院对联"风声雨声读书声声声入耳,国事家事天下事事事关心"表达了东林志士对于国家时事的关切之心,他们在讲习之余议论朝政得失,影响深远。常熟有虞山书院,原名文学书院,又名学道书院,元至顺二年(1331)始设,后遭损毁。明万历三十四年(1606),知县耿橘重修并更名"虞山书院",聚众讲学,与东林书院遥相呼应。万历三十二年,耿橘还恢复子游书院,聘请名儒讲学,刻有《虞山书院志》。虞山书院为当时教育学生的场所和交流学问的中心,张以诚撰《〈虞山书院志〉序》记道:"四方同志之士皆至,推有道术者主盟,随问剖析,有所发明,授之笔记,皆可印证圣学而其进揖让彬彬焉。"② 书院中有藏书265部,分为11类,即圣制、典故、经部、子部、史部、理学部、文部、诗部、经济部、杂部、类书部。其分类法突破传统四部分类法,不设集部,增加典故、理学、经济、文部、诗部等部,将子部列于史部之前,反映了虞山书院的学术和政治倾向,既体现了书院藏书课士致用的特点,又具有独特性。《虞山书院志》的撰者之一钱时俊(1565—1634)属常熟钱氏鹿园一支,与钱谦益同族。

  耕读传家是江南人的生活方式,江南读书科考及第人多,人才辈出。据统计,明、清两代江南共考取进士7877人,占全国的15.24%,其中,明代有3864人,占全国的15.54%;清代有4013人,占全国的14.95%。据《江苏省通志稿·选举志》统计,江苏自唐迄清共取中进士8481人,其中苏南地区7143人,占全省进士总数的84.2%;苏北地区1338人,占总数的15.8%。③ 楚江统计清代各省举人总额约为152100

---

① 邓洪波:《中国书院史》,东方出版中心2004年版,第405页。
② 张以诚:《〈虞山书院志〉序》,张鼐、陆化熙、钱时俊等撰:《虞山书院志》,序,明万历三十六年(1608)常熟知县耿橘刻,常熟博物馆藏本。
③ 张森材、马砾:《江苏区域文化研究》,江苏古籍出版社2002年版,第463页。

名,江南在乾隆元年(1736)分开录取前35科乡试,录取举人达3330名;在分开录取后,江苏77科乡试录取举人达8558名,安徽73科乡试录取举人达4871名。① 清代江苏取中的进士约占全国的11.1%,清代全国取中状元112人,其中江苏籍49人,占总数的44%。

明代文学家数量居于前五名的省份依次为:1. 南京(南直隶)467人;2. 浙江省318人;3. 江西省173人;4. 福建省97人;5. 湖广省55人。清代拥有文学家20人以上的州府有22个,其中江南的州府数过半,其他各府州为1—19人不等。② 江南取士多,政治人物多。据黄炎培1931年的统计,清代各省巡抚共计574人,其中江苏籍76人,占14%;总督全国共288人,其中江苏籍40人,占14%;中央宰辅共120人,其中江苏籍28人,约占23%。③

江南自明以来多才女,世风鼓励女子读书学习,大户人家的女子一般具备一定的学养,她们擅长琴棋书画,读书吟咏成为她们生活的组成部分,留有较多诗文存世。江南才女还常常居家或者外出结社交友。这从一个侧面反映了富庶江南的受教育人口状况与文化水平。

江南区域文化繁荣,仅江苏境内就有楚汉文化、吴文化、金陵文化、淮扬文化等"四主区"和镇江文化(京口文化)、淮安文化、南通文化(江海文化)、盐城文化(海盐文化)等"四亚区",各种区域文化交融发展。

三、开放多元

江南是中国最早开拓的区域之一,长江文明与黄河文明、江南文化与海外文化广泛交流。开放创造了区域丰厚的物质财富,同时也创造了宝贵的精神财富,孕育了和谐包容精神与开拓进取精神。

长江文明与黄河文明的广泛交流,最早可以追溯到先秦时期。长江文明与黄河文明是中华文明的两大源泉。长江文明是长江流域各区域文明的总称,有马家浜文化、崧泽文化、良渚文化等。根据"中华文明探源工程"公布的成果和良渚古城的考古发现,良渚文化距今5300—

---

① 楚江:《清代举人额数的统计》,湖南大学历史学2012年硕士论文。
② 梅新林:《中国文学地理形态与演变》,上海人民出版社2014年版,第127—128页。
③ 黄炎培:《清代各省人文统计之一斑》,《人文月刊》1931年第1卷,第1册。

4300年,是中华早期文明的一种重要模式,其丰富的遗存类型和完整的格局、规模,展示了中华文明起源阶段的丰富信息。良渚文化遗址的核心分布区域北至长江,南过杭州湾以南,东靠近沿海,西到太湖的西侧。其外围范围更大一些,北边已接近淮安,南至浙江中部,西边至太湖西部再向西。良渚文化影响的区域以南方为中心兼及北方,北至山东,西至中原,南边到了广东,辐射大半个中国。长江文明和黄河文明等中国古代文明交融发展,形成多源又一体的中华文明。

在中华文明多元一体的交融发展进程中,常熟早期先贤巫咸及子贤杰出的智慧、仲雍自强不息的开拓创新精神、言偃的礼治思想等启迪后来。

巫咸为商王太戊时的贤臣,曾告诫太戊修身养德,使商朝国力兴盛,其他诸侯来归。其子巫贤,商王祖乙时的贤相,辅佐商王复兴国业。《重修常昭合志》卷十八《艺文志》载巫咸著述有《咸艾四篇》《巫咸五星占》《司天考占星通玄宝镜》。① 由这些著述可见,巫咸长于占星术,传为中国最早的天文学家。虞山有巫咸冢,常熟的乡贤祠首列巫咸及子贤,又有巫公专祠。钱谦益撰有《重建乡先贤商相巫公祠堂碑》等,记先贤商相巫公其事。②

据《史记·周本纪》载,太伯、仲雍为让位于其弟季历及其子昌出奔吴地。③《史记·吴太伯世家》载:"太王欲立季历以及昌,于是太伯、仲雍二人乃奔荆蛮,文身断发,示不可用,以避季历。季历果立,是为王季。"④太伯采纳了仲雍的意见才辞让君位。⑤ 在太伯犹疑之际,仲雍促使太伯下决心辞让君位,体现了仲雍的政治智慧和远见卓识。太伯、仲雍奔吴,入乡随俗,治理吴国。⑥ 太伯初至吴,用周人衣冠服饰,以"周礼"治理吴国,仲雍继位后"断发文身,裸以为饰",遵从当地风俗习惯,

---

① 常熟市地方志编纂委员会办公室标校《重修常昭合志》,上海社会科学院出版社2002年5月版,第692页。
② 钱谦益:《商贤相巫公祠记》,《牧斋集补》,《牧斋著杂》,《钱牧斋全集》,上海古籍出版社2003年8月版,第866页。
③ 司马迁:《史记》,中华书局1959年版,第115—116页。
④ 司马迁:《史记》,中华书局1959年版,第1145页。
⑤ 许维遹:《韩诗外传集释》,中华书局1980年版,第340页。
⑥ 杨伯峻:《春秋左传注》,中华书局1981年版,第1641页。

以取得吴地民众的普遍认同和支持,在文化融合中逐步移风易俗,体现了仲雍融入吴地、顺从民意的政治智慧,实现了吴文化与中原文化的融合发展。太伯、仲雍创立吴国,拓展了中华版图疆域,补给了中华民族生存的生命线,赢得了中华民族巨大的发展空间。① 吴文化是吴地本土文化与中原商周文化交融发展的产物。太伯、仲雍让国南来,其至德、开拓精神成为吴文化乃至中华文化的重要精神财富。在《史记·吴太伯世家》中,太史公称赞道:"孔子言'太伯可谓至德矣,三以天下让,民无得而称焉'。余读《春秋》古文,乃知中国之虞与荆蛮句吴兄弟也。延陵季子之仁心,慕义无穷,见微而知清浊。呜呼,又时其闳览博物君子也!"② 至德和谐、开拓进取是吴文化的基本属性和文化基因,成为吴地文化社会发展的原动力。虞山有仲雍墓,墓旁建有清权祠,下有清权坊。钱谦益在《潘文学墓志铭》文中以泰伯、仲雍喻"终始有卒"称:"泰伯端委表吴俗,仲雍文身匪其躅。"③

言偃(前506—前443)是传播发展中原文化的杰出人物,他北上寻师求道,拜孔子为师,列"孔门十哲",他以"文学"著称,被后人尊为"南方夫子"。言偃不忘先师遗训,重返母国故土,在江南兴学授业,直至病逝,卒葬常熟虞山。言偃道启东南,文开吴会。他在《礼记·礼运》中阐述孔子的"小康""大同"观并融入自己的思想,同时努力践行弦歌礼治。据《重修常昭合志》载,常熟建有言子家庙,清顺治间毁,周敏、言子七十一世孙言森重修,钱谦益为之撰记。④ 周敏时为常熟知县,钱谦益撰《周邑侯重建言氏家庙碑记》,记录重建言氏家庙经过,并述言氏阙里遗迹:"虞为故吴国,子游氏之阙里,盟坛捣石,载在《吴记》。丰碑荣墓,林木蔚然。实首著南方英华之学。"⑤ 钱谦益还在《病榻消寒杂咏》诗中记:"儿童逼岁趁喧阗,岳庙星坛言子阡。梦里挨肩争爆竹,忙来哺饭看秋

---

① 杨义:《吴文化与黄河文明、长江文明之对角线效应》,《苏州大学学报》2012年第5期,第8—20页。
② 司马迁:《史记》,中华书局1959年版,第1475页。
③ 钱谦益:《潘文学墓志铭》,《牧斋有学集》三十二墓志铭,《钱牧斋全集》,上海古籍出版社2003年8月版,第1161—1162页。
④ 常熟市地方志编纂委员办公室标校:《重修常昭合志》,上海社会科学院出版社2002年5月版,第349页。
⑤ 钱谦益:《周邑侯重建言氏家庙碑记》,《牧斋集补》,《牧斋著杂》,《钱牧斋全集》,上海古籍出版社2003年8月版,第867页。

千。气蒸篱落辞年酒,焰罨星河祭灶烟。老大荒凉余井邑,半龛残火一翁禅。"①虽经明清社会剧变,常熟古邑已非昔日,而改邑不改井,言偃宅井犹在,儿时崇敬的"言子阡"等遗存在钱谦益心中留下了美好的回忆。

历代移民至江南,推进江南开发与文化交流。东汉末年,群雄纷争,天下大乱,中原百姓流离失所,纷纷渡江南下。东晋元帝初年,中原战乱,北方大量流民涌入南方,仅在海虞北境沿长江地区,就侨置了郯、朐、利城三县。唐安史之乱,北方百姓避乱江南,推动了中国经济文化重心南移的进程。靖康之变,宋室南迁,北方大量人口南来,文化中心转移至江南,促进了更大规模的文化交融。

江南是中国对外文化交流的重要区域,与海外文化交流广泛。熊月之先生概括江南文化特点之一是开放包容、择善守正。② 元代的太仓已成贸易中心,号称"六国码头"。就书文化交流来说,据永积洋子《唐船输入品数量一览1637—1833年》一书统计,近200年间仅从乍浦港运往日本的文化用品就有:绘画62586幅、毛笔235198支、墨锭5792箱、纸张202988令、书籍742种151229册。明朝与日本除官方贸易之外,还有更加广泛的民间贸易,"由民间海商主导的新的日中贸易开始兴盛起来。这种新的日中贸易,将以往从未登陆过日本的欧洲人带到了日本,同时也将日中交流史带入一个新时代"。③ 清代约有15个省向日本输出商品,最多的省份是江苏,出口商品有80余种,书籍出口数量列第一。据严绍璗研究,日本长崎第五代图书检查官向井富氏编纂的《商船舶来书目》记载,自康熙三十二年(1693)至嘉庆八年(1803)110年间,共有43艘中国商船运输图书至长崎,出口图书品种达4781种。④据日本学者大庭脩统计,从日本正德四年(1714)至安政二年(1855)141年间,中国商船到达长崎港,共售出图书6630种,56844部。其中,多是

---

① 钱谦益:《病榻消寒杂咏》,《东涧诗集》下,《牧斋有学集》卷十三,《钱牧斋全集》,上海古籍出版社2003年8月版,第660页。
② 熊月之:《江南文化四变与海派文化红色文化诞生》,《解放日报》2020年5月27日第11版。
③ [日]松尾恒一:《明清时期中国东海、南海的海盗活动和记忆——兼与日本、中国、东南亚的宗教史迹印证》,《南国学术》2018年第4期,第621—631页。
④ 严绍璗:《汉籍在日本的流布研究》,江苏古籍出版社1992年版,第59—60页。

南京和宁波的商船。① 还有大量的走私贸易,其中书籍占相当比重。② 来江南的外国传教士、学者、外交家、商人等,也多收集购藏中国图书。明清江南的书船贸易将南书北运,书船成为国内图书流通的一大通道,书船还通过海运促进了中国与各国的图书贸易和文化交流,与西学东渐相辅相成,共同促进了不同文明之间的互鉴互融,推动了人类文明的进步与发展。

江南文化与外来文化交融发展,在开放包容中保持发展的活力。明末,欧洲耶稣会士来华传教,西学在中国渐次传播。钱谦益编《绛云楼书目》中将天主教图书列为一部,从一个侧面反映了天主教在江南的影响。就常熟一地来说,明代多天主教堂,连言子旧宅也曾成为天主教堂。③

---

① [日]大庭脩著,戚印平、王勇、王宝平译:《江户时代中国典籍流播日本之研究》,杭州大学出版社1998年版,第50—51页。
② 严绍璗:《汉籍在日本的流布研究》,江苏古籍出版社1992年版,第38页。
③ 常熟市地方志编纂委员会办公室标校:《重修常昭合志》,上海社会科学院出版社2002年版,第420页。

第二章　钱氏文化世家

江南多文化世家,常熟钱氏系吴越钱氏之后,也是常熟著姓望族、文化世家。钱陆灿论常熟族姓之盛说:"盖我虞族姓之盛,如孙氏、瞿氏、严氏、归氏、赵氏,若数百余年之家,则未有如我钱氏者也。钱氏之盛,则未有如我奚浦一支之盛者也。大行、宪副、宫保,科第联蝉,皆竹深之后。""竹深之后,既科第鼎食,徙而城居。"①吴越后裔钱氏是常熟一地历经数百余年的文化世家,名人辈出,多才多艺。钱氏尚文源远流长,常熟钱氏《春秋》学自成特色,延续了其通经汲古的经学传统,成为江南著名文化世家。

第一节　吴越钱氏后裔

吴越钱氏家族是指吴越国开创者钱镠及其后裔,对江南文化乃至中国文化产生过重要的影响。《钱氏世谱》清晰显示常熟钱氏为吴越钱氏后裔,据钱洪从孙钱椿年嘉靖间所修《钱氏世谱》载,常熟奚浦、鹿苑钱氏始迁祖为钱元孙,字亨父,号千一。宋南渡时,为通州太守钱迈之子,渡江安家在常熟的奚浦,于是世居常熟,享年59岁,墓在奚浦镇西南。② 千一公为吴越国开国君主武肃王钱镠十四世孙,上推十五世为隋

---
① 钱陆灿:《调运斋集》,《四库未收书辑刊》第7辑第23册,北京出版社2000年版,第730—731页。
② 常熟市地方志编纂委员会办公室标校:《重修常昭合志》,上海社会科学院出版社2002年版,第457页。

殿中将军钱瓛。钱谦益撰有一组《牧斋晚年家乘文》，详细记述了江南钱氏来源与本支族谱。钱谦益考证宗谱可据，其文精悍，行文或详或略，取史家旌戒之法，寓垂训意。①

钱谦益在《钱氏谱图序》中"推明本支、旁支之统"，明确常熟钱氏依庆系谱，以武肃王立国始祖、吴越第一世，以第十二世千一公玄孙为海虞始祖，述"钱氏之谱，肇于武肃王大宗谱"。② 所谓"端仁子孙家常熟"，荣国公即钱忱，为台州始祖，子端仁、端义、端礼。端仁子符、竽、箴，符子杨祖、光祖、届祖、昌祖，杨祖为常熟等支的支祖。

钱谦益在《宗法附议》中答复宗人问及祁国别立为祖、姚越皆宗、庆系宗魏国之礼，即回应《钱氏谱图序》所谓"宗谱之可据"。③ 钱谦益又撰《吴越钱氏旁支图序》，据《五代史记》等史书并核谱，考证"吴越子孙"，述"吴越之钱，可以序昭穆，列世次者，唯荣国后三支"，强调"古之儒者，讲求宗法"。④

钱谦益撰《族谱后录上篇》，述"谨考正旧文，作为谱传，武肃以降则略，千一以降则详；鹿园支则略，奚浦支则详。盖参仿欧、苏之例。其有征于国故者，则参用史法"，详录祖文僖"今吴越钱氏本支"，钱谦益本支自其祖先至其父亲：冀国公暄，彭城王景臻，荣国公忱，通州公迈，常熟始祖千一公元孙，行十五公绮，通九镛，八世祖通十琛，七世祖祥五友义及其子柳溪公宽，六世祖竹深洪，五世祖泰及其子元禄，高祖滨江元祯，曾祖体仁，先祖顺时及弟顺德、顺治、顺化，先考世扬。⑤ 钱谦益在《族谱后录下篇》中，述"谱录之详本支，详吾之所自出也。我钱氏渡江以来，八世而分二支，皆吾先王先公之后，其初一人之身也。录本支而阙大宗，如人身之有二手，奇左右焉，其可乎？鹿园支繁衍不下数千指"，因

---

① 伦明：《伦明全集》第 4 册，广东人民出版社 2017 年版，第 353 页。
② 钱谦益：《钱氏谱图序》，《牧斋晚年家乘文》，《牧斋杂著》，《钱牧斋全集》，上海古籍出版社 2003 年版，第 124—126 页。
③ 钱谦益：《宗法附议》，《牧斋晚年家乘文》，《牧斋杂著》，《钱牧斋全集》，上海古籍出版社 2003 年版，第 126—128 页。
④ 钱谦益：《吴越钱氏旁支图序》，《牧斋晚年家乘文》，《牧斋杂著》，《钱牧斋全集》，上海古籍出版社 2003 年版，第 128—130 页。
⑤ 钱谦益：《族谱后录上篇》，《牧斋晚年家乘文》，《牧斋杂著》，《钱牧斋全集》，上海古籍出版社 2003 年版，第 130—168 页。

用史法略记鹿园支,"鹿园之宗,独详德、衡一支"。①

钱谦益撰《谱图后序》,述吴越子孙散在四方者世系二十四派,强调"通谱之为宗法蠹"。② 钱谦益又撰《吴越钱氏本支图序》,述"宗法不讲,先王之子孙,日失其序,二百年于此矣",强调"以宗法断之,端仁则宗子也",批评"今浙之宗谱,有三失焉",因"谨作本支旁支二图,以告于宗人"。③

钱谦益还在《故叔父山东按察司副使眘池府君行状(代先大夫)》中记述:"钱氏之先,始于篯铿。其后吴越武肃王始有土地,家世蕃衍。有宋之季,有通州太守讳迈者,其子曰千一公,讳元孙,渡江家常熟之奚浦,遂世居常熟。自千一以下至府君,凡十二代。"④

《钱氏世谱》所载钱氏之先始于篯铿,即大彭氏国始祖,因受封于彭城建立大彭氏国而被后人尊称为彭祖。篯铿后代姓氏很多,氏族血缘最近的主要有篯、钱、彭、韦等姓。其中,钱姓鼎盛期是在五代吴越国王钱镠之后。钱镠发达后,曾进行了一次规模颇大的寻根问祖活动。他让人从古籍中查找整理,对钱姓之沿革进行了梳理,排出一个世系表。在此表中,他是黄帝的后裔,从他开始,又列出钱氏庆系一宗,钱镠为庆系始祖,钱惟演撰有《钱氏庆系谱》《钱氏庆系图》。

《钱氏世谱》所载钱氏之著,肇于武肃王大宗谱。钱镠(852—932),字具美,一作巨美,小字婆留,杭州临安人。钱镠治国有略,心系百姓,曾修捍海石塘,疏浚西湖,留得西湖翠浪翻,致力于水土治理,发展农桑,繁荣了两浙经济,深得民心。钱镠修身治家谨严,曾两度订立治家"八训""十训",其中,教育后人"宣明礼教,读书第一"。钱镠父子开创吴越国,连续三代五主均受中原王朝册封,保一方平安。钱氏后人秉承祖训,绍续家风,书香绵延,代有人才。宋朝皇帝称"忠孝盛大唯钱氏

---

① 钱谦益:《族谱后录下篇》,《牧斋晚年家乘文》《牧斋杂著》,《钱牧斋全集》,上海古籍出版社2003年版,第168—184页。
② 钱谦益:《谱图后序》,《牧斋晚年家乘文》《牧斋杂著》,《钱牧斋全集》,上海古籍出版社2003年版,第184—186页。
③ 钱谦益:《吴越钱氏本支图序》,《牧斋晚年家乘文》《牧斋杂著》,《钱牧斋全集》,上海古籍出版社2003年版,第186—188页。
④ 钱谦益:《故叔父山东按察司副使眘池府君行状(代先大夫)》,《牧斋初学集》卷七十五谱牒二,《钱牧斋全集》,上海古籍出版社2003年版,第1648页。

一族","清乾隆帝南巡时御赐"清芬世守"匾额。吴越钱氏家族被誉为"千年名门望族,两浙第一世家"。

吴越国的五位国君,另外四位是钱元瓘、钱佐、钱倧、钱俶。

钱元瓘(887—941),字明宝,原名传瓘。钱镠第七子,吴越第二位国君。继承王位后,遵从钱镠遗命继续推行尊奉中原的政策,任命处州刺史曹仲达为知政事协助处理朝政,设置择能院选拔文人名士,劝课农桑,鼓励百姓垦荒耕田,积极发展与日本、朝鲜半岛古国的良好关系,保障吴越国的太平局面。著有《锦楼集》十卷。

钱佐(928—947),原名钱弘佐,字元佑,一作字祐。钱元瓘第六子。吴越第三位国君。钱佐喜好读书,能为五七言诗。礼贤下士,亲自勤理政务。

钱倧(929—975),原名钱弘倧,字隆道。钱元瓘第七子,吴越第四位国君。开运四年(947)三月至十二月在位,性明敏严毅。

钱俶(929—988),原名钱弘俶,小字虎子,改字文德。钱元瓘第九子,吴越末代国君。① 好吟咏,自编其诗为《正本集》。毕生崇信佛教,在位期间(948—978)大建佛寺,印造大量佛经、佛图。杭州、绍兴、湖州等地先后出土《陀罗尼经》等经卷多种,均有"天下都元帅吴越国王钱弘俶印造"等字样。后于北宋开宝七年(974)赐钱于释延寿,使之以绢素印《二十四应现观音像》两万本。吴越王室藏书颇富,其间两经火灾,到宋太平兴国三年(978)钱氏归宋时,尚有不少书籍运送宋都汴梁。

《十国春秋》记钱氏王室子孙雅爱儒术,性喜藏书,尤其是钱传瓘、钱文奉、钱惟治、钱惟演等均为文化名人。

钱传瓘(878—913),本名传错,后改传瓘,又称元瓘。钱镠第三子,一说长子。天性英敏,十分喜欢儒学,藏书有数千卷,善于骑马射箭,工于草书、隶书。

钱文奉(909—969),字廉卿,自号知常子。钱元璙次子。初以父荫为苏州指挥都使,后迁节度副使。父卒,代知苏州中吴军节度使,累加

---

① 吴建华:《吴越国王钱俶墓志考释》,《中原文物》1998年第2期,第84—90页。

太尉、中书令,镇苏州30余年,俭约镇靖,郡政循理。钱文奉收藏古籍和古器数量颇多,且精于鉴别。

钱惟治(949—1014),钱弘倧长子,受钱弘俶喜爱,收为养子。幼好读书,乾德四年(966)授宁远军节度使。太宗嗣位,进检校太尉。善于草隶,尤好二王书,家藏各种碑帖和图书万余卷,多异本。

钱昱(943—999),字就之。钱弘佐长子、钱俶侄。官吴越秀州刺史、福州刺史。从俶归宋后,授白州刺史。献《太平兴国录》一书,改任秘书监一职,主管国家藏书之事。曾以钟、王墨迹8卷以献,有诏褒美。宋太宗至道二年(996)授鄂州团练使。性好聚书,以藏书画知名。喜吟咏,多与朝中大夫相唱和。工尺牍,兼能书画琴棋。著有《贰卿文稿》二十卷、《竹谱》三卷等。卒年五十七,赠太师,封富水侯。

钱易(968—1026),字希白。为吴越王钱倧子。钱俶归宋,钱氏宗室、大臣多封官,唯钱易与兄钱昆不被录用。于是发愤读书,立志科举入仕。真宗朝时,17岁举进士,但因在殿试时三道题不到半天答完,被斥为"轻俊",不仅御试没通过,连进士资格亦被免去,钱易由此闻名于世,博得"才子"美名,有人称其诗才不在李白之下。咸平二年(999),复举进士,钱易自感可得第一,但主考官不公,将他列为第二。钱易不平,上书朝廷,对本朝科举多有讥讽。宋真宗阅后不快,又将他降为第三名。次年为光禄寺丞、通判蕲州。他为官能体察民情,对官吏滥用酷刑深恶痛绝,奏请废除非法之刑,受到真宗嘉奖。景德二年(1005),举贤良方正,除秘书丞、通判信州。宋真宗东赴泰山封禅,钱易进献《殊祥录》一书,改任太常博士、直集贤院。后曾受命修《车驾所过图经》。又为知制诰,天圣三年(1025)为翰林学士,不久去世。钱易才学瞻敏,为文数千百言,援笔立就。又善绘画,工行草书。藏书亦多,利用藏书著有《金闺瀛洲西垣制集》《青云总录》《青云新录》《南部新书》《洞微志》等。

钱惟演(977?—1034),字希圣。钱俶子。少即好学,太平兴国三年(978),从父归宋。任右屯卫将军。真宗时,招入学士院。咸平初,任太仆少卿,进《咸平圣政录》。景德中,入直秘阁,修《册府元龟》,并与杨亿分纂部门序。大中祥符八年(1015)为翰林学士。仁宗时,拜枢密使。

修《册府元龟》时,与杨亿、刘筠等人唱酬。其诗以李商隐为宗,追求辞藻,好用典故。后由杨亿汇辑成《西昆酬唱集》二卷,共收17人、248首诗,形成宋初一大诗派即西昆体,在宋初诗坛风靡几十年。他学识渊博,著作丰富,著有《典懿集》《枢庭拥旄前后集》《伊川汉上集》《金坡遗事》《飞白书叙录》《逢辰录》《奉藩书事》等,又辑吴越国五代国君之诗编为《传芳集》。钱惟演家藏书至数千卷,可与秘府相较,尤其收藏有很多古代书画。

《钱氏世谱》所载冀国公暄,即钱惟演子钱暄(1018—1085),字载阳。以荫累官驾部郎中,知抚州、台州,有治绩,官至宝文阁待制。性嗜学,仁宗皇祐间曾著《后汉功臣年表》,藏于秘阁。

《钱氏世谱》所载彭城王景臻,即钱景臻(1055—1126),字道邃。钱惟演孙、钱暄子。曾封为彭城王。宋仁宗第十女秦鲁国大长公主驸马,官至少师、安武军节度使,封康国公。

《钱氏世谱》所载荣国公忱,即钱忱(1083—1151),字伯诚。能诗,钱暄之孙,钱景臻与秦鲁国大长公主长子。历神、哲、徽、钦四朝,曾任秦延芑诸州团练防御使、宁武泸州二军观察留后承宣节度使等,开府仪同三司、检校少师,累赠太师、汉国豫国公,绍兴十五年(1145)封荣国公。有子端仁、端义、端礼。钱端仁(1100—1130),字迪道,与弟端礼、端义均于北宋末年出生在河南开封,因"靖康之难"随同全家逃往江南,绍兴初定居台州。端仁有子符、竽、箴。钱符,字合父,授浙江安抚使、直秘阁、中散大夫,有子杨祖、光祖、届祖、昌祖。钱杨祖为常熟、江西、湖北各支祖,光祖为武林支祖,届祖为桐城支祖,昌祖为溧阳城南始迁祖。

《钱氏世谱》所载通州公迈,即钱迈,字伯高。忱五世宗子,杨祖子。进士,知通州,卒于官。子元孙、思孙、宪孙、奕孙、文孙、诒孙。

第二节　常熟钱氏世家

钱谦益《钱氏谱图序》记述钱氏第十二世千一公玄孙为海虞始祖,

以十七世通九公镛为鹿园始祖,通十公琛为奚浦始祖。①

《钱氏世谱》所载常熟始祖千一公元孙,即钱元孙,字亨父,号千一。钱迈长子。随父官通州,渡江居常熟奚浦。其弟思孙、宪孙、奕孙、文孙、诒孙均列吴越十二世孙子辈兄弟,居于台州。从此开始,荣国公钱忱一支里常熟与台、越分居。钱元孙子绮、绂、纲。《重修常昭合志》载:"高士钱元孙墓,在奚浦镇西南。"注:"元孙,字亨父,号千一,吴越王十四世孙。为奚浦、鹿苑钱氏始迁祖。钱谦益《族谱·后录》云:名三千里茔,族称为东古坟,以下匝世皆祔。"②《重修常昭合志》又载钱元孙曾孙钱昌宗,字通宝,"自台州徙常熟,占宅奚浦,杂迹耕渔间,遂大起其家。补官承信郎,为奚浦钱氏始祖。昌宗喜任侠,智略过人。至正中,盗起江淮,所在榛莽。昌宗聚其乡之子弟,演习兵仗,守望有期,防御有策,贼戒犯钱公界。岁凶,乡人皆仰给焉。事闻于朝,嘉其义,补官承事郎。雅好文墨。子镛、珍。"③所谓钱昌宗"自台州徙常熟",或指移台州籍,入籍常熟。据钱谦益考证,通州公钱迈"守通在南宋咸淳、德祐间。公卒官,元兵塞路,千一遂奔常熟"。④

《钱氏世谱》所载行一五公绮,即钱绮,钱元孙长子。子钱渚,字以清。钱渚子钱煜,皇庆初,例补大都主司都事。

钱昌宗(1313—1364),字通宝。钱煜子。生于皇庆二年,纳粟补都官。至正二十四年十二月卒,年五十二。钱昌宗子钱镛、钱玺。钱镛,《钱氏世谱》所载通九镛,荣国公钱忱一支十一世宗子,传鹿园,钱玺传奚浦,称二祖,钱昌宗为合祖。⑤ 鹿园,一作鹿苑,在常熟县西北七十里,世传吴王豢鹿之所。明宣德间,钱衡任吏部稽勋主事,易名禄园。钱

---

① 钱谦益:《钱氏谱图序》,《牧斋晚年家乘文》,《牧斋杂著》,《钱牧斋全集》,上海古籍出版社2003年版,第124—126页。
② 常熟市地方志编纂委员会办公室标校:《重修常昭合志》,上海社会科学院出版社2002年版,第457页。
③ 常熟市地方志编纂委员会办公室标校:《重修常昭合志》,上海社会科学院出版社2002年版,第1145页。
④ 钱谦益:《族谱后录上篇》,《牧斋晚年家乘文》,《牧斋杂著》,《钱牧斋全集》,上海古籍出版社2003年版,第137页。
⑤ 钱谦益:《族谱后录上篇》,《牧斋晚年家乘文》,《牧斋杂著》,《钱牧斋全集》,上海古籍出版社2003年版,第139页。

德、钱衡、钱建、钱鲋、钱籍、钱筹、钱庶、钱泮、钱琛、钱班、钱部、钱升、钱亨、钱岱、钱时俊、钱裔肃、钱曾、钱沆，即鹿园一支出，亦科第鼎食。钱德五世孙钱籍嘉靖十一年（1532）进士，籍族弟钱庶嘉靖二十九年（1550）进士，钱泮嘉靖三十八年（1559）进士，钱岱隆庆五年（1571）进士，钱岱子钱时俊万历三十二年（1604）进士。

《钱氏世谱》所载八世祖通十琛，即钱琛（1329—1412），字时用。荣国公钱忱一支十一世介子，享年八十四。子友安、友义。

《钱氏世谱》所载七世祖祥五，即钱友义（1370—1432），字子华，钱琛第三子。宣德七年卒，享年六十三。钱友义子广、宽、洪。广，字伯广，年三十卒。

钱友义子以钱宽、钱洪为知名，列入"景泰十才子"。奚浦支又有"柳溪""竹深"之分。钱氏藏书即自"理平公及其兄理容公"始。柳溪堂、竹深堂，收藏古籍和琴剑彝鼎，兄弟且耕且读，赏鉴其中。这是钱谦益期望继承的"吾祖风流"。

钱宽（1404—1468），字理容。承事郎，与弟洪同学，涉猎经史，议论风发。俭而好施，赒族赈乡。宅在常熟奚浦，种柳环堂，名"柳溪"，人呼"柳溪处士"。有振德堂、雅趣堂，又辟宝善堂，皆茅檐竹壁，规制古朴。① 成化四年卒，享年六十五。著有《柳溪堂集》。宽孙钱椿年，字宾桂，人称"友兰翁"，著《茶谱》，载钱谦益《绛云楼书目》。椿年子钱学，字汝明，号奚川，正德丙子举人，乌程知县，著《文明堂集》，选录吴兴人诗为《吴兴诗选》六卷，选录自梁至明五朝凡百二十四人，唐枢序，自跋"乌程为吴兴属邑，萃阖郡之良，得诗若干首，编校铸梓"。② 钱宽子钱颐，字吉昌，以儒行治家。钱颐子鹤年、彭年、椿年、舜年。钱椿年子钱学，字汝明，乌程令。钱椿年孙兑、允，钱兑，字仲贞，官应天府推官、道州刺史、潮州同知。

钱洪（1406—1463），字理平，自号竹深处士。谱云散官，遍读诸子

---

① 钱陆灿纂康熙《常熟县志》卷十四《第宅》载："钱宽宅在奚浦，有振德堂，杨砻记，有雅趣堂，汤胤记，皆茅檐竹壁，规制古朴，又辟宝善堂，聂大年记。"
② 常熟市地方志编纂委员会办公室标校：《重修常昭合志》，上海社会科学院出版社 2002 年版，第702 页。

百家之书，与兄钱宽同称"吴中七才子"，以能诗好客称，一时名辈如刘溥、汤胤、沈周均与之游。沈周曾为钱氏绘《奚川八景图》，钱氏世代珍藏。钱谦益在《跋汤公让〈东谷遗稿〉》中记："吾七世祖竹深府君，节侠有文。于时名人如晏铎振之、聂大年寿卿、方荣华伯、刘溥原博，皆定文字交，而于汤胤公让为尤深。今《东谷遗稿》所载《永福庵记》《奚浦观音堂碑》，为府君祖父作也。《振德堂记》《铁券歌》，为府君兄弟作也。《平轩记》《竹深堂水月舫》诗赋，为府君作也。"①钱谦益又撰《跋刘原博〈草窗集〉》，记其七世祖："余七世祖竹深府君，讳洪，字理平，景泰中以国难输马于朝，得赐章服。其南还也，朝士多赋诗宠行，先生诗为压卷，今载《草窗集》第八卷中。先生为景泰十才子之冠。土木之难，奉使边塞，作为诗歌，感激悲壮，有'塞雁南旋又北旋，上皇消息转茫然'之句，朝士皆为流涕。读先生之诗者，苟有忠君爱国之心，斯可以兴矣，况有先世遗文在乎！吾子孙其宝藏之。"②钱洪名下田亩众多，为邑中富豪，宅在常熟奚浦，有尚义堂，种竹数十亩，筑堂其中，名"竹深处"，即以自号。③钱洪度量阔达，倜傥好义，修家规，立宗法，修世谱，周知土俗水利，生平赈恤疠，施棺椟，置义冢，耆老名其堂"尚义"。景泰五年（1454）、六年（1455），常熟相继遭旱、水灾，钱洪捐资赈济五百余家。曾请开浚奚浦，身董其役。正统十一年（1446），山阴吕升撰《疏奚浦港建桥记》称："钱洪等请于部院，经始于正统甲子，讫工于次年。"④与兄在奚浦建市。康熙《常熟县志》卷五《市镇》十五记："奚浦市，在南沙乡，去县七十里，正统间居民钱氏所创，甃石为通衢，近江，可通商舶。"正统八年（1443），海运漂没，钱洪具舟捞救，全活无算。著有《竹深遗稿》《竹深堂诗集》四

---

① 钱谦益：《跋汤公让〈东谷遗稿〉》，《牧斋初学集》卷八十五题跋三，《钱牧斋全集》，上海古籍出版社2003年版，第1785页。
② 钱谦益：《跋刘原博〈草窗集〉》，《牧斋初学集》卷八十五题跋三，《钱牧斋全集》，上海古籍出版社2003年版，第1785页。
③ 钱陆灿纂：康熙《常熟县志》，《中国地方志集成·江苏府县志辑》第21册，江苏古籍出版社1991年版。"竹深处"一作"竹深堂"，龚立本《常熟县志》卷四《第宅》："竹深堂在奚浦，钱洪宅。性嗜竹，环所居植之，故以名堂，汤胤题。"汤胤《题钱理平竹深处》："瘦不胜衣强著冠，肩舆一馨子犹欢。日光碎布金三顷，秋色高攒玉万竿。幸备酒尊催急鼓，忍看菹笋簇深盘。九天雨露虽如许，长展无由数就看。"见民国五年（1916）丁秉衡（国钧）据恪古堂写本重抄本，第52页。
④ 常熟市地方志编纂委员会办公室标校：《重修昭合志》，上海社会科学院出版社2002年版，第912页。

卷,《明史·艺文志》作《钱洪诗集》四卷。钱洪墓在常熟凤凰山北麓蔡墩之右,名河阳茔,成化二年(1466)葬。1949年后,在港口乡凤凰山北麓(今属张家港市)出土有《明故义官钱公理平墓志铭》,郡人徐俌撰文,琴川魏祐书丹。

钱谦益撰有《石田翁图奚川八景图歌》,小序记:"《奚川八景图》,石田翁为七世祖理平公及其兄理容公作也。二公家世耕读,隐于奚川,撮其胜概,厘为八景,学士大夫咸歌咏之,石田为补图而系之以诗。然而家谱失载,家人宗老亦罕知者,则其去吾家久矣。广陵李沮修见之于金陵王氏,询知为吾家故物,购以见诒。百三十年之后,顿还旧观。"从钱家丢失的《奚川八景图》130年后回归,于是钱谦益"焚香展卷,欣慨交集",作诗颂先祖功业,称:"清平之世忠孝家,有此识字耕田夫。吾祖风流良可继,子孙不耕且读何其愚。"①程嘉燧作有《和牧斋题沈石田奚川八景图歌》。②

《钱氏世谱》所载五世祖泰,即钱泰(1426—1510),字松岳,钱洪长子。授七品散官,好义一如其父,少力学,诗文清丽,著有《益斋稿》《名家唱和诗》。③ 钱泰子元禄、元祜、元祯、元祥、元祾。钱元禄,字臣爵。以赀入太学,授鸿胪寺序班。钱元禄子券、敕、勋。钱敕,字思卿,正德中以赀补太仓卫千户,累著劳绩。敕子汝孝,字道原,号铭庵,监生,一云青衣寄学,博览子史,口若悬河,晚工诗,著有《经传史通》《评史匙论》《铭庵诗文集》。

《钱氏世谱》所载高祖滨江元祯,即钱元祯(1480—1521),字仕爵。钱泰子。好读书史,以赀补郎。正德十六年卒,年四十二。夫人江阴赵氏,系清献公赵抃后人。

钱体仁(1509—1574),字长卿,号海西,晚号虚庵。钱泰孙。钱谦益述其曾祖少遭闵凶,成为孤童,家业中落。然而曾祖振兴家业,待人接物严谨稳重。生子五人,元兄顺时、仲子顺德,两子掉鞅文闱,思一大

---

① 钱谦益:《石田翁图奚川八景图歌》,《崇祯诗集》卷六,《牧斋初学集》卷十,上海古籍出版社2003年版,第312—313页。
② 程嘉燧:《耦耕堂集》诗卷上十六至十七,《续修四库全书》集部第1386册。
③ 钱谦益:《族谱后录上篇》,《牧斋晚年家乘文》,《牧斋杂著》,《钱牧斋全集》,上海古籍出版社2003年版,第146—147页。

振起之,易衣并食,焚膏宿火,蚊虻肤,则纳其足两瓮中,专勤不懈。积数十年,先后中进士。生前,得见两子先后中进士,得以主持嗣孙世扬娶顾家侧室所生女,又见幼子顺理侧室所生女出嫁顾家,但怀长子顺时英年早逝之痛。又记其曾祖"少孤,无强近可倚。间里谓覆巢遗卵,争蹈藉之"。① 康熙《常熟县志》载钱体仁:"居家敦崇孝友。岁时家祭,伏地哀哭。顺德官比部,邮书训诫以廉戒,自守清白,相传为言。又言:'盘费缺少,家中当接济。昔人云:子孙贤,要钱做甚么。'诚格言也。其家法如此。"② 钱体仁博通经史,著《虚窗手镜》十卷,汇采古今嘉言善行,尤重节义瑰奇之行。墓在让塘内九房桥,名长兴茔,万历五年(1577)葬,严讷志墓。妻赵氏,卒于万历辛巳年,享年75岁。子顺时、顺德、顺治、顺理、顺化。顺时有子世扬。顺德有四女三子,前二子先父亡。顺理22岁亡,顺理妻为工部侍郎徐恪之孙女钱徐氏,即钱谦益从祖母,未期岁而夫卒,寡居守节50余年,钱谦益崇祯十二年(1639)撰《明旌表节妇从祖祖母徐氏墓志铭》。顺理过继顺德第二子世显亦早亡,复过继世显之子谦贞。顺治24岁亡。顺化有一子。

钱顺时(1532—1560),字道隆,号竹所。钱体仁长子。嘉靖三十四年(1555)举人,嘉靖三十八年(1559)登进士,行人司。奉命饷辽军,抵辽中寒得病,竣事给假归。抵家未弥旬而卒,年二十九,子世扬甫7岁。顺时为文空灵吞吐,横见侧出,倜傥有大志,讲求天文、律历、河渠、兵农诸家之书,汇编成《资世文钥》百余卷,旁猎医卜、方技,无不该洽。③ 妻卞氏寡妇弱子独撑门户,卒于万历甲辰年,享年74岁。

钱顺化(1532—1609),字道光,号存虚君。奉佛,杂学参同悟真诸书。好施与,后家业中落。妻黄氏生一女,嫁于谭。侧室陈氏生子世美。万历三十七年卒,年七十八。④

---

① 钱谦益:《族谱后录上篇》,《牧斋晚年家乘文》,《牧斋杂著》,《钱牧斋全集》,上海古籍出版社2003年版,第154—156页。
② 钱陆灿纂:康熙《常熟县志》,《中国地方志集成·江苏府县志辑》第21册,江苏古籍出版社1991年版。
③ 钱谦益:《请诰命事略(崇祯元年九月)》,《牧斋初学集》卷七十四谱牒一,《钱牧斋全集》,上海古籍出版社2003年版,第1634页。
④ 钱谦益:《族谱后录上篇》,《牧斋晚年家乘文》,《牧斋杂著》,《钱牧斋全集》,上海古籍出版社2003年版,第163—164页。

钱顺德(1335—1600),字道克,别号春池,顺时弟。嘉靖四十四年(1565)进士,授刑部主事、郎中,历官常德知府、兴化知府、浙江按察司副使、山东按察司副使,致仕归,卒于万历二十八年十二月初六日,享年66岁。妻赵氏,育三女子。侧室沈氏,有长子世臣、次子世显、幼子世熙。沈氏小顺德37岁,钱谦益崇祯四年(1631)撰《奉寿从祖母徐夫人六十序》述:"始吾家祖父,孝友悌爱,施于再世。从祖父实以元兄事我先君,长而益共。履之少而孤,夫人训迪之,令移其先人之事先君者事我。余之于夫人,虽从祖母,不啻犹叔母也。"①世臣(1569—1598),字忠甫,生于徐州,小名徐州,淑茂温文,有淑人君子之度,从世扬游。万历二十六年病卒。世显(1572—1595),字令甫,性伉爽,多才艺,学书鼓琴,习射度曲,游戏及之,即老于其技者自谓弗如。万历二十四年病卒。子谦贞。

钱顺治,年二十四卒,以顺德子世显及其子谦贞为嗣。

钱顺理,年二十二卒,亦顺德子世显为后。

钱希言(1573—1638),字象先,号简栖。顺时、顺德从子。诸生。以家难避居郡城。博览好学,刻意为声诗。② 著有《辽志》、《剑策通记》、《赋湘楼集》、《小辋川集》、《松枢十九山》、《桐薪》三卷、《戏瑕》三卷、《听滥志》四卷、《狯园》十六卷、《西浮集》、《荆南诗》、《樟亭集》、《二萧篇》、《桃叶编》、《织里草》、《讨桂编》。③ 日本藏有万历间刻本钱希言撰《松枢十九山》五十六卷、四十六册。④

钱世扬(1554—1610),字士兴,一字孝成,又字称孝,号景行,自号聱隅子,钱顺时子。少孤,锐志功名,不问家人生产,家益旁落,从严讷学,17岁补博士弟子。"性易直坦率","不耐曲折,送往事居,不侵然

---

① 钱谦益:《奉寿从祖母徐夫人六十序》,《牧斋外集》卷十一寿序二,《牧斋杂著》,《钱牧斋全集》,上海古籍出版社2003年版,第719—721页。
② 常熟市地方志编纂委员会办公室标校:《重修常昭合志》,上海社会科学院出版社2002年版,第1176页。
③ 常熟市地方志编纂委员会办公室标校:《重修常昭合志》,上海社会科学院出版社2002年版,第703页。
④ 黄仁生:《日本现藏稀见元明文集考证与提要》,岳麓书社2004年版,第326页。

诺","天资仁恕","遇豪右势要,不可于意,责数其过失,虽频赤喘汗弗顾"。① 自视甚高,曾在自家门上书谢灵运诗句"既秉上皇心,岂屑末代消",以见志。万历十九年(1591)副榜,治《春秋》胡氏学,好谈古今忠节奇伟事,与东林党人顾宪成同学,论士喜狂简,论文善养气。交与者顾叔时、瞿元立、陈锡玄、李伯樗,从游者翁宪祥、翁应祥、瞿纯仁、何允泓及同宗钱时俊,均以经师兼人师,不局促章句间。其八股文被"颁示六馆,著为程序"。通《春秋》,授弟子许俊、翁兆隆及何平仲、季穆兄弟。钱谦益《初学集》卷七十四《请诰命事略(崇祯元年九月)》记其父世扬"年十二三,能谙记《五经》《史记》《文选》,凡百余万言。世授胡氏《春秋》,收拾旁魄,搜逖疑互。既成,以授学者。学者咸师尊之,从而执经考疑者继于门"。② 又记其先君遗言:"吾拮据场屋,不得称系籍圣贤,汝能继吾志,取上第,为近臣,吾有子矣。汝厚自矜奋,以三不朽自励,毋以三不幸自狃。上报国恩,下绳祖武,乃真吾子也。二酉未免襁褓,呱呱可念,当以子蓄之。汝必不愧吾言,吾死何憾?"③ 钱世扬著有《春秋说》十卷、《古史谈苑》三十六卷、《彭城世征》十卷、《聱隅子》、《吹藜阁杂俎》。好藏书、刻书,有吹藜阁藏书室。刻印过自撰《古史谈苑》,其后人亦以吹藜阁名义用铜活字排印过钱陆灿《文苑英华律赋选》四卷。妻顾氏,生长子谦益。次子二酉,万历三十九年(1611)两岁殇。侧室生女二人,长嫁严枢,次嫁归士琮。

钱谦益(1582—1664),字受之,号牧斋,又号蒙叟、东涧遗老,别署东吴蒙叟、籛后人、旧史官、石渠旧史、虞山先生、虞山老民、绛云老人等。钱世扬子。生于常熟城东宾汤门内坊桥西。万历三十八年(1610)探花,授翰林院编修,官至礼部侍郎。入清,任礼部右侍郎。好收藏图书,其绛云楼藏书当时被推为大江南北第一。今存钱谦益墓,位于常熟西门虞山锦峰拂水岩下花园浜,环山公路南侧,有拜台、罗城。罗城内

---

① 钱谦益:《族谱后录上篇》,《牧斋晚年家乘文》,《牧斋杂著》,《钱牧斋全集》,上海古籍出版社2003年版,第166页。
② 钱谦益:《请诰命事略(崇祯元年九月)》,《牧斋初学集》卷七十四谱牒一,《钱牧斋全集》,上海古籍出版社2003年版,第1635页。
③ 钱谦益:《先父景行府君行状》,《牧斋外集》卷十四行状,《牧斋杂著》,《钱牧斋全集》,上海古籍出版社2003年版,第738—746页。

墓穴三冢，坐北面南，主穴为其父钱世扬及母顾氏，墓前立石灰石碑一通，正中镌刻"明赠光禄大夫宫保礼部尚书景行钱公之墓"，上首镌刻小字"讳世扬字称孝，号景行，邑庠生以子贵赠如官，先配顾氏一品夫人，子谦益、孙上安，曾孙锦城袝"，下镌刻小字为"嘉庆二十四年七月奚甫、禄园二支同立石"。昭穴为钱谦益墓，墓前立石碑一通，金匮钱泳书，正中镌刻为"东涧老人之墓"，上首镌刻小字为"集东坡先生书"，下首镌刻小字为"尚湖渔者题"。在题词下面有印章两方，一方为"吾意独怜才"，另一方为"尚湖渔者"。另存柳如是墓，位于钱谦益墓西侧约50米处。康熙三年（1664）柳如是卒后，由钱谦益门生王梦鼎、陈式、严熊、顾岭等营葬于原拂水山庄秋水阁庭中。陈文述《颐道堂文钞》卷四载有《重修河东君墓记》，述其寻找并重修已荒废的柳如是墓的经过。

图1　钱谦益像

钱谦益妹钱氏（1585—1639）嫁严枢（1583—1643），字子若，严讷（1511—1584）孙、严治（1535—1602）子。钱谦益撰有《亡妹严氏孺人合葬志》，记妹妹："习劳执勤，不惮夙夜。叔妹妯娌，列屋如鸡栖，庭户交错，机杼之声相闻，处之怡怡然，訚訚然，未尝有违言谇语也。"记妹夫："子若习举子不就，性好聚书，故家旧里，冷摊小肆，翻阅访求，如有弗得……久之聚书至数千卷。贾人多就钞传写，因以购得秘本，营求贸易，辗转不厌，其得以穷老自娱，亦用此也。"①

钱谦益妻陈氏生子佛霖，妾王氏生檀僧，均夭折于明天启元年（1621）之前。天启三年（1623），侍妾微生子寿耇，天启七年（1627）殇。

钱谦益四子上安，崇祯二年（1629）妾朱氏生，原名孙爱，字孺饴，一作孺贻，性孤介绝俗，顺治三年（1646）举于乡，康熙十四年（1675）任河南永城知县。康熙《常熟县志》载钱孙爱："政最，今补大理评事，假归。"

---

① 钱谦益：《亡妹严氏孺人合葬志》，《牧斋初学集》卷七十四谱牒一，《钱牧斋全集》，上海古籍出版社2003年版，第1645—1647页。

归乡后,曾参订康熙《常熟县志》。光绪三十年(1904),郑钟祥、张瀛、庞鸿文等修《常昭合志稿》载钱孙爱致仕返里后,性情落寞,"闭户不见一人,即子孙罕见之"。

钱谦益与柳如是育一女,顺治五年(1648)生,顺治十八年(1661)招婿赵管(字微仲)入门。

钱谦益长孙名佛日(1651—1658),小名桂哥,顺治八年生,十五年中秋殇。钱谦益为作殇诗四十五首。钱谦益《跋宋史四百九十六卷》后记:"六月十一辛亥日,又举一孙,外舅年七十五,为名之曰台孙。"①

钱锦城,字镜先,号临皋。钱谦益孙,上安子。监生。承家学能诗,谦益晚岁里居,每集邑中少俊于半野堂,授简赋诗,次其甲乙。著有《卧筐集》二卷。钱陆灿《调运斋集》有《初夏杂诗》:"应是弥明便旋后,鼎中灰地已成寒。"自注:"谓牧斋公。时镜先弟推领诗坛,作此谢之。镜先,公之孙也。"王应奎《柳南随笔》载:"钱锦城,字镜先,宗伯孙也。少以诗名,有集一卷,其家副宪为序。"据钱廷镛、钱廷焘、钱廷钰辑《常熟奚浦支竹深公派》载,钱锦城有六子崿、岍、岘、峣、嵝、崈。钱崿,字雁津。有三子若曾、式曾、楷曾。其中式曾有子国兴,楷曾有子朝兴。钱岍,有二子杞、楠。钱岘,有子梓,梓有子绍烈。钱峣,有子桂。钱嵝、钱崈,均无子。国兴、朝兴、绍烈之子孙失载无考。

钱谦贞(1593—1646),字履之,晚号耐翁,私谥孝节。顺德孙,世显子,与钱谦益同为钱体仁曾孙。诸生。早孤嗜学,后谢绝举子业,一心读书求志,与魏冲、冯舒等相与论诗度曲。初为诗,好刘长卿、韦庄、罗隐、许浑之作,后更深于韩、杜、元、白,尤善书法。著有《未学庵诗稿》十卷,分《尺五》《得闲》《怀古》《愚公》四集,附《耐翁先生集外诗》一卷,冯舒等序。冯舒《怀旧集》载:"履之清姿玉立,好读书,工书法,诗歌南曲皆不学而能。与人交似落落,久而不衰,弥见其笃。"②喜欢藏书、抄书,曾建怀古堂以奉养老母,建竹深堂以贮书,校雠不停。王应奎《柳南随笔》载:"吾邑钱谦贞履之亦与受之尚书为从兄弟,当受之在前明时,声

---

① 钱谦益:《跋宋史四百九十六卷》,《牧斋集再补》,《牧斋杂著》,《钱牧斋全集》,上海古籍出版社2003年版,第924页。
② 陈田:《明诗纪事》,上海古籍出版社1993年版,第3500页。

势与(顾)华玉埒。而履之所居怀古堂,亦与受之隔一垣。尝属莆田宋比玉八分书杜句为堂联云:'钟鼎山林各天性,浊醪粗饭任吾年。'其不肯相下之意,隐然可见。"①崇祯十七年(1644)刻自撰《未学庵诗稿》十卷,抄有唐李群玉《李群玉集》三卷《后集》五卷、杜荀鹤《唐风集》三卷、李益《李君虞诗集》二卷、方干《元英集》八卷等。所藏书有"钱履之读书记""竹深堂"钤记。

钱孙保(1624—1671),字求赤,一名容保,号匪庵,别署木讷逸人、木讷野人。谦贞长子,赵士春婿。绰有父风,勤读书,每日读书,当夜必记载卷末,校勘精审。著有《赤学庵诗集》十卷,评明代诗文有《匪庵四书明文选》十卷补格一卷。藏书室名怀古堂、匪庵、鞠庵,所藏书多经其校跋,抄有《周易注疏》十三卷、陆德明《经典释文》三十卷附《释文互注礼部韵略》五卷、《贡举条式》一卷、王彝《王常宗集》四卷补遗一卷。藏书有"钱求赤读书记""钱氏校本""钱印孙保"等钤记。

钱孙艾(约1626—约1645),字颐仲,初名孙谋。谦贞次子。工诗,早卒。著有《颐仲遗稿》一卷。亦喜欢藏书,常常与人通借抄录,朱黄不去手。孙艾藏书室名幽吉堂,所藏书有"钱氏幽吉堂考藏""颐仲""钱孙艾印"等钤记。

钱孙临,字允大,一号鸿蒙。谦贞族侄。多病而勤读。谦益令主红豆家塾,与冯班唱和,专为近体长句。《铁琴铜剑楼藏书目录》卷十九载《陆宣公集》二十四卷,钱求赤、钱孝修递藏,又有"钱孙临印""鸿蒙"钤记。②

钱兴祖,一名纯,字孝修,号幔亭。清常熟人。钱孙保从子。久馆京师,晚历边徼,年逾五十,以客死。熟史学,长于议论,有在兹阁藏书,所藏书有"虞山钱纯孝修氏原名兴祖""孝修""钱孝修图书印"等钤记,抄本版心有"在兹阁"三字。藏有从宋本影抄的《六韬》六卷,抄《十六国春秋略》十六卷等。

---

① 王应奎:《柳南随笔续笔》,中华书局1983年版,第39页。
② 瞿镛编纂,瞿果行标点,瞿凤起复校:《铁琴铜剑楼藏书目录》卷十九,上海古籍出版社2000年版,第502页。

第三章　早年读书生活

江南望族崇尚读书做人，把培养家族读书人作为家族的重要责任，以及维系家族不坠的重要途径。钱谦益自明万历十年（1582）出生至万历三十八年（1610）登第之前，经历了28年的成长与读书生活。钱谦益从小得到父母和长辈的精心呵护，受到良好的家庭教育，在肥沃的江南文化土壤中成长。

第一节　家庭教育

明神宗万历十年壬午九月二十六日，钱谦益生于南直隶苏州府常熟县城东宾汤门内坊桥西大户钱氏宅第。① 钱宅位于虞山东边，常熟县城东之坊桥。顺治十八年（1661）十月望日，钱谦益撰《恤庐诗》自述："牧斋老人，纨绮儿曹。少长祖第，县东坊桥。循墙而东，地一牛鸣。"②

钱谦益曾祖钱体仁博通经史，习书法，育子成才。钱氏家族为善乡里，先后多次助浚奚浦，其先钱宽、钱洪助周忱浚奚浦，邑人陈瓒撰有《重浚奚浦碑记》。钱体仁与子助浚奚浦，《重修常昭合志》载《重浚奚浦碑记》注："隆庆六年，金应徵撰，王嘉言书，石在恬庄中墅庵。略曰：钱

---

① 常熟市地方志编纂委员会办公室标校：《重修常昭合志》，上海社会科学院出版社2002年版，第436页、第322页。
② 钱谦益：《恤庐诗》，《红豆诗三集》，《牧斋有学集》卷十一，《钱牧斋全集》，上海古籍出版社2003年版，第555—556页。

体仁父子请于张盐院,更化刘巡按睿、蔡道国熙,连令三元实成之。工长四千四百二十丈有奇,阔五丈有奇,深六尺有奇。始于二月,讫于三月,费赎金千两余。"①钱体仁为善于乡,这为钱氏家族的发展营造了良好的外部环境。

钱谦益祖父钱顺时博览群书,撰有《资世文钥》。钱谦益在《请诰命事略(崇祯元年九月)》中记述祖父:"先祖与其弟副使公力学奋励,嘉靖己未,会试举《春秋》第一,观政吏部。……其饷辽也,从老成退卒,问讯虏情边事,登关城,望渝海,酹酒赋诗,慨然有吞胡出塞之思。是时辽东大饥,道殣相望。人或谓先祖南人,不耐苦寒,盍待发春而行。先祖曰:'吾一人寒,其忍十万人饥乎?'"②

钱谦益祖母卞氏含辛茹苦,教子有方。钱谦益在《请诰命事略(崇祯元年九月)》中记祖母卞氏:"先祖母卞氏,先祖背弃,年甫三十,先君生七年。祖母截发贮棺中,以立孤自誓。曾祖父性严重,奉事惟谨。庀治丧事,必先诸叔,曰:'吾冢妇,弗敢后也。'分财产,戒先人无取赢,曰:'若孺子,弗敢先也。'先君能胜外傅,不假与颜色。稍不如命,则对案不食,涕泪交颐。居恒以纲常道义为典训,曰:'吾愿汝为古人,不愿汝为今之望人也。'岁时延请宾客,省视故旧族戚,闾里之婺贫者,待以举火。推食解衣,设糜掩骼,咸脱簪珥为之。谦益稍长,教以书传,每诏之曰:'吾欲效范文正公买良田为义庄,而汝父不能盈吾志也。汝必勉之。'又曰:'我老矣,正如俚语"怕你做官时我做鬼"。'至今思其言,辄为泣下。"③由钱谦益所记可见其祖母在祖父早逝之后,辛勤持家教子。祖母持家甚严,谨慎处事,营造了和谐的家族内部环境。《重修常昭合志》也有钱谦益祖母卞氏的记载。④

钱谦益家族笃信佛教,他的祖母尤其好佛,这使钱谦益从小在信佛

---

① 常熟市地方志编纂委员会办公室标校:《重修常昭合志》,上海社会科学院出版社2002年版,第922页。

② 钱谦益:《请诰命事略(崇祯元年九月)》,《牧斋初学集》卷七十四谱牒一,《钱牧斋全集》,上海古籍出版社2003年版,第1634页。

③ 钱谦益:《请诰命事略(崇祯元年九月)》,《牧斋初学集》卷七十四谱牒一,《钱牧斋全集》,上海古籍出版社2003年版,第1634—1635页。

④ 常熟市地方志编纂委员会办公室标校:《重修常昭合志》,上海社会科学院出版社2002年版,第1281页。

环境中成长。万历二十九年至三十二年(1601—1604),钱家倾赀重修常熟破山寺大雄宝殿,屠隆撰有《重修破山寺碑》,钱谦益撰有《屠隆〈重建破山寺碑〉跋》。钱谦益的从祖父钱顺化也奉佛。万历十七年(1589),密藏开法师驻锡虞山东塔,钱谦益跟随从祖父前往礼足。钱谦益常常随父出入佛寺,他回忆:"余十五六时,从吾先君之吴门,则主瑞光寺僧蓝园远公。"①钱谦益在《竺璠禅师塔铭》中回忆:"余年十六,寓瑞光后院。师少于余六岁,短小类侏儒,余狎之,黫其面以为戏。已而拉之游寺经行,废塔破壁,瓴甓圬墁,兀兀相与狂奔而归返。"②钱谦益从小受到祖辈的熏陶,早立慧根。

钱谦益人生第一位老师是他的父亲钱世扬。钱世扬幼承父顺时、叔顺德之教,习《春秋》,好经史,著述丰富。钱谦益在《请诰命事略(崇祯元年九月)》中记父亲传《春秋》胡氏之学,并教育儿子要立德、立功、立言,说:"先君自念少孤,思早自竖立,以报母勤。……先君志节激昂,好谈古忠节奇伟事,每称述杨忠愍、海忠介诸公,嚼齿奋臂,欲出其间。卒之日,手定其所为古文及所辑《古史谈苑》,藏弆之以畀谦益,且遗之言曰:'必报国恩,以三不朽自励,无以三不幸自狃。'呜呼! 谦益其敢忘诸。"③钱世扬授读《春秋》,从学者众,其高足弟子有常熟翁应祥、翁宪祥、何允澄、何允泓、瞿纯仁、许儁等。万历四十三年(1615),钱谦益刻《古史谈苑》三十六卷成,并作序,记其父亲的学术与人生,特别是述《古史谈苑》的校刊付梓及其父纂辑之旨与经历,说:"先君子读史之役,始于万历丙午,而《谈苑》之成,则在万历己酉,凡四载而始竣。谦益奉讳以还,每发故簏,泪淫淫不忍视。"钱谦益诠释其父《古史谈苑》纂述方式,说:"循览先君子所论次,班、范以前,多采撷《吕览》《淮南》及刘向所序诸书,去古未远,资博而事约。"④钱谦益认为《古史谈苑》的纂辑方式"取材于史,借径于

---

① 钱谦益:《瑞光寺兴造记》,《牧斋初学集》卷四十二记二,《钱牧斋全集》,上海古籍出版社2003年版,第1106页。
② 钱谦益:《竺璠禅师塔铭》,《牧斋初学集》卷六十九塔铭二,《钱牧斋全集》,上海古籍出版社2003年版,第1578—1580页。
③ 钱谦益:《请诰命事略(崇祯元年九月)》,《牧斋初学集》卷七十四谱牒一,《钱牧斋全集》,上海古籍出版社2003年版,第1635页。
④ 钱谦益:《刻〈古史谈苑〉目录后序》,《牧斋初学集》卷七十四谱牒一,《钱牧斋全集》,上海古籍出版社2003年版,第1636—1638页。

稗,汰平钩异,撮繁就简"。《古史谈苑》采用孔子所著《春秋》笔法,属于"史官之流裔,而稗官之质的"。《古史谈苑》仿《七略》《世说》之例,采正史及稗乘语为小说家言,分门编录,归属类书,其中佛教色彩较浓厚,这与钱氏家族信佛有关,钱谦益称之为"耸善而抑恶焉,以戒劝其心"。钱谦益父亲的《春秋》胡氏学与史书纂辑,对钱谦益影响颇深。钱世扬的学术与人际交往,为钱谦益的学术成长营造了良好的条件。

钱谦益称自己的母亲为"母师",即人母之师。母亲顾氏(1554—1633)是山东按察副使顾玉柱的女儿。钱谦益的母亲能识大体,含辛茹苦持家。钱谦益在《请诰命事略(崇祯元年九月)》中记述母亲:"吾母在女氏,已有仪法。自归先君以迨老,不好戏笑,不知游冶,面不施粉泽,身不御绮纨,目不识优倡妖尼,耳不听吴歌瞽词。……盖吾母庄敬闲止,能识大体,古所称母师,殆无愧焉。"①钱谦益特别感激母亲在自己人生起落时,总是安慰自己。崇祯七年(1634)正月小祥,钱谦益又撰《先太淑人述》。② 钱谦益外祖顾玉柱为官刚正不阿,勇于任事,致仕后,热心公益事业。《重修常昭合志》载有《顾玉柱传》,并附其子《顾耿光传》。顾玉柱宅在常熟城北虹塘泾,有可继堂,一名松庵海云楼,一名松风楼,有顾玉柱之父手植松。顾耿光宅在罗磨罟舍,相传为茅丞相墓。顾玉柱另有别业芙蓉庄即红豆山庄,在白茆古湫浜,钱谦益曾在此居住10余年。

钱谦益的外祖、舅舅及母亲亦信佛,这是钱谦益从小信佛的又一家族因素。万历初,顾耿光造其先茔,掘得吴越忠懿王造铜阿育王舍利塔,"高五寸许,内刻款云:吴越国王钱弘俶敬造八万四千宝塔,乙卯年记。外四面镂释迦往因示相,前则尸毗王割肉饲鹰救鸽,后则慈力王割耳然灯,左则萨埵太子投崖饲虎,右则月光王捐舍宝首,文理密致"③,送兴福寺供养。万历四十五年(1617),憨山沙门德清撰并书《吴越忠懿王

---

① 钱谦益:《请诰命事略(崇祯元年九月)》,《牧斋初学集》卷七十四谱牒一,《钱牧斋全集》,上海古籍出版社2003年版,第1635—1636页。
② 钱谦益:《先太淑人述》,《牧斋初学集》卷七十四谱牒一,《钱牧斋全集》,上海古籍出版社2003年版,第1638—1642页。
③ 常熟市地方志编纂委员会办公室标校:《重修常昭合志》,上海社会科学院出版社2002年版,第927—928页。

造铜阿育王舍利塔记》,石存兴福寺壁。

顾玉柱在地方上很有威望,顾氏父子曾协助地方治理。嘉靖三十二年(1553),为御倭寇侵扰,顾玉柱带头捐金助知县王鈇筑常熟城,又协助王鈇守卫白茆、三丈诸浦,事见《重修常昭合志》。① 顾耿光协助知县段然勘荒、凿河,事详《重修常昭合志·段然传》。②

钱氏和顾氏在地方上的影响力为钱谦益的成才创造了良好的外部环境。

第二节　读书生活

钱谦益从小受到良好的家庭教育。一是受到其祖父辈及其交往圈长辈们读书、做人的引导。二是受到钱氏家族藏书读书文化的熏陶。钱谦益家族藏书富有传统,而他的父亲有藏书读书处吹藜阁。万历二十四年(1596),钱谦益 15 岁③时已收藏《跋新语》二卷,并用紫色点过。④ 三是受到祖母和母亲的间接、直接的养成教育,家庭教育发挥了重要作用。四是受到亲戚朋友包括同龄学友的鼓励和影响。五是受到父亲切切实实的教育帮助。万历十九年(1591),钱谦益 10 岁,其父亲中乙榜,入国学,不第。⑤ 对钱世扬来说,科举考试不顺利是不幸的,而对钱谦益来说,能够在父亲全身心投入的精心教育和帮助下成长是幸运的。

钱谦益登第前的读书生活,从时间上经历了幼学至万历二十七年(1599)18 岁考取秀才,考取秀才后至万历三十四年(1606)25 岁乡试得

---

① 常熟市地方志编纂委员会办公室标校:《重修常昭合志》,上海社会科学院出版社 2002 年版,第 80 页。
② 常熟市地方志编纂委员会办公室标校:《重修常昭合志》,上海社会科学院出版社 2002 年版,第 1273 页。
③ 本书年岁算法依虚岁计,为与引文保持一致,未改周岁,特此说明。——编者注
④ 钱谦益:《跋〈新语〉二卷》,《牧斋集再补》,《牧斋杂著》,《钱牧斋全集》,上海古籍出版社 2003 年版,第 925—926 页。
⑤ 钱谦益:《族谱后录上篇》,《牧斋晚年家乘文》,《牧斋杂著》,《钱牧斋全集》,上海古籍出版社 2003 年版,第 165 页。

俊,乡试得俊后至万历三十八年(1610)29岁登第三个阶段。

一、考取秀才前的读书生活

钱谦益自幼学至考取秀才,经历了10余年的读书生活。对于钱谦益的成长来说,成功的家庭教育与良好的区域文化氛围至关重要。

钱谦益幼时由其父亲钱世扬亲自授读,钱谦益在《〈春秋匡解〉序》中回忆:"余为儿时,受《春秋》于先夫子。先夫子授以《匡解》一编,曰:'此安成邹汝光先生所删定也。'因为言邹氏家学渊源,与先生之文章行履,冠冕词垣,期它日得出其门墙。余乡、会二试,以先生之书得俊,虽未及亲炙先生,而余之师固有出先生之门者。比于闻风私淑,犹为有幸焉耳矣。何子非鸣为令南昌,与先生之孙孝廉端侯游,相与是正其书,重付之梓人,而属余为其序。"①"安成邹汝光",即邹德溥,字汝光,号泗山,安福(今属江西)人。王守仁弟子邹守益孙,世传家学。历官翰林院充经筵日讲官。奉敕修《职方志》,升司经局洗马,辅导太子,三任会试考官。致力于理学,在隆庆、万历时的八股文坛赫赫有名,著有《春秋匡解》《易会》等。邹汝光删定的《春秋匡解》专拟《春秋》合题,每题拟一破题,下引胡《传》作注,又讲究作文之法,为明代安福《春秋》学的代表作,成为颇有影响的乡塾揣摩科举之本。钱谦益述自己就是得益于此举业书,"乡、会二试,以先生之书得俊",表明其父亲以《春秋匡解》亲自授读有先见之明。同时,《春秋匡解》使钱谦益接受并推重胡氏《春秋》学。

钱谦益在《与严开正书》中记父亲授《春秋》的情景:"仆家世授《春秋》,儿时习胡传,粗通句读,则已多所拟议而未敢明言。""犹记儿时先宫保授以《春秋录疑》,训之曰:'此晋江赵恒夫先生所著也。先生著此书,颛心屏气,以纩塞其耳,然后执笔。书成去其纩,两耳聋矣。'先辈专勤如此,虽可重,亦可哂也。"②《春秋录疑》,赵恒著。赵恒,字志贞,号特峰,晋江人。嘉靖十七年(1538)进士,官至姚安府知府。通经史,尤长

---
① 钱谦益:《〈春秋匡解〉序》,《牧斋初学集》卷二十九序二,《钱牧斋全集》,上海古籍出版社2003年版,第876页。
② 钱谦益:《与严开正书》,《牧斋有学集》卷三十八书一,《钱牧斋全集》,上海古籍出版社2003年版,第1316—1318页。

于《春秋》之学。《春秋录疑》为学子应付科举考试而作,阐释经义,以北宋胡安国《春秋胡氏传》为本而敷衍其意,于《春秋》经文之可为试题者,每条各于讲义之末总括二语,如同制艺之破题,其合题亦附于后,标所以互勘对举之意。可见,钱谦益父亲授《春秋》时精心选择了当时专为科举而设的《春秋》学举业书。

后来,钱世扬在何钫家塾授读何氏二子何允澄、何允泓,钱谦益也跟随父亲读书,受到了与钱家有姻亲关系的何氏家族文化影响。钱谦益的祖父钱顺时与何钫同举于乡,何钫以侄女许嫁钱氏。何允济(1552—1616)娶钱顺德之女即牧斋之从姑,钱谦益崇祯六年(1633)撰有《峄县知县何府君墓志铭》。① 何氏为常熟著名藏书世家,这为幼年的钱谦益提供了又一良好的学习环境。

何钫(1525—1603),字子宣,号左泉,何墨(1481—1551)次子。嘉靖三十四年(1555)举人,谒选知温州平阳县,升南京锦衣卫经历,官至淮王府左长史。著有《随手录》30卷、《史抄》200卷。何钫见闻淹博,究音律,喜搜异书,藏有《三朝北盟会编》旧抄本等。

何允澄(1570—1640),字平仲,庠生。钱谦益在《何平仲墓志铭》中记允澄:"屡踏省门,老于场屋,乃尽发父书读之。正史之外,齐谐虞初,无不搜阅。著《丽情谱》百余卷,补《艳异》诸编之阙误。"②

何允泓(1585—1625),字季穆,为何钫第三子。好读书,于书无所不窥,尤究心于古今治乱、地理险易、裕民足国之术。钱谦益在《何季穆墓志铭》中记何允泓:"穷日分夜,发箧中书诵读之,为诗歌古文,累数万言。长史公没,流离世故,有飘薄之叹,始欲以科目自奋,而其学问亦日以成就。"③

由于父亲的关系,钱谦益从小与常熟陈氏家孩子交往,后来钱、陈两家发展成为姻亲关系。钱谦益在《陈府君合葬墓志铭》中记:"我先君

---

① 钱谦益:《峄县知县何府君墓志铭》,卷七十六谱牒三,《钱牧斋全集》,上海古籍出版社2003年版,第1663—1664页。
② 钱谦益:《何平仲墓志铭》,《牧斋外集》卷十五墓志铭一,《牧斋杂著》,《钱牧斋全集》,上海古籍出版社2003年版,第767—768页。
③ 钱谦益:《何季穆墓志铭》,《牧斋初学集》卷五十五墓志铭六,《钱牧斋全集》,上海古籍出版社2003年版,第1375页。

通敏强博，为世儒宗，长于府君六岁，贤府君而友之。酒食征逐，披见肺腑，故次女归于我。余成童，与伯子为文社，在塔院之荷亭，府君莅焉。"①

钱谦益的岳父陈钦光（1558—1610）为常熟名门后人，陈氏的祖先传为侯官（今福建福州）陈襄（1017—1080）。后人有抗金名臣陈康伯（1097—1165），居弋阳（今江西弋阳县），次子陈安节曾为防御使，巡海至常熟卒，子幼，居常熟西北境的古南沙县地，再徙常熟城区，成为常熟县治南陈氏之祖。陈钦光的祖父陈寰（1477—1539）与伯祖陈察（1471—1554）均以"谏显"称。陈钦光有三子，治体、治猷、治撰，四个女儿，第二个女儿陈氏（？—1658）嫁钱谦益为妻。钱谦益成童（15至17岁）时，曾与陈治体为文社，在常熟塔院之荷亭，陈钦光到场。崇祯十六年（1643）十二月十二日钱谦益撰《陈府君合葬墓志铭》，传岳父陈钦光、岳母陈朱氏。钱谦益从小受到陈氏家族文化的影响，或许是他在文章中阐述士大夫应有的忠义根基"血性"的思想来源之一。

这一时期的钱谦益受到良好的教育，深受多元文化的熏陶，储备广博的知识。钱氏贵盛，所居有园林之胜，文人交往甚多，为钱谦益成长提供了良好的环境。钱谦益族曾孙钱曾为钱氏鹿园一支，钱曾的曾祖父钱岱与钱谦益同辈，钱谦益于万历四十八年（1620）十月十七日为族兄撰有《寿侍御汝瞻兄八十序》，称："今汝瞻子孙科第，高门绰楔，相望步武间。""汝瞻挂冠以来，荡涤情志，游娱于园池歌舞之间，四十年于此矣。"②另撰有《文林郎湖广道监察御史钱府君墓表》及《御史族兄汝瞻画像赞》。汝瞻即钱岱（1541—1622），字汝瞻，号秀峰，隆庆五年（1571）进士，湖广道监察御史，巡按山东，告养归里，林居修饰池馆，度曲饮酒，对客谈䜩，年八十余卒，著有《两晋南北史合纂》四十卷，辑《海虞钱氏家谱》八卷。钱岱在常熟城内西南建有"小辋川"，为当时常熟众多名宅名园中规模最大的一个，占常熟城之一角，时有"钱半城"之称。清据梧子

---

① 钱谦益：《陈府君合葬墓志铭》，《牧斋初学集》卷七十六谱牒三，《钱牧斋全集》，上海古籍出版社2003年版，第1664—1666页。
② 钱谦益：《寿侍御汝瞻兄八十序》，《牧斋初学集》卷三十六序九，《钱牧斋全集》，上海古籍出版社2003年版，第1014—1016页。

撰《笔梦》记钱氏府第："第宅皆前后相望,翚飞斗角,盘山塘西泾。邑中甲第,此为首推。"此为钱岱常熟城山塘泾南园居"小辋川"实影,屠隆撰有记。"小辋川"主要建筑有集顺堂、怡顺堂、百顺堂、其顺堂、山满楼、四照轩、挹翠亭等。其中,怡顺堂为读书处,百顺堂为女乐聚处,连屋四百余间。《笔梦》书中记钱岱家班"瑞霞班为郡中第一",名伶罗兰为"瑞霞子弟中第一",演员"衣服四季增添,首饰及脂粉等费,则岁底颁发。时或三两一名,或五两一名。设宴时赏赐在外。所赏或簪或环,或指钏。唯扮生、旦者,蒙赐尤多",还"附记演习院本"等。①《笔梦》所记与钱谦益《从祖父令甫钱君墓表》互为补充,实录钱氏之贵盛,以及"文酒谈燕"的生活环境。钱谦益在《从祖父令甫钱君墓表》中回忆:"当是时,吾家方贵盛,岁时伏腊,文酒谈燕,群从子姓,相邀嬉征逐者,不下数十人。君年最少,才气骏发,出其辈行。间相与品题人物,商略翰墨,皆娓娓厌听。酒酣以往,自起度曲,谈谐杂出,击剑起舞,坐客皆留连不肯去。而君又耿介好直言,慷慨急人之难,先君尤笃爱之,以为真吾弟也。"②钱谦益的从祖父令甫,即钱世显。

钱谦益小时候在父亲带领下看过前朝史事演为目见耳闻时事的传奇演出,如实录明嘉靖中后期严嵩擅政的纪实性政治时事剧《鸣凤记》,对剧中反映弹劾严嵩"八谏臣"之一的孙丕扬印象特别深刻。钱谦益在《病榻消寒杂咏四十六首》之其十一诗后附注中回忆:"余五六岁,看演《鸣凤记》,见孙立庭袍笏登场,遂终身不忘。"③《鸣凤记》内容合乎其父志节激昂、好谈古今忠节奇伟事的性格。

常熟多文化名人,钱谦益小时候受到长辈们慈爱宽厚的教育和影响。常熟翁拱极次子翁宪祥中进士之前从师受业于钱世扬,翁宪祥也很喜欢钱谦益。钱谦益在《祭翁太常文》文中回忆:"君少执经,于我先子。君居函丈,余嬉稚齿。著履加膝,捉笔书几。颠倒裳衣,狼籍文史。

---

① 据梧子:《笔梦》,丁祖荫辑《虞阳说苑》甲编本,广陵书社2018年影印版,第387—414页。
② 钱谦益:《从祖父令甫钱君墓表》,《牧斋初学集》卷七十五谱牒二,《钱牧斋全集》,上海古籍出版社2003年版,第1653—1654页。
③ 钱谦益:《病榻消寒杂咏四十六首》之十一注,《牧斋有学集》卷十三,《钱牧斋全集》,上海古籍出版社2003年版,第645页。

君不余嗔,颔之而已。时或眷然,顾我则喜。"①翁宪祥,字兆隆,号完虚。翁拱极次子。万历二十年(1592)进士。授浙江鄞县知县,考课为最,入京为礼科给事中。抗直敢谏,尝论中旨黜陟不经廷议之弊,弹劾不法中官黄勋、赵禄等。历任湖广巡抚、都察院右副都御史,官至太常寺少卿。万历四十四年(1616)刻桑悦《思玄集》,著有《平倭录》、《掖垣疏草》9卷、《翁宪祥奏疏》1卷。卒祀鄞县学官。

钱世扬教育钱谦益敬仰赵用贤等乡贤名人,以乡贤为师。钱谦益在《赵景之宫允六十寿序》文中回忆:"余儿时,受先宫保负剑之训曰:'孺子如有闻也,必以赵先生(用贤)为师。'少从景之尊人叙州昆仲游,服习其余风绪言。"②赵用贤(1535—1596),字汝师,号定宇。赵承谦长子。隆庆五年(1571)进士,万历五年(1577)因疏论张居正夺情,与吴中行同杖戍。于张居正卒后起复,官至吏部左侍郎,卒谥文毅。著有《松石斋集》等。赵用贤好读书、藏书,搜罗图书上万卷,编有《赵定宇书目》。赵用贤有子琦美、祖美、隆美。赵琦美(1563—1624),原名开美,字玄度,又字如白,号仲朗,又号清常道人。以父荫官南京都察院照磨,官至刑部郎中。赵琦美好藏书、校书,编有《脉望馆书目》。钱谦益在《刑部郎中赵君墓表》中称赵琦美:"好之之笃挚,与读之之专勤,盖近古所未有也。"③赵祖美(1576—1610),字叔度,号继仲。诸生。与钱谦益、瞿纯仁、瞿汝说、顾云鸿、邵濂等倡为拂水文社,文名籍甚。赵隆美(1581—1641),字季昌,号文度。以荫补太常寺典簿,升太仆寺少丞,再转刑部贵州司主事,转刑部郎中,升叙州知府。著有《赵叙州集》。钱谦益小赵隆美一岁,小时候从赵隆美游。崇祯十六年(1643)钱谦益撰有《中宪大夫叙州府知府赵君墓志铭》。赵隆美第二子赵士春(1599—?),字景之,崇祯十年(1637)进士第三人及第,官至左春坊左中允。钱谦益曾为赵士春妻黄氏撰《翰林院编修赵君室黄孺人墓志铭》,称自己与赵

---

① 钱谦益:《祭翁太常文》,《牧斋初学集》卷七十七祭文,《钱牧斋全集》,上海古籍出版社2003年版,第1675—1676页。
② 钱谦益:《赵景之宫允六十寿序》,《牧斋有学集》卷二十四寿序二,《钱牧斋全集》,上海古籍出版社2003年版,第942—944页。
③ 钱谦益:《刑部郎中赵君墓表》,《牧斋初学集》卷六十六墓表一,《钱牧斋全集》,上海古籍出版社2003年版,第1537页。

氏有三世之交。①

钱世扬还时常带着钱谦益外出游历。钱谦益在《〈破山寺志〉序》中回忆:"余为儿时,每从先君游破山寺。饭罢,绝龙涧下上,激流泉,拾赭石,辄戏游竟日。"②

万历十五年(1587),钱谦益6岁,就傅读书。钱世扬此时或许正在准备科举考试,为儿择师,请族兄钱继科授读。据钱谦益《族谱后录上篇》记,其五世祖钱泰(1426—1510)子元禄、元祜、元祯、元祥、元棱。钱元祜子诏、表。钱诏子钱继科,钱谦益记:"豁达饶酒德,常有诗曰:'饮尽床头酒,看余屋后山。'先君喜诵之,以为似其为人。"③钱泰子钱元祯,即钱谦益高祖。钱谦益在《伯父中岳先生行状》中述:"谦益少事先生为童子师,先生实以英妙期我。"④钱谦益又在《族兄观伯钱君墓志铭》中记:"先生目丧明,教授弟子数人,其长子观伯偕来讲授。余舍所授书,越席往听。观伯与诸弟子皆目笑之,余心知其为少我也。当是时,观伯长于余八岁,颀然长身,余才与书案等耳。"⑤钱继科(1544—1604),字登甫,又元登,号初平子,又号中岳山人。高祖钱泰,与钱世扬为同族兄弟。钱继科因父亲出家就锡山女家而生于锡山,至14岁归故里,为诸生祭酒。钱继科有尔光、尔成、尔行三子。长子钱尔光(1575—1626),字观伯,即钱谦益族兄,诸生,博学能文,有父风,参编《海虞文苑》。钱继科孙龙惕、龙跃。钱龙惕(1609—1666后),字夕公,诸生,诗宗温李,曾笺玉溪生诗,著有《大兖集》《玉溪生诗笺》。

万历十九年(1591),钱谦益10岁时,父亲不第而有更多的时间帮助他学习。当时,钱谦益与魏冲、李胤熙等人同砚席。其中,魏冲

---

① 钱谦益:《翰林院编修赵君室黄孺人墓志铭》,《牧斋有学集》卷五十九墓志铭十,《钱牧斋全集》,上海古籍出版社2003年版,第1439—1440页。
② 钱谦益:《〈破山寺志〉序》,《牧斋初学集》卷二十九序二,《钱牧斋全集》,上海古籍出版社2003年版,第887页。
③ 钱谦益:《族谱后录上篇》,《牧斋晚年家乘文》,《牧斋杂著》,《钱牧斋全集》,上海古籍出版社2003年版,第152页。
④ 钱谦益:《伯父中岳先生行状》,《牧斋补集》,《牧斋杂著》,《钱牧斋全集》,上海古籍出版社2003年版,第880—885页。
⑤ 钱谦益:《族兄观伯钱君墓志铭》,《牧斋初学集》卷七十六谱牒三,《钱牧斋全集》,上海古籍出版社2003年版,第1662页。

(1583—1640)，字叔子，号道用。崇祯三年(1630)举人。与冯嗣京辈为里社。著有《毛诗阐秘》三册，采录众说，发掘所见，以授其徒毛表、毛扆兄弟，自序。吴骞《拜经楼藏书题跋记》有汲古阁钞本。另著《小碎集选》一卷，有徐兆玮辑《海虞六家诗选》虹隐楼抄本，今常熟市图书馆有藏。

另一同砚席者李胤熙(1580—1628)，一作允熙，①字缉夫。应夔曾孙。诸生。生于儒者之家，少有大志，能文，治曲台礼，通天官壬遁家言。李胤熙为钱谦益儿时学习的榜样。钱谦益在崇祯二年(1629)所撰《李缉夫墓志铭》中记："吾先君之执友曰李丈伯樗，笃学好修人也。伯樗每过先君，携其子缉夫以来。先君教余呼缉夫为兄，曰：'安得若能文如李家兄乎？'是时缉夫长于余三岁，余才十岁耳。余稍长，即与缉夫同砚席。余居城东，缉夫居城西。缉夫晨来而暮去，风雨明晦，足迹可数也。"②

万历二十一年(1593)，钱谦益12岁，患痘濒危。钱谦益在《族谱后录上篇》中回忆："余十二病痘疹，夜分危急，举家啼哭。存虚翁已炳烛立榻前，祷神召医，呼噪达旦。翁为予病，风雪中一夕数往来，浃月未尝就枕也。"③存虚翁，即钱谦益从祖父钱顺化(1532—1609)，号存虚君。此时，钱顺化的长兄即钱谦益的祖父钱顺时早已不在世，作为从祖父，他对于长兄两代人单传的钱谦益患痘疹是十分焦急的。在长辈们的精心护理下，钱谦益转危为安，恢复健康，转入正常的学习生活。

钱谦益读书成长时期，深受东林学术影响。万历二十二年(1594)，钱谦益13岁。此年，吏部郎中顾宪成削籍归，讲学东林。钱谦益随父亲拜访顾宪成，顾宪成爱钱谦益博雅，教其立身、学术之大要。顾宪成在《钱受之四书义题辞》中回忆万历七年(1579)与钱世扬相聚于"琴川"（即常熟）的经历，以及万历二十二年钱世扬与钱谦益"过访"的情景，

---

① 常熟市地方志编纂委员会办公室标校：《重修常昭合志》，上海社会科学院出版社2002年版，第1172页。
② 钱谦益：《李缉夫墓志铭》，《牧斋初学集》卷五十五墓志铭六，《钱牧斋全集》，上海古籍出版社2003年版，第1379页。
③ 钱谦益：《族谱后录上篇》，《牧斋晚年家乘文》，《牧斋杂著》，《钱牧斋全集》，上海古籍出版社2003年版，第167页。

说:"伯子故负才,妙文辞,予拱逊不及。迄于今尚不获一第,逡巡且暮,意殊怪之。……出其文视予。予读之,见其精思杰采,飞舞笔端,令人应接不暇,洒然异焉。笑谓伯子曰:是当一日千里,为乃翁先驱矣。亦时时以语人。"顾宪成获悉钱谦益"举南闱春秋第一",勉励钱谦益说:"窃窥足下,意用不凡,生平自期,宁仅仅一第。而今而往,隆思太上,究竟丈夫事,作名世第一流人物,直襟带间事耳。"①

万历二十四年(1596),钱谦益15岁时又随父亲听顾宪成讲论时事经学。钱谦益撰《顾端文公文集序》,忆当年跟随父亲拜访顾宪成时的情景,并感受顾宪成的讲论风格,说:"公初以吏部郎里居,余幼从先夫子省谒,凝尘蔽席,药囊书签,错互几案,秀羸善病人也。已而侍公于讲席,裒衣缓带,息深而视下,醇然有道者也。及其抗论天下大事,风行水决,英气勃发,不可遏抑如此。先夫子少与公同学,居恒字公曰叔时,论士喜狂简,论文善养气。"②

此时,钱谦益的作文很有起色,尤其是史文。钱谦益在《跋〈吴越春秋〉》中回忆:"余十五六,喜读《吴越春秋》。流观伉侠奇诡之言,若苍鹰之突起于吾前,欲奋臂而与共撇击者,刺其语作《武子胥论》,长老吐舌击赏。"③

万历二十七年(1599),18岁的钱谦益进入府学,与同邑陆铣、戴元威等补为府学弟子员,成为秀才。钱谦益在《陆母任夫人七十寿序》中说:"万历己亥,余与陆子孟凫补郡庠弟子员。"④又《明故文林郎临淄县知县翔虞戴君墓志铭》中称:"予与君同入郡庠。"⑤据《皇明虞阳采芹录》载:"万历二十七年己亥,文宗陈子贞,案临宜兴,考取六十四名。"⑥"文

---

① 顾宪成:《钱受之四书义题辞》,《泾皋藏稿》卷十五,清道光二十六年泾里家祠刻本。
② 钱谦益:《顾端文公文集序》,《牧斋初学集》卷三十序三,《钱牧斋全集》,上海古籍出版社2003年版,第901—902页。
③ 钱谦益:《跋〈吴越春秋〉》,《牧斋有学集》卷四十六题跋,《钱牧斋全集》,上海古籍出版社2003年版,第1517页。
④ 钱谦益:《陆母任夫人七十寿序》,《牧斋外集中》寿序二,《牧斋杂著》,《钱牧斋全集》,上海古籍出版社2003年版,第716—718页。
⑤ 钱谦益:《明故文林郎临淄县知县翔虞戴君墓志铭》,《牧斋外集中》墓志铭一,《牧斋杂著》,《钱牧斋全集》,上海古籍出版社2003年版,第759—761页。
⑥ 佚名:《皇明虞阳采芹录》,《稀见明史史籍辑存书目》第19册,线装书局2003年据清抄本影印版,第394页。

宗陈子贞"，陈子贞（1547—1611），字成之，一字以成，号怀云。江西南昌人。万历八年（1580）进士，授吏部主事，改深水县令。历官江南提学御史、福建巡按使、福建巡抚。与钱谦益一起考取秀才的，还有陆铣、戴元威、陈必谦、孙朝肃、姚宗仪等。陆铣，字孟凫。少有文誉，兼精医术。以岁贡授无锡教谕，除广西浔州推官，升养利知州致仕。晚年读书乐道，乡里推为长者。戴元威，字翔虞，万历三十八年（1610）进士，知临淄县，以贤能名。陈必谦，字益吾。万历四十年（1612）举人，四十一年进士，官至工部尚书。被清兵执入辽阳，得间归，发愤著《柴居漫语》。孙朝肃（1584—1635），字恭甫，号晔芝。万历四十四年（1616）年进士，授刑部主事，知兖州府，广东副使，迁布政使。为人忼爽负气，能诗，有《五芝堂集》。① 姚宗仪，字凤来。诸生。博学多才，万历四十二年（1614）撰《常熟私志》，以族姓类叙，搜采无遗。

二、中举前七年读书生活

从万历二十七年（1599）考取秀才至万历三十四年（1606）乡试得俊，钱谦益经历了七年读书生活。其间，钱谦益广泛阅读，从事写作；广交朋友，结伴读书；拜师为师，教学相长。

万历二十八年（1600），钱谦益19岁时，与何允泓、陆铣在何家结伴读书。钱谦益在《陆母任夫人七十寿序》中回忆："万历己亥……明年，余偕何子季穆读书东海上，去孟凫家不数武。……余去东海数年，至丁未、戊申间，余三人复聚首。"②何允泓家居处原名桂村，允泓祖父何墨始创集市，以居商贾，人称何市，又称何家市，位于常熟境东部，跨横沥塘，接太仓界。常熟一名海虞，因县境东临沧海、西倚虞山之地理位置而来。钱谦益称何允泓家居处为"东海"，是指何家市东临沧海之处，确实是安静的读书场所，不远处又是陆铣的家。万历丁未、戊申间，钱谦益在"东海"有过数年的读书经历。

---

① 常熟市地方志编纂委员会办公室标校：《重修常昭合志》，上海社会科学院出版社2002年版，第1036页。
② 钱谦益：《陆母任夫人七十寿序》，《牧斋外集》卷十一寿序二，《牧斋杂著》，《钱牧斋全集》，上海古籍出版社2003年版，第716—718页。

万历二十九年(1601),钱谦益与赵用贤子祖美字叔度、隆美字季昌两兄弟游,以服习赵氏余风绪言。钱谦益在《中宪大夫四川叙州府知府赵君墓志铭》中记:"余弱冠,则与赵文毅公之二子叔度、季昌游。叔度激昂自喜,眉宇轩然,笼盖人上。季昌,叙州君也,沈实恭谨,刻苦于学,嗛然如有所不足。"①

这段时间,钱谦益着力学诗作文。钱谦益学诗于邵濂,他在《雪樵邵封君合葬墓志铭》中说:"余弱冠,从邵兄茂齐卒业北山。"②邵濂,字茂齐,别字齐周,号雪樵,与瞿纯仁、瞿汝说、顾云鸿辈为一时名士。少负俊声,攻苦读书,善谈名理,精于毛诗,诗作清旷玄淡,有诗集《水云集》行世。邵濂墓在虞山之北,万历四十七年(1619)葬,钱谦益在所撰《邵茂齐墓志铭》中说:"茂齐不为程文熟烂之习,析理崭绝,匠心独妙,间亦谭谐以出尖巧。其于学,旁通钩贯,不名一家,随资开导,学者如行大雾中,不自知其沾湿。海内咸以为通儒大人,不谓其犹老诸生也。然卒不得志于有司以死。"又说:"初,余与茂齐读书山中,茂齐早起宿膏火,走笔尽数纸,飒飒如蚕之食叶。冠盥整衣,横经列席,应四方学子之叩击,从颂洛诵,声出林表。午饭已,偕余散步北山,信足辄数里,睹某水某峰,乃知行之近远。间过逊国忠臣黄公墓,累累蓬颗中,必要余敛容肃拜,摩娑卧碣,忾叹久之乃去。当是时,余方冠首,茂齐折辈行与交,以文章事业相期许,余因以有声诸生间。"③

钱谦益与瞿纯仁游,学其妍丽之文。瞿纯仁在虞山拂水岩下筑拂水山庄,作为读书结社之所,与名士游,拂水文社一时甲于吴下。钱谦益在《瞿元初墓志铭》中记:"虞山之西麓,有精舍数楹,直拂水岩之下,予友瞿元初君之别墅也。……而其所取友曰瞿汝说星卿、邵濂茂齐、顾云鸿朗仲,皆一时能士秀民,相与摆落俗虑,读书咏歌其中。……余弱冠与君游,君时时顾余叹曰:'吾往从尊府先生授《春秋》,见子之长与书

---

① 钱谦益:《中宪大夫四川叙州府知府赵君墓志铭》,《牧斋初学集》卷六十一墓志铭十二,《钱牧斋全集》,上海古籍出版社2003年版,第1462页。
② 钱谦益:《雪樵邵封君合葬墓志铭》,《牧斋外集》卷十六墓志铭二,《牧斋杂著》,《钱牧斋全集》,上海古籍出版社2003年版,第779页。
③ 钱谦益:《邵茂齐墓志铭》,《牧斋初学集》卷五十五墓志铭六,《钱牧斋全集》,上海古籍出版社2003年版,第1371—1373页。

案等耳。岂自意今日与子上下笔砚间哉?'"钱谦益又在《瞿太公墓版文》中记:"余年逾壮,与瞿子元初读书拂水山房。鸡鸣风雨,篝灯刻烛","吾与瞿星卿、顾朗仲为文会","其后诸子皆为名士,拂水文社遂甲天下"。①

钱谦益入张凤翼家,关注戏曲,感受"先进风流"。张凤翼(1527—1613),字伯起,号灵墟,又称灵虚先生、泠然居士,长洲人。嘉靖四十三年(1564)举人。戏曲作家,著有传奇《红拂记》《祝发记》《窃符记》《灌记》《炙庼记》《虎符记》。与弟献翼、燕翼有才名,钱谦益《列朝诗集》丁集八记:"伯起与余从祖春池府君同举于嘉靖甲子,余弱冠与二三少年,冲入其家谯,酒阑烛炮,伯起具宾主,亲行酒炙,执手问讯,其言蔼如也。先进风流至今犹可思也。"②

在这段时间里,钱谦益为文大有长进,得到里中陈孟孺的赞赏。钱谦益在《陈孟孺七十叙》中记:"孟孺之肆力于文章,不可不谓深且笃矣。高文丰碑,崇论博辨,以跻于世之文章家。""余冠首时,每一属笔,不能自休,抽黄对白,东涂西抹,未尝知学为文也,而见者交口谀之。浸淫二十年,始自悔其少作,尽抹去之,以庶几求于作者之旨。字钵句刿,缩恧不能出,间以示人,人或反唇相斥笑,有蒙耻自愧而已。里中陈孟孺先生,独称余文不去口。有斥笑余文者,必面叱之。"③

万历三十年(1602),21岁的钱谦益校对古书。他在《跋〈春秋繁露〉》中记:"万历壬寅,余读《春秋繁露》,苦金陵本讹舛,得锡山安氏活字本,校雠增改数百字,深以为快。"④《春秋繁露》十三卷,题"汉广川董仲舒著,明新安程荣校",万历间刻《汉魏丛书》本,钱谦益手校本目录上方有"壬寅仲春钱受之氏以锡山旧本校于二友阁"朱笔题识。

万历三十一年(1603),顾宪成继万历七年(1579)到常熟与钱世扬

---

① 钱谦益:《瞿太公墓版文》,《牧斋初学集》卷六十七墓表二,《钱牧斋全集》,上海古籍出版社2003年版,第1556—1558页。
② 钱谦益:《列朝诗集》,上海三联书店1989年版,第483页。
③ 钱谦益:《陈孟孺七十叙》,《牧斋初学集》卷三十七序十,《钱牧斋全集》,上海古籍出版社2003年版,第1035页。
④ 钱谦益:《跋〈春秋繁露〉》,《牧斋有学集》卷四十六题跋一,《钱牧斋全集》,上海古籍出版社2003年版,第1516页。

相聚之后又到钱家,相与讲德论道,切磨文义,钱谦益随听受教。顾宪成在《明故贞节钱母卞太孺人墓志铭》中记:"忆昔癸卯,予客琴川景行钱伯子斋头,相与讲德论道,切磨文义。因得闻其母卞太孺人之贤甚悉,今读景行所为卞太孺人状,字字实录也。"①

万历三十二年(1604),钱谦益23岁时结识文友姚希孟。钱谦益在《祭姚母文夫人》中记:"昔在甲辰,始识孟长。如古定交,杵臼之傍。夫人闻之,为具酒浆。高歌击节,意气慨慷。"②姚希孟(1579—1636),字孟长,号现闻,南直隶苏州府吴县(今苏州)人,万历四十七年(1619)进士,著有《佛法金汤征文录》《文远集》等。

万历三十三年(1605),钱谦益24岁,瞿式耜从钱谦益读书于虞山拂水,次年考取秀才。钱谦益在《朝议大夫广西布政使司右参议赠中大夫太仆寺卿王君合葬墓志铭》中记:"万历乙巳,稼轩年十六,从余读书拂水。余录柳柳州文,至《襄阳丞赵君墓志》,余为言此文叙徒行求葬事,详委曲折。稼轩喜之,每雒诵,辄十数过。"③

万历三十四年(1606),钱谦益25岁,考取乡试第三名。钱谦益在《严子六制义序》中记:"往者丙午之役,余以第三人失解,榜发之后,主司皆有中眉之叹。"④此年钱谦益乡试座主为徐良彦、傅新德。徐良彦,字季良。江西新建人。万历二十六年(1598)进士,任溧水县令,后擢御史,历大理寺丞,官至南京工部右侍郎。工诗,目为东林党人,又与周起元、李邦华、李炳恭、徐缙芳称"五鬼"。徐良彦第三子徐世溥(1607—1658),字巨源,以钱谦益为师,徐世溥去世后,钱谦益为其撰《徐巨源哀词》,记其父徐良彦:"吾师自邑令入西台,受党人排笮。"⑤傅新德

---

① 顾宪成:《明故贞节钱母卞太孺人墓志铭》,《泾皋藏稿》卷十七,《四库全书》,上海古籍出版社1987年版,第1292册。
② 钱谦益:《祭姚母文夫人》,《牧斋初学集》卷七十七祭文,《钱牧斋全集》,上海古籍出版社2003年版,第1679页。
③ 钱谦益:《朝议大夫广西布政使司右参议赠中大夫太仆寺卿王君合葬墓志铭》,《牧斋有学集》卷二十九墓志铭二,《钱牧斋全集》,上海古籍出版社2003年版,第1094页。
④ 钱谦益:《严子六制义序》,《牧斋有学集文钞补遗》,《牧斋杂著》,《钱牧斋全集》,上海古籍出版社2003年版,第436页。
⑤ 钱谦益:《徐巨源哀词》,《牧斋有学集》卷三十七传哀词,《钱牧斋全集》,上海古籍出版社2003年版,第1299—1300页。

(1569—1611),字元明,一字明甫,号商盘。山西太原人。万历十六年(1588)乡试解元,十七年联捷进士。曾任太常寺卿,官至国子监祭酒。卒谥文恪,有《文恪集》《南雍诚勖浅言》,后者即其官南京国子监司业署祭酒时训导诸生之文。钱谦益撰有《嘉议大夫太常寺卿管国子监祭酒事赠礼部右侍郎谥文恪傅公神道碑》,述"吾师太原文恪公既没之三十三年,而门生钱谦益始书其墓隧之碑",记其师"在南雍,申明条约,作《八勖》以耸善,作《八诫》以抑恶"。①

同年常熟中举的还有孙森、徐待任。孙森(1562—1626),字子桑,高州府同知。孙森在虞山之麓筑映雪山居,著有《映雪山居诗集》。徐待任,字廷葵,以举人知沔阳州。

钱谦益生活在笃信佛教的家庭里,除学习科举应试文章之外,按照父亲的要求,阅读《首楞严经》。钱谦益在《大佛顶首楞严经疏蒙钞缘起论》中回忆:"万历己亥之岁,蒙年一十有八,我神宗显皇帝二十有七年也。帖括之暇,先宫保命阅《首楞严经》。"②从万历二十九年(1601)起,钱世扬奉母命,倾家赀修常熟破山寺大雄宝殿,至三十二年落成。钱家的经济支出,加上钱谦益参加乡试的费用,渐渐只能靠借债维持生活,以至于不得不卖掉老房子来还债。钱谦益在《先太淑人述》中记:"谦益举于乡,请于先公,鬻故第以偿债。太淑人劝为之,曰:'儿它日,非无大宅者也。'邻人转鬻故第,我贫不能赎。太淑人方食,放箸而叹,以是知其始之挫情也。"③

三、登第前四年读书生活

从万历三十四年(1606)乡试得俊,至万历三十八年(1610)登第,钱谦益经历了四年读书生活。

万历三十五年(1607)春天,钱谦益与李流芳入京参加会试落第南

---

① 钱谦益:《嘉议大夫太常寺卿管国子监祭酒事赠礼部右侍郎谥文恪傅公神道碑》,《牧斋初学集》卷六十三神道碑铭二,第1483—1486页。
② 钱谦益:《大佛顶首楞严经疏蒙钞缘起论》,《牧斋有学集文钞补遗》,《牧斋杂著》,《钱牧斋全集》,上海古籍出版社2003年版,第472页。
③ 钱谦益:《先太淑人述》,《牧斋初学集》卷七十四谱牒一,《钱牧斋全集》,上海古籍出版社2003年版,第1640—1641页。

归。钱谦益有诗记其事,诗载《牧斋初学集》,目录题作《滕县寄长蘅》,正文以序代题作《丁未春,与李三长蘅下第,并马过滕县,贳酒看花,已十四年矣。感叹旧游,如在宿昔,作此诗以寄之》。① 李流芳(1575—1629),字茂宰,又字长蘅,号檀园、香海、古怀堂、沧庵,晚号慎娱居士、六浮道人,南直隶徽州歙县(今安徽歙县)人,侨居嘉定(今上海嘉定),万历三十四年(1606)与钱谦益一起成为举人。钱谦益会试落第,并没有对科举失望,而是继续拜师学习,努力备考。

在虎丘,钱谦益遇见李光缙,得其近科时文指导。钱谦益在《家塾论举业杂说》中回忆:"丁未落第,相遇于虎丘,观其衣冠举止,俨如古人。谈及《文彀》,衷一蹴然拱手曰:'当时偶标目示二三学徒,不意其遂传,无从禁止耳。'是岁归闽,悉取近科时文,选次为一集,题之曰《赴鹄编》,而叙其缘起曰:'向之云《文彀》者,志先正之彀,余与受之之所共也。今之云赴鹄者,赴受之之鹄也。'曹子建谓刘季绪才不逮于作者,而好诋诃文字,掎撅利病,如衷一之虚心善下,推挹后辈,岂徒贤于世之君子乎?余少壮盛气,颇犯季绪之病。老不解事,犹有余愧。"② 李光缙(1549—1623),字宗谦,号衷一,晋江人。万历十三年(1585),乡试第一。十四年,会试落第,从此断绝仕进之念,研究《四书》《易传》,著述丰富,所著有《四书要旨》《四书指南》《四书臆说》《四书千百年眼》《易经潜解》《南华肤解》《读史偶见》《苏文抄评》《杜诗注解》《独照醒言》《景壁集》等。

在苏州竹堂寺,钱谦益拜管志道为师。钱谦益在《湖广提刑按察司金事晋阶朝列大夫管公行状》中记:"谦益少游于梁溪,顾独喜读公之书,私淑者数年。丁未之秋,执弟子礼,侍公于吴郡之竹堂寺。公老且衰矣。晨夕训迪不少倦。间尝涉公之书,而惊其才辩,以为如河汉、如鬼神。骤而即之,有道貌,无德机,浑然赤子也。闻公之风,而钦其风节,以为如高山、如烈日。徐而挹之,有掖引,无迎距,盎然元气也。"③ 管

---

① 钱谦益:《滕县寄长蘅》,《牧斋初学集》卷一,《钱牧斋全集》,上海古籍出版社2003年版,第22页。
② 钱谦益:《家塾论举业杂说》,《牧斋有学集》卷四十五杂文三,《钱牧斋全集》,上海古籍出版社2003年版,第1510页。
③ 钱谦益:《湖广提刑按察司金事晋阶朝列大夫管公行状》,《牧斋初学集》卷四十九行状三,《钱牧斋全集》,上海古籍出版社2003年版,第1256页。

志道(1536—1608)，字登之，号东溟。太仓人。隆庆五年(1571)进士，官南京兵部主事，调刑部、广东按察佥事。精研五经性理，宗王守仁致良知之旨，自成一家之言，时称"管氏学"。经学文章冠冕人伦，时称大儒，晚年究心《楞严经》，著述丰富，有《周易六龙解》《论语订释》《中扇测义》《大学六书》《惕若斋前后集》等。

万历三十五年(1607)冬，钱谦益与李流芳在望亭拜谒诗僧雪浪洪恩大师。钱谦益在《跋雪浪师书黄庭后》中记："余少习雪浪师，见其御鲜衣，食美食，谭诗顾曲，徙倚竟日，窃疑其失衲子本色。丁未冬，访师于望亭，结茅饭僧，补衣脱粟，萧闲枯淡，了无旧观。"①

万历三十六年(1608)春，钱谦益与江阴李至清交往。李至清与钱谦益"结隐破山，居三年别去，剃发于尧峰"，钱谦益有临别赠诗。② 李至清，字超无，江阴人，负才自放，游学四方，结交名士，有《问剑集》，汤显祖序。

万历三十七年(1609)十月，钱谦益北上准备参加会试。过山东临清，该地为明代大运河的北方枢纽，是沟通南北的重要水道。钱谦益在北里谷氏壁间题《长干行》诗，胡胤嘉、沈守正、胡潜等和诗。钱谦益在《长干行附录》中记："偕计吏过临清，新安何周无党邀谷、范两名姬置酒，胜流歙集，燕商淋漓。……醉后作《长干行》，题于北里谷氏之壁间，凡二百八十三字。明日，同席者传写其稿，乃录而藏之箧中。"③胡胤嘉(1570—1614)，字休复，仁和人。沈守正(1572—1623)，字无回，钱塘人。胡潜，号是庵，繁昌人。

钱谦益到达京城，准备会试，与同在京师准备参加会试的袁中道、李流芳、韩敬、徐田仲、贺中泠等举人于城西极乐寺结社修业。钱谦益在准备应试之暇，与袁中道常常共同讨论诗文。他在《贺中泠〈净香稿〉序》中记："课读少闲，余与小修尊酒相对，谈谐间作；而中泠覃思自如。一灯荧荧，雪车冰柱，击戛笔砚间。迄今三十余年，犹耿耿在吾目中也。

---

① 钱谦益:《跋雪浪师书黄庭后》，《牧斋初学集》卷八十六题跋四，《钱牧斋全集》，上海古籍出版社2003年版，第1800页。
② 钱谦益:《列朝诗集》，上海三联书店1989年版，第535页。
③ 钱谦益:《长干行附录》，《牧斋初学集》卷八，《钱牧斋全集》，上海古籍出版社2003年版，第244页。

余与中泠既第,皆系名党籍,屏居削迹,过从稀简。余踪迹疎放,游于酒人词客之间,把玩岁月,荏苒无成。中泠却埽读书,焚膏宿火,约略如举子时。"①袁中道(1570—1623),字小修,一字少修,湖北公安人,"公安派"领袖之一,与兄袁宗道、袁宏道称"三袁"。贺世寿(?—1651),原名烺,字函伯,又字中泠,江苏丹阳人。万历三十八年(1610)进士,官至刑部尚书、户部尚书。著有《思闻录》《闲坪杂识》《清音集》等。

万历三十八年(1610),钱谦益会试中高第,殿试得第三。钱谦益在《太原府推官唐君墓志铭》中回忆当时情景:"万历庚戌,进士举南宫者三百人,轩盖填咽,车尘人面,冥蒙合沓。"②钱谦益又在《光禄大夫太子太保礼部尚书兼翰林院学士萧公神道碑》中忆座主萧云举:"公主万历庚戌会试,为谦益座主,殿试读卷,又首拔焉,所以教诲期待甚厚。"③钱谦益从会试中高第起,已经进入党争派系圈。所谓座主萧云举"殿试读卷,又首拔焉",后来公布为殿试得第三,即"庚戌科场案",钱谦益本为殿试第一,而为浙党汤宾尹置换为韩敬之事。《明史·孙振基传》载:"韩敬者,归安人也,受业宣城汤宾尹。宾尹分校会试,敬卷为他考官所弃。宾尹搜得之,强总裁侍郎萧云举、王图录为第一。榜发,士论大哗。"④萧云举(1554—1627),字允升,号玄圃,宣化(今南宁市)人,公安派创始人之一。万历十四年(1586)进士,官至礼部尚书兼翰林院学士。万历三十八年(1610)主庚戌会试,拔韩敬、钱谦益等300人。著有《青罗集》。其他座主有曹于汴、孙承宗、王图。曹于汴(1558—1634),字自梁,一字贞予,安邑(今山西省运城市)人,万历二十年(1592)进士,官至都察院左都御史。钱谦益于崇祯十一年(1638)撰有《曹公于汴神道碑》。孙承宗(1563—1638),字稚绳,号恺阳,高阳(今属保定市)人,曾为熹宗朱由校的老师,著有《高阳集》。钱谦益于崇祯十五年(1642)撰

---

① 钱谦益:《贺中泠〈净香稿〉序》,《牧斋初学集》卷三十三序六,《钱牧斋全集》,上海古籍出版社2003年版,第957页。
② 钱谦益:《太原府推官唐君墓志铭》,《牧斋初学集》卷六十一墓志铭十二,《钱牧斋全集》,上海古籍出版社2003年版,第1460页。
③ 钱谦益:《光禄大夫太子太保礼部尚书兼翰林院学士萧公神道碑》,《牧斋初学集》卷六十三神道碑铭二,《钱牧斋全集》,上海古籍出版社2003年版,第1488页。
④ 张廷玉等:《明史》卷二百三十六〈孙振基传〉,中华书局1974年版,第6153页。

有《特进光禄大夫左柱国少师兼太子太师兵部尚书中极殿大学士孙公行状》。王图(1557—1627),字则之,耀州人,万历十四年(1586)进士,官至礼部尚书。钱谦益于崇祯七年(1634)撰有《故礼部尚书兼翰林院学士协理詹事府事赠太子太保谥文肃王公行状》。

  与钱谦益同年中进士的还有一起考取秀才的常熟戴元威,钱谦益于崇祯元年(1628)撰有《明故文林郎临淄县知县翔虞戴君墓志铭》,记:"是岁邑士有哗于郡廷者,朝议勒诸生概无得乡试,以惩士习。而君以郡庠故,不与其罚,故独得举。常熟士故工于文,每开榜,辄得五六人,而是榜仅得君一人,邑人异之,以为荣。"①

---

① 钱谦益:《明故文林郎临淄县知县翔虞戴君墓志铭》,《牧斋外集》卷十五墓志铭一,《牧斋杂著》,《钱牧斋全集》,上海古籍出版社2003年版,第759—761页。

第四章　早期曲折仕途

钱谦益处在日趋危急的晚明时代,他出生之年,也是张居正去世之年,命运多舛的明王朝开始走下坡路,朝廷党争之风愈演愈烈,日益险恶的官场政治生态使钱谦益的仕途道路布满了阴影。钱谦益的"东林"背景使之始终处于党争旋涡之中,仕途屡遭挫折。从万历三十八年(1610)进士及第任翰林院编修至崇祯十七年(1644)的34年间,钱谦益的仕进之路几起几落,屡次受挫,大致经历丁忧离职、还朝移疾、入朝削籍、阁讼待罪等几个阶段。钱谦益自述:"余浮沉仕途,进寸退尺。"① 又借憨山大师语感慨顺世不再,"今亦多顺世去矣"。② 钱谦益于顺治十八年(1661)十月望日撰《恤庐诗》,感慨"儒冠误我","仕宦冰炭,患难汤火"。③

第一节　丁忧离职

万历三十八年,钱谦益进士及第,任翰林院编修仅4个月,因丁父忧而离职归里。按照朝廷规定的制度,丁忧守制服丧为27个月。三年

---

① 钱谦益:《李缉夫室瞿孺人墓志铭》,《牧斋有学集》卷三十三墓志铭六,上海古籍出版社2003年版,第1191页。
② 钱谦益:《憨山大师曹溪肉身塔院碑》,《牧斋有学集》卷三十六塔铭,上海古籍出版社2003年版,第1255页。
③ 钱谦益:《恤庐诗》,《红豆诗三集》,《牧斋有学集》卷十一,《钱牧斋全集》,上海古籍出版社2003年版,第555—556页。

后，由于当时政坛东林派与反东林派之间的朋党纷争，与顾宪成关系密切的钱谦益并没有服满起复，直至万历四十八年（1620）八月才还朝。钱谦益家居了11年。假如钱谦益不是因丁父忧离职，或许也会因为是东林学人招致攻击而去职。钱谦益在《资德大夫正治上卿都察院左都御史赠太子太保安邑曹公神道碑》中述："万历之党议，播于庚戌而煽于辛亥，二三小人，飞谋钓谤，以一网尽东西南北之君子。"①

钱谦益父亲钱世扬于万历三十八年（1610）五月十六日去世，享年57岁。钱谦益"奔丧归"，撰《先父景行府君行状》，葬父亲于先祖墓旁。② 家丧接连而来，钱谦益的岳父陈钦光（1558—1610）亦于此年闰三月十二日去世，享年53岁。钱谦益应岳母要求，撰有《陈府君合葬墓志铭》。③ 父亲在临终遗言中要求钱谦益呵护好弟弟二酉，父亲去世时，弟弟还未满周岁。钱谦益按照父亲的遗命，为弟弟二酉与常熟李缉夫之女订下婚约。然而，不幸的是，翌年弟弟又殇，钱、李两家真是雪上加霜，悲痛万分。④ 居丧守孝期间，钱谦益整理家族文献，以此表达对先人的哀思。万历四十三年（1615）九月，钱谦益撰《刻〈古史谈苑〉目录后序》，记述父亲论著。⑤ 钱谦益自此年起撰文渐多，所写多为序、跋、颂、记类。其中，万历四十四年（1616）《送瞿起田令永丰序》值得关注。

钱谦益在《送瞿起田令永丰序》中，勉励中进士受任江西永丰县令的门生瞿式耜"守文懿家法，与其父学宪之教训"，有所作为，序文"以实其所以望起田者焉"。序文剖析里中时风，"感叹于吾里今昔之事"，寄托其为官之道与对恢复"旧德"、匡正时风的期待。钱谦益在序文中指陈当下里风，说："自余有识知以来，则异是矣。宾宴促席，语刺刺不休，

---

① 钱谦益：《资德大夫正治上卿都察院左都御史赠太子太保安邑曹公神道碑》，《牧斋初学集》卷六十二神道碑铭一，《钱牧斋全集》，上海古籍出版社2003年版，第1474页。
② 钱谦益：《先父景行府君行状》，《牧斋外集》卷十四行状，《牧斋杂著》，《钱牧斋全集》，上海古籍出版社2003年版，第738—746页。
③ 钱谦益：《陈府君合葬墓志铭》，《牧斋初学集》卷七十六谱牒三，《钱牧斋全集》，上海古籍出版社2003年版，第1664—1666页。
④ 钱谦益：《李缉夫室瞿孺人墓志铭》，《牧斋有学集》卷三十三墓志铭六，上海古籍出版社2003年版，第1190—1191页。
⑤ 钱谦益：《刻〈古史谈苑〉目录后序》，《牧斋初学集》卷七十四谱牒一，《钱牧斋全集》，上海古籍出版社2003年版，第1636—1638页。

每屈指计某田宅几何？僮手指几何？贩谷及子贷金钱几何？又或言某善事县令丞尉，县令丞尉颜色颇向某某，某善问遗居间请求，某善任桀黠奴及州里马医皂隶，咨嗟嚬呻，异口合喙，项辈视以高下，笑言视以少多，谤誉视以邮置。然则父老所称述，数公固世之所迁也。谓迁为善，则今举若此。谓为不善，则世所指名大人旧德，必前数公者之归，岂有爽也。吾闻之，天道六十年一变，盖日夜以几于吾里之人焉。"①这是当时晚明社会风气的缩影。

钱谦益家居期间，交往的本地人物有严澂、瞿纯仁、何允泓、许重熙、陆瑞徵等人。严澂于万历四十四年（1616）冬撰有《丙辰冬仲王石函、钱受之、许子洽、陆兆登访等慈上人于拂水山房求题扇，遇瞿元初、何季穆、李文孺清言竟日》诗。② 等慈上人，即广润，字等慈。吴兴人，姓钱氏，少负文藻，耿介重气，削染于云栖。游虞山，瞿元初延居拂水，卒葬高僧塔之旁。万历四十五年（1617）三月，钱谦益为严澂《独癙寐言》撰有跋。③

钱谦益家居期间，有更多的时间与佛教大师交往。父丧之年九月，钱谦益至武林入云栖寺礼忏。万历四十五年（1617），憨山大师在常熟三峰佛寺燃灯说戒，钱谦益侍憨山大师左右受教。④ 万历四十七年（1619）春，钱谦益捐径山化城寺刻《道余录》。

钱谦益家居后期多与文人交往，其中，万历四十五年（1617）夏，晚年居住常熟的程嘉燧从嘉定来常熟访钱谦益旬月。钱谦益在《耦耕堂记》中述："万历丁巳之夏，予有幽忧之疾，负疴拂水山居。孟阳从嘉定来，流连旬月。"⑤程嘉燧（1565—1644），字孟阳，号松圆，休宁人，侨居嘉

---

① 钱谦益：《送瞿起田令永丰序》，《牧斋初学集》卷三十五序八，《钱牧斋全集》，上海古籍出版社2003年版，第988—989页。
② 严澂：《丙辰冬仲王石函、钱受之、许子洽、陆兆登访等慈上人于拂水山房求题扇，遇瞿元初、何季穆、李文孺清言竟日》，《云松巢集》卷七诗七言诗，常熟市图书馆藏清抄本。
③ 钱谦益：《严道澈〈独癙寐言〉》，钱谦益撰、潘景郑辑校：《绛云楼题跋》，上海古籍出版社2005年版，第40—41页。
④ 钱谦益：《憨山大师曹溪肉身塔院碑》，《牧斋有学集》卷三十六塔铭，上海古籍出版社2003年版，第1255页。
⑤ 钱谦益：《耦耕堂记》，《牧斋初学集》卷四十五记五，《钱牧斋全集》，上海古籍出版社2003年版，第1137页。

定。弃举子业,折节读书。与唐时升、娄坚、李流芳称"嘉定四先生",以诗见长,被誉为"一代诗宗",对钱谦益影响很大。

钱谦益家居期间读书、藏书,多与藏书家交往。万历四十七年(1619),钱谦益为其门生毛晋之母撰《毛母戈孺人六十序》,祝贺毛晋之母六十大寿,勉励毛晋"有志于学古之道"。[1]

家居正是藏书好机会,此年末,钱谦益在苏州访书得藏书故家秘册手稿,将其中黄省曾《西洋朝贡典录》三卷送给钱曾。钱曾在《读书敏求记》卷二"黄省曾西洋朝贡典录"三卷跋中记:"东川居士孙胤伽跋云:'此书序见黄公《五岳集》久矣。往来于胸中者三十年。岁己未,钱受之搜秘册于郡城故家,得黄公手稿,归以贻予,遂命童子录之,此书初未入梓,自稿本外,只此册耳。'"[2]万历四十八年(1620)春日,钱谦益与李如一交往,题其《草莽私乘》。中夏,又撰《〈草莽私乘〉跋》,颂扬李如一"天下好书,当与天下读书人共之"的藏书开放思想。[3] 李如一(1557—1630),名鹤翀,以字行,又字贯之,号近复,江阴人。钱谦益天启六年(1626)撰《江阴李贯之七十序》称"余与贯之,皆有好书之癖,每从贯之借书,未尝不倒屣相付也。"[4]钱谦益还撰有《李贯之先生墓志铭》。[5]

第二节 还朝移疾

万历四十六年(1618),努尔哈赤"告天"誓师,与明朝彻底决裂,同时,率步骑两万向明朝发起进攻。次年二月,在萨尔浒与明军大战,明军溃不成军,元气大伤。钱谦益见后金如此猖狂,决计还朝。钱谦益撰

---

[1] 钱谦益:《毛母戈孺人六十序》,《牧斋初学集》卷三十九记序十二,《钱牧斋全集》,上海古籍出版社2003年版,第1071—1072页。
[2] 钱曾:《读书敏求记》,书目文献出版社1984年版,第67页。
[3] 钱谦益:《〈草莽私乘〉跋》,《牧斋集再补》,《牧斋杂著》,《钱牧斋全集》,上海古籍出版社2003年版,第925页。
[4] 钱谦益:《江阴李贯之七十序》,《牧斋初学集》卷三十七序十,《钱牧斋全集》,上海古籍出版社2003年版,第1026—1027页。
[5] 钱谦益:《李贯之先生墓志铭》,《牧斋有学集》卷三十二墓志铭五,《钱牧斋全集》,上海古籍出版社2003年版,第1156—1159页。

《夜泊浒墅关却寄董太仆崇相四首（戊午）》，论述征兵、练兵事，指责后金违背盟约，屡次犯边，建议董应举、吕纯如建立功业。① 董应举（1557—1639），字见龙，号崇相，福建闽县人。万历二十六年（1598）进士，任吏部主事、文选主事、南京大理寺丞等，一生关注国家命运，著有《崇相集》，其中诗文对于明朝的战败，从惋惜到悲愤，其忧国之情展现得淋漓尽致。因此，后来清廷将《崇相集》列入禁毁书目。

钱谦益于万历四十八年（1620）八月入京还朝，补翰林院编修原官，至天启二年（1622）短短三年间恰经历了一次起落，他从热切期望还朝、思有所作为到失望移疾归家。他在《初学集》卷一首载《还朝诗集》表达了其心路历程。《还朝诗集上》"起泰昌元年九月，尽一年"，有《九月初二日奉神宗显皇帝遗诏于京口成服哭临恭赋挽词四首》《九月十一日次固镇恭闻泰昌皇帝升遐途次感泣赋挽词四首》《嫁女词四首》等篇。在《嫁女词四首》中，钱谦益序记："余初登第，旋奉先人讳，里居奉母，垂十有一年，乃诣阙补官。是时神庙上宾，国论喧豗。辽寇鳌突，别母北上，中心恻怆，而作是诗也。"② "神庙""国论""辽寇"之语，紧迫的国事与"别母北上"的家景，使钱谦益心中无比哀伤。钱谦益在《临淮田舍题壁赠王鹤年》诗中表达："坦腹便便腰十围，铁衣抛却卧牛衣。恨君不度三岔水，生取□□□归。"③ "生取□□□归"句，潘重规所见清王时敏顺治六年（1649）抄本作"生取又儿合赤归"，"又"即"奴"省写，"又儿合赤"即努尔哈赤。④《初学集》卷二《还朝诗集下》"起天启元年辛酉，尽四年甲子"，有《入朝有作呈词馆诸公》《送兵部董侍郎汉儒总督宣大二首》《送刘编修鸿训颁诏朝鲜十首》《昌平州唐刘去华故里》《清明日陪祀定陵恭述二首》《恭谒长陵》《西山道中》《碧云寺》《香山寺》《经筵记事十首》《寄东江毛总戎文龙》《春日过易水》等篇，记录"朝朝待漏侍金舆"的

---

① 钱谦益：《夜泊浒墅关却寄董太仆崇相四首（戊午）》，《牧斋初学集》卷一，《钱牧斋全集》，上海古籍出版社2003年版，第39—40页。
② 钱谦益：《嫁女词四首》，《牧斋初学集》卷一，《钱牧斋全集》，上海古籍出版社2003年版，第9页。
③ 钱谦益：《临淮田舍题壁赠王鹤年》，《牧斋初学集》卷一，《钱牧斋全集》，上海古籍出版社2003年版，第18页。
④ 钱谦益著，钱曾笺注，卿朝晖辑校：《牧斋初学集诗注汇校》，上海古籍出版社2012年版，第24页。

生活。①

天启元年(1621),钱谦益升为经筵展书官。钱谦益有《经筵记事十首》记之,其一:"绨几牙签进御初,天颜肃穆不曾舒。案头回得重瞳眄,白发词臣跪展书。"按照惯例展书官一定要跪行到皇上面前,可怜钱谦益时年40岁,已是生了"白发"的经筵展书官。其二记其讲论仪注事,钱谦益自注:"讲筵初启,中官聚语哗然。余讲论仪注,出之神中,颇为敛容。"其十:"宋室西羌缚鬼青,迩英书殿正横经。辽阳会献奴儿馘,定有神书撼索铃。"②天启元年(1621),后金军攻辽东,占领辽阳、沈阳等主要城市,辽东大部沦陷。钱谦益借唐宋史典以古喻今,诚盼警铃传捷报。

从天启元年开始,钱谦益仿金代元好问《中州集》例编纂《列朝诗集》,以诗存史,保存明代文献,以诗系人,以人系传。

此年秋八月,钱谦益被派往浙江,任秋闱乡试考试官。有《浙江乡试录》实录受命典试事。序文说:"天启元年秋八月,天下当乡试之期。上俞礼臣请,命编修臣谦益偕刑科左给事中臣谦贞往典浙试。臣等受命惟谨。比至则巡按监察御史臣某,申厉功令,劼毖有加;提调监试则臣某某,葳事庀物,不愆于素,同考试官则臣某某,相与炀萧誓戒,而后莅事。乃进提学佥事臣洪承畴所取士,锁院而三试之。浙贡士凡九十有七人,先按臣某,以上嗣服改元,疏请广解额。上可其奏,命以今年贡士一百人,它省皆以次及焉。既撤棘,第其姓名及文之可录者,镂版以献,而臣以职事为其序。"③

此年冬,钱谦益返京,任右春坊中允。不料,回京不久的钱谦益卷入自己失察的钱千秋乡试舞弊案。原来有个考生叫钱千秋,本来文才不错,乡试中举的几率也大,遇到徐时敏、金保元两个奸棍谎称已经打通关节,本次乡试只要钱千秋将"一朝平步上青云"七个字分别放在每

---

① 钱谦益:《还朝诗集下》,《牧斋初学集》卷二,《钱牧斋全集》,上海古籍出版社2003年版,第47—71页。
② 钱谦益:《经筵记事十首》,《牧斋初学集》卷二,《钱牧斋全集》,上海古籍出版社2003年版,第66—70页。
③ 钱谦益:《〈浙江乡试录〉序》,《牧斋初学集》卷九十制科三,《钱牧斋全集》,上海古籍出版社2003年版,第1858页。

段文章的结尾,考官就会认出录取,中举后要取钱两千两。钱千秋信以为真,就交了押金,考试时把暗号插入文中。榜发,钱千秋果然中了举人,待试卷下发后,他发现自己原本是本房第二,主考官反而把他取在第四名,立时醒悟被徐时敏、金保元骗了。于是,钱千秋找到徐时敏、金保元要求毁约。徐时敏、金保元二人威胁要举报钱千秋科场作弊,并且到处吵闹,把这件事情泄露了出去。当钱谦益得知此事后,当机立断,采取果断措施,主动上本检举钱千秋,并自请失察之过。天启二年(1622)初,刑部查明钱千秋乡试舞弊案并结案,结论是钱谦益并不知情,但有失察之过,罚俸三个月。徐时敏、金保元充军,钱千秋革去举人功名充军。

  钱千秋乡试舞弊案涉及浙党、宣党与东林党的纠纷。起因追溯到万历三十八年(1610)时,钱谦益与韩敬参加会试。科考成为党派争夺人才的焦点之一,主考官王图、首辅叶向高为东林党人,非常赏识钱谦益的策论,欲置第一。钱谦益自己也知道,殿试读卷被列为首。① 而宣党汤宾尹以庶子任本科同考官,越房捡回已经被其他房考官落选的韩敬试卷,并录韩敬为本房第一。浙江归安人韩敬是汤宾尹的门生,汤宾尹曾因在家乡夺生员施天德之妻徐氏为妾,徐氏不从,投缳而死,激起民变,于是汤宾尹独身躲避至浙江。韩敬仰慕汤宾尹科名,执五十金拜汤宾尹为师,二人往来问候不绝。万历三十七年(1609),韩敬中乡试,次年参加会试。汤宾尹遇到韩敬的会试卷,本来应该避嫌,然而他的性格过于粗疏,于是出现越房查卷的情况,还强迫总裁萧云举、王图把韩敬录为第一。汤宾尹越房录取韩敬的同时,还越房录取了另外4人。有的考官也效仿汤宾尹越房录取的做法,总计越房录取了18人,成为典型的科场舞弊。因此发榜时,落第举人大哗。事后,东林党揭发韩敬科场案,万历三十九年(1611)京察时汤宾尹被罢,韩敬也称病而去。后来,万历四十年(1612)十一月,南京御史孙居相上疏揭露科场大弊,弹劾汤宾尹与韩敬。汤宾尹不自收敛,抓驳朝局,引党相攻。万历皇帝派人追查过此案,许多正直的官吏以确凿的证据证明韩敬科场案,而汤宾

---

① 钱谦益:《光禄大夫太子太保礼部尚书兼翰林院学士萧公神道碑》,《牧斋初学集》卷六十三神道碑铭二,《钱牧斋全集》,上海古籍出版社2003年版,第1488页。

尹虽罢官家居，其朝中同党御史刘廷元、董元儒、过庭训等人竭力为汤宾尹开脱。由于涉及党争，此案变成一堆糊涂账。韩敬科场案前后审理了七年，最后韩敬被贬为南京行人司司副，处罚极轻。① 经历此事，韩敬怀恨在心，以为是钱谦益落井下石，于是衔恨设计报复，趁钱谦益主考浙江乡试的机会，故意设套，找人假扮钱谦益的手下，私下找人卖题，于是找到钱千秋，一步步实施，将钱谦益陷入圈套之中。韩敬设计得逞后，又唆使给事中顾其仁参劾钱谦益。幸好刑部查明真相，钱谦益的道德人品均无可议之处，只有失察之过，与韩敬科场案之类不同。②

钱千秋乡试舞弊案从一个侧面表明，末世危局已经深深影响到社会的基层，上层昏乱失序导致社会风气日下，而作为文官的钱谦益也缺乏实际的治理能力，犯下令自己深感懊悔的失察之过。钱千秋乡试舞弊案虽然有了结论，但是成为后来周延儒、温体仁辈攻击东林党人的一个话柄。此后发生的钱谦益遭遇阁讼待罪，就是温体仁辈借此以坏钱谦益的名节。③

天启二年（1622）冬天，钱谦益称病返回老家，途中作诗《春日过易水》："驱车信宿驿程间，双鬓萧骚春又还。易水到来偏易感，酒人别去更相关。暮云宫阙愁心绕，落日衣冠古道闲。老大不堪论剑术，要离坟畔有青山。"④功名未就的钱谦益以诗表达无意仕途的复杂心情。钱谦益在《上高阳师相书》中向老师孙承宗（1563—1638）告知疏请回乡之事，并表达对时事的"杞人之忧"。他说："谦益再疏得请，已于十二月廿九日出国门，归而奉老母，读残书，长为虞山下一老农，不辱师门，庶其在是。"又说："恭惟老师，以黄阁元老，出而视师。更置将率，蒐讨军实，榆关一墙，屹为长城。老师一日在关，奴必不敢牧马南下，而畿辅可以高枕矣。"钱谦益建议老师："为老师计，当亟择一沉雄博大、可当战守恢复之任者，告之天子，一以关城之事委之，而己则从容燕闲，往来登、莱关海间，总其机宜，而责其成功，斯当今第一切务也。"钱谦益进而为孙

---

① 汤钢、南炳文：《明史》，"韩敬科场案"，上海人民出版社2021年版，第740—741页。
② 文秉：《烈皇小识》卷二，上海书店1982年版，第32—34页。
③ 钱谦益：《十一月初六日召对文华殿旋奉严旨革职待罪感恩事凡二十》，《崇祯诗集二》，《牧斋初学集》卷六，《钱牧斋全集》，上海古籍出版社2003年版，第183—185页。
④ 钱谦益：《春日过易水》，《牧斋初学集》卷二，《钱牧斋全集》，上海古籍出版社2003年版，第71页。

承宗献上英勇杀敌以取得战绩之策,说:"愿老师之熟思之也。自古克敌制胜,其事不一,要必节镇与将率为一,将率与偏裨为一,偏裨与士卒为一,晓畅洞达,欣说鼓舞,欢然有乐生之心,而忾然有誓死之气,然后可以致果杀敌,无往而不利。"钱谦益表达自己归隐而献策以供老师群策群力为用,说:"夫谦益之所言者,皆老师之所知,且以为不足知者也。然古之大人君子,集天下之事,成非常之功,必使吾之所知与其所谓不足知者,人人得挟以至于吾前,而后群策群力,胥天下为吾用,而吾得以坐制而不劳。《诗》不云乎:询于刍荛。夫不待询采而冒昧以其言进,斯必为刍荛之所笑矣。以谦益之将隐也,杞人之忧,不敢以告人,而效其一二于师门,并以为别。"①天启二年(1622),孙承宗为礼部右侍郎,协助管理詹事府,不久又为兵部尚书兼东阁大学士,入朝办事,以阁臣身份掌管兵部事务。八月,孙承宗自请为督师蓟、辽。钱谦益"将隐",不在位而仍操心,为老师上计策,拳拳之心可见。

当时,阉党在朝为非作歹,东林党人可谓是人人自危。钱谦益在《书竹林七贤画卷》中回忆天启二年冬将出都门时高邑赵南星慨然相送的情景,说:"高邑赵忠毅公过邸舍曰:'此后再晤,未省何时。明日当携一尊酒,偕高存之来,剧谭尽日而别。'时内计戒严,余以为辞。公大笑曰:'公亦为此言乎?避嫌疑,存形迹,岂我辈事哉!'遂以刁酒固始鹅为饷,公亦不复来。此后遂不得见公矣。存之者,无锡高忠宪公也。逆阉之难,二公相继受祸,余懵而不死。"②高邑赵忠毅公,即赵南星(1550—1628),字梦白,号侪鹤,别号清都散客,高邑人,东林党首领之一。无锡高忠宪公,高攀龙(1562—1626),字存之,又字云从,无锡人,东林党领袖。逆阉之难,赵南星、高攀龙相继受祸,钱谦益幸运自己"懵而不死",保住了性命。

天启三年(1623)二月,钱谦益抵达家中,又过上奉母、读书的家居生活。

---

① 钱谦益:《上高阳师相书》,《牧斋初学集》卷七十九书,《钱牧斋全集》,上海古籍出版社2003年版,第1698—1700页。
② 钱谦益:《书竹林七贤画卷》,《牧斋初学集》八十四题跋二,《钱牧斋全集》,上海古籍出版社2003年版,第1774—1775页。

第三节 入朝削籍

天启四年（1624）六月，钱谦益再度北上回京入朝，充经筵讲官、詹事府少詹事，从正七品升至正六品，主要承担《神宗实录》的编纂工作，虽说是一个处于政坛边缘的清闲职务，但也成了皇帝身边的人物。

此年秋天，钱谦益赴召北上，由京口渡江至瓜洲，沿扬州、高邮、徐州，经山东至京城，一路走去，在《还朝诗集下》中以诗记载其北上见闻及所感。

钱谦益作《甲子秋北上渡淮河寄里中游好》诗组四首寄给里中常相过从的游好，以记再度北上所见所闻及所感，表达其无奈北上的复杂心情。其一："登车蹙蹙骋何方？叹息虚名愧服箱。世上痴儿难了事，吾曹小子自成章。丹枫数里明残照，红柿千林熟早霜。拂水西湖钓游处，定知清论满沧浪。"①

值得留意的是，钱谦益作《客涂有怀吴中故人六首》诗组六首，"吴中故人"六人为王同知孟夙、李先辈长蘅、王金事淑士、文状元文起、周吏部景文、郑吉士谦止，均是当时名士，且多志节之士。钱谦益以诗怀吴中故人，意在勉励自己，并表达志向。王同知孟夙，即王在公（1562—1627），字孟夙，号中条，别号芥庵。昆山人。万历二十二年（1594）举于乡，授山东高苑知县、济南府同知，廉能有声名，由于不满朝纲紊乱官场黑暗而辞官。李先辈长蘅，即李流芳，万历三十四年（1606）中举，后又两度赴京参加殿试均不第。时魏忠贤及其党羽把持朝政，李流芳感到仕途凶吉难料，回家绝意仕途，与唐时升、娄坚、程嘉燧合称"嘉定四先生"。王金事淑士，即王志坚（1576—1633），字弱生，更字淑士，号闻修。昆山人。万历三十八年（1610）进士，官南京兵部主事等，与归昌世、李流芳并称为昆山"三才子"。文状元文起，即文震孟（1574—1636），原名从鼎，字定之，一字文起，号湛持。长洲（今苏州）人。为文徵明曾孙，文彭孙，元发子。天启二年（1622）壬戌科状元，授翰林院编修。因忤逆魏

---

① 钱谦益：《甲子秋北上渡淮河寄里中游好》，《还朝诗集下》，《牧斋初学集》卷二，《钱牧斋全集》，上海古籍出版社2003年版，第72页。

中贤,镌级被逐,思宗即位,始以原官被召。拜礼部左侍郎兼东阁大学士。卒赠礼部尚书,谥文肃。郑吉士谦止,即郑鄤(1594—1639),字谦止,号峚阳。常州人。天启二年(1622)进士,选翰林院庶吉士。因上疏弹劾阉党,被降职外调,回籍候补。天启六年(1626),杨涟、左光斗、魏大中、袁化中、周朝瑞、顾大章遭魏中贤诬陷入狱,郑鄤作《黄芝歌》《六君子传》寄予同情,直斥魏忠贤阉党的暴行,得罪了阉党,被视为东林党人,在《东林点将录》中被称为"地异星白面郎君翰林院庶吉士郑鄤",与"地文星圣手书生翰林院修撰文震孟"并列,于是遭削职为民。诗组第五首《周吏部景文》:"独鹤鸡群自寡俦,三间老屋日西头。夜抽架笈随儿读,晨撷园蔬享妇羞。共许清通持水镜,还期淳朴挽风流。三原旧事吾能记,老妪携钱出买油。"① 周吏部景文,即周顺昌(1584—1626),字景文,号蓼洲,吴县(今苏州)人。万历四十一年(1613)进士,任福州推官,升吏部稽勋主事,后请假归家。周顺昌为官清正廉洁,疾恶如仇,对魏忠贤的所作所为深恶痛绝。天启六年(1626),魏忠贤派人到苏州逮捕周顺昌,六月十七日周顺昌狱中遇害。周顺昌与同为阉党所害的高攀龙、周起元、缪昌期、周宗建、黄尊素、李应升并称"后七君子"。当年三月十五日周顺昌被逮时,苏州市民群情激愤,奋起反抗,发生暴动。当权者大范围搜捕暴动市民,市民首领颜佩韦等五人为保护市民,挺身投案,英勇就义。至崇祯七年(1634),魏忠贤及阉党伏诛,吴默、文震孟、姚希孟、钱谦益、瞿式耜等人在阊门山塘原魏忠贤生祠被推倒后的地址为五人建祠堂和墓冢,有《五人墓义助疏》碑。张溥撰《五人墓碑记》记其事,歌颂五位烈士至死不屈的英勇行为。钱谦益作《周吏部景文》诗不满两年周顺昌就被害死,从诗中对周顺昌的评价可见同志之谊。钱谦益通过写周顺昌为官清明通达、清正廉洁,期望更多像周顺昌这样的人来挽留淳朴的遗风。

此外,钱谦益在《寄严道彻太守二首》诗其一中说:"侍帝官如谪籍初,一麾况复早县车。"② 似乎北上入朝任侍帝官犹如谪籍之感,或许钱

---

① 钱谦益:《客途有怀吴中故人六首》,《还朝诗集下》,《牧斋初学集》卷二,《钱牧斋全集》,上海古籍出版社2003年版,第78页。
② 钱谦益:《寄严道彻太守二首》,《还朝诗集下》,《牧斋初学集》卷二,《钱牧斋全集》,上海古籍出版社2003年版,第79页。

谦益对回京后会遭遇的处境早已心知肚明。

钱谦益在题为《天启甲子六月,河决彭城,居民漂溺者数万,余以季秋过之,水尚与雉堞齐,方议改筑道,复河之,无人忧改邑之不易,停车感叹而作是诗》中记河决改道之事,一路上忧国忧民,溢于言表。

钱谦益入朝时,以魏忠贤为首的阉党已经控制朝政,大肆打击东林同人及异己朝臣。左副都御史杨涟上疏劾魏忠贤大奸"廿四罪",御史黄尊素、工部郎中万燝等多人相继上疏附论,国子监祭酒蔡毅中率师生千余人讼廷请究魏忠贤大奸罪。阉党驱除叶向高、赵南星等重臣,屡兴大狱,东林党人杨涟、左光斗、魏大中、袁化中、周朝瑞、顾大章等遭酷刑数月,死于狱中。高攀龙不堪屈辱,投水自尽。天启五年(1625),魏忠贤的同党左副都御史王绍徽仿照《水浒传》,编东林党108人为《东林点将录》。钱谦益被《东林点将录》拟作浪子燕青,列第44位。御史崔呈秀作《东林党人同志录》黑名单,又撰不附东林者为《天鉴录》,以供魏忠贤黜陟官吏用。《东林党人同志录》指控钱谦益为"东林党魁",御史陈以瑞弹劾钱谦益。钱谦益虽侥幸保住性命,但被"除名为民"。钱谦益回忆当时党禁戒严的情景说:"天启乙丑,承乏右坊,欲钞《昭示奸党》诸录,而削夺之命骤下,踉跄出都门,属门下中书代写邮寄。于时党禁戒严,标题有奸党二字,缮写者援手咋指,早晚出入阁门,将钞书夹置裤裆中,仅而得免。"①

钱谦益遭遇削籍,于天启五年(1625)五月南归,再次经历起落至天启七年(1627)。其《初学集》卷三《归田诗集上》以诗记事,"起天启五年乙丑,尽六年丙寅"。钱谦益在《渡河闻何三季穆之讣,赋九百二十字哭之,归而酹酒,焚诸殡宫,以代哀诔》中记南归的行程,五月初五日端午节从潞河出发南归:"今年罢官归,太岁在乙丑。端阳发潞河,盛夏过界首。"②

钱谦益在南归途中作《天启乙丑五月奉诏削籍南归自潞河登舟两

---

① 钱谦益:《与吴江潘力田书》,《牧斋有学集》卷三十八书一,《钱牧斋全集》,上海古籍出版社2003年版,第1319—1320页。
② 钱谦益:《渡河闻何三季穆之讣,赋九百二十字哭之,归而酹酒,焚诸殡宫,以代哀诔》,《归田诗集上》,《牧斋初学集》卷三,《钱牧斋全集》,上海古籍出版社2003年版,第101页。

月方达京口途中衔恩感事杂然成咏凡得十首》诗,其一:"破帽青衫出禁城,主恩容易许归耕。趁朝龙尾还如梦,稳卧牛衣得此生。门外天涯迁客路,桥边风雪蹇驴情。汉家中叶方全盛,《五噫》何劳叹不平。"①钱谦益此诗组十首记自己天启乙丑五月奉诏削籍南归,反映了当时严酷的政治斗争情形,抒发了自己满腔的悲愤与感慨。全诗充满怨怅、嘲讽之意,以"衔恩"的笔调写出,堪称委曲周致。前两联直书"削籍南归"事,后两联紧接"感事杂然成咏"。首联"破帽青衫"表达削籍南归落魄之状。这样的待遇,这种主"恩",显然含有讥讽味,也是自己的无奈。颔联回想往日里上朝的情形,还如在梦中。钱谦益以"卧牛衣"表达自己甘愿过贫士的凄凉生活。虽然暂时保住了性命,不免有失落感,而得有"此生",如白居易诗所谓"牛头参道有心期",未来有期。同时,"稳卧牛",也是钱谦益接下来南归乡居生活的写照。钱谦益家在常熟虞山脚下,虞山又名卧牛山。远眺虞山,形状宛如一头卧牛,头朝东南,尾向西北,半山处的辛峰亭犹若牛角翘首。虞山北部有秦坡涧、破龙涧,是藏龙卧虎之福地。颈联意指钱谦益已出京城在门外,天涯江湖浩漫,对遭遇削籍者来说,已经不再从政,确有此心更乱,梦魂飞不到的愁肠怨意。尾联以汉家比当代,董卓作乱如阉党乱政。"方全盛",用反语讽刺,实为衰世。诗中充满对帝王穷奢极欲的谴责,以及对人民苦难的深切同情,表现了对国家和人民的深切关怀与忧伤之情。钱谦益以十首诗作叙述个人遭遇,感慨时事,表达忧国忧民的意识。诗组十首其七说:"耦耕旧有高人约,带月相看并荷锄。"钱谦益自注:"谓程孟阳也。"②程嘉燧与钱谦益相约来常熟钱谦益家"耦耕"。

钱谦益天启六年(1626)闰六月廿一日撰《投老》诗,有题注"丙寅闰六月廿一日",载《归田诗集上》。此时,钱谦益削籍南归已"经年",诗中记其南归后的生活与感受。《投老》诗说:"投老经年掩荜门,清斋佛火自晨昏。衣裳旋觉蜉蝣改,篱落频看木槿繁。时至雄风生左角,梦回斜

---

① 钱谦益:《天启乙丑五月奉诏削籍南归自潞河登舟两月方达京口途中衔恩感事杂然成咏凡得十首》,《归田诗集上》,《牧斋初学集》卷三,《钱牧斋全集》,上海古籍出版社2003年版,第96页。
② 钱谦益:《天启乙丑五月奉诏削籍南归自潞河登舟两月方达京口途中衔恩感事杂然成咏凡得十首》,《归田诗集上》,《牧斋初学集》卷三,《钱牧斋全集》,上海古籍出版社2003年版,第99页。

日照西垣。水边林下君知否？定有高人一笑论。"①首联，钱谦益记自己投老经年闭门向佛生活，他将削籍南归视作告老还乡。钱谦益还乡之后，关闭破门已多年，日常生活是自晨至昏，清斋供佛。颔联，钱谦益喻自己知道生命微小，朝不保暮，又相信自己如木槿，适应性强，可任其自由生长。屡见木槿任由繁殖成为篱笆，灌木丛生，无人问津，正如钱谦益自述门可罗雀。颈联，钱谦益述家居经强风、历苦热的生活，典出南北朝任昉《苦热诗》，实录其家居生活。"投老"对于钱谦益来说，是逃过一劫，是不幸中之大幸，其个人的不幸更是社会的不幸。《投老》可以说是钱谦益削籍南归的体悟，其内心是痛苦的、冤屈不平的。

《初学集》卷四载《归田诗集下》"起天启七年丁卯，尽一年"，继续记录其归田生活。如《丁卯元日》记"涤砚还疏旧著书"②的读书著书生活，《舟师叹》喻"眼看寸进还退尺"③的浮沉仕途感慨。其中，多有与徐锡祚（1573—1629）交往之作。徐锡祚，一名于，又作祚，字于王。生于常熟甲族，为徐待聘长子。爱好书，善填南曲词，著有诗集《梦雨庵集》，酷爱晚唐宋元诗，集唐人百绝为《翦绡集》，采辑元人诗三千首成《情绮集》。钱谦益有《徐于王挽词二首》。④

天启七年（1627）八月二十二日，朱由校于乾清宫驾崩，终年23岁，遗诏以皇五弟信王朱由检嗣皇帝位。此年九月九日，钱谦益闻熹宗朱由校遗诏，于是撰《天启七年九月九日闻大行皇帝遗诏二首》，其一："风悲霜惨集兹辰，旅雁南来报讣真。万国心伤凭几诏，三年肠断属车尘。身为马角生来客，梦作龙胡坠下人。欲临国哀何处所？市南扶杖问遗民。"⑤以无处临国哀，表达自己作为被除名"平人"的悲哀。钱谦益自注："东坡闻元祐太后升遐，吏以罪人不许成服。余虽除名，犹为平人，遂从耆老后哭临，亦亡于礼者之礼也。"其二："丰芑深怀皇祖仁，艰危誓

---

① 钱谦益：《投老》，《归田诗集上》，《牧斋初学集》卷三，《钱牧斋全集》，上海古籍出版社2003年版，第107页。
② 钱谦益：《归田诗集下》，《牧斋初学集》卷四，《钱牧斋全集》，上海古籍出版社2003年版，第123页。
③ 钱谦益：《归田诗集下》，《牧斋初学集》卷四，《钱牧斋全集》，上海古籍出版社2003年版，第161页。
④ 钱谦益：《徐于王挽词二首》，《牧斋初学集》卷九，《钱牧斋全集》，上海古籍出版社2003年版，第292—293页。
⑤ 钱谦益：《天启七年九月九日闻大行皇帝遗诏二首》，《归田诗集下》，《牧斋初学集》卷四，《钱牧斋全集》，上海古籍出版社2003年版，第156页。

欲副贻孙。两年书命尘东阁,三月官衔忝北门。一出承明占国论,得归茅屋赖君恩。杀身自此知无地,泣尽三声向岭猿。"①首联称颂皇祖仁皇帝慎选储君。颔联记自己任职经历。钱谦益自注:"天启元、二,承乏内制","乙丑春兼学士,至五月而罢"。钱谦益感恩皇上放归,得以保住性命。这里,明为感恩,实为感慨不平。尾联述自放归后知道没有地方为国舍生,如岭猿表达哀思。

九月二十六日,崇祯即位,钱谦益又撰《九月二十六日恭闻登极恩诏有述》。② 如果说《天启七年九月九日闻大行皇帝遗诏二首》致哀之外尚有怨气,《九月二十六日恭闻登极恩诏有述》二首诗则更多表达出希望。朱由检登基即位后,铲除阉党,平反冤狱,给钱谦益带来了转机。其一:"三载先朝版籍民,诏恩重许从儒绅。沐猴自笑冠非我,厩马应惭颡似人。革解带围多漫涊,蝉辞衣箧尚逡巡。影娥川水清如许,偏照东归旧角巾。"述自己废黜十年不用,是品德有毛病和时下人才太多,感慨颠倒的现实。其二:"衰残不称挂金章,且作斑斓拜北堂。旋取朝衣来典库,还如舞袖去登场。聊将野鹤为鸡伴,宁许沙鸥入鹭行。只合乡人推祭酒,蒸豚箫鼓赛耕桑。"期待还朝登场的心情可见。

此年十月,钱谦益作《丁卯十月书事四首》,其一有"斗柄已闻归圣主"句,此时,崇祯已经掌握朝政大权。其三:"秋窗晴日影迟迟,午梦初醒黍罢炊。独对空枰尝敛手,每临残局更谈棋。霜清绞兔争营瘤,月白惊乌尽拣枝。一著虽低差较稳,且依旁角守茅茨。"③钱谦益在诗中借棋局来比喻人生的失意,以及面对困境的态度,自感残局未必是死棋。钱谦益不放弃以残局下活棋,韬光养晦,等待时机。

钱谦益在朝编纂《神宗实录》期间,以在国史馆中检阅史料之便,开始撰写《皇明开国功臣事略》,甚至在南归途中还"船窗据几,摊书命笔"。天启七年(1627)十二月,钱谦益在《〈皇明开国功臣事略〉序》中

---

① 钱谦益:《天启七年九月九日闻大行皇帝遗诏二首》,《归田诗集下》,《牧斋初学集》卷四,《钱牧斋全集》,上海古籍出版社2003年版,第157页。
② 钱谦益:《九月二十六日恭闻登极恩诏有述》,《归田诗集下》,《牧斋初学集》卷四,《钱牧斋全集》,上海古籍出版社2003年版,第157页。
③ 钱谦益:《丁卯十月书事四首》,《归田诗集下》,《牧斋初学集》卷四,《钱牧斋全集》,上海古籍出版社2003年版,第158—160页。

记:"谦益承乏史官,窃有志于纂述。……是书经始于天启四年癸亥。又明年乙丑,除名为民,赁粮艘南下,船窗据几,摊书命笔。归田屏居,溷厕置笔。越三年始告成事。"① 在序文中,钱谦益记录自己克服难以想象的困难,只争朝夕编纂史书,其坚韧不拔的治史使命感溢于言表。

第四节 阁讼待罪

天启七年(1627),崇祯皇帝即位之初即大力铲除阉党,打击依附魏忠贤的官僚,为遭遇迫害的东林诸君子平反昭雪,以巩固皇权。崇祯元年(1628)七月,钱谦益应召赴阙,任礼部右侍郎兼翰林院侍读学士。但是,同年钱谦益又遭革职,直到崇祯十七年(1644)。这第三次起落整整经历了 17 年,到南明弘光政权时才起用钱谦益入朝任礼部尚书,然而不久清军南下,弘光政权息政。在整个崇祯朝,钱谦益很不顺利,几乎是被闲置着。钱谦益在崇祯四年(1631)辛未正月初一所作《元日次除夕韵》诗中自述"流年赴壑值斯晨,历落艰危五十春"。② 其后,钱谦益又于崇祯六年(1633)遇丧母之痛,崇祯十年(1637)遭温体仁谋害之难。钱谦益自述"始以阉祸削夺","继以枚被讦","十载归田,三年丧母,草土余生,横罹诬诋,挟排山压卵之威,腾负涂载车之谤。朝野为之沸腾,道路无不震悸"。③

《初学集》卷五收入《崇祯诗集一》,以诗记事,"起崇祯元年戊辰,尽六月"。④ 其中,《崇祯元年元日立春》诗:"淑气和风应候来,王春元朔并相催。故知青帝攒新令,不是天公厌两回。受岁酒应羞白发,向阳花欲

---

① 钱谦益:《〈皇明开国功臣事略〉序》,《牧斋初学集》卷二十八序一,《钱牧斋全集》,上海古籍出版社 2003 年版,第 844—845 页。
② 钱谦益:《元日次除夕韵》,《崇祯诗集五》,《牧斋初学集》卷九,《钱牧斋全集》,上海古籍出版社 2003 年版,第 295 页。
③ 钱谦益:《微臣荷恩谊重恋主情深谨沥丹诚仰祈天鉴疏》,《牧斋初学集》卷八十七疏,《钱牧斋全集》,上海古籍出版社 2003 年版,第 1819—1821 页。
④ 钱谦益:《崇祯诗集一》,《牧斋初学集》卷五,《钱牧斋全集》,上海古籍出版社 2003 年版,第 162—178 页。

笑寒灰。钓船游屐须排日,先踏西山万树梅。"①此年农历正月初一立春日,钱谦益写作此诗,表达其迎春的欣喜与平和的心态。

正月十四日,钱谦益应邀与邵弥去西山看梅,夜步虎山桥,十六日冒雨游玄墓,看梅登茶山,一路好心情,有《正月十四日与邵僧弥看梅西山繇塘抵光福》等诗记之。邵弥,字僧弥,后以字为名,号瓜畴、芬陀居士。长洲陆墓人,工诗,与董其昌、王时敏、王鉴、李流芳、杨文聪、张学曾、程嘉燧、卞文瑜合称"画中九友"。

钱谦益收到崇祯皇帝的复官诏令,写下《喜复官诰赠内戏效乐天作》:"三年偶失楚人弓,忧喜回旋似塞翁。我褫绯衣缘底罪,君还紫诰有何功?佩环再试从风响,宝髻仍看耀日红。重作安人莫侈太,馌耕还忆旧家风。"②诗中表达自己对得失的达观态度,自勉保持家风。

钱谦益又作《闻新命未下再赠》:"山林裘褐可同群,翟茀虽荣且莫欣。昔褫带鞶真为我,今迟官诰岂缘君。谯楼风雪应知免,内殿恩波更许分。慵惰请看丞相妇,绿窗朱卷对斜曛。"③"谯楼风雪应知免"句,钱谦益自注:"应山母妻俱颂系谯楼。""应山",指杨涟,字文孺,号大洪,湖广应山人,东林六君子之一。杨涟被魏忠贤害死狱中,时年54岁。杨涟一向贫穷,财产充入官府不足千金。其母、妻止宿谯楼,二子至乞食为生。此诗记杨涟"母妻俱颂系谯楼",说明此时杨涟案已经平反昭雪。崇祯初,赠杨涟太子太保、兵部尚书,谥忠烈,并官其一子。"内殿恩波更许分"句,钱谦益自注:"元日命妇朝贺中宫。"按照明制,三品以上命妇遇太后中宫大庆元会令节,例得朝贺。"绿窗朱卷对斜曛"句,钱谦益自注:"传闻中宫好学。新参夫人有延师学《通鉴》者。"

三月三日,钱谦益作《三月三日泛舟即事十二韵》:"风光雨又晴,上巳更清明。节候今年异,遨游此日并。烟岚开水国,云锦蔽山城。岸绿攀还折,堤青踏欲平。执兰修故事,插柳惜芳情。新火红妆出,香尘翠

---

① 钱谦益:《崇祯元年元日立春》,《崇祯诗集》一,《牧斋初学集》卷五,《钱牧斋全集》,上海古籍出版社2003年版,第162页。
② 钱谦益:《复官诰赠内戏效乐天作》,《崇祯诗集一》,《牧斋初学集》卷五,《钱牧斋全集》,上海古籍出版社2003年版,第177页。
③ 钱谦益:《闻新命未下再赠》,《崇祯诗集》一,《牧斋初学集》卷五,《钱牧斋全集》,上海古籍出版社2003年版,第177—178页。

袖生。就花拈舞蝶,拣对听啼莺。沿溯移舟缓,盘回去马争。欢娱穷日夕,燕赏及时清。醉眼牵花影,归心殢鸟声。酒依金谷数,诗儗丽人行。禊毕还相贺,春衫试体轻。"①此诗收入《牧斋初学集》卷五《崇祯诗集》,常熟博物馆藏《东涧老人钱牧斋书法》墨迹首署"三月三日履之邀仲雪诸君泛舟即事十二韵",由墨迹可知泛舟参与者为常熟履之、仲雪诸人,由履之邀集。履之,即钱谦贞。仲雪,即魏浣初。墨迹与《初学集》的文字有差异,"插柳惜芳情"墨迹为"籍草惜芳情","拣对听啼莺"墨迹为"拣树听啼莺","盘回去马争",墨迹为"骄嘶去马争"。三月三日,按照常熟风俗为:"真武诞日,拂水进香。乡人结社拜香,每社有会首率之,且诵且拜,鱼贯登山,笋舆踵接,画舫尾衔,三春皆然,是日尤盛。"②可见,三月三日,钱谦益仍在常熟过上巳节。

崇祯元年(1628)七月,钱谦益应召赴阙,写下《戊辰七月应召赴阙车中言怀十首》诗。③ 其一:"三年严谴望修门,随例趋朝又北辕。圣代故应无弃物,孤臣犹有未招魂。夕阳亭下人还过,端礼门前石尚蹲。重向西风挥老泪,余生何以答殊恩。"表达感恩崇祯皇帝重新起用,而赴阙路上自己心中不无矛盾之处。

《戊辰七月应召赴阙车中言怀十首》其二:"已办腰镰学耦耕,悠悠真悔逐人行。长吟颇惜齐三士,抚卷谁知鲁二生?白马清流伤往事,南箕北斗愧虚名。巢由至竟非无谓,坚坐深山谢圣明。"表达自己已经适应隐居生活,而隐居不仕最终并非毫无价值。首联"耦耕",指二人并耕,泛指务农,钱谦益后来建有"耦耕堂"。述自己已办腰带镰刀学务农,真后悔以前长久追逐别人走的路。颔联表达保持节操的可贵。颈联感慨遭遇政治排挤的伤心往事,以及徒有虚名之行。尾联述隐居不仕的人直到最终并非毫无价值。

钱谦益至河北临城,在驿站墙壁见方孩未题诗,撰《临城驿壁见方

---

① 钱谦益:《三月三日泛舟即事十二韵》,《崇祯诗集》一,《牧斋初学集》卷五,《钱牧斋全集》,上海古籍出版社2003年版,第178页。
② 常熟市地方志编纂委员会办公室标校:《重修常昭合志》,上海社会科学院出版社2002年版,第491页。
③ 钱谦益:《戊辰七月应召赴阙车中言怀十首》,《崇祯诗集二》,《牧斋初学集》卷六,《钱牧斋全集》,上海古籍出版社2003年版,第179—182页。

侍御孜未题诗》："驿吏逢迎旧赭衣,生还今日是耶非？纶竿喜值金鸡放,华表真同白鹤归。抱蔓摘瓜余我在,破巢完卵似君稀。循墙叹息看题句,淅淅秋风起夕扉。"① 方孜未,即方震孺(1585—1645),字孜未,号念道人,桐城人,移家寿州。万历四十一年(1613)进士,初任沙县知县,后为御史。熹宗朱由校嗣位,魏忠贤内结朱由校乳母。方震孺上疏陈三朝艰危："宫妾近侍,嚬笑易假,窥睍可虑,中旨频宣,恐蹈斜封隐祸。"天启元年(1621),又上疏陈《拔本塞源论》,声震朝廷。此年春,方震孺巡视南城,逆珰中官张晔、刘朝被讼。魏忠贤为之请罪,方震孺不从。由是,魏忠贤怀恨在心。方震孺奉旨出关,魏忠贤却指使同党诬告方震孺"攘差",方震孺被罢官。翌年,魏党又兴大狱,逮方震孺下狱,诬告方震孺贪赃罪拟处绞刑。崇祯皇帝嗣位,方震孺才释归。钱谦益与方震孺同被魏忠贤所害,有感而作此诗。

崇祯元年(1628)七月,钱谦益应召复官,然而好景不长,任职仅3个月,就经历了一场"阁讼",钱谦益遭革职。② 此年十一月,朝廷内阁员缺,崇祯帝为消除阉党的影响,决定重组内阁,采用明中期以来选任阁臣的主要方式之一会推,命吏部主持会推选拔阁臣,经过九卿科道商议,一共推举了11位候选人。其中,有成基命、钱谦益、何如宠、曹于汴等,均为士林所认可和推崇的人物,这在很大程度上代表了当时朝臣们的意向。但是,由于礼部尚书温体仁、侍郎周延儒不在会推的候选人名单之内,二人大为不满。于是,周延儒唆使温体仁上疏借钱千秋案弹劾钱谦益,称钱谦益在天启二年(1622)主持浙江乡试时接受了考生钱千秋的贿赂,认为钱千秋案尚未结案,钱谦益的行止不端,不当入选会推,还污称钱谦益是"盖世神奸"。朝臣们明知钱千秋案早已了结,认定钱谦益并未参与贿赂,只因失察受到罚俸处分,于是纷纷上疏救援钱谦

---

① 钱谦益：《临城驿壁见方侍御孜未题诗》,《崇祯诗集二》,《牧斋初学集》卷六,《钱牧斋全集》,上海古籍出版社2003年版,第182页。
② 阁讼情况参见《明史》卷三〇八《温体仁传》,中华书局1974年版,第7931—7932页。孙承泽：《春明梦余录》卷二四《内阁·会推二变》,北京古籍出版社1992年版,第367—370页。顾有孝：《明文英华》卷一〇《阁讼纪事》,《四库禁毁书丛刊》本,集部第34册,北京出版社1997年版,第450页。李文玉：《崇祯朝士论困局与明末政治文化解析——以对温体仁的评价为例》,《史学集刊》2019年第2期,第63—73页。

益。独得崇祯帝信赖的温体仁便抓住这个机会,召对中在皇帝面前胡说钱谦益为"神奸结党"之人,谎称现在"分明满朝都是谦益一党",而自己"不忍见皇上孤立于上"。① 这一下正好戳中了崇祯帝的痛处,加剧了崇祯帝对诸臣结党营私的猜疑心理。于是,崇祯帝召集内阁阁臣、六部尚书、都察院指挥使、大理寺卿、吏科给事中、礼科给事中、河南道掌印官等众多官员,以及礼部尚书温体仁、侍郎钱谦益来当廷召对。当时阁臣、吏部尚书、科道等众多官员在当廷召对的过程中多为钱谦益辩白,认为推举是公正的。吏科都给事中章允儒在崇祯帝面前揭发温体仁,说:"温体仁资虽深,望原轻,诸臣不曾推他。如谦益有秽迹,何不纠之于枚卜之前?"②阁臣李标当廷驳斥温体仁所谓"满朝都是谦益一党",说:"臣等共事尧舜之主,如何敢党?"③南京兵科给事中钱允鲸称:"体仁一人之言,而遂启皇上疑举朝果有党也,谦益退,又将谁党乎?"④南道御史沈希诏在上疏中驳斥温体仁所谓"满朝都是谦益一党"是广陷忠良:"宋臣欧阳修曰:'广陷忠良则指为朋党。'体仁之类是也。"⑤贵州道御史任赞化指出温体仁颠倒黑白如犬马:"苟犬马指人曰:'尔皆人之党。'人固无辞矣。"⑥针对温体仁所谓钱谦益"枚卜大典,一手握定",御史房可壮认为"臣等都是公议"。⑦ 吏科都给事中章允儒驳斥说:"今日枚卜大典,诸臣矢公矢慎,天日临之在上,皇上临之在上,臣等何敢有私?"并指出温体仁小人所为:"大抵小人为公论所不容,将公论之所归者指之为党。"⑧章允儒抨击温体仁言出,引发崇祯帝大怒,命锦衣卫将章允儒带下。钱龙锡指出温体仁颠倒是非,望崇祯帝采用会推公议人选:"这所推诸臣才品不同。也有才品,也有清品。如清品,人就要说他偏执。有才识学问的,就要说他有党。安得人都道好?还望皇上就中点用。"还

---

① 金日升:《颂天胪笔》卷四《召对》,《续修四库全书》本,上海古籍出版社2002年版,第439册,第241—243页。
② 金日升:《颂天胪笔》卷四《召对》,《续修四库全书》本,上海古籍出版社2002年版,第241—242页。
③ 金日升:《颂天胪笔》卷四《召对》,《续修四库全书》本,上海古籍出版社2002年版,第244页。
④ 汪楫:《崇祯长编》卷一八,崇祯二年二月丁酉条,"中研院"历史语言研究所1962年版,第1053页。
⑤ 汪楫:《崇祯长编》卷一九,崇祯二年三月戊午条,"中研院"历史语言研究所1962年版,第1099页。
⑥ 汪楫:《崇祯长编》卷一六,崇祯元年十二月癸巳条,"中研院"历史语言研究所1962年版,第903页。
⑦ 金日升:《颂天胪笔》卷四《召对》,《续修四库全书》本,上海古籍出版社2002年版,第243页。
⑧ 金日升:《颂天胪笔》卷四《召对》,《续修四库全书》本,上海古籍出版社2002年版,第241—242页。

说如果这样对待章允儒,"处之,恐言官结舌"。① 钱龙锡此语一出,崇祯帝大怒说:"朕公道处分一两人,就说闭塞言路,就说不是了?言官荐一人就要用,参一人就要处?使朕不能用一人,权任在下么?朕若点一个陪推,就说点陪了,这样以后只推正的一人便了,何必又陪?"②崇祯帝对于群臣驳斥温体仁并为钱谦益辩诬的表达不予采纳,而是一意孤行地相信温体仁所言属实,默认钱谦益有罪,会推不公,并质问:"枚卜大典,会推要公,如何推这等的人?"③接着,刑部再次审问钱千秋,又与大理寺、都察院多官会审,结论同之前的完全相同,与钱谦益等人的所述也一致,钱谦益并非科场受贿,温体仁的指控与事实不符。但是,最终结果是不仅钱谦益被夺官,而且连钱谦益的学生瞿式耜也因为争辩,被降职一级,逐出京城。随后的崇祯二年(1629)十一月,崇祯帝点选成基命入阁。被清官修《明史》列入《奸臣传》的周延儒、温体仁均被重用,一个月后,周延儒以特旨方式入阁。崇祯三年(1630)六月,温体仁也奉特旨入阁参与机务。崇祯六年(1633)六月,首辅周延儒在温体仁的排挤下被迫致仕,温体仁升为首辅。

  钱谦益对阁讼之事前前后后反复进行疏辩,然而崇祯帝固执己见,坚信温体仁一面之词,根本听不进钱谦益的疏辩。钱谦益先后撰上疏自辩,有《剖明关节始末以祈圣鉴以明臣节疏》《蒙恩昭雪恭伸辞谢微悃疏》等,可谓辞意恳切,辩事明明白白,事情的来龙去脉疏述得清清楚楚。

  钱谦益在《剖明关节始末以祈圣鉴以明臣节疏》中剖明浙闱旧案关节始末,疏述由于自己参与枚卜,温体仁会推不列名而迁怒,于是借浙闱旧案来攻讦人。钱谦益揭露温体仁用先帝已经裁定的钱千秋旧案来攻击人,是典型的"欺君说谎"。钱谦益说:

> 臣于崇祯元年滥与枚卜,旧辅温体仁愤不列名,借浙闱旧案讦臣。体仁指臣贿卖关节事露后,阴使千秋脱逃,沉阁不结,不知关

---

① 金日升:《颂天胪笔》卷四《召对》,《续修四库全书》本,上海古籍出版社2002年版,第244—246页。
② 金日升:《颂天胪笔》卷四《召对》,《续修四库全书》本,上海古籍出版社2002年版,第246页。
③ 金日升:《颂天胪笔》卷四《召对》,《续修四库全书》本,上海古籍出版社2002年版,第243页。

节指骗缘由,是臣抗疏指摘千秋与二棍提到法司,天启二年十二月问遣结案。此体仁之欺君说谎,最为昭著者也。钦奉明旨,下法司勘问。御史多至六人,刑部司官多至十三人,矢天誓神,严鞫确供,然后具狱上请。钦奉圣旨:"钱千秋关节等事,会审既明,其军犯放回来京,应得罪名,还察议具奏。钦此。"臣旋以不能觉察,问拟公杖。荷皇上俞允,具疏谢恩回籍。恭惟浙闱一案,案牍山积,诤论波翻,究竟折中于皇上会审既明之一语,此微臣勘问昭雪之始末也。

钱谦益指出温体仁借浙闱旧案攻击人,阴设陷阱,达到"杀臣"目的,钱谦益说:"体仁攘踞揆席,虑臣姓字尚在人口,死灰或至复然,显示风指,阴设陷阱,必欲杀臣而后已。即奸棍诬奏,亦讼言贿卖关节,敢于弁髦明旨。则体仁指授线索,业已满盘托出矣。臣束身待罪,感荷圣慈,静听处分,不复抵齿前事。今幸皇上明旨及此,此正臣愚剖心自明之日也。"钱谦益进而一语中地指出温体仁所作所为本质上继承的是魏忠贤"逆珰之余唾"。钱谦益说:"当逆珰用事,以臣为杨涟、赵南星之党,矫旨削夺,亦借关节为辞,皇上既拔拭臣而召用矣。体仁所掇拾者,逆珰之余唾也。皇上所昭雪者,逆珰之旧案也。皇上于此案,为臣昭雪者再,煌煌明旨,凛于金科玉条矣。臣敢不投诚归命,披沥于君父之前乎?"崇祯帝清查了阉党逆案才巩固皇权,而现在温体仁承"逆珰之余唾",不能不令人担忧。① 同时,钱谦益"剖心自明",表达坚守风节、不坏名节之志,乞求有司会勘以昭雪。

钱谦益又在《蒙恩昭雪恭伸辞谢微悃疏》中申疏述昭雪铁案而谢恩辞朝,据疏文作于枚卜被讦昭雪之后。钱谦益感恩昭雪,"覆盆得白",说:"臣去岁以枚卜被讦,阖门席藁,静听处分。伏遇皇上神明独运,慈照并施。关节既明之旨,既以天语定其铁案;失于觉察之罚,复以公错薄其金科。于是臣之覆盆得白,而孤生可保矣。"钱谦益述事关"圣衷"与"国体"的攻讦案得到昭雪铁案的意义与价值,说:"夫枚卜大典,横致

---

① 钱谦益:《剖明关节始末以祈圣鉴以明臣节疏》,《牧斋初学集》卷八十七疏,《钱牧斋全集》,上海古籍出版社2003年版,第1817—1819页。

攻讦,上尘圣衷,下关国体,皇上安得不赫然震怒? 此天地之公,而风雷之断也。天威震叠之后,尚不忍遽信单词,付之所司,公同审谳,再三驳正,此雨露之仁,而山泽之虚也。以国法禀三尺,以公议听举朝,凡廷臣上殿之争,一任其词辩蜂拥,而要其理之所是。即一夫如簧之口,亦纵其蜩螗沸羹,而观其遁之所穷,水落而石出,火炎而玉见,此化工之神机,而曲成之妙用也。"钱谦益感到幸运的是,一面之词、巧舌如簧的温体仁阴设陷阱害人已经昭然若揭,水落石出,彰显了"国法"与"公议"。钱谦益在这篇疏文里堂堂正正明确表达:浙闱旧案已定铁案使沉冤得白,性命可保;枚卜大典横致的攻讦,经付所司,公同审谳,再三驳正,已水落而石出;虽然如此,奉旨法当束身归里,唯有谢恩辞朝。疏文反映出钱谦益"幸得再见天日"的喜悦,自今以往,益坚素心,自守朴学,长为清白之民,诵诗读书,终老丹铅之业的决心。① 钱谦益期待皇帝能够总结历史经验,以史为治国之鉴,也表达自己未能在朝报恩的遗憾。

钱谦益在《崇祯诗集》中以诗记事,详细记录自己崇祯元年(1628)七月应召赴阙,十一月初六召对,不久奉严旨革职,待罪京师。《初学集》卷六收入《崇祯诗集二》,"起戊辰七月,尽一年"。② 其中,有《十一月初六日召对文华殿旋奉严旨革职待罪感恩述事凡二十首》组诗,记录个人痛史,实录当时党争状况,反映党派林立、政荒治弛的朝局。其一:"秘殿风高白日阴,天阶云物昼沉沉。裂麻未是廷臣意,枚卜空烦圣主心。宸翰星回官烛影,禁庭雷殷属车音。孤臣却立彤墀内,咫尺君门泪满襟。"③记录召对现场状况与自己的感受。首联述宫殿廷对环境,奥深的宫殿里白天阴森深邃。颔联反映廷对时直臣敢谏,出现"阳城裂麻"的情况未是廷臣的本意,而"改卜"之事空烦皇上的初心。颈联感慨虚度光阴又一年,官吏办公的蜡烛光与宫廷雷声隐隐的属车声似乎犹在。尾联述自己孤立无助,站立在朝堂上进言无由,咫尺君门奈远何,眼泪

---

① 钱谦益:《蒙恩昭雪恭伸辞谢微悃疏》,《牧斋初学集》卷八十七疏,《钱牧斋全集》,上海古籍出版社2003年版,第1814—1815页。
② 钱谦益:《崇祯诗集二》,《牧斋初学集》卷六,《钱牧斋全集》,上海古籍出版社2003年版,第179—201页。
③ 钱谦益:《十一月初六日召对文华殿旋奉严旨革职待罪感恩述事凡二十首》,《崇祯诗集二》,《牧斋初学集》卷六,《钱牧斋全集》,上海古籍出版社2003年版,第183页。

把衣襟都弄湿了。

十一月初六日召对事，《初学集》有钱曾为钱谦益诗作的注释，实录历史事件，同时，钱曾的注释也是钱谦益认可的对其诗的解读。组诗二十首其一注释中载召对事由："崇祯元年戊辰十一月初三日庚申，会推阁员，列吏部侍郎成基命等七人进。礼部尚书温体仁讦奏公浙闱旧事，不宜滥入枚卜。"由于温体仁、周延儒没有推为阁员候选人，温体仁发难上奏以"浙闱旧事"攻讦钱谦益。注释详细记录十一月初六日召对时的情形，记道：

> 初六日癸亥，上御文华殿，召对廷臣，令体仁与公质问。公对曰："臣才品卑下，学问荒疏，滥与会推之列，处非其据，温体仁参臣极当。但钱千秋之事，关臣名节，不容不辨。臣于辛酉年典试浙中，与科臣暴谦贞矢公矢慎，一时号称得人。臣到京复命，方闻得钱千秋一事。当时具有疏参他，勘问明白，现有奏案在刑部。"时体仁坚称千秋不曾到官，其事并未结案。廷辨久之。上命诸臣暂退。少顷，复召入。吏垣章允儒曰："臣先任华亭知县，壬戌行取，蒙先帝收入谏垣。臣同官顾其仁曾有疏参钱千秋的事问结了，刑部有招稿刊本。臣顷在外，见阁臣冢臣说温体仁疏参钱谦益，臣偶有一个刊本，因令人到寓取来与冢臣看。枚卜大典，臣等何敢有私。体仁资深望轻，故诸臣不曾推他。如纠谦益，何不于未枚卜之前？"体仁曰："科臣此奏，正见其党谦益。未枚卜之先，不过冷局。臣今参他，正为皇上慎用人。"允儒曰："党之一字，从来小人所以陷君子。当日魏广微欲逐赵南星、陈于廷诸臣，于会推吏部尚书汪应蛟、乔允升缺，使魏忠贤加一党字，尽行削夺。"上震怒，叱允儒，令锦衣卫拿下。体仁曰："王永光屡奉温旨，何以不出？直待瞿式耜有言，完了枚卜大事，然后听其去。是冢臣去留，皇上不得专主。"永光曰："臣一向真病，蒙皇上温谕，见枚卜大事，勉出定这件事，还要求去。"体仁曰："钱谦益热中枚卜，使梁子璠前上一疏，要侍郎张凤翔代。念会推从来未有之事。"上召部臣科道问曰："枚卜大典，会推要公，如何推这等人？"房可壮曰："臣等都是公议。"辅臣曰："关节实与钱谦益无干，刑部前已招问明白。"体仁曰："谦益可以枚卜，

则千秋亦可会试。"公伏地待罪,上令暂退候旨。命诸臣会议,上秉烛复御,辅臣持疏回奏:"钱某既有议论,回籍听勘;千秋下法司再问。"上命再奏,礼部右侍郎周延儒曰:"钱千秋之事,关节是真,现有朱卷招案,已经御览,皇上不必再问。"上曰:"会议要公,卿等如何不奏?"延儒曰:"六凡会议会推,外廷都沿故套,只是一两个把持,诸臣都不开口,就开口也不行,徒是言出而祸随。"上闻之大喜。复取招稿详览片时,亲洒宸翰,传示诸臣,会推事竟不允行。

经过召对,崇祯帝对"浙闱旧事"已经清楚了解,然坚持会推之事"不允行"。温体仁发难上奏是周延儒暗中唆使,并且精心准备,先发制人,温体仁与周延儒相互配合,特意用同党来刺激崇祯皇帝防范钱谦益。注释记:"先是阳羡以召对称旨,为上所眷注,及会推阁员,诸臣微揣上意,恐用周而抑公也,因扼而止之,不列其名,周遂阴嗾乌程首先讦公。是时内廷已有为之助者,诸臣固未知之也。忽蒙召对,咸谓枚卜定于是日。至入朝,方知温疏。廷辨时,乌程言如涌泉,阳羡复从旁极力排挤。于是党同之说,中于上者实深,虽群臣交章攻温,上概置不省。"注释总结钱谦益遭遇"削籍南还",受害"党之一字",说道:"其后乌程、阳羡,相继登政府,公削籍南还,竟一斥不复,皆党之一字害之耳。"注释中还披露"浙闱旧事"为韩敬阴谋害钱谦益,温体仁早已明知而故意借此败坏钱谦益名节,说道:"夫浙闱一案,详于蒲城之揭,韩敬阴谋害公,当时已晓然四布,即乌程亦明知其然,谓非借此以坏公之名节,不足以动上怒,虽言词纰缪,亦所不顾矣。"①钱曾注释中详细反映召对过程,是非曲直,昭然若揭。

钱谦益阁讼期间,至崇祯二年(1629)六月之前待罪京师。《初学集》卷七收入《崇祯诗集三》,"起二年己巳,尽五月",记录自己滞留京师期间的事。《赠书》谓"年年谪宦束书频",《赠砚》述"归装已足又何求",赠书与砚,为南归准备。《答书砚》"老去论交惟二友,归来削迹共三余",表达往后与书砚为伴的生活。《送瞿稼轩给事南还三叠前韵》以诗

---

① 钱谦益:《十一月初六日召对文华殿旋奉严旨革职待罪感恩述事凡二十》,《崇祯诗集二》,《牧斋初学集》卷六,《钱牧斋全集》,上海古籍出版社2003年版,第183—185页。

送被逐出京城的瞿式耜,"同时放逐君先去,异地羁留我不堪",表达客中送客的惆怅心情。《十三日立春》"独有城南羁旅客,与春无分又添愁",表达羁旅客之愁。《觅春》:"春明门外亦长安,不省阳春到此难。朔气逡巡辞弱柳,光风瑟缩辟崇兰。西山翠比愁眉锁,上苑红如粉本看。狼藉江南春色早,讨春归去莫教残。"①表达作者寻寻觅觅希望春天的到来与回江南探春的迫切心情。《送郭中书赴督师袁公幕》记"我从罢官来,不见关门书","因风问袁公,匡复定何如?",虽遭罢官,仍关心国命。《寒食》"客舍萧萧寄病身",《寒食后一日作》"寒食凄凉作不成",记萧萧凄凉时景。《送于锵秀才南归》述"孤臣束身待谴逐,攒头缩颈如寒虫"的境况。《奉酬山海督师袁公兼喜关内道梁君廷栋将赴关门二首》"莺啼大纛连营静,月出雄关列灶虚",表达关心国事,盼望收复辽沈的迫切心情。《追和朽庵和尚乐归田园十咏》有序作于"是年四月十八日",记"崇祯二年,余鞄系都门"事。《阁讼将结赴法司对簿口号三绝句》实录对簿心情:"突兀沙堤棘寺傍,莫将铃索笑银铛。台阶今夜占星象,先看垣前贯索光。毁冠策蹇路人怜,拂面青蝇互扑缘。犹胜诸公埋诏狱,一生不得到西天。廿年史局叹舭隙,蠹纸成箱笔作堆。头白汗青成底事,却将诗案继西台。"《次韵蕤姑送别》"祝君努力匡时略",以"安稳东吴老灌园"。《二髯篇戏简甘肃梅中丞兼呈兵部王尚书左坊文中允》叹息"遥知发函时,掀髯堕冠帻"②,是指中丞梅之焕(1575—1641)曾上书保护钱谦益,迟至五月才抵京,温体仁借此机会使梅之焕落职候勘一事。

钱谦益在阁讼待罪京师期间,得到许多朋友的支持和帮助。钱谦益在《〈取节录〉序》中记鹿善继(字伯顺):"余以枚卜被讦,伯顺言于蒲州,当为上力言,分别两人是非。蒲州嗫嚅不能决,伯顺誓不复见蒲州。"③又在《题王司马手简》中记王洽(字和仲):"崇祯元年,余以阁讼,待罪长安。临邑王公和仲为大司马,手书慰谕,一日至数十纸,恨不能

---

① 钱谦益:《崇祯诗集》三,《牧斋初学集》卷七,《钱牧斋全集》,上海古籍出版社2003年版,第210页。
② 钱谦益:《崇祯诗集三,《牧斋初学集》卷七,《钱牧斋全集》,上海古籍出版社2003年版,第202—236页。
③ 钱谦益:《〈取节录〉序》,《牧斋初学集》卷二十八序一,《钱牧斋全集》,上海古籍出版社2003年版,第856页。

为余排九阍,叫阊阖,执谗慝之口而白其诬也。余既罢归,公以疆事下狱死。精爽可畏,时时于梦寐中见之。其手迹久而散佚,楗其存者,以示子孙。公书法苍老,语多棱层感激。想其掀髯执简,欲尽杀奸谀小人于毫兔间,可敬也。"①朋友的支持给了钱谦益莫大的鼓励。

---

① 钱谦益:《题王司马手简》,《牧斋初学集》卷八十四题跋二,《钱牧斋全集》,上海古籍出版社2003年版,第1769页。

第五章　革职遭逮经历

钱谦益身处党争与国难的旋涡中，命运多舛。崇祯年间，钱谦益经历革职返乡、丧母之痛、诬评被逮，幸与柳如是缘合。

第一节　革职返乡

钱谦益遭革职，于崇祯二年（1629）六月出都南归，路途月余。《初学集》卷八收入《崇祯诗集四》，"起己巳六月，尽八月"。① 钱谦益出都门，一路作诗记事，表达南归所感。

出都门至潞河，钱谦益作《出都门口占寄萧伯玉》："同日南迁客，前期潞水楂。不知萧伯玉，底事尚京华？赤日烧肌烬，苍蝇聒耳哗。想君消受得，犹未苦思家。"②萧伯玉，即萧士玮（1585—1651），字伯玉，号三峨，泰和人。当时以尽孝为由，拒绝出使琉球，因此遭贬官，也成"南迁客"。"不知萧伯玉，底事尚京华？"其实是问自己，何事尚京城。想想路途劳苦，怎么受得了。"赤日烧肌烬，苍蝇聒耳哗"，写恶劣的天气与环境，实为京华政治环境的写照，确是不可留恋。

钱谦益又在潞河作诗赠别刘廷谏《潞河别刘咸仲廷谏吏部》："别绪

---

① 钱谦益：《崇祯诗集四》，《牧斋初学集》卷八，《钱牧斋全集》，上海古籍出版社2003年版，第237—260页。
② 钱谦益：《出都门口占寄萧伯玉》，《崇祯诗集四》，《牧斋初学集》卷八，《钱牧斋全集》，上海古籍出版社2003年版，第237页。

乡心浩莫分,潞河风雨帝畿云。能容放废惟良友,未忘京华为圣君。衰鬓数茎还去国,秋风一叶又离群。《渭城》歌罢休垂泪,逐客年来实饱闻。"①刘廷谏,字咸仲,号良哉。通州人。万历四十七年(1619)进士,授刑部广西司主事,因不附和魏忠贤被罢免。崇祯初,复官任吏部郎中,敢于直言上疏。首联表达别时思绪与思乡心情,从都门外看京都风云变幻。颔联述能容放逐罢黜又未忘京城的是德才高超者。颈联述暮年离开朝廷,一叶秋风中孤离而去。尾联表达不必为送别垂泪,这年头遭逐多闻。钱谦益赠别刘廷谏,也是安慰自己放宽心情。

钱谦益于潞河舟中作《潞河舟中夜坐答茅止生见赠》:"浪涌波喧絮语闻,烛花无焰夜初分。弈棋国手谁论我?杯酒英雄敢并君。牛马旋迷新涨水,鱼龙还感旧嘘云。他时重听西窗雨,记取孤舟潞水漬。"②茅元仪(1594—1640),字止生,号石民,归安人。天启元年(1621)撰《武备志》,以边才荐授副将,充督师孙承宗幕僚。崇祯即位,呈《武备志》,升翰林待诏,为权臣王在晋、张瑞图等人中伤,以"傲上"罪放逐。茅元仪为钱谦益老师孙承宗重视的军事人才,因此两人有着特殊关系,又同为遭遇放逐之人,感受相同。首联述在"浪涌波喧"环境中夜坐孤舟,犹如与茅元仪连续不断地低声谈论。颔联喻茅元仪为军事高手,论杯酒英雄何敢与茅元仪并列。当年冬,后金骑兵逼京,茅元仪随孙承宗出师,升任副总兵。"弈棋"句,钱谦益诗多以棋局比喻时局,为国事担忧。颈联喻牛马不辩、鱼龙同属关系。尾联忆与茅元仪的亲密关系,革职返乡路上此时此刻牢记"见赠"。

钱谦益返乡路上还作《六月廿七日舟发潞河书事感怀寄中朝诸君子凡四首》"信宿辞朝奏数行,封题和泪进明光",述辞朝悲情。《中条行(己巳六月过沧州作)》"君不见长安棋局日纷纷,著眼争如局外人",感慨棋局纷呈的京城官场。《沧酒歌怀稼轩给事兼呈孟阳》"君初别我新拆柳",记瞿式耜被逐出京城时刚拆柳告别,今自己也"归帆",期待"东

---

① 钱谦益:《潞河别刘咸仲廷谏吏部》,《崇祯诗集四》,《牧斋初学集》卷八,《钱牧斋全集》,上海古籍出版社2003年版,第237页。
② 钱谦益:《潞河舟中夜坐答茅止生见赠》,《崇祯诗集四》,《牧斋初学集》卷八,《钱牧斋全集》,上海古籍出版社2003年版,第237—238页。

皋秋清月舒彩,西湖采莲歌欸乃",在家乡瞿氏东皋之住处与自己的西湖(尚湖)边之住处相聚。瞿式耜宅在常熟城东之东皋,钱谦益宅在常熟虞山西湖(尚湖)之间。《七夕四绝句》托意表达"经年怨别泪潸潸"的人生经历。《过临清追昔游有作二首》感慨"倦游还忆壮游人"。《长干行(附录)》感叹"江南乐事亦易阑,经过且尽杯中酒"。《万历己未李三长蘅下第南归尹二孔昭为诗送之有云海畔逢钱大叮咛莫作痴念故人赠处之义每为涕洟今年春长蘅又下世矣泫然有作书示两家子弟》表述"哀乐中年自不堪"。《舟行四首》记述"频年谙放逐,尽室苦漂流"。《阻舟安山闸》自嘲"殊洒然"的生活。《团扇篇》感慨团扇"蛛丝虫网频垂泪",还感恩藏于笥箧。《济上逢总河李侍郎(若星)侍郎与余并遭逆奄之难余以阁讼再谪执手慨叹兼示岭南诗卷感今念往率尔成篇》慨叹"执手俱为未死人"。《七月廿三日舟过仲家浅闸戏作长句书李文正公诗卷后》哀叹"嗟我不辰逢百罹"。《牐吏(效韩文公〈泷吏〉而作)》感慨"何似朝堂上,一步度一闸"。《舟发珈沟》"濯缨自与清淮约,不用临流叹浊河",述临流自持分清浊。《卧起》"闲看日荫弄朱黄","帘影清流泼砚光",记途中起居。《阻风满家湾》感慨"弱缆难争万里程"。《后饮酒七首》感慨"我行感离群,闻此长叹息"。《八月初二日渡淮》惦记慈母,"到家慈母应相慰"。① 钱谦益在崇祯二年(1629)七月所题《书竹林七贤画卷》中借题画诗直截了当表达其生死患难之劫:"丹阳姜中翰以所藏《竹林七贤卷》求题。开卷而忠毅、忠宪之手迹俨然,为之掩袂拭面,不能自禁。呜呼! 十四年以来,死生患难,宛如度一小劫。其间世事,可悲可畏,可涕可笑,亦不复堪再道也。总付与阮公一恸,并借诸贤酒杯浇我块垒耳。"②钱谦益借题画诗发出心中愤怒,借诸贤酒杯浇自己块垒。

钱谦益出都南归,一路奔波,至崇祯二年(1629)八月才到家。《初学集》卷九收入《崇祯诗集五》,"起己巳八月,尽四年辛未",记述当年到家的感怀。钱谦益在《己巳八月待放归田感怀述事奉寄南都诸君子四

---

① 钱谦益:《崇祯诗集四》,《牧斋初学集》卷八,《钱牧斋全集》,上海古籍出版社2003年版,第237—258页。
② 钱谦益:《书竹林七贤画卷》,《牧斋初学集》卷八十四题跋二,《钱牧斋全集》,上海古籍出版社2003年版,第1774—1775页。

首》中自比"孤舟野水老渔蓑"。《反东坡洗儿诗己巳九月九日》述"坡公养子怕聪明,我为痴呆误一生。还愿生儿狷且巧,钻天蓦地到公卿",感慨自己痴呆误生,还是期望于刚出生的孙爱。钱谦益回乡难免可想而知的门可罗雀,而知交宋珏(1576—1632)过访虞山,钱谦益连作《宋比玉过访虞山将别以六绝句为赠》《比玉将行次前韵留别再和六首》《比玉许再和前韵长至日蚤起复书此趣之》,记事抒怀,抒发对知交挚友宋珏的慰语消愁、伸张委曲、患难见交的感奋之心和无限思念。《宋比玉过访虞山将别以六绝句为赠》记正是"困门有罗雀"之时,宋珏过访,"月落歌残可少君?"《比玉将行次前韵留别再和六首》"莫道醉乡无史牒,酒家南董定推君",感知友情至深。《比玉许再和前韵长至日蚤起复书此趣之》"笑君尚护仙人短,顾我依然口嗫嚅",感激其伸张正义的勇气。《次韵何慈公岁暮感事四首》感慨"拔宅升天还有路,乘桴入海欲何从?"《野老》"野老心终恨房骄",表达作为远离市朝的村野老人心中终是关注国运。《读史》"今病何曾乏古方",昭示读史更明时事。①

钱谦益早就有"耦耕"思想准备,南归到家后,继续营造乡居生活环境,过着"诵诗读书"生活,从事"丹铅之业",不停藏书、读书、写作与会友。

钱谦益乡居读书、写作,时时关注时事,见诸其文中。崇祯二年(1629)十一月,钱谦益学生毛晋母亲戈孺人卒,二亲未葬,请钱谦益撰《毛君墓志铭》,记毛晋父亲毛清,兼及戈孺人。既为藏书之家立传,又为时政感慨。铭文中记述时政:"今天下多故,军兴绎骚","今也为人择官,不为官择人","余志毛君之墓,追思徐公、仲醇故事,俯仰太息"。②同年冬之小至日,钱谦益撰《记钞本〈北盟会编〉后》,既记钞本《三朝北盟会编》,又述己巳之变后金攻明京畿之战时事,以及感慨自己编纂《殷鉴录》书不果就之事:

> 崇祯己巳冬,奴兵薄城下,邸报断绝。越二十日,孤愤幽忧,夜

---

① 钱谦益:《崇祯诗集五》,《牧斋初学集》卷九,《钱牧斋全集》,上海古籍出版社 2003 年版,第 261—272 页。
② 钱谦益《毛君墓志铭》,《牧斋初学集》卷六十一墓志铭十二,《钱牧斋全集》,上海古籍出版社 2003 年版,第 1467—1468 页。

长不寐,翻阅宋人《三朝北盟会编》,偶有感触,辄乙其处,命童子缮写成帙,厘为三卷。古今以来,可痛可恨,可羞可耻,可观可感,未有甚于此书者也。神宗末年,奴初发难。余以史官里居,思纂缉有宋元祐、绍圣朋党之论,以及靖康北狩之事,考其始祸,详其流毒,年经月纬,作为论断,名曰《殷鉴录》,上之于朝,以备乙夜之览。迁延屏弃,书不果就。奴氛益炽,而余亦冉冉老矣。是编之录,其亦犹《殷鉴》之志乎? 录始于政和七年丁酉,尽于靖康二年丁未。宣、政末,马定国题酒家壁诗云:"苏黄不作文章伯,童蔡翻为社稷臣。三十年来无定论,到头奸党是何人?"录成点笔一过,又书此诗于跋尾。是冬之小至日,虞山老民钱谦益书。①

看来,钱谦益原计划编纂《殷鉴录》,目的是以史为镜,有补于世,这也是他一贯倡导的史学为现实服务。这一年初冬,后金军队绕道蒙古攻入塞内,兵锋直指京城,邸报也断绝,信息不通。钱谦益非常担心京畿安全,忧国忧民。

钱谦益营造乡居读书、会友环境,先后建有耦耕堂、朝阳榭、秋水阁、明发堂、花信楼等。崇祯三年(1630)四月,钱谦益邀请程嘉燧迁居常熟,结伴居住在拂水山居耦耕堂,由宋珏书"耦耕堂"额,钱谦益自撰《耦耕堂记》,记述自己的遭遇以及朋友始终不弃之情:"孟阳不我遐弃,惠顾宿诺,移家相就。予深幸夫迷途之未远,而隐居之不孤也,请于孟阳,以耦耕名其堂。孟阳笑而许之。""予之得从孟阳于此堂也,可不谓厚幸哉! 莆田宋比玉,予三人之友也,为作八分书以扁于堂,而予记其语于壁间。世之君子,过而揽焉。其亦有如予之慨然者乎?"②同年八月十二日,秋水阁初成,钱谦益与程嘉燧缘梯登眺。③ 至崇祯四年(1631)二月、三月,朝阳榭、秋水阁落成,钱谦益自撰《朝阳榭记》与《秋水阁记》。钱谦益在《朝阳榭记》中述:"耦耕堂东南之菲地,瓦砾丛积。登之

---

① 钱谦益:《记钞本〈北盟会编〉后》,《牧斋初学集》卷八十四题跋二,《钱牧斋全集》,上海古籍出版社2003年版,第1762页。
② 钱谦益:《耦耕堂记》,《牧斋初学集》卷四十五记五,《钱牧斋全集》,上海古籍出版社2003年版,第1137—1138页。
③ 钱谦益:《八月十二夜》,《崇祯诗集五》,《牧斋初学集》卷九,《钱牧斋全集》,上海古籍出版社2003年版,第283页。

有异焉。因而为台,状如敦丘。起屋半间,以障风雨。于是厓之为拂水,石之为三沓,峰之为石门、石城,合沓攒簇于寻丈之内。""予为记于壁间,庶游斯榭者,可以举目而得之。且使读者知古人模状山水,其言语简妙为不可及也。"①钱谦益的《秋水阁记》记秋水阁所处形势与命名之意,说秋水阁在虞山与尚湖之间:"阁于山与湖之间,山围如屏,湖绕如带,山与湖交相袭也。虞山,隋山也。蜿蜒西属,至是则如密如防,环拱而不忍去。西湖连延数里,缭如周墙。湖之为陂为浸者,弥望如江流。山与湖之形,经斯地也,若胥变焉。阁屹起平田之中,无垣屋之蔽,无藩篱之限,背负云气,胸荡烟水,阴阳晦明,开敛变怪,皆不得遁其豪末。阁既成,主人与客,登而乐之,谋所以名其阁者。"西湖,常熟另有昆承湖称东湖而名,又名照山湖、常湖,俗名山前湖。相传殷商末年姜尚避纣曾隐钓于此,因名尚湖。钱谦益以庄子《秋水》意关照历史长河与山湖之变化因以命阁:"客亦知河伯之自多于水乎?今吾与子亦犹是也。""吴王拜郊之台,已为黍离荆棘矣。逦迤而西,江上诸山,参错如眉黛,吴海国、康蕲国之壁垒,亦已荡为江流矣。下上千百年,英雄战争割据,杳然不可以复迹,而况于斯阁欤?""姑以秋水名阁,而书之以为记。"②虞山有剑门,俗传为吴王试剑石。常熟城北五里有石城、扈城,世传吴王游乐石城,又建离宫扈跸,故名扈城。钱谦益记秋水阁,同时也感慨自己的遭遇。

崇祯四年(1631)末,明发堂、花信楼落成,钱谦益于十二月二十八日自撰《明发堂记》,又撰《花信楼记》。钱谦益在《明发堂记》中述建明发堂不平常的经历、明发堂周边环境与命名原因,尤其是思有"良夜开卷""春灯秋卷"的读书生活。明发堂位于秋水阁后,斥虞山南山麓为其父之墓地,改建为明发堂,钱谦益述:"斥山居以为墓,乡之为堂为阁游焉息焉者,皆墓域也。直秋水阁之后,竹树晻暧,涧石错列,宫之以为墓田丙舍,其中为堂,前荣后寝,高明而靓深。仿越溪张氏之制,命工图以

---

① 钱谦益:《朝阳榭记》,《牧斋初学集》卷四十五记五,《钱牧斋全集》,上海古籍出版社2003年版,第1139—1140页。
② 钱谦益:《秋水阁记》,《牧斋初学集》卷四十五记五,《钱牧斋全集》,上海古籍出版社2003年版,第1140—1141页。

来。有以柏屋售者,度而移焉,不爽尺寸,名之曰明发。"《明发堂记》述明发堂建筑之旨及周边景观,说:"庭中有老梅修竹,浮水溜渠,空翠自堕,清阴不改。堂之东,步檐周流,回廊交属。其前楹,近临墓道。……折而东,拂水之涧绕墓前,穴墙而出,以注于檐下。……涧之汰流,又折而北,汇于堂之西,石壁之下,有泉湛然,所谓归来泉也。泉之下,洄池蓄停,涧石平布。其西筑室方丈……此吾堂之别馆也。堂之东北隅,有楼以燕处,有阴室以违夏,有阳室以违冬,庋阁庖湢,顺序以为,此吾所以翼夫堂也。"①关于明发堂周边景观,钱谦益另撰有《新阡八景诗(并序)》《山庄八景诗(有序)》。钱谦益述明发堂在非常时期营建,个人遭遇不幸,明发堂建建停停,很不容易。钱谦益说:"予之营斯堂也,财一年而有急征之祸。萦逾年而归,归而庐于此也,岁时伏腊,晨昏肃拜,顾'明发有怀'之义,未尝不僾然如有见,忾然如有闻也。……良夜开卷,闲房点笔,追思壮年昔游,春灯秋卷,未尝不抚驹策骥,叹老至而悲无闻也。……畏虚名之难居,知物望之不易副,未尝不逊然以思,默然以惭,而悄然以恐也。岁月荏苒,世务牵缠。庐三年而复返,俯仰感叹,辄为之记。《诗》不云乎:'无念尔祖,聿修厥德。'吾子孙念之哉!若夫游观之美,山林鸟鱼之乐,非吾所以名堂之意也,其敢以示子孙乎?"②钱谦益回忆庐居生活,并以"明发"名堂,表达孝思,明发有怀。

钱谦益在《花信楼记》中述花信楼位于墓道之东偏,为撤耦耕堂徙建并命名之原因。钱谦益述徙建花信楼,为招程嘉燧:"于墓道之东偏,择爽垲之地,撤耦耕堂而徙焉,招孟阳也。"花信楼在虞山、尚湖之间,为钱氏山庄胜地、钱氏新阡八景之一。钱谦益说:"堂之前隙地,与秋水阁相直,庀山居之余材,为楼五间。后山如屏,前湖如镜,堤池折旋,景物攒簇。名之曰花信,而刘状元胤平书其额。"居花信楼,可观虞山、尚湖自然风景,尤其在春暖花开时节,常熟风俗踏青,拂水游观特盛。③

---

① 江苏省常熟市地方志编纂委员会办公室编:《常熟市志(修订本)》,上海辞书出版社 2006 年版,第 1153 页。
② 钱谦益:《明发堂记》,《牧斋初学集》卷八十四题跋二,《钱牧斋全集》,上海古籍出版社 2003 年版,第 1140—1142 页。
③ 钱谦益:《花信楼记》,《牧斋初学集》卷四十五记五,《钱牧斋全集》,上海古籍出版社 2003 年版,第 1141—1143 页。

钱谦益后来在《〈耦耕堂诗〉序》中回忆与程嘉燧十余年的读书结隐生活说："耦耕堂在虞山西麓下，余与孟阳读书结隐之地也。天启初，孟阳归自泽潞，偕余栖拂水，涧泉活活循屋下，春水怒生，悬流喷激，孟阳乐之为亭，以踞涧右，颜之曰'闻咏'。又为长廊，以面北山，行吟坐卧，皆与山接。'朝阳榭''秋水阁'次第落成，于是'耦耕堂'之名遂假孟阳以闻于四方。既而从形家言，斥为墓田，作'明发堂'于西偏，而徙耦耕堂于丙舍，以招孟阳。庐居比屋，晨夕晤对，其游从为最密。辛巳春，约游黄山首涂，差池归舟，值孟阳于桐江，篝灯夜谈，质明分手，遂泫然为长别矣。此集则自天启迄崇祯，拂水卜居，松圆终老之作。总而名之曰'耦耕'者，孟阳之志也。余与孟阳相依于耦耕堂者，前后十有余载。"①

钱谦益在《辛未除夕》等诗中，记述自己当时的乡居读书生活。崇祯四年（1631）撰《辛未除夕》放闲生活："除夜柴门独放闲，新愁旧梦总相关。半生心事寒灯里，数载交游宿草间。懒听比邻喧爆竹，笑看童稚撞冰山。春风一棹沧浪世，应占渔庄第几湾？"②《壬申元日》诗记寂寞生活："元日幽居一事无，雀罗寂寂到朝晡。人教老却衡门里，天为妆成卧雪图。时事总凭新燕子，世情只笑旧桃符。停云八表知何意？且坐东轩进一壶。"③《壬申除夕》诗记流年情状："流年告别又匆匆，送岁萧条不送穷。撩眼光阴灯火畔，撞胸心绪漏声中。门符换却看新面，书蠹钻余识旧丛。多谢天公耐贫薄，一般白发领春风。"④《癸酉元旦》诗记仍存报国之心："寿觞初举日曈昽，贺客骈阗燕喜重。罗雀惊飞门屏外，垂鱼拜舞寝庭中。流年荏苒看儿长，报国逡巡愿岁丰。奏罢绿章占气象，墙隅遥望朵云红。"⑤乡居期间，柴门放闲，门可罗雀，难得有程嘉燧等一二朋

---

① 钱谦益：《〈耦耕堂诗〉序》，《牧斋有学集》卷十八序五，《钱牧斋全集》，上海古籍出版社2003年版，第781—783页。
② 钱谦益：《辛未除夕》，《崇祯诗集五》，《牧斋初学集》卷九，《钱牧斋全集》，上海古籍出版社2003年版，第303页。
③ 钱谦益：《壬申元日》，《崇祯诗集六》，《牧斋初学集》卷十，《钱牧斋全集》，上海古籍出版社2003年版，第304页。
④ 钱谦益：《壬申除夕》，《崇祯诗集六》，《牧斋初学集》卷十，《钱牧斋全集》，上海古籍出版社2003年版，第325页。
⑤ 钱谦益：《癸酉元旦》，《崇祯诗集六》，《牧斋初学集》卷十，《钱牧斋全集》，上海古籍出版社2003年版，第325页。

友相互安慰,确乎殊可珍贵。

此时的钱谦益唯有"书蠹钻余识旧丛",更多的时间用来藏书、读书、写作。崇祯四年(1631)七月七日晒书日,钱谦益撰宋版《左传》跋,沉迷在古书之香的氛围中:"宋建安余仁仲校刊《左传》,故少保严文靖公所藏,其少子中翰道普见赠者。脱落图说并隐公至闵公五卷、昭公二十一卷至二十四卷,却以建安江氏本补足。纸墨差殊,每一翻阅,辄摩娑叹息。今年贾人以残阙本五册来售,恰是原本失去者。卷尾老僧印记,亦复宛然。此书藏文靖家可六十年,其归于我,亦二十年矣。"①钱谦益又在夏日晒书抄编整理汪元量诗,并撰跋:"夏日晒书,理云间人钞书旧册,得其诗二百二十余首,手写为一帙。《湖州歌》九十八首,《越州歌》二十首,《醉歌》十首,记国亡北徙之事,周详恻怆,可谓诗史。……余欲续吴立夫《桑海余录》,卒卒未就。读水云诗毕,援笔书之,不觉流涕渍纸。"②跋文中还感慨续吴立夫《桑海余录》之作未就。

第二节　丧母之痛

崇祯六年(1633)正月二十四日,钱谦益生母去世,经历三年丧母之痛。

钱谦益撰《先太淑人述》③,记母亲顾氏兼述自己的遭遇。母亲对于钱家来说是顶梁柱。钱谦益的祖父、父亲均较早逝世,母亲操劳家事,辛苦一生。钱谦益记母亲:"以嘉靖甲寅十一月己未生太淑人于常熟之虞山里","年十七,归于钱氏"。母亲关爱儿子成长,钱谦益与母亲荣辱与共,钱谦益在母亲生命的最后五年奉母家居。钱谦益起起落落,母子命运休戚相关。钱谦益记:"后十二年万历壬午,谦益生。后二十八年

---

① 钱谦益:《跋宋版〈左传〉》,《牧斋初学集》卷八十五题跋三,《钱牧斋全集》,上海古籍出版社2003年版,第1780页。
② 钱谦益:《跋〈汪水云诗〉》,《牧斋初学集》卷八十四题跋二,《钱牧斋全集》,上海古籍出版社2003年版,第1764页。
③ 钱谦益:《先太淑人述》,《牧斋初学集》卷七十四谱牒一,《钱牧斋全集》,上海古籍出版社2003年版,第1638—1642页。

庚戌,谦益进士及第。先公弃背后十年,泰昌庚申,用谦益编修覃恩,封太孺人。后四年天启甲子,用中允,封太安人。次年,谦益坐阉□罢归,夺封诰。后四年崇祯戊辰,用礼部右侍郎,封太淑人。谦益坐枚卜被讦,次年己巳得白,奉太淑人家居五年,享年八十,考终于内寝。某年某月某日,归祔于海虞山北市桥先公之阡。""崇祯六年,岁在癸酉,其免之之岁;正月二十四日丙辰,时加戌,其免之月之日之时也。呜呼痛哉!"每当钱谦益落难时,他的母亲同样被剥夺封诰,遭受身心打击,而母亲的至德体现在忍辱负重,时时勉励儿子坚强面对。钱谦益述:"谦益狂愚悖直,再触网罗,苇苕之籍,同文之狱,流传汹惧,一日数惊。太淑人强引义命自安,然其抚心饮泪,惟恐见壮子受刑僇,固未忍以告人也。以太淑人之至德,胡不百年?惊忧促算,岂或由是。恶子顽狠,尚不从死。然即死,亦何足赎?呜呼痛哉!谦益三举子不育,归田之岁,举一子,太淑人殁之七月,又举一子,故名长子曰孙爱,次曰孙振,所以志也。孙爱之议婚于瞿给事之女孙也,太淑人实命之,曰:'人以汝故去官,结昏姻以敦世好,不亦善乎?'媒氏复以许中允之女孙告,太淑人曰:'是先君故人之子也,幸有次孙,必昏于许。'孙振生,中允遗书许字,如太淑人之言。《诗》不云乎:'诒厥孙谋,以燕翼子。'谦益叙太淑人之慈,敢终之以此。"钱谦益母亲命钱谦益子钱孙爱"议婚于瞿给事之女孙",当时瞿给事即瞿式耜也被夺官,可见母亲之敦厚。《先太淑人述》表达钱谦益失去慈母的痛苦,记述因自己再触网罗使慈母被夺封诰的悲痛,这是对钱谦益个人及钱氏家族苦难的倾诉,同时也是对政治不公的控诉。

母丧三年间,钱谦益居家读书、写作。值得注意的是,钱谦益居家创作诗文、撰史之外,开始探索诗史融通、以诗证史,撰写其三笺杜诗之一《读杜小笺》,为后续撰《读杜二笺》与《钱牧斋先生笺注杜工部集》奠定基础。

钱谦益当时以诵杜诗消日,撰写《读杜小笺》的缘由是受到相伴读书生活的程孟阳的鼓动,又正值崇祯六年(1633)时德州卢德水写成一部《杜诗胥钞》,将文稿托付友人陈司业无盟,让他代为转寄给钱谦益,请求与钱谦益共同为杜诗作注。于是钱谦益录平素研读杜诗之心得,为《读杜诗寄卢小笺》,寄卢德水就正。

崇祯六年腊日，钱谦益在《读杜小笺》中记："归田多暇，时诵杜诗，以消永日。间有一得，辄举示程孟阳。孟阳曰：'杜《千家注》缪伪可恨，子何不是正之以遗学者？'予曰：'注诗之难，陆放翁言之详矣。放翁尚不敢注苏，予敢注杜哉？'相与叹息而止。今年夏，德州卢户部德水刻《杜诗胥钞》，属陈司业无盟寄予，俾为其叙。""德水北方之学者，奋起而昌杜氏之业，其殆将箴宋、元之膏肓，起今人之废疾，使三千年以后，涣然复见古人之总萃乎？苦次幽忧，寒窗抱影，紬绎腹笥，漫录若干则，题曰《读杜诗寄卢小笺》，明其因德水而兴起也。曰小笺，不贤者识其小也。寄之以就正于卢，且道所以不敢当序之意。"钱谦益一生拳拳服膺的诗人是杜甫，他与卢德水的爱好大致相同。钱谦益注杜诗意在批评黄庭坚、刘辰翁的杜诗学，并且纠正明代弘正以来，特别是当时学杜出现的偏差。[①]

钱谦益因卢德水刻《杜诗胥钞》兴起而笺杜诗，成以史证诗的《读杜小笺》，又有以诗正史的《读杜二笺》，以及以诗补史的《钱牧斋先生笺注杜工部集》，体现其诗史互证精神，同时阐发杜诗艺术成就，进而影响自己的创作，从事体现杜诗精神的创作实践。季振宜在《〈钱注杜诗〉序》中称："牧斋先生之书成，而后杜诗之精神愈出。"[②]

此时的钱谦益从释述杜诗精神进而反思时下文风，他在崇祯七年（1634）中秋日为常熟黄翼圣所撰《黄子羽诗序》中，批评时下文风说："近代之学诗者，知空同、元美而已矣。其哆口称汉、魏，称盛唐者，知空同、元美之汉、魏、盛唐而已矣。自弘治至于万历，百有余岁，空同雾于前，元美雾于后。学者冥行倒值，不见日月。甚矣！两家之雾之深且久也！"同时，钱谦益鼓励黄翼圣诗作之成，说："子羽之为人，貌婉而神清，气和而志厚。淡声色，薄滋味，寡气矜，畏荣进。天实遵养之以资其为诗。子羽之诗之成也，将自今日始。若夫李、王之后，诗家之雾四塞，解驳穿漏，未有其时。而其不眩而自坚者，吾未之见也。吾老矣，自恨无

---

① 钱谦益：《读杜小笺上》，《牧斋初学集》卷一百六，《钱牧斋全集》，上海古籍出版社2003年版，第2153—2154页。
② 季振宜：《〈钱注杜诗〉序》，钱谦益：《钱注杜诗》，中华书局1958年版，第1—2页。钱谦益撰《钱牧斋先生笺注杜工部集》，康熙六年（1667）季振宜静思堂初刻本，1958年中华书局上海编辑所（今上海古籍出版社）据此本断句排印，以《钱注杜诗》之名行世。

以易世,然尚当与子羽极论之。"①

母丧三年后,钱谦益在拂水岩下营先墓,在墓西偏筑丙舍,采用吴江张益之素心堂建筑风格。他在崇祯九年(1636)正月所撰《重修素心堂记》中记述:"余方营先墓于拂水,筑丙舍墓之西偏。美是堂之制,命工图以来,视其栋宇而构焉。他日堂成,亦将属异度为之记。"②

钱谦益在母亲去世后的三年里,主要从事藏书、读书、校勘、写作,很少外出,诗作也很少,收入《牧斋初学集》卷十的《崇祯诗集六》,"起五年壬申,尽九年丙子",才一卷。③

崇祯九年(1636)仲春,钱谦益应邀外出赏春,游虎丘、支硎诸山,有《丙子中春日,茂苑相公谢政遄归,招邀燕赏,余与其仲启美、张异度、徐九一、刘渔仲,追陪信宿虎丘、支硎诸山,记事四首》等诗作。其中有纪念葛成的《葛将军歌》,钱谦益为葛成鸣不平,述葛成时运不济,生不逢时,实为自喻。诗末有钱谦益自注:"近多召见上书人,不次除拜。""不次除拜"即不依寻常次序授官,讽刺"近多召见上书人",并非用贤。

钱谦益虽然乡居生活,但时时关注国事。崇祯八年(1635)六月,钱谦益为常熟瞿式耜刻其父瞿汝说辑《皇明臣略纂闻》(即《兵略纂闻》)撰《〈兵略〉序》,指出国家此时为多事之秋,《兵略》有特殊价值,但"所患"在"明主"。瞿汝说的《兵略纂闻》十二卷,保存了重要的国防军事史料,包括兵器史料。书中涉及明朝末年北方国防史,在清朝被列为禁书,遭焚毁。

钱谦益在序中把《兵略纂闻》作为医国危局之方,他说:"时方多事,文武将吏,人不知兵。是书也,如医之有方,如弈之有谱,庸医可以诊奇疾,俗手可以当危局,用以东制奴,西讨贼,庶几克有成算,可以舒当宁之旰食乎? 余以为自古用武之世,不患有盗贼,不患无将帅;所患者,庙

---

① 钱谦益:《黄子羽诗序》,《牧斋初学集》卷三十二序五,《钱牧斋全集》,上海古籍出版社2003年版,第925—926页。
② 钱谦益:《重修素心堂记》,《牧斋初学集》卷四十三记三,《钱牧斋全集》,上海古籍出版社2003年版,第1114—1115页。
③ 钱谦益:《崇祯诗集六》,《牧斋初学集》卷十,《钱牧斋全集》,上海古籍出版社2003年版,第304—354页。

算不一,赏罚不明,使盗贼乘其间,而将帅无以尽其用也。""自古迄今,有盗贼不患无将帅,有将帅不患无方略。"钱谦益进而述以此书考本朝,再举近事,可知瞿式耜刻书传播《兵略纂闻》的意义,以及"明主得其人而用之"的价值:"给谏(瞿式耜)之刻是书也,固曰为兵家之医方奕谱。而吾以为医有上医焉,奕有国工焉。明主得其人而用之,则端委庙堂,而四海从风。当房寇交讧之日,虽口不谭兵可矣。杜牧有言:议于庙廊之上,兵形已成,然后付之于将。其为兵略也孰大焉?起星卿(瞿汝说)于今日,未必不以余为知言,为之掷笔而三叹也!"①

  钱谦益在崇祯九年(1636)秋后撰《兵使慈溪冯公进秩督学福建叙》,表面上是表达吴之士民要求挽留冯公,而实质上关心国家大事,在国家面临危难时刻,提出应该从全局安危考虑,把握国家东南核心区域,慎重用人。"冯公",即冯元飏(1587—1644),字尔赓,又字言仲,号留仙。宁波府慈溪县人。崇祯元年(1628)进士,先后任工部都水司主事、礼部主事、员外郎、郎中、苏松兵备参议等。崇祯九年秋,战事威胁都城安全,冯元飏率领吴兵数万入卫首都,军队已经渡过淮河,刚到达济宁便接到诏令班师回营,转任福建提学副使。这件事并不是一般官员的去留,涉及关键的用人问题。冯元飏弟冯元飚为兵部尚书,兄弟二人均以亢直忠君著名,史称"二冯"。当时,首辅温体仁与左都御史唐世济为浙江乌程同乡,乡里有人倚为靠山,聚众横行太湖。冯元飏正好在苏松兵备参议任上,领兵捕得首领是唐世济同族兄弟的儿子,仍将其绳之以法。于是,得罪了温体仁。温体仁借文社钩党,剪除江南名士,以钱谦益为主要打击对象,冯元飏被视为羽翼,所以温体仁时时排挤打击冯元飏。钱谦益在叙文中记国家时局与冯公去留事:"崇祯丙子秋,房陷昌平,躪畿南,诏征天下兵入卫。于是,苏松兵使冯公督其兵以行,抵济宁,房退解严,有诏班师。而公旋奉新命,晋秩往督八闽学政。两台使者谓吴中不可一日去公,交章请留,而公以王言,不宿于家,旦夕治装行矣。吴淞副总戎许君念公共事之雅,乞余文以为贺。"钱谦益在文中提出在国家战略上要防止"重闽而轻吴",说:"今天下北患插,东患奴,

---

① 钱谦益:《〈兵略〉序》,《牧斋初学集》卷二十九序二,《钱牧斋全集》,上海古籍出版社2003年版,第873—875页。

中原患寇,独东南无恙。而苏、松以区区二郡,当天下财赋之半,京、边皆仰给焉。苏、松之肥脊安危,天下肥脊安危也。"钱谦益进而提出国家在关键时刻要用合适的人才:"向令留公于吴,当东南半壁之寄,治余皇,习水战,淬水犀之甲,募载禽之士,北御插,东剿奴,中荡寇,三四年间,必能为国家当一面。一旦有事,呼吸应变,兴蕲王之舟师,复淮安之海运,以濒海一隅之地,制海内之重轻,非公谁与办此哉!"钱谦益强调用人之长,不可"忽易"用人:"今者夺公以予闽,闲指麾训练之能,而理朱黄铅椠之业,则岂知用公者哉!今天下之大势,亦岌岌矣。民穷财尽,虏寇交讧。其在奕势,不可不谓之残局;其在病症,亦不可遂谓之康强勿药也。而用人者之忽易如此,以失著救将败之棋,以缪方诊危殆之病,天下之事,其亦可为寒心已矣。""夫吴之士民,不可一日去公,扶老携幼,惊惋相告,遮道而号哭者,其词未可仆悉数。余则以为公之此行,有关于用人之大政,而吴人爱慕之私为不足道也。故因许君之请,而叙之如此。"①

钱谦益文中对时事的剖析,以及"用人之大政"的论说颇有眼光,可惜当朝用人不当。钱谦益视冯元飚为同道,后来又为冯元飚撰有《都察院右佥都御史巡抚天津慈溪冯公墓志铭》。

第三节 诬讦被逮

钱谦益虽乡居在家,但做了首辅的温体仁仍不肯放过钱谦益,欲置之死地。温体仁暗中收买了南直隶常熟人张汉儒,诬讦钱谦益、瞿式耜在家乡胡作非为,鱼肉百姓。张汉儒捉风捕影,罗织了钱谦益、瞿式耜的罪状,包括侵占钱粮、出卖功名、奸淫妇女等。于是,崇祯十年(1637),钱谦益、瞿式耜两人被逮至京下刑部狱。

这位张汉儒,到底是何许人?张汉儒,原名张景良,是一个奸棍,他竟然用假名诬讦钱谦益、瞿式耜。

---

① 钱谦益:《兵使慈溪冯公进秩督学福建叙》,《牧斋初学集》卷三十四序七,《钱牧斋全集》,上海古籍出版社2003年版,第969—971页。

常熟王应奎在所撰《柳南随笔》卷五中，载有张景良武断里中与诬评钱谦益、瞿式耜的始末。① 奸棍张景良在钱谦益居家期间，投机取巧，图谋以入都上疏来得到好处。为恶于乡的陈履谦出谋诬评"当国者所忌"的钱谦益、瞿式耜，上疏即得温体仁旨意。于是，阴谋诡计得以实施。

针对张汉儒的诬评，同为常熟人的顾大韶、顾应琨、严有翼、何述禹等人撰《顾仲恭为钱瞿呈稿》一卷，呈稿专驳张汉儒揭帖。② 顾大韶等称钱谦益、瞿式耜系苍生之望、后进之师，"学术禀千秋之楷模，文章成一家之机杼"。顾大韶等述钱谦益、瞿式耜两人被诬，通国衔冤，因此要求皇上予以昭雪，以戢民奸。同时，又阐述国家所最宜通者言路，本以申理冤狱，而非恣意馋说，直斥张汉儒揭帖所说为非。顾大韶等的上述呈稿显然不符合温体仁旨意，可想而知不能上传。

当张汉儒诬评钱谦益、瞿式耜时，常熟人冯舒（1593—1649）因出面营救，被系入狱。《重修常昭合志·冯舒传》载："（冯舒）为人直肠快口，遇事敢为，不避权势，小人疾之如仇。会奸民张汉儒入都，诬评钱、瞿两绅，舒委曲营救，汉儒党陈履谦谋窜舒名于捕檄中，遂并被逮。汉儒等寻以奸谋败露，荷校死，舒乃得释归里。"③ 冯舒撰有《虞山妖乱志》三卷，其中有内容记张汉儒攻评钱谦益、瞿式耜两人之事。④

钱谦益在其文中对诬评被逮事有实录，事实原委清清楚楚。钱谦益于崇祯十年（1637）五月即具题《辨冤疏》，驳斥张汉儒之奏。钱谦益在疏文中表达自己被衙棍张汉儒评奏为奇冤极枉，针对张汉儒疏稿中罗织的所谓钱谦益的"罪状"，列举钱粮、举荐、豪奴等事项，一一加以驳斥。钱谦益驳斥张汉儒疏稿中罗列的钱粮等项，有案卷可据，并可召问"知县杨鼎熙"对证。钱谦益再驳张汉儒疏稿中罗列的豪奴等项，说："若豪奴霸儒，与他事各有主名者，臣不必辨。其冗亵淫污，无人臣礼

---

① 王应奎：《柳南随笔》卷五，《清代笔记小说大观》3，上海古籍出版社2007年版，第2225—2226页。
② 顾大韶等：《顾仲恭为钱瞿呈稿》，丁祖荫编《虞阳说苑》活字本，广陵书社2018年版，第451—455页。
③ 常熟市地方志编纂委员会办公室标校：《重修常昭合志》，上海社会科学院出版社2002年版，第1179页。
④ 冯舒：《虞山妖乱志》，丁祖荫编《虞阳说苑》活字本，广陵书社2018年版，第301—386页。

者,已奉严旨,臣不敢渎也。汉儒虑事在乡曲,一谎百谎,箝制抚按道府,谓皆臣门生故旧,凡各官陛授由吏部,御史题差由都察院,年来当局诸臣,与臣绝不相知,岂臣所能关说?"钱谦益以朝廷用张国维、杨鼎熙为例驳斥张汉儒疏稿中罗列的举荐事等项。疏文最后,钱谦益揭发张汉儒并不是实名,以鬼名入告,恳请皇上彻底勘明,并究问主使根因。①

钱谦益"参预枚卜,以温体仁攻讦而去","今又被衙棍张汉儒讦奏,奉旨拿解来京究问",前后因果联系清清楚楚,是张汉儒有"主使根因",是温体仁幕后主使。钱谦益在《辨冤疏》中还特意指出"今偶值抚臣张国维系臣乡闱取士,自其履任,绝不与通片言"。当钱谦益诬讦被逮时,江南巡抚张国维数次上疏为其鸣冤,但崇祯帝根本不相信,反而指责张国维是徇私庇护。

钱谦益上《辨冤疏》后,圣旨令"不得渎陈",然而,钱谦益从邸报见到温体仁的"辩许自表疏",于是不得不再辨冤,上《微臣束身就系辅臣蜚语横加谨平心剖质仰祈圣明洞鉴疏》,进一步申述张汉儒诬奏事实,辨析温体仁所作所为。钱谦益在上疏中为自身进行了充分辩解,自表清白,对温体仁进行正面还击,一一驳斥奸棍张汉儒凿空诬奏,揭露温体仁害人之实。最后钱谦益疏请有司作速审结,以白沉冤。②

张汉儒诬讦案的是非曲直终将大白天下,钱谦益回想自己连续不断的悲惨遭遇,个人的不幸,非一人之不幸,更是整个社会、时代,乃至"本朝"的不幸,他进而思考如何从此实现"憝下之奸,绝迹清时","同文之狱,屏息圣世","善人竞进,国论清夷",于是,上《微臣荷恩谊重恋主情深谨沥丹诚仰祈天鉴疏》。钱谦益在疏文中作血泪控诉,回顾自己三次濒死的经历,重点申述本朝大狱,全是奸邪小人祸国,专意构陷曲杀忠良,自己虽然去朝,但盼望从此之后奸人绝迹清时,善人竞进,国论清夷,进警世忠言。③

---

① 钱谦益:《辨冤疏》,《牧斋外集》卷二十奏疏,《牧斋杂著》,《钱牧斋全集》,上海古籍出版社2003年版,第806—808页。
② 钱谦益:《微臣束身就系辅臣蜚语横加谨平心剖质仰祈圣明洞鉴疏》,《牧斋初学集》卷八十七疏,《钱牧斋全集》,上海古籍出版社2003年版,第1815—1817页。
③ 钱谦益:《微臣荷恩谊重恋主情深谨沥丹诚仰祈天鉴疏》,《牧斋初学集》卷八十七疏,《钱牧斋全集》,上海古籍出版社2003年版,第1819—1821页。

钱谦益以诗详细记述自己遭诬讦被逮自崇祯十年(1637)"春尽赴急征"至崇祯十一年(1638)九月"出狱南还"的全过程。

钱谦益被捕进京途中撰《桑林诗集》,"起崇祯十年丁丑三月,尽闰四月"。自序称:"丁丑春尽赴急征,稼轩并列刊章,士龙相从,草索渡淮而北。赤地千里,身虽罪人,不忘吁嗟闵雨之思,遂名其诗曰《桑林集》。"[1]其中,《黄河》诗:"都将银汉变黄流,也是天公错一筹。鹊驾但为终夕计,鼍梁宁是济川谋?灾来何用沈圭璧,时至那须辨马牛。飞昴出图君莫诧,清河白马又谁尤?"[2]诗记经过黄河所感,表达作者对黄河水患忧心忡忡。《桑林诗集》中,多有相从随行的何士龙和诗,以及与刻《杜诗胥钞》的好友德州卢德水的和诗。钱谦益进京途经德州,受到卢德水等人的款待。

钱谦益下刑部狱,撰《霖雨诗集》,"起丁丑五月,尽一年"。自序称:"闰四月二十五日,下刑部狱。尚书侍郎暨台谏郎署相见者五十余人。久旱,次日大雨,刘敬仲司空迎谓曰:'此霖雨之征也。'余笑曰:'安知不曰:烹弘羊,天乃雨乎?'因以《霖雨》名其诗云。"[3]其中,《送何士龙南归兼简卢紫房一百十韵》记述狱中生活:"叫阍远万里,引刀耻自戕。和药趣朱游,呼囚到王章。黑暗牢狱苦,炎蒸三伏炀。矮栅栖鹅鸭,粪壤转蛣蜣。卧熏腐骱臭,渴饮伏尸浆。夜夜入针孔,朝朝坐剑铓。"[4]《狱中杂诗三十首》描写狱中"积尸""枯骸""鬼市""阴狱"环境,表达自身冤情与苦中作乐、自我慰藉的乐观态度。[5]《若活一百年》记:"三春赴追捕,皇皇丧家狗。入夏禁牢狱,兀兀困械杻。仰屋栖鸡埘,负墙坐土偶。欲行蹙其足,欲言喑其口。朝飧棘喉饭,夕饮攒眉酒。忧来频擗胸,悸甚辄捧首。领尝难管腰,卯或不保酉。如此一岁生,可抵一日否?阴狱强过

---

[1] 钱谦益:《桑林诗集》,《牧斋初学集》卷十一,《钱牧斋全集》,上海古籍出版社2003年版,第355页。
[2] 钱谦益:《黄河》,《桑林诗集》,《牧斋初学集》卷十一,《钱牧斋全集》,上海古籍出版社2003年版,第356页。
[3] 钱谦益:《霖雨诗集》,《牧斋初学集》卷十二,《钱牧斋全集》,上海古籍出版社2003年版,第385—453页。
[4] 钱谦益:《送何士龙南归兼简卢紫房一百十韵》,《霖雨诗集》,《牧斋初学集》卷十二,《钱牧斋全集》,上海古籍出版社2003年版,第428—430页。
[5] 钱谦益:《狱中杂诗三十首》,《霖雨诗集》,《牧斋初学集》卷十二,《钱牧斋全集》,上海古籍出版社2003年版,第388—405页。

活,鬼趣预消受。岁月良亦多,此岁何必有? 六十甲子中,譬如阙丁丑。若活一百年,只算九十九。"①钱谦益感慨遭诬讦被逮如丧家之犬,狱中生活白活了。钱谦益身在狱中写家乡美景,盼望回虞山过家居生活,作《新阡八景诗(并序)》《山庄八景诗(有序)》等篇,新阡八景、山庄八景写实景,也是叙心中美景。《霖雨诗集》中也多记时事,《五芳井歌》即记保定民众在抵抗清兵入侵时的英勇与顽强,"丙子之秋虏再入,旁午军书刺闺急","此身不共奴酋死,忍死幽囚可奈何"等句,表现了其爱国思想。②《张将军全昌挽二首》,记抗清将军张全昌。

崇祯十一年(1638),钱谦益撰《试苃诗集上》,多撰于刑部狱中,"起十一年戊寅正月,尽七月",自序称:"狱渐解,颂系待放。五月二十四日,以火灾肆赦,遂得出。东坡《蒙恩责授诗》云:'却对酒杯浑是梦,试拈诗笔已如神。'故以《试苃》名集,聊用志喜。"③其中,《题大鸟图》为五月二十四日出狱为居停主人题。此年五月二十四日出狱后,钱谦益一路南归,所到之处以诗记述,至十月抵家。钱谦益撰《试苃诗集下》,"起戊寅八月,尽一年"。④

钱谦益在狱中除了辩冤,不停地读书雠勘,写诗作文。崇祯十年(1637)六月三日,钱谦益为同囚东平宋公鹿游撰《〈诚意录〉序》,称宋鹿游经世或出世均至诚,说:"自古圣贤豪杰,调御万物,酬酢万事,经世出世,无不以诚为本。""东平宋公鹿游,兼资文武,历边陲,建节钺,以疆事被征,出所著《诚意录》示余。余读而感焉。""钱子曰:'惟诚故愚,非愚不诚,未有至诚而不至愚者。留侯、邺侯皆天下之至愚人也。'孔子曰:'其智可及也,其愚不可及也。'"⑤七月十日,钱谦益为刘荣嗣撰《跋刘司

---

① 钱谦益:《若活一百年》,《霖雨诗集》,《牧斋初学集》卷十二,《钱牧斋全集》,上海古籍出版社2003年版,第439—440页。
② 钱谦益:《五芳井歌》,《霖雨诗集》,《牧斋初学集》卷十二,《钱牧斋全集》,上海古籍出版社2003年版,第436—437页。
③ 钱谦益:《试苃诗集上》,《牧斋初学集》卷十三,《钱牧斋全集》,上海古籍出版社2003年版,第454—495页。
④ 钱谦益:《试苃诗集下》,《牧斋初学集》卷十四,《钱牧斋全集》,上海古籍出版社2003年版,第496—523页。
⑤ 钱谦益:《〈诚意录〉序》,《牧斋初学集》卷二十九序二,《钱牧斋全集》,上海古籍出版社2003年版,第882—883页。

空同年会卷》,称:"今年丁丑,刘大司空敬仲与其同榜五人,俱在请室中。敬仲手书绢素,以纪其事,而属余识其后。夫敬仲之所谓同者,同榜、同繫二同而已,与夫先朝之三同五同,殆不可同日而语矣。""以请室中之人才观之,则今天下动称乏才,或非笃论也。""余观诸公多感时惜别,留连光景之语,故书此以振其朝气,并以告世之为文贞、文肃者也。"①又撰《〈刘司空诗集〉序》,称:"今年与刘司空敬仲先生相见请室,得尽见其诗。卢子德水之评赞,可谓精且详矣。而余独喜其渊静闲止,优柔雅淡,意有余于匠,枝不伤其本。"②刘荣嗣(1570—1638),字敬仲,号简斋,别号半舫。曲周县人。万历四十四年(1616)进士,官至工部尚书,遭王应熊、温体仁等人的陷害,说他治河失策,下狱问罪。在狱中,他以诗言志,著述甚丰。钱谦益与刘荣嗣同受陷害,感同身受,以序跋文表达振朝气之感。九月,钱谦益为郑之惠撰《郑圣允诗集序》,其中记自己狱中读史雠勘:"今年,余见之于请室,方翻阅三国以后诸史,朱黄俨然,雠勘错互,纂言纪事,州处部居。盖将荟撮其诏令文章卓然有用于世者,为论思献纳之助,而非徒以翰墨为能事也。"③崇祯十一年(1638)春,钱谦益撰《孙幼度诗序》,记闻边遽事:"余病卧请室。同系者闻边遽,惊而相告。余方手一编诗,吟咀不辍,挟筴而应之曰:以此占之,奴必不为害。告者不怿而去。居无何,边吏以乞款告,举朝有喜色。"称赞孙幼度存国家之余气:"此吾师高阳公之少子名铈字幼度之诗也。吾师为方叔元老,身系天下安危。""幼度之诗,殆亦国家之余气也。""羽书旁午,病卧请室,无已而以歌风占敌,自附于子野,子犹以有目靳我,不亦过乎?告者怃然而退。遂次其语以序幼度之诗。"④钱谦益身于狱中,心系国事与"天下安危"。

钱谦益自崇祯十年"春尽"遭诬讦被逮至次年五月出狱南还,冤案

---

① 钱谦益:《跋刘司空同年会卷》,《牧斋初学集》卷八十四题跋二,《钱牧斋全集》,上海古籍出版社2003年版,第1772—1773页。
② 钱谦益:《〈刘司空诗集〉序》,《牧斋初学集》卷三十一序四,《钱牧斋全集》,上海古籍出版社2003年版,第908—909页。
③ 钱谦益:《郑圣允诗集序》,《牧斋初学集》卷三十三序六,《钱牧斋全集》,上海古籍出版社2003年版,第966—967页。
④ 钱谦益:《孙幼度诗序》,《牧斋初学集》卷三十一序四,《钱牧斋全集》,上海古籍出版社2003年版,第915—916页。

终于昭雪,真相大白天下。钱谦益撰《丁丑狱志》,详细记载冤案本末,尤其是通过记述温体仁的义子董琨收考周应璧之事,董琨讨好温体仁,企图逼迫周应璧承认钱谦益用"三千金"嘱他贿赂朱国弼去弹劾温体仁,揭露温体仁私人掌卫事,锻炼起大狱,其残酷超过魏忠贤。《丁丑狱志》以实录的形式披露了明崇祯时的特务政治,"乌程之忮毒,深于逆奄。董琨之周内,精于显纯",厂卫暴行骇人听闻。[①] 其中,钱谦益还详述冤案起事"主使根因"就是温体仁,"乌程(温体仁)以阁讼逐余,既大拜,未尝顷刻忘杀余也"。常熟陈履谦召奸人张汉儒、王藩商量"杀钱以应乌程之募",温体仁收到张汉儒的诬奏,即"奋笔票严旨逮问",事下锦衣卫,执行者董琨就是温体仁的义子。可见,温体仁非置钱谦益于死地而后快。

在丁丑事件过程中,钱谦益得到许多朋友的同情与支持。钱谦益遭诬评被逮时,江南士子为之震动。陈子龙在北京城门迎押解北上的钱谦益、瞿式耜,表达其政治立场,拥东林而反温体仁。吴伟业借瞿式耜别墅东皋草堂为题,撰《东皋草堂歌》,表达对丁丑事件的立场。

"云间三子"之一的李雯(1607—1647),在事发不久致陈子龙书,陈增远等论及"丁丑"狱事时言论不妥,在几社内发生"谤议",因而表达"谤议之来,不在于虞山",理解钱谦益的遭遇。李雯北上京师,至狱中看望钱谦益,有《上钱牧斋年伯于狱中》诗记其事。此后李雯又致函钱谦益,表达自己对"丁丑"狱事的态度,称:"老年伯事迹分明,伸眉天壤。想还山以来,道履休畅,昔之据黄阁而造青蝇者其人与骨安在哉?此下士以为快心,而学道者悟其空幻也。"[②]"昔之据黄阁而造青蝇者",指温体仁。钱谦益"事迹分明,伸眉天壤",而温体仁是"青蝇",谗佞之辈。李雯用"青蝇"典故,颇见其心中的党派立场。[③]

钱谦益冤案昭雪南归,于崇祯十一年(1638)十月抵家后又开始家居、藏书、读书、写作与会友。

---

① 丁易:《明代特务政治》,哈尔滨出版社2020年版,第562页。
② 李雯:《蓼斋集》,《清代诗文集汇编》第23册,上海古籍出版社2010年版,第660页。
③ 王启元:《新见云间派李雯尺牍考述——兼补〈柳如是别传〉》,《图书馆杂志》2022年第12期,第123—129页。

崇祯十二年(1639),钱谦益撰《丙舍诗集上》,"起十二年己丑正月,尽一年"。① 其中,《阳羡相公枉驾山居即事赋呈四首》其一:"阁老行春至,山翁上冢回。袤衣争聚看,棋局漫相陪。乐饮倾村酿,和羹折野梅。缘堤桃李树,一一为公开。"②诗记崇祯帝首辅周延儒事,昔日周延儒嗾使温体仁上疏,借钱千秋案弹劾钱谦益,后来周延儒被温体仁排挤告病回乡,而如今周延儒到访拂水山庄。这一方面表明,在最终评判温体仁问题上,作为同是受害者的钱谦益与周延儒有趋向一致的观点;另一方面表明,已经下野的周延儒开始与东林党人联络,扩大其在野势力范围,以谋东山再起。

在这段时间里,钱谦益多与藏书家、学人交往。崇祯十二年夏,黄宗羲来访,请钱谦益为其父黄尊素撰写墓志铭,钱谦益撰有《山东道监察御史赠太仆寺卿黄公墓志铭》。③ 黄尊素与周顺昌、高攀龙、周起元、缪昌期、周宗建、李应升并称"后七君子",遭魏忠贤打击被捕而赴死就义。同年,为福建藏书家徐兴公(徐𤊹)子存永《尺木集》撰序,记录与徐兴公及子存永交往并相约互搜所藏书编目事。钱谦益在《徐存永〈尺木集〉序》中记:"崇祯己卯,存永侍尊甫兴公征君访余拂水。存永方绮岁,才藻丽逸,余以孝穆期之。后十余年,存永偕陈开仲自闽过,存坐绛云楼下,摩挲沁雪石,周视插架古史旧文,谈兴公与孟阳游迹,余为诗曰:'高人有福先归地,野老无谋但诅天。'酒罢悲吟,欷歔别去。是岁绛云楼灾,存永寓书,相三日之哭。又七年,以《尺木集》请序。"④崇祯十二年(1639)中秋,钱谦益为藏书家毛晋撰《毛子晋题跋序》,称赞毛晋以读书汲古为事:"子晋家南湖之滨,杜门却扫,以读书汲古为事。"⑤十一月,钱

---

① 钱谦益:《丙舍诗集上》,《牧斋初学集》卷十五,《钱牧斋全集》,上海古籍出版社2003年版,第524页。
② 钱谦益:《阳羡相公枉驾山居即事赋呈四首》,《丙舍诗集上》,《牧斋初学集》卷十五,《钱牧斋全集》,上海古籍出版社2003年版,第539页。
③ 钱谦益:《山东道监察御史赠太仆寺卿黄公墓志铭》,《牧斋初学集》卷五十墓志铭一,《钱牧斋全集》,上海古籍出版社2003年版,第1282—1285页。
④ 钱谦益:《徐存永〈尺木集〉序》,《牧斋有学集》卷十八序五,《钱牧斋全集》,上海古籍出版社2003年版,第787—789页。
⑤ 钱谦益:《毛子晋题跋序》,《牧斋外集》卷第三序一,《牧斋杂著》,《钱牧斋全集》,上海古籍出版社2003年版,第644—645页。

谦益又为毛晋撰《新刻〈十三经注疏〉序》,称赞毛晋校刻《十三经注疏》有三善。①

钱谦益虽在乡居,但关注国事。他在《大司马吉安茂明李公参赞机务序》中强调加强南都防务之重要性,说:"是则然矣。然未知天子任公之重,与其所以重公者也。南都根本之地,先朝以储宫监国,继以勋臣守备,自黄忠宣以耆硕镇陪京,始有参赞机务之命。委任之隆,两都文臣所独也。""今海内多事,王师在野,凭城伏莽,实烦有徒。""天下根本在南,故以留务委公,是亦善弈者之置子也。""喜公之有新命也,以谦益于公有道义之好,属为文以贺,而余为序之如此。"②钱谦益在崇祯十二年(1639)为汪三益的《参筹秘书》撰《〈参筹秘书〉序》中,分析《参筹秘书》虽"可以济世安民,匡时定乱。属当奴寇交讧,海内多故,慨然出箧衍之秘,编次成书,以诒世之登将坛、佐戎幕者",但特别强调兴亡治乱的关键是要有明主,"《春秋》之所书,左氏、太史之所记,兴亡治乱,彰明较著如此。此亦千载得失之林也。圣天子承乾御宇,黄帝之元,千岁一至。奴寇游魂假息在漏刻之间。阴阳孤虚之书,眘将庋之高阁矣"。③

崇祯十二年九月十七日,钱谦益撰《少师高阳公奏议序》,表彰孙承宗的爱国英雄事迹,"呜呼!我国家中叶全盛,乃有奴酋之难,不可谓非孽乱兆衰之会。而保大定倾之人,若故少师高阳公者,岂非天之所笃生也与?"同时,感慨自己"进无所与于国恤,而退无以效于师门"。④

崇祯十三年(1640),钱谦益撰《丙舍诗集下》,"起十三年庚辰正月,尽二月"。⑤ 同年,钱谦益移居半野堂,撰《移居诗集》,"起庚辰三月,尽

---

① 钱谦益:《新刻〈十三经注疏〉序》,《牧斋初学集》卷二十八序一,《钱牧斋全集》,上海古籍出版社2003年版,第850—852页。
② 钱谦益:《大司马吉安茂明李公参赞机务序》,《牧斋初学集》卷三十四序七,《钱牧斋全集》,上海古籍出版社2003年版,第971—973页。
③ 钱谦益:《〈参筹秘书〉序》,《牧斋初学集》卷二十九序二,《钱牧斋全集》,上海古籍出版社2003年版,第875—876页。
④ 钱谦益:《少师高阳公奏议序》,《牧斋初学集》卷三十序三,《钱牧斋全集》,上海古籍出版社2003年版,第891—893页。
⑤ 钱谦益:《丙舍诗集下》,《牧斋初学集》卷十六,《钱牧斋全集》,上海古籍出版社2003年版,第560—584页。

十月"。① 其中,《移居八首》之一:"残生天与慰途穷,是处云霞媚此翁。卜宅已居青嶂里,移家仍在翠微中。映门杨柳萋迷绿,掩户桃花合匝红。但放秦人鸡犬去,也应识路似新丰。"② 钱谦益记自拂水山庄移居半野堂,表达自己身在山野而如新丰鸡犬认识道路,心忧朝廷,关注国事。半野堂,在常熟城北邵巷,初为张文麟所建端岩书屋,后增置娱晖阁、露香亭、雪圃诸胜。不久归严泽。数年后为钱谦益购得,添建绛云楼为藏书楼。七八月间,姚士粦拜访钱谦益。姚士粦,字叔祥,海盐人。出身清贫,终生未参加过任何科举考试,游历各地,搜罗秦汉以来遗文,考据甚详。当时姚士粦年事已高,而精神矍铄。钱谦益同他相谈甚欢,论及近代词人。钱谦益撰《姚叔祥过明发堂共论近代词人戏作绝句十六首》,用绝句形式阐发其诗学主张,核心是纠正复古派及其后学的"俗学"之弊,弘扬杜甫"别裁伪体"精神,回归"大雅"之风。诗中论及程嘉燧、汤显祖、王稚登、董其昌、王惟俭、袁宗道、袁宏道、袁中道、曹学佺、尹伸、李流芳、李梦阳等有名词人,以及王微、杨宛、柳隐、杨补、周永年、华闻秀、黄心甫等其他词人。

第四节　钱柳缘合

　　钱谦益自崇祯元年(1628)应召赴阙而遭革职回乡,经历丧母之痛,遭诬讦被逮,整整 12 年生活得很不如意。钱谦益冤案昭雪返家后,最值得高兴的事就是迎娶柳如是,两人志同道合,情投意合,相敬如宾。

　　柳如是(1618—1664),曾名杨爱、柳隐、柳是等,室名我闻居士、芜靡君、惜依等,世称河东夫人、柳儒士等。吴江人,一说嘉兴人,或说松江人。柳如是诗文书画,无所不能,有《山水人物图册》等。《山水人物图册》系柳如是酬报古彝词长为其画《西泠采菊长卷》所作,其中第七帧画诗:"叶叶浓愁寸寸阴,碧云天末澹疏吟。年时忆听同峰雨,人与芭蕉一样心。"题"仿宋人设色法并题",画中芭蕉书窗独立,题诗与画意境互

---

① 钱谦益:《移居诗集》,《牧斋初学集》卷十七,《钱牧斋全集》,上海古籍出版社 2003 年版,第 585—615 页。
② 钱谦益:《移居诗集》,《牧斋初学集》卷十七,《钱牧斋全集》,上海古籍出版社 2003 年版,第 585 页。

补,表达隐居恬静与浓郁愁绪。

柳如是曾为盛泽归家院徐佛之养女,与陈子龙相知相爱,分手后缘合钱谦益。汪汝谦促成了钱谦益与柳如是的姻缘。汪汝谦(1577—1655),字然明,号松溪,又号松溪道人,歙县人。贡生,精金石,通音律,善诗文,著有《清轩集》《西湖韵事》《绮咏》《春星堂集》等。他在杭州经营茶业,在西湖边建有"不系园"游舫,以茶会友,组织西湖雅集。汪汝谦出资为柳如是刻印《戊寅草》《湖上草》《柳如是尺牍》等集。柳如是应邀游杭州,撰有《西泠》十首,又撰《西湖八绝句》,钱谦益见到柳如是诗激赏不已。① 柳如是与王微、黄媛介的诗在当时为人称道。钱谦益在《士女黄皆令集序》中评价:"今天下诗文衰熠,奎璧间光气黬然。草衣道人与吾家河东君,清文丽句,秀出西泠六桥之间。马塍之西,鸳湖之畔,舒月波而绘烟雨,则有黄媛介皆令。"②柳如是应邀与钱谦益会晤,同游西湖,两人对彼此留下深刻的印象。

崇祯十三年(1640)冬,柳如是扁舟突访钱谦益。钱谦益撰《东山诗集一》,"起庚辰十一月,尽十四年辛巳三月",有《庚辰仲冬河东君至半野堂有长句之赠次韵奉答》等篇。《庚辰仲冬河东君至半野堂有长句之赠次韵奉答》首附柳如是《半野堂初赠诗》:"声名真似汉扶风,妙理玄规更不同。一室茶香开澹黯,千行墨妙破冥濛。竺西瓶拂因缘在,江左风流物论雄。今日沾沾诚御李,东山葱岭莫辞从。""集名《东山》,取此诗句也。"③此前柳如是已有诗集《戊寅草》《湖上草》,此后柳如是诗作多附于钱谦益诗篇,即多为钱谦益、柳如是相互唱和之作。同年,两人还有《冬日泛舟有赠》、《次日叠前韵再赠》附河东(以后诗并附见)、《次韵奉答》、《寒夕文燕再叠前韵是日我闻室落成》等诗作唱和,"记我闻室落成,偕河东君泛舟东郊,偕河东君守岁我闻室中"等事。④

---

① 钱谦益:《移居诗集》,《牧斋初学集》卷十七,《钱牧斋全集》,上海古籍出版社2003年版,第606页。
② 钱谦益:《士女黄皆令集序》,《牧斋初学集》卷三十三序六,《钱牧斋全集》,上海古籍出版社2003年版,第967—968页。
③ 钱谦益:《东山诗集一》,《牧斋初学集》卷十八,《钱牧斋全集》,上海古籍出版社2003年版,第616页。
④ 钱谦益:《东山诗集一》,《牧斋初学集》卷十八,《钱牧斋全集》,上海古籍出版社2003年版,第616—622页。

钱谦益撰《冬日泛舟有赠》《次日叠前韵再赠》,柳如是用钱谦益诗韵唱和《冬日泛舟》:"谁家乐府唱无愁,望断浮云西北楼。汉佩敢同神女赠,越歌聊感鄂君舟。春前柳欲窥青眼,雪里山应想白头。莫为卢家怨银汉,年年河水向东流。"柳如是以史鉴今,表达对无愁天子之辈远离贤臣而国运正危的感慨,叙与钱谦益冬日泛舟相访,崇尚钱谦益秉持高洁,劝慰莫嗟华发,相互尊重,期终成眷属。

钱谦益在《书西溪济舟长老册子》中记此年喜有"文燕之乐":"庚辰之冬,余方咏《唐风蟋蟀》之章,修文宴之乐,丝肉交奋,履舄错杂,嘉禾门人以某禅师开堂语录缄寄,且为乞叙。""辛巳仲春,聚沙居士书于蒋村之舟次。"①

崇祯十四年(1641),钱谦益所撰《东山诗集一》中有《辛巳元日》附河东《元日次韵》、《新正二日偕河东君过拂水山庄梅花半开春条乍放喜而有作》、《上元夜泊舟虎丘西溪小饮沈璧甫斋中》附河东《次韵》《次韵示河东君》、《有美一百韵晦日鸳湖舟中作》附河东《鸳湖舟中送牧翁之新安》、《陌上花乐府三首东坡记吴越王妃事也临安道中感而和之和其词而反其意以有寄焉三首》附河东《陌上花奉和三首》等。② 钱谦益《余杭道中望天目山》:"东西天目两峰垂,曾与高人约采芝。人世但余青嶂在,此生空有白云期。雪中樵径流泉记,雨外禅灯去鸟知。旧事撞胸如水碓,停车惆怅立多时。"③记望天目山之感受,表达作者对已故友人的深切怀念。《东山诗集一》记此年一至二月间事,如辛巳元日与柳如是唱和,新正二日偕柳如是过拂水山庄,上元夜偕柳如是泊舟虎丘西溪小饮沈璧甫斋中,柳如是鸳湖舟中送钱谦益去新安等。

钱谦益再撰《东山诗集二》,"起辛巳三月,尽一月"。④ 其中,《禊后五日浴汤池留题四绝句》有柳如是《奉和》四绝句。

---

① 钱谦益:《书西溪济舟长老册子》,《牧斋初学集》卷八十一疏,《钱牧斋全集》,上海古籍出版社 2003 年版,第 1732—1733 页。
② 钱谦益:《东山诗集一》,《牧斋初学集》卷十八,《钱牧斋全集》,上海古籍出版社 2003 年版,第 622—640 页。
③ 钱谦益:《东山诗集》一,《牧斋初学集》卷十八,《钱牧斋全集》,上海古籍出版社 2003 年版,第 635 页。
④ 钱谦益:《东山诗集二》,《牧斋初学集》卷十九,《钱牧斋全集》,上海古籍出版社 2003 年版,第 641—662 页。

钱谦益又撰《东山诗集三》，"起辛巳六月，尽十五年壬午"。① 其中，《合欢诗四首六月七日茸城舟中作》记崇祯十四年（1641）六月七日，钱谦益以匹嫡之礼迎娶柳如是。《中秋日携内出游次冬日泛舟韵二首》附柳如是《依韵奉和二首》，记钱谦益中秋日携内出游。《小至日京口舟中》附柳如是《奉和》，记小至日钱谦益偕柳如是游镇江事。

　　在这段时间里，钱谦益时时关注国事。崇祯十四年正月，钱谦益为范景文奏疏撰《范司马参机奏疏序》。范景文（1587—1644），字梦章，号思仁，别号质公，吴桥（今河北吴桥）人。万历四十一年（1613）进士，官至工部尚书兼东阁大学士。在崇祯朝，因直言极谏，被削籍为民。至崇祯十五年（1642）被重新起用，明亡殉国。钱谦益在序文中深思"医国"，感慨"三折肱知为良医，上医医国，岂不信哉！顷者海内多事，奴辽于北，寇蔓于南"，"今之纵献贼也何居？天祚圣明，玩寇者伏法矣，误国者舆尸矣"。② 钱谦益为周顺昌撰《周忠介公夫人六十序》，表彰忠臣义士，提出对待忠臣义士可见国运："忠臣义士，天地间之元气，国家之优恤而崇奖之者，非为其私也，所以自实其元气，不使之沦伏而重伤也。虽然，不独忠臣义士之身后有运命也，亦视国家之福焉。有如天命不常，而景福不再，运祚促数，祸乱洊仍，虽有忠臣义士，理之无其人，而恤之无其候，则国家从可知矣。故曰，视国家之福也。"钱谦益以史为鉴说："若天启寅、卯之事，则余所身历也。当是时，士大夫蹈逆阉之祸，几遍天下。而吾郡周忠介公为最烈。当其得祸之时，银铛错互，牢户嗔咽，沸腾匈惧，曾不可以终日"，"方祸之殷也，如骄阳盛夏之时，雷电发作，天地冥晦。俄而云解雨息，天清日朗，支颐伏枕之余，促数如小劫，而依稀如昔梦，岂不快哉！"③

　　崇祯十四年（1641）十一月，钱谦益被温体仁姻戚、原任刑部侍郎蔡奕琛诬为复社同党。当时，复社被称为"小东林"。于是，钱谦益在《遵旨回话疏》中以八辩驳斥蔡奕琛诬疏，申述自己于复社无干涉。钱谦益

---

① 钱谦益：《东山诗集三》，《牧斋初学集》卷二十，《钱牧斋全集》，上海古籍出版社2003年版，第663—685页。
② 钱谦益：《范司马参机奏疏序》，《牧斋初学集》卷三十序三，《钱牧斋全集》，上海古籍出版社2003年版，第897—899页。
③ 钱谦益：《周忠介公夫人六十序》，《牧斋初学集》卷三十九序十二，《钱牧斋全集》，上海古籍出版社2003年版，第1063—1064页。

一辩未厕迹结社："奕琛疏称张溥首创复社,臣中万历庚戌科进士,溥中崇祯辛未科进士,相去已二十余年。结社会文,原为经生应举而设。臣以老甲科叨冒部堂,何缘厕迹其间?其不容不辩者一也。"二辩《复社或问》《十大罪檄》未涉及:"《复社或问》系原任苏州府推官周之夔所作,及徐怀丹《十大罪檄》,原本具在,未曾只字及臣。若臣果系复社,则之夔何不先指臣,直待奕琛始拈出耶?其不容不辩者二也。"三辩奏文未曾有名:"复社屡奉明旨察奏,亦未曾有臣姓名。屡旨见在御前。其不容不辩者三也。"四辩于复社案无涉:"复社一案,闻往年抚、按回奏,已经部覆。臣方被逮在京,无由与知。其有未经回奏者,事在所司。有无把持,诸臣见在可问。其不容不辩者四也。"五辩奕琛"发纵"之说捕风捉影:"复社自复社也,臣自臣也。奕琛欲纽而一之,而无端插入一语曰:'谦益发纵。'此所谓捕风捉影也。其不容不辩者五也。"六辩复社案与奕琛案欲纽而一:"复社自复社也,奕琛自奕琛也。复社自有周之夔之案,奕琛自有薛国观之案。奕琛又欲纽而一之,而曰:'复社操戈,繇臣指授。'此所谓桃僵李代也。其不容不辩者六也。"七辩平素为人处世:"臣虽愚陋,亦素讲君臣之大义。四方多故,圣主侧席。谓中外臣子,皆当以报恩仇之心报君父,以剪异己之心剪奴寇。勿沽直以邀名,勿背公而植党。此臣朴忠一念,退不忘君,可质鬼神者也。顾坐以遥执朝权,党同伐异,则冤而又冤,诬而又诬矣。其不容不辩者七也。"八辩奕琛负罪不会独忠:"果如奕琛言,则臣等真江南之大蠹也。官于江南者,与生于江南者,是不一人,何皆暗默不言?岂举朝之臣子皆朋党不忠,而独奕琛一人忠乎?抑亦居官任职时不忠,而负罪之后乃忠乎?其不容不辩者八也。"钱谦益申述八辩事理昭昭,确有证据,进而揭露温体仁姻戚蔡奕琛之疏满纸凿空,意在报复。① 钱谦益的《遵旨回话疏》以严密的逻辑理直气壮地八辩蔡奕琛诬陷其为复社党魁事,钱谦益其名未列入复社,确是事实。然而,钱谦益与复社人物张溥等多有联系,也是事实。②

崇祯十四年(1641)十二月,钱谦益为东林三君之一邹元标(1551—

---

① 钱谦益:《遵旨回话疏》,《牧斋初学集》卷八十七疏,《钱牧斋全集》,上海古籍出版社2003年版,第1821—1823页。
② 陆岩军:《张溥研究》,上海三联书店2016年版,第140页。

1624)奏议撰《刻邹忠介公奏议序》,表彰邹元标"忠臣直士,名节道义",其奏议"于军国大故,朝廷大议,人才摧折,忠邪消长之故,一语及之,意气坌涌,目光注射"。同时,深有同感表达对"谗夫小人"的深恶痛绝:"(邹元标)为奄党论逐以死,身死之后,闽海之右衣,初无造门之游,半面之雅,乃获其遗文断简,爱惜保护,以其身殉之于戎马击撞死生呼吸之际,是可叹也!忠臣直士,名节道义,天地间之元气也。谗夫小人,视之为骨仇血怨,必欲斩艾之,澌灭之,俾无遗种而后已。呜呼!天地间之元气,终不可以灭亡;而谗夫小人磨牙凿齿者,相仍而未艾。"①

崇祯十五年(1642),钱谦益撰《东山诗集三》,未载柳如是和作。②其中,《春游二首》其一:"踏青车马过清明,薄霭新烟逗午晴。日射夭桃舍色重,风和弱柳著衣轻。春禽欲傍钗头语,芳草如当屐齿生。每向东山看障子,不知身在此中行。"③清明时节,叙春游赏心悦目所见所感,表达作者追寻谢安气度的心态。

此年,钱谦益进一步营造乡居环境,建留仙馆、玉蕊轩。钱谦益得周氏之废圃西偏建留仙馆,崇祯"壬午小岁日"撰《留仙馆记》:"得周氏之废圃于北郭,古木丛石,郁苍荟蔚,其西偏有狭室焉,为之易腐柱倾,加以涂墍,树绿沈几,山翠湿牖,烟霞澄鲜,云物靓深,过者咸叹赏以为灵区别馆也。树之眉曰留仙之馆。"④钱谦益又建玉蕊轩,崇祯十五年十二月二十九日撰《玉蕊轩记》,内容涉及柳如是,与其说记玉蕊,倒不如说记柳如是与自己,记述:"河东君评花,最爱山矾。……予深赏其言。今年得两株于废圃老墙之下……君顾而乐之,为屋三楹,启北牖以承之,而请名于予。予名之曰玉蕊……订山矾之名为玉蕊,而无复比场更

---

① 钱谦益:《刻邹忠介公奏议序》,《牧斋初学集》卷三十序三,《钱牧斋全集》,上海古籍出版社2003年版,第896—897页。
② 钱谦益:《东山诗集三》,《牧斋初学集》卷二十,《钱牧斋全集》,上海古籍出版社2003年版,第685—706页。
③ 钱谦益:《东山诗集》三,《牧斋初学集》卷二十,《钱牧斋全集》,上海古籍出版社2003年版,第689页。
④ 钱谦益:《留仙馆记》,《牧斋初学集》卷第四十五记五,《钱牧斋全集》,上海古籍出版社2003年版,第1143—1144页。

矶之讥也,则自予与君始。"① 钱谦益又命名其书斋为"匪斋",撰有《匪斋记》,寄托作为阁讼匪人、退废之人,而"虽退废其名犹可居也"。②

钱谦益居家整理外制旧稿,录为十卷,椟而藏之名《外制集》,自撰《外制集序》:"前代学士院掌内制,舍人院掌外制。国朝两制皆属翰林,设中书科,就翰林承草登轴而已。……归田多暇,发向所作制草而阅之,颜面坟赤,愧汗交下。录为十卷,椟而藏之,且略述代言沿革升降之概,以叙于首。间一省视,庶可以知余之有罪,而长遗恨于斯文也。"③《外制集》与随后的《初学集》一起编成与刊行,是对自己的人生作阶段性总结。此时,柳如是应知悉钱谦益整理旧稿,并参与其事。

崇祯十五年(1643)中秋日,钱谦益撰《高阳孙氏阖门忠孝记》。钱谦益记:"崇祯十一年十一月十日,奴酋兵陷高阳,故少师大学士孙公死之。公之子五人孙六人与从子孙八人皆死,妇女童稚争先就义者三十余人。"④ 崇祯十一年(1638)时,清军大举进攻高阳,孙承宗领家人守卫,城破被擒,自缢而死,他的5个儿子、6个孙子、8个侄孙皆战死。钱谦益在文中表彰孙承宗阖门忠孝,详记孙承宗全家殉难经过,为孙氏阖门立传,并为英雄申冤,痛骂助纣为虐者,显示其铮铮铁骨。崇祯十五年八月,钱谦益还撰有四万言的《特进光禄大夫左柱国少师兼太子太师兵部尚书中极殿大学士孙公行状》,表彰孙承宗"出处进退,大节凛然,蹈道执礼,之死不变"。⑤ 钱谦益另撰有《祭高阳公文》,表彰孙承宗"阖门殉国";⑥ 再撰《再祭高阳公文》,表彰孙承宗成仁取义"堂堂白日,煌煌青史"。⑦

---

① 钱谦益:《玉鬖轩记》,《牧斋初学集》卷第四十五记五,《钱牧斋全集》,上海古籍出版社2003年版,第1144—1145页。
② 钱谦益:《匪斋记》,《牧斋初学集》卷第四十五记五,《钱牧斋全集》,上海古籍出版社2003年版,第1145—1146页。
③ 钱谦益:《外制集序》,《牧斋初学集》卷九十一外制一,《钱牧斋全集》,上海古籍出版社2003年版,第1881—1882页。
④ 钱谦益:《高阳孙氏阖门忠孝记》,《牧斋初学集》卷四十一记一,《钱牧斋全集》,上海古籍出版社2003年版,第1088—1090页。
⑤ 钱谦益:《特进光禄大夫左柱国少师兼太子太师兵部尚书中极殿大学士孙公行状》,《牧斋初学集》卷四十七行状一,《钱牧斋全集》,上海古籍出版社2003年版,第1160—1238页。
⑥ 钱谦益:《祭高阳公文》,《牧斋初学集》卷七十七祭文,《钱牧斋全集》,上海古籍出版社2003年版,第1669—1671页。
⑦ 钱谦益:《再祭高阳公文》,《牧斋初学集》卷七十七祭文,《钱牧斋全集》,上海古籍出版社2003年版,第1671—1672页。

崇祯十六年(1643)三月吉日,钱谦益为方孝孺(1357—1402)文集撰《重刻〈方正学文集〉序》,文章"表章风励",表彰方孝孺践行"正心诚意之学"。① 钱谦益为归有光孙、归庄之父归昌世(1573—1644)撰《归文休七十序》,记"余与嘉定李长蘅游,因以交长蘅之友新安程孟阳、昆山归文休。三人者,皆强学好古,能诗文善画,跌宕世俗,摆落荣利。其与余交,久而弥笃,盖所谓素交者也",表达"天下方多故"之时,与归昌世"赋诗道故"为人世善事。② 同年初夏,钱谦益撰《记月泉吟社》。月泉吟社是元初宋遗民创立的人数最多、规模最大、影响最深的遗民诗社,成员大多为故宋遗民,代表诗人有吴渭、谢翱、方凤、吴思齐等,诗作表达对故国的怀念、对忠臣义士的追慕、对统治者的控诉、对美好生活的向往、对高尚情操的赞美。国家存亡之秋,钱谦益网罗遗民史料,用心良苦:"所见遗文逸事,吴、越间遗民已不啻数十人,欲网罗之,以补新史之阙,以洗南朝李侍郎之耻。世之君子,其亦与我同此叹惋者乎?"③ 同年,钱谦益撰《长洲郑氏新复祭田记》,论述古之"国君死社稷,大夫死众,士死制","今也楚、豫之间,寇未至而先溃。名都大邑,弃之如遗迹焉"。因此,"述祖德,崇先祀,可以教孝;严守祧,时飨祀,可以观礼;食旧德,服先畴,可以作忠。使天下士大夫众著于复田之义,视朝廷之军师国邑,咸如祭器之不可粥,坟墓之不可去,则祖宗之土宇版章可复,而流亡溃败之祸其少止乎?"④

崇祯十六年(1643),钱谦益撰《东山诗集四》记一年事,"起癸未正月,尽十二月"。⑤ 其中,绛云楼上梁有诗《绛云楼上梁以诗代文八首》,其三记绛云楼命名,"曾楼新对绛云题"句自注曰:"紫微夫人诗云:乘飙

---

① 钱谦益:《重刻〈方正学文集〉序》,《牧斋初学集》卷二十九序二,《钱牧斋全集》,上海古籍出版社2003年版,第868—869页。
② 钱谦益:《归文休七十序》,《牧斋初学集》卷四十序十三,《钱牧斋全集》,上海古籍出版社2003年版,第1077—1079页。
③ 钱谦益:《记月泉吟社》,《牧斋初学集》卷八十四题跋二,《钱牧斋全集》,上海古籍出版社2003年版,第1763—1764页。
④ 钱谦益:《长洲郑氏新复祭田记》,《牧斋初学集》卷四十四记四,《钱牧斋全集》,上海古籍出版社2003年版,第1130—1131页。
⑤ 钱谦益:《东山诗集四》,《牧斋初学集》卷二十,《钱牧斋全集》,上海古籍出版社2003年版,第707—743页。

俦衾寝,齐牢携绛云。故以绛云名楼。"《癸未除夕》记柳如是:"三年病起扫愁眉,恰似如皋一笑时。"《甲申元日(附)》记李自成军入京事。《虫诗十二章读嘉禾潭梁生雕虫赋而作(并序)》之一《蟋蟀》:"玉井更筹急,金笼帏幄长。枕函听选将,帘阁看登场。盆盎成关塞,输赢一哄堂。襄樊频告急,莫恼贾平章。"①在明朝危急之际作辞意诡异、语调激切的赋虫诗,用史事讽喻为政者误国,提醒国事正急,寄托作者期望达到良药之效的深意。

绛云楼落成之前,钱谦益与柳如是在拂水山庄读书生活。故宫博物院今藏有柳如是山水画作《月堤烟柳图》(作于崇祯十六年寒食日)。《月堤烟柳图》画面为夜景园林景致,在半明半遮的月影下,一株株杨柳枝条摇荡,夭夭桃花烂漫开放,一座二层楼阁掩映在细柳春花中,楼前有红阑曲桥,楼旁有一叶扁舟。《月堤烟柳图》有柳如是题识:"我闻居士图于花信楼中。"后钤"柳如是印"白文方印。《月堤烟柳图》还有钱谦益题识:"月堤人并大堤游,坠粉飘香不断头。最是桃花能烂漫,可怜杨柳正风流。歌莺队队勾何满,舞燕双双趁莫愁。帘阁琐窗应倦倚,红阑桥外月如钩。此《山庄八景诗》之一也。癸未寒食日偕河东君至山庄,于时细柳笼烟,小桃初放,月堤景物殊有意趣,河东君顾而乐之,遂索纸笔坐花信楼中图此寄兴,余因并录前诗以记其事。牧斋老人书。"

绛云楼落成之后,钱谦益与柳如是在绛云楼读书生活。柳如是在绛云楼我闻室中供奉大悲观世音像。钱谦益中秋日撰《造大悲观世音像赞》:"女弟子河东柳氏,名如是,以多病故,发愿舍财,造大悲观世音菩萨一躯,长三尺六寸,四十余臂,相好庄严,具慈愍性。奉安于我闻室中。"②

钱谦益还请黄媛介来绛云楼居住,伴读柳如是。黄媛介,字皆令,嘉兴人,儒家女,能诗善画。崇祯十六年(1643)九月,钱谦益撰《士女黄

---

① 钱谦益:《虫诗十二章读嘉禾潭梁生雕虫赋而作(并序)》之一《蟋蟀》,《东山诗集四》,《牧斋初学集》卷二十,《钱牧斋全集》,上海古籍出版社 2003 年版,第 721 页。
② 钱谦益:《造大悲观世音像赞》,《牧斋初学集》卷八十二赞偈,《钱牧斋全集》,上海古籍出版社 2003 年版,第 1745 页。

皆令集序》评价黄媛介诗作,并记自己与柳如是评近日闺秀诗作,说:"余尝与河东评近日闺秀之诗,余曰:'草衣之诗近于侠。'河东曰:'皆令之诗近于僧。'夫侠与僧,非女子之本色也。此两言者,世所未喻也。皆令之诗曰:'或时卖歌诗,或时卖山水。犹自高其风,如昔鹥草履。'又曰:'灯明惟我影,林寒鸟稀鸣。窗中人息机,风雪初有声。'再三讽咏,凄然怵然,如霜林之落叶,如午夜之清梵,岂非白莲、南岳之遗响乎?河东之言僧者信矣。由是而观,草衣之诗可知已矣。"①后来,钱谦益还为黄媛介撰《赠黄皆令序》,称黄媛介诗骨格老苍、清词丽句。②

此年,钱谦益筹资为建绛云楼等"床头黄金尽",不得不忍痛割爱,将珍藏宋版前后《汉书》售给四明谢象三,售书"损二百金",得银子千两。钱谦益中秋日在《跋前后〈汉书〉》中记:"赵文敏家藏前后《汉书》,为宋椠本之冠,前有文敏公小像。太仓王司寇得之吴中陆太宰家。余以千金从徽人赎出,藏弄二十余年。今年鬻之于四明谢象三。床头黄金尽,生平第一杀风景事也。此书去我之日,殊难为怀。李后主去国,听教坊杂曲'挥泪对宫娥'一阕,凄凉景色,约略相似。癸未中秋日书于半野堂。"又记:"京山李维柱,字本石,本宁先生之弟也。书法杭颜鲁公。尝语余:'若得赵文敏家汉书,每日焚香礼拜,死则当以殉葬。'余深愧其言。"③钱谦益在《书旧藏宋雕〈两汉书〉》中记:"赵吴兴家藏宋椠两汉书,王弇州先生鬻一庄得之陆水邨太宰家,后归于新安富人。余以千二百金从黄尚宝购之。崇祯癸未,损二百金,售诸四明谢氏。"④

此年冬,《初学集》辑成。《初学集》为钱谦益入清以前诗文结集,包括诗二十卷、文八十卷、《太祖实录辩证》五卷、《读杜小笺》三卷、《读杜二笺》二卷。由瞿式耜委托安徽名工旌德刘入相所刻,《初学集》卷第一百十之末记"宁国府旌德县刘入相字文华督工镌刻丹十(终)"。时人撰

---

① 钱谦益:《士女黄皆令集序》,《牧斋初学集》卷三十三序六,《钱牧斋全集》,上海古籍出版社2003年版,第967—968页。
② 钱谦益:《赠黄皆令序》,《牧斋有学集》卷二十序七,《钱牧斋全集》,上海古籍出版社2003年版,第863—864页。
③ 钱谦益:《跋前后〈汉书〉》,《牧斋初学集》卷八十五题跋三,《钱牧斋全集》,上海古籍出版社2003年版,第1780—1781页。
④ 钱谦益:《书旧藏宋雕〈两汉书〉》,《牧斋有学集》卷四十六题跋一,《钱牧斋全集》,上海古籍出版社2003年版,第1529页。

有序跋,虽然难免过誉,但在一定程度上代表了明季文坛对钱谦益的基本评价。

程嘉燧与钱谦益为莫逆之交,钱谦益的创作深受程嘉燧的影响。程嘉燧撰有《牧斋先生〈初学集〉序》,序文聊叙平昔,以三十年亲见、亲历、亲闻之述,评价钱谦益及其《初学集》。程嘉燧在序文中以"相从之久,相得之深",评价钱谦益"文章为海内所推服崇尚"。程嘉燧以与钱谦益在常熟"耦耕"唱和经历,体味钱谦益的为人与创作,评价钱谦益"老而能学,穷而益工",作品"怨而不怼,忧而不慑,得风人讽谕之致,而不失温柔忠厚之意"。① 程嘉燧尤其欣赏钱谦益崇祯十六年(1643)四月所撰《向言三十首(并序)》,认为"不惟其爱君之深,忧国之切,隐然溢于言表,而救时匡世之略,亦已见其一斑"。

程嘉燧评价钱谦益的作品,同时涉及柳如是,说道:"钱牧老语余言:'每诗文成,举以示柳夫人,当得意处,夫人辄凝睇注视,赏咏终日,其于寸心得失之际,铢两不失毫发。'余当以李易安同赵德甫每饭罢坐归来堂烹茶,指堆积书史,言某事在某书某卷第几叶第几行,以中否胜负为饮茶先后,中则举杯大笑,或至茶覆怀中,不得饮而起。每思闺阁之内,安得有此快友?而夫人文心慧目,妙有识鉴似此,易安犹当让出一头地。惟朝云谓子瞻一肚皮不合时宜,此语真为知己。然则公与柳夫人,故当相视而笑也。"② 可见,钱谦益与柳如是的默契,柳如是文心慧目,妙有识鉴,《初学集》之结集,其中当有柳如是的一份功劳。

---

① 程嘉燧:《牧斋先生〈初学集〉序》,《牧斋初学集》附录,《钱牧斋全集》,上海古籍出版社2003年版,第2224—2225页。
② 萧士玮:《读牧翁集七则》,《牧斋初学集》附录,《钱牧斋全集》,上海古籍出版社2003年版,第2227—2228页。

第六章　改朝换代之际

崇祯十七年（1644）甲申之变，李自成攻入明朝都城，三月十九日，崇祯在煤山上吊自尽，明朝就此灭亡。此时，留都南京及南方各省仍然在明朝的控制之下。四月，明朝的大臣们认为国不可一日无君，议立新帝。在近支藩王中拥立谁继承皇位，有过一番论战。从血统上来说，明光宗朱常洛有天启帝朱由校、崇祯帝朱由检二子，天启帝朱由校无子，而崇祯帝朱由检已殉国，崇祯帝的太子及永、定二王又陷入清兵之手。故应从明神宗之子、明光宗朱常洛诸弟中选择，而福王朱常洵为第三子，以常洵居长。朱由崧（1607—1646）为朱常洵长子，身在南京附近的淮安，因而在崇祯太子及定、永二王无法至南京继位的情况下，福王朱由崧为第一人选。对此，东林党人持相反意见，以钱谦益为首，以立贤为名，主张立明神宗之侄潞王朱常淓（1608—1646）。李清《南渡录》卷一记："因江南在籍臣恐福王立后，或追怨妖书及梃击、移宫等案，谓潞王立，则不惟释罪，且邀功。时以废籍少宗伯两入留都倡议者，钱谦益也。于是，兵部侍郎吕大器主谦益议甚力，而右都御史张慎言、詹事姜曰广皆然之。丁忧山东佥事雷縯祚、礼部郎中周镳亦往来游说。"[①]但是，潞王血缘较疏，并没有得到大多数人的支持。最终，福王朱由崧于五月十五日即位，在南京称帝，建立南明，定次年改年号"弘光"。然而，弘光政权好景不长，朱由崧在位不过一年，清军南下活捉朱由崧，南明弘光政权于是息政。改朝换代之际，钱谦益内心经历了天崩地裂般的

---

① 李清：《南渡录》卷一，浙江古籍出版社1988年版，第1—2页。

痛苦,弘光政权起用而又不久息政,清军攻下南京后降清北行任职而不久辞归。这个时期,用钱谦益的话来说,"士君子不幸而生于天地板荡、陆沉沧海之秋"。①

第一节 起官息政

福王即位,挫败了东林、复社人士拥立潞王朱常淓的计划。对于东林党人钱谦益来说,自然存在心理隔阂。此前,东林党人曾与福王在"国本之争"时交恶过。福王朱常洵于万历四十二年(1614)就藩洛阳,崇祯十四年(1641)正月李自成攻陷洛阳,杀朱常洵。朱常洵长子朱由崧于万历四十八年(1620)七月受封德昌王,又晋封为福王世子,崇祯十六年(1643)五月袭封福王。钱谦益主张立潞王即位,实质上是与福王势力的又一次交恶。此时,马士英因拥兵迎福王于江上有功,升为东阁大学士兼兵部尚书、都察院右副都御史,成为南明弘光政权首辅。马士英又荐举阮大铖为兵部右侍郎,又晋兵部尚书等。在这样的南明弘光政权时期,钱谦益的仕途步履维艰。此年六月,弘光政权起用钱谦益为礼部尚书,协理詹事府,钱谦益与柳如是一同赴南京。

在国破存亡之际,仕途多舛的钱谦益期望明朝得以恢复,寄希望于南明弘光政权。钱谦益盼望出现韩世忠这样的抗金名将,他在崇祯十七年(1644)所撰《韩蕲王墓碑记》中抒发报国热情,以碑记录"宋世待功臣彝典","丰碑青史,于今为烈,岂不伟哉!"并追记崇祯十四年(1641)长至日与柳如是泊舟京江,赋诗"余香坠粉英雄气,剩水残山俯仰间",相与感慨叹息。② 钱谦益在崇祯十七年三月所撰《莱阳姜氏一门忠孝记》中述:"忠臣孝子,国家之元气也。忠义之气昌则存,叛逆之气昌则亡,有国家者之大坊也。……自今以往,忠义之气昌,国家之元气日固。

---

① 钱谦益:《〈高寓公稽古堂诗集〉序》,《牧斋有学集》卷十六序三,《钱牧斋全集》,上海古籍出版社2003年版,第749页。
② 钱谦益:《韩蕲王墓碑记》,《牧斋初学集》卷四十四记四,《钱牧斋全集》,上海古籍出版社2003年版,第1135—1136页。

叛臣贼子,当胥伏独树之诛,而奴、闯之悬首藁街也不远矣。余为书其事以俟之,且以谂于国史之传忠义者。"①文中表彰忠孝,以昌国家元气,可谓用心良苦。钱谦益在崇祯十七年(1644)四月初五日所撰《书建玉皇阁疏后》中感慨时事,"当奴寇交讧,兵荒杂作,民穷财尽,赋敛绎骚","今海内中原版荡,骸骨支柱,庶物群生,不可谓得所矣",期盼"帝必将降宝以镇国也"。②

钱谦益有志经营四方,救国于残亡。钱谦益在《彭达生晦农草序》中记:"弘光南渡,东南旃弓舆马之士,举集南都。彭子达生、韩子茂贻将应维扬幕辟,客余宗伯署中。莫不竖眉目,舐齿牙,骨腾肉飞,指画天下事,数着可了。旋观诸子,顾盼凌厉,如饥鹰之睨平芜,如怒马之临峻坂。余固有经营四方之志,恃诸子以益强,何其壮也!"③钱谦益在崇祯十七年(1644)五月所撰《甲申端阳感怀十四首》其二中期盼雪耻:"三百年来历未过,如何阙下起风波?无端拍案心俱碎,有恨填胸剑欲磨。云暗燕山迷玉鼎,雨淋宗社困铜驼。普天蒙耻终须雪,望望英雄早荷戈。"在其十二中遣责北都沦亡之际大臣投敌:"满朝肉食曳华裾,殉节区区二十余。名谊居平多慷慨,身家仓卒自踌躇。当年靖难屠忠义,今日捐躯愧革除。方景铁黄生气在,一回瞻拜一唏嘘。"④同时,在其十四中寄希望于南明弘光政权光复明朝:"喜见陪京宫阙开,双悬日月照蓬莱。汉家光武天潢近,江左夷吾命世才。地自龙兴留胜概,人乘虎变勒云台。天师指日枭凶逆,露布高标慰九垓。"

明朝复兴大业需要有堪当大任者,钱谦益寄托于时下已经启用的国之卫士瞿式耜辈。崇祯十七年(1644)八月,瞿式耜复职任应天府丞,十二月,又迁都察院右佥都御史,巡抚广西。复兴大业包括文化,钱谦益着力重构吴中诗学传统,扩大地域文化影响力,特别推重承上启下的

---

① 钱谦益:《莱阳姜氏一门忠孝记》,《牧斋初学集》卷四十四记四,《钱牧斋全集》,上海古籍出版社2003年版,第1133—1135页。
② 钱谦益:《书建玉皇阁疏后》,《牧斋初学集》卷二十二杂文二,《钱牧斋全集》,上海古籍出版社2003年版,第761—762页。
③ 钱谦益:《彭达生晦农草序》,《牧斋有学集》卷十九序六,《钱牧斋全集》,上海古籍出版社2003年版,第810—811页。
④ 钱谦益:《甲申端阳感怀十四首》,《苦海集》,《牧斋杂著》,《钱牧斋全集》,上海古籍出版社2003年版,第109—110页。

吴中文坛关键人物沈周。① 崇祯十七年(1644),钱谦益衷辑的,由其与程嘉燧评定的沈周诗文,由瞿式耜刻成《石田先生诗钞》八卷《文钞》一卷附《事略》一卷传世,版心有瞿式耜书斋名"耕石斋"。《诗钞》按古体、今体两类分别编年,每卷前标明起止年份,收诗500余首。卷首有李东阳、吴宽旧序,钱谦益、瞿式耜新序。其中,钱谦益辑录历朝相关传记、序跋、酬唱、诗评等编成《石田先生事略》一卷,成为沈周文献的集大成之作。钱谦益在《石田诗钞序》中记自己与程嘉燧择优选辑沈周作品:"石田先生诗集凡十余本,余与孟阳居耦耕堂,互为评定,差择其尤佳者若干卷。"对沈周诗给予高度评价:"石田之诗,才情风发,天真熳烂,抒写性情,牢笼物态。少壮模仿唐人,间拟长吉,分刌比度,守而未化。晚而出入于少陵、香山、眉山、剑南之间,踔厉顿挫,沈郁苍老,文章之老境尽,而作者之能事毕。"同时,实事求是地指出沈周的问题,即"尽汰"一些作品的原因:"其或沿袭宋、元,沈浸理学,典而近腐,质而近俚,则断烂朝报与村夫子《兔园册》,亦时所不免,兹钞固已尽汰之矣。"钱谦益特别表达沈周生在"国家昌明敦庞、重熙累洽之世",由此感慨沈周"生本朝全盛之时"的"太和"生活,生逢其时,"独当其盛",对照目下风雨飘摇的晚明景况与面目全非的生活场景,真正是"何可同日语",隐含怀念明朝全盛时光,引发对明朝复兴大业的渴望。钱谦益记瞿式耜与其爱好相同,不遗余力搜访沈周诗画,称赞说:"稼轩苦爱石翁画,一缣片纸,搜访不遗余力,名其斋曰耕石,遂刻诗钞,藏之斋中,并汇其古文若干篇及余所辑事略附焉。刻成,属余序之。"②瞿式耜已经复职,复兴大业同样有"天下士大夫望而就之"的气息。

钱谦益在福王朱由崧即位之后,上《矢愚忠以裨中兴疏》出谋划策,期望弘光政权成就晋元帝中兴伟业。疏文条列严内治、定庙算、振纪纲、惜人才四事,均关系君国治体。严内治条提出崇敬畏、作志气、慎举动。定庙算条提出审国势、专阃寄、酌财计。振纲纪条提出申祖制、明条例、辨是非、覈吏治。惜人才条提出资干济、雪冤滞、拯流移。其中,

---

① 汤志波:《沈周诗歌接受与明中叶吴中文坛的建构》,《文学遗产》2023年第4期,第122—132页。
② 钱谦益:《石田诗钞序》,《牧斋初学集》卷四十序十三,《钱牧斋全集》,上海古籍出版社2003年版,第1076—1077页。

强调"誓与海内臣民,洗三百年宗社之雠耻",就是恢复明朝。危难之际,在南明弘光政权用人问题上,钱谦益提出惜人才,强调"不复以党论异同徒滋藩棘,则人才日出",意思是无论"东林党"和"阉党",只要是人才均可使用,主张以和为贵,不以党同伐异,甚至于同意起用曾经加害自己的温体仁姻戚原刑部侍郎蔡奕琛。从钱谦益个人角度来说,疏文确实体现其雅量,尽释前嫌,容人共济。诚然,后人也因此评说钱谦益担心自己之前主张立潞王而遭到报复,趋附马士英、阮大铖诸人,而为阉党开脱,疏文中有评价马士英、左良玉、郑芝龙等人,评"绰有成算,克奏肤功昔,(孙)承宗之后,马士英一人耳",称阮大铖为"慷慨魁垒男子",说蔡奕琛、杨维垣为"谋国耆事,急难攘夷"的人才。① 但是,总体上疏文意在为岌岌可危的南明弘光政权献计策,从大局出发,强调同心同德,团结海内一切可以团结的臣民,实现中兴伟业。

崇祯十七年(1644)十二月,钱谦益本人因大悲案受到牵连。大悲和尚,俗家姓朱,徽州人,与潞王朱常淓相识,被朱常淓认作本家。大悲至南京水西门外,自称为明朝亲王,崇祯时封为齐王,又改封定王,从兵乱中逃出做了和尚,称潞王恩施百姓,人人服之,该与他作正位。弘光帝朱由崧原本对潞王有所猜忌,怀疑大悲来南京为朱常淓刺探情报,于是将大悲投入监狱,九卿科道会审,严加刑讯,大悲在供词中提到钱谦益。于是,阮大铖开了一份黑名单,共有143人,牵涉史可法、高弘图、姜曰广、张慎言、刘宗周、邓彪佳等东林党和复社的成员,凡海内人望,搜罗无遗,欲以一网打尽,大悲抵死不从。后来,马士英不愿牵涉过广,将大悲绑赴西市问斩,大悲案就这样不了了之。大悲案为弘光朝南渡三案之一,严重削弱了弘光政权的凝聚力,为其快速灭亡埋下了伏笔。从这个意义上讲,钱谦益主张以和为贵,还是着眼大局,党同伐异确实不符合弘光政权乃至于恢复明朝的根本利益。事实上,弘光政权不足一年便危机四伏。钱谦益后来有《一年》诗记之:"一年天子小朝廷,遗恨虚传覆典刑。岂有《庭花》歌后阁,也无杯酒劝长星。吹唇沸地狐群

---

① 钱谦益:《矢愚忠以裨中兴疏》,《牧斋外集》卷二十奏疏,《牧斋杂著》,《钱牧斋全集》,上海古籍出版社2003年版,第808—816页。

力,勢面呼风羯鬼灵。奸佞不随京洛尽,尚流余毒螫丹青。"①诗中将福王同陈后主、晋孝武帝作比较,揭示统治者骄奢淫逸、腐败堕落、奸佞当权,最终导致亡国,真可视为南明灭亡的"诗史"。

第二节　降清北行

南明弘光元年(1645),连续发生的南渡三案,显示风雨飘摇的南明弘光政权内部危机四伏。继大悲案之后,出太子案。崇祯在煤山上吊自尽后,其太子的下落成为明朝遗老遗少关注的焦点,这是关系到明朝国祚历史延续的重大问题。此时,有人自称是崇祯皇帝朱由检长子、崇祯三年(1630)立为皇太子的朱慈烺(1629—?),弘光元年三月经南京会审是王之明假冒。

太子案牵涉弘光帝位的合法性,说明当时社会上对朱由崧继统不满者大有人在。于是,围绕太子真伪一事,舆论哗然。弘光政权越说假冒太子,外界反而越疑其为真,这影响了其政权的凝聚力。宁南侯左良玉在武昌举兵,称奉太子密诏,以救太子、诛马士英为名,进军南京,南明发生内讧。而清军趁机大举南下,攻陷归德、颍州、太和、泗州、徐州等地,并渡淮河。可是,马士英竟然置清军进攻于不顾,继续内斗,把左良玉列为头号敌人,集中全部兵力去对付左良玉,并在朝堂上表示:宁可君臣皆死于清,不可死于左良玉之手!四月,清军围攻扬州。史可法向南明弘光政权求援,然而各路镇将恰是拥兵自重、意图观望,最终扬州沦陷。四月二十五日,史可法殉难。五月七日,百官集议没有对策,官员中甚至还出现了降志的倾向。《爝火录》记:"五月初七日,百官集议堂会议,凡十有六人,马士英、王铎、蔡弈琛、张捷、张有誉、钱谦益、李沾、唐世济、陈盟、李乔、杨维垣、陈于鼎、钱增、张孙振、秦镛、赵之龙也,坐堂上,窃窃偶语。百官集者甚众,皆不得预闻。临散,唐世济、李乔同声相和曰:'即降志辱身,亦所甘矣。'后有叩之大僚者,云:'北信甚急,

---

① 钱谦益:《一年》,《牧斋有学集》卷八,《钱牧斋全集》,上海古籍出版社2003年版,第386页。

今已无妨.'盖所为会议者,藉之龙款之大清也。"①可见,在弘光帝朱由崧逃离南京之前,南明弘光政权已经初步有了投降之念。接下来,在朱由崧出逃、内无斗志、外无援军的情况下,留在南京城里的一些南明政权官员作出投降的选择,在意料之中。五月初八,清军自瓜洲渡过长江,如入无人之境,逼近南京。镇江巡抚杨文骢逃奔苏州,靖虏伯郑鸿逵逃入东海,总兵蒋云台投降。五月初七日,弘光帝朱由崧在清议堂召开御前会议,马士英、王铎、蔡奕琛等人竟然主张投降,美其名为"纳款于清""降志辱身"。南明弘光政权小朝廷的都城竟然不设防、不抵抗,等待清兵前来接收。五月初十,弘光帝朱由崧连夜仓惶出奔,马士英奔走浙江,阮大铖等也自顾逃命。后来,朱由崧至太平府被清军捕获押往北京,次年被处死,南明弘光政权不复存在。从南明弘光政权小朝廷一年的遗恨事来看,此前钱谦益在《矢愚忠以裨中兴疏》中的支招是有一定的战略眼光的。

弘光元年(1645)初,钱谦益对弘光政权仍然寄予希望。钱谦益在《答龚云起书》中分析时事,"兹因国敝于流寇者,十有余年,积非一日,岂仅今朝患哉",提出"今天下不可一人运,必恃有群力之多助",表达自己"不度德量力,思毁家殉国,纾难急公,犹冀内外有勤王之师,与我同心勠力,奉辞伐叛,露檄以告四方","愧樗材不称,不能大造中兴"。② 龚云起,字仲震,号成山,亦号懒道人。武进人。明亡,父殉节粤中,云起收父遗骨归葬。乙酉间江南起义兵,云起目击时事,致书钱谦益,揭露时弊,历数朝廷种种弊端,转请钱谦益进谏皇帝,以期实现中兴目标。钱谦益因而有此《答龚云起书》,与《矢愚忠以裨中兴疏》中的申述相同。二月,钱谦益还疏修国史。四月,钱谦益奉令选王妃。同月,弘光政权议迁都,钱谦益持反对意见。

弘光帝朱由崧及马士英、阮大铖等出奔逃命,南京士民大失所望。朱由崧等五月初十离开南京前后,南京守备赵之龙即暗地里与清军联络献城,并且开南京各城门以待清兵。据戴名世《乙酉扬州城守纪略》

---

① 李天根:《爝火录》,浙江古籍出版社1986年版,第458页。
② 钱谦益:《答龚云起书》,《牧斋集补》,《牧斋杂著》,《钱牧斋全集》,上海古籍出版社2003年版,第890—893页。

载:"当扬州围时,总兵黄斌卿、郑彩守京口常镇,巡抚杨文骢驻金山。五月初十日夜,大雾横江,大兵数十人,以小舟飞渡南岸,兵皆溃。镇海将军郑鸿逵,以水师奔福建,黄斌卿、郑彩、杨文骢皆相继走,镇江遂失。而忻城伯赵之龙,已先于初五日夜,使人赍降书,往迎大兵矣。"①

当时南京城内乱作一团,五月十一日,南京市民冲入监狱,放出所谓的伪太子王之明,拥他登上了皇位。可是,御殿三日后,被赵之龙驱散,赵之龙秘密遣使渡江启迎清兵。诸臣集议时,钱谦益也主张建立小朝廷求活。钱谦益深知,惟有小朝廷才能组织各方力量求得生存之道,然而遭到赵之龙的否决,赵之龙手掌兵权,已经打算降清。《南渡录》卷五记:"百姓恐攻城,彻夜惊呼,乃议推保国公朱国弼为留守官。之龙密遣使渡江启迎北兵。时诸臣犹不知,集议礼部尚书钱谦益所。谦益太息曰:'事至此,惟有作小朝廷求活耳。'拟启稿送之龙,之龙置不用。"②赵之龙组织明勋臣魏国公徐允爵、保国公朱国弼、隆平侯张拱日、临淮侯李祖述、怀宁侯孙维城、灵璧侯汤国祚、安远侯柳祚昌、永康侯徐宏爵、定远侯邓文囿、项城伯常应俊、大兴伯邹存义、宁晋伯刘允极、南和伯方一元、东宁伯焦梦熊、安城伯张国才、洛中伯黄九鼎、成安伯郭祚永、驸马齐赞元等19人降清。至五月十三日晚,时任户科给事中吴适从梁云构处获悉文武大臣已修降表赴清军了。③至此,赵之龙与内阁大学士王铎、礼部尚书钱谦益等商议决定献城降清,并撰有《降清文》。

五月十四日,清军自丹阳、句容攻破南京,前军已至南京郊坛门。五月十五日,赵之龙率徐允爵、朱国弼、张拱日、李祖述、孙维城、汤国祚、柳祚昌、徐宏爵、邓文囿、常应俊、邹存义、刘允极、方一元、焦梦熊、张国才、黄九鼎、郭祚永、齐赞元,内阁大学士王铎、礼部尚书钱谦益,侍郎朱之臣、梁云构、李绰,翰林程正揆、张居,给事中林有本、陆朗、王之晋、徐方来、庄则敬等31名文官和都督、副将等72人以及城内官民迎降,参加迎降仪式的还有沿途来的文武官员246人以及马步兵238300

---

① 戴名世:《乙酉扬州城守纪略》,上海书店1982年版,第33页。
② 李清:《南渡录》,浙江古籍出版社1988年版,第274—275页。
③ 顾公燮:《丹午笔记》,江苏古籍出版社1999年版,第145—149页。

人。《清实录·世祖实录》有记载,①另有《多铎入南京图》又名《得胜图》记其事。

当时带领降清的南京城的实权人物赵之龙贵为明勋臣,其七世祖赵彝为明朝功臣,被明成祖朱棣封为奉天翊卫宣力武臣、特进荣禄大夫、柱国、忻城伯,食禄一千石,子孙世袭。赵之龙是第十任忻城伯,成为崇祯帝最信任的勋臣,被任命为南京守备兼掌南京都督府事。可是,赵之龙出卖南京城求荣,在清军兵临城下之前暗地里与清军联络献城。赵之龙掌握兵权不抵抗,率领马步兵共23万余人降清,南京就这样不战而归清。清军进入南京城时,赵之龙要求南京百姓欢迎清军进城,规定南京百姓家里设香案,用黄纸写"大清皇帝万万岁"。赵之龙还最先主动剃发,协助清军驱赶南京城中百姓。赵之龙得到爱新觉罗·多铎所赐金镫银鞍马、貂裘八宝帽,后来清廷将赵之龙编入汉军镶黄旗,封为三等阿思哈尼哈番即三等男爵,子孙世代承袭。② 当时南京城降清的最高文官内阁大学士王铎是朱由崧的次辅,南京会审所谓王之明假冒太子案时,他担任审问官。王铎作为马士英的亲信,崇祯时与东林党有宿怨,是潞王派所讥评的对象,就是他审定所谓假太子。朱由崧出奔后,王铎正出逃,被南京市民认了出来。市民们一起抓住王铎便打,并骂他污蔑太子是假的,辜负了明先帝的恩德。王铎反驳说自己没有参与,是马士英干的。王铎被赵之龙搭救,一起献城降清。

钱谦益寄希望于弘光政权实现中兴伟业,随着朱由崧、马士英、阮大铖等逃离南京,其梦想破灭了,就连在朱由崧出奔后"作小朝廷求活"的一线希望,也被赵之龙否决了。清军兵临城下,钱谦益没有可能离开南京城,要么杀身成仁,要么投降保命。危亡之时,钱谦益面临生与死的抉择,内心非常痛苦,但因为钱谦益自甲申后发誓不作诗文,所以没有这期间钱谦益的自述文献。一些野史笔记中有涉及当时钱谦益的记载,所记未必属实,聊以补缺。

钱谦益在生与死的考验面前,如何抉择?据《河东君小传》载,清军

---

① 《清实录》,《世祖实录》,中华书局1985年版,第148页。
② 曾育荣、廖章荣:《赵之龙弘光朝政治活动考述——兼论乙酉之变后赵之龙的境遇》,《决策与信息》2018年第9期,第116—122页。

攻破南京城前，柳如是劝钱谦益殉国，钱谦益没有听劝，柳如是欲沉池殉国，被钱谦益阻挡而不得。《河东君小传》记："乙酉五月之变，君劝宗伯死，宗伯谢不能。君奋身欲沈池水中，持之不得入。"①《爝火录》也记："钱谦益姬柳如是，劝谦益取义全大节以副盛名，谦益面有难色，如是奋身欲沉池水中，谦益持之不得入。长洲沈明伦馆于其家，所亲见者。后钱柳游拂水山庄，钱见石涧流泉澄洁可爱，欲濯足其中而不胜前却，柳戏语曰：'此沟渠水岂秦淮河耶？钱有恶容。'"②沈明伦确有其人，同治《苏州府志》有传。乾隆《长洲县志》载，沈明伦字伯叙，少为诸生，"崇祯癸酉中北闱乙榜。钱尚书谦益延主讲席。南都破，曾劝尚书殉身。曰：'公受恩深，毋游移也。'尚书不从"。③

据谈迁《枣林杂俎》载，五月初十朱由崧连夜仓惶出奔后，钱谦益亲见马士英逃离南京时的情景，记道："常熟许重熙子洽曰：'乙酉五月壬辰黎明，钱谦益肩舆过马士英门，门厅纷然。良久，士英出，小帽快鞋上马衣，向钱拱手曰："诧异！诧异！我有老母，不能随君殉国矣。"即上马去。随后妇女多人，皆马上装束。家丁百余人。'"④钱谦益没有跟随马士英等逃离南京，《国寿录》载，五月十一日赵之龙与王铎、蔡奕琛、钱谦益等凑到一起共同确定降清，赵之龙前往通报，记道："清兵已至句容矣，犹恐伪降，逡巡不即进，迎者极嵩呼。清豫藩曰：'必忻城独来。'之龙乃夜出，小服如罪人，伏谒道左，云：'天子已遁，殿廷虚无备。'于是执之龙为信。十三日入通济门，果不设守。乃任用之龙等。杨维垣、何应瑞、刘邦弼、张捷、高倬五人，既不及从驾，城破之日，惧为所逼，各先自缢死。维垣向为魏逆珰忠贤之党，士大夫不齿。钱谦益有积望，为东林贤者所皈向。乃生死相反如此，物论之不足凭也。"⑤

钱谦益选择了投降保命，没有如他崇祯十五年(1642)正月撰《吴中

---

① 范景中：《柳如是事辑》，中国美术学院出版社2002年版，第6页。
② 李天根：《爝火录》，浙江古籍出版社1986年版，第465页。
③ 李光祚：乾隆《长洲县志》，凤凰出版社2008年版，第309页。
④ 谈迁：《枣林杂俎》，上海书店1994年版，第41页。
⑤ 查继佐：《国寿录》，中华书局1959年版，第157页。

名贤表扬续议》那样"大丈夫杀身取义,当轰轰烈烈,如疾雷闪电"①,一失足成千古恨。陈寅恪评述:"文官班首王、钱二人,俱是当时艺术文学大家。太平之士,固为润色鸿业之高才,但危亡之时,则舍迎降敌师外,恐别无见长之处。崇祯七年三月二人之起用,可谓任非其材,弘光元年五月两人之迎降,则得其所矣。"②弘光政权至岌岌可危之时,任王铎、钱谦益救亡图存,确非其材。钱谦益自述"愧樗材不称,不能大造中兴"。③

钱谦益降清时,知大势已去,面向明宫四拜,痛惜明三百年基业废坠。《小腆纪年附考》载:"豫王命谦益入清宫禁,谦益引我大清官员二员,骑五百,自洪武门入。谦益忽向阙四拜下泪,众怪之,谦益曰:'我痛惜太祖三百年王业一旦废弛也。'北兵有叹息者。"④无名氏《江南闻见录》也记:"十六日,百官递职名到营,参谒朝贺如猬。时将午,礼部尚书钱谦益引大清官员二员,夹使五百余骑,从洪武门入,谦益向帝阍四拜,因下泪。北兵问故,谦益曰:'我痛惜太祖高皇帝三百年之王业,一旦废坠,受国深恩,能不痛心?'北兵叹息。"⑤

降清后,钱谦益身不由己,受命领清兵搜宫盘库。《三垣笔记》载:"豫王先遣兵千余,命钱宗伯谦益、梁少司马云构等统之搜宫。"⑥《爝火录》也记:"五月十七日,礼部尚书钱谦益,引大清官二员,从五百骑入洪武门,候开正阳门,索匙不得,乃引进东长安门,盘九库,现银九万两,即着钱谦益驻皇城守之。"⑦

钱谦益受命配合清军,联络故交,招降江南。文秉《甲乙事案》载:"钱谦益既投诚于清,以招降江南为己任。致书督抚及乡绅辈劝降。有'名正言顺,天与人归'等语。属门下客周荃同家鼎充安抚来苏,时官府皆遁,士大夫争入山。家鼎等入城,民皆执香以迎,城中大姓亦有设香

---

① 钱谦益:《吴中名贤表扬续议》,《牧斋初学集》卷二十六杂文六,《钱牧斋全集》,上海古籍出版社2003年版,第821—824页。
② 陈寅恪:《柳如是别传》,北京三联书店2001年版,第861页。
③ 钱谦益:《答龚云起书》,《牧斋集补》,《牧斋杂著》,《钱牧斋全集》,上海古籍出版社2003年版,第890—893页。
④ 徐鼒:《小腆纪年附考》,中华书局1957年版,第366页。
⑤ 无名氏:《江南闻见录》,《明季稗史初编》,商务印书馆,1936年版,第356页。
⑥ 李清:《三垣笔记》,中华书局1982年版,第241页。
⑦ 李天根:《爝火录》,浙江古籍出版社1986年版,第467页。

案于门者。"①

钱谦益降清后,参与送礼。《柳南随笔》载:"己酉五月,豫王兵渡江南……王引兵入城,诸臣咸致礼币,有至万金者,钱独致礼甚薄,盖表已之廉洁也。其所具之柬,前细书'太子太保、礼部尚书兼翰林院学士臣钱谦益百叩首,谨启上贡'。又署'顺治二年五月二十六日,太子太保兼礼部尚书翰林院学士臣钱谦益'。郡人张滉与豫王记室诸暨曾王佐善,因得见王铎以下送礼帖子,而纪之以归。王佐又语滉云:'是日钱公捧帖入府,叩首墀下,致词于王前,王为色动,接礼甚欢。'"②钱谦益独致廉洁的薄礼,所具之柬上详细写明自己在明朝担任的职务,显示受明朝国恩,但又不得不署上清"顺治"的年号。

钱谦益降清以及降清后所作所为,不管出自何种动机,无疑是其人生的最大污点。后人剖析钱谦益降清的理由,一说是谬为招谕,阴图伺隙效仿范蠡、文种之事,与勤王之师里应外合,恢复故国。顾苓《东涧遗老钱公别传》说:"北师入京,乃谬为招谕,阴图伺隙,不得而行文种、范蠡之事。计复不售,北兵挟之去。"③一说是苟延残喘,以修明史自任。沈德潜《清诗别裁集》载吴祖修《书牧斋诗后》:"红豆山庄拂岫青,客来犹见子云亭。当年党论推尊宿,近日骚坛尚典型。不死拟将成汉史,孤生忍独守《玄经》。延登旧恨君休诧,目断台阶两两星。"沈德潜评述:"牧斋不死,一以明史自任;一以受温体仁讦未得相位为恨;佐命兴朝,庶展抱负也。"④

钱谦益当时为何降清的真实想法,没有钱谦益的自述文献作证。世人自可有各种评说,野史笔记也有各种传说,而纵观剧变前后,后来钱谦益确实非常自责,自知为非,全力以赴冒着生命危险秘密从事反清复明之业。钱谦益在《答徐巨源书》中谈到"降辱"时所说,可见其内心世界:"丧乱已后,忽复一纪,虽复刀涂血道,频年万死,师恩友谊,耿耿余怀。自惟降辱,残躯奄奄,余气仰惭,数仞俯愧。七尺邮筒,往来握

---

① 文秉:《甲乙事案》,《南明史料(八种)》,江苏古籍出版社1999年版,第560页。
② 王应奎:《柳南随笔续笔》,中华书局1983年版,第27页。
③ 顾苓:《东涧遗老钱公别传》,《牧斋杂著》,《钱牧斋全集》,上海古籍出版社2003年版,第960页。
④ 沈德潜:《清诗别裁集》,岳麓书社1998年版,第616页。

笔,伸纸辄复,泪渍于衽,汗浃于背,声尘寂蔑,与吾巨源积不相闻,职此由也。长益伟长,深悉存念,文孙继至,损惠手书。嗟乎!巨源瞪目相视,尚以为有口有目,可以比数于人。巨源蓄我良厚,而仆之泪渍汗浃,缅緲涔淫,殆有甚焉。古之人不死于千金而死于一言,不死于黔奴夹食而死于上尊养牛,则仆之所当草野自屏,引决以谢知己者在此日矣,何以恤我?我其收之,巨源终何以命我?"①钱谦益在《与族弟君鸿论求免庆寿诗文书》中自谴:"今吾抚前鞭后,重自循省,求其可颂者而无有也。少窃虚誉长尘,华贯荣进,败各艰危,苟免无一事可及生人,无一言可书册府,濒死不死,偷生得生。"②

顺治二年(1645)闰六月,清廷命内院大学士洪承畴以原官总督军务,招抚江南各省地方。七月,清廷又命贝勒勒克德浑为平南大将军,往江南代豫亲王多铎,由多铎带钱谦益等南京降臣以及明福王北上,九月出发,十月十五日到达京师。降臣北上可带家眷随行,但柳如是并没有随行,而是身穿隐含对明王朝忠贞意的朱红衣服送钱谦益启程。

钱谦益弘光元年(1645)留有《秋槐诗集》,"起乙酉,尽戊子年",有《咏同心兰四绝句》《短歌题管夫人书画》等篇目,未涉及降清北行之事。③

第三节　任职辞归

顺治三年(1646)元月,清廷以故明礼部右侍郎钱谦益仍以原官管内翰林秘书院学士事,充修《明史》副总裁。六月二十六日,钱谦益称疾辞归。同年,几股主要抗清势力形成。十月,瞿式耜等拥立明神宗朱翊钧之孙,桂端王朱常瀛之子朱由榔(1623—1662),于十一月十八日在肇庆府宣布即皇帝位,改次年为永历元年。十二月,郑成功(1624—1662)

---

① 钱谦益:《答徐巨源书》,《牧斋有学集》卷三十八书,《钱牧斋全集》,上海古籍出版社2003年版,第1312—1315页。
② 钱谦益:《与族弟君鸿论求免庆寿诗文书》,《牧斋有学集》卷三十九书一,《钱牧斋全集》,上海古籍出版社2003年版,第1339—1342页。
③ 钱谦益:《秋槐诗集》,《牧斋有学集》卷一目录,《钱牧斋全集》,上海古籍出版社2003年版,第1页。

起兵抗清,称次年为隆武三年,移置南澳,军声颇振,成为南明后期主要抗清势力之一。

据清内库档案载,顺治三年(1646)六月二十六日,钱谦益提交《哀恳天恩俯容休致》,以"老病,万分危苦"乞回籍养病。钱谦益述入院编纂以来"一切病症,有增无减"的情况,鉴于自己真老真衰真病,以及已有"放去"先例,提出"回籍调理"的请求。封面载"顺治三年六月二十六日到"。《清实录·世祖实录》卷二十六记,顺治三年(1646)丙戌六月丙子朔,甲辰(六月二十八日):"内翰林秘书院学士钱谦益,乞回籍养病。许之,仍赐驰驿。"①

当时,钱谦益家乡常熟的抗清势力很活跃,不仅有抗清名臣瞿式耜,还有以严纳之孙严拭为首的义士。顺治二年(1645)闰六月,清兵抵苏郡。明常熟知县曹元芳弃官潜逃,福山参将萧世忠、县丞马天锡、典史杜兴龙降清。里人抗剃发令,殴死清巡抚土国宝委派的陈主簿,举兵部主事严拭为首,起义兵抗清。七月十三日,严拭带领士民与清兵交战于常熟南关,战败而常熟城被击破。三日后,清兵返回苏郡,而常熟各乡镇的义兵仍然云集。至八月,清新任常熟知县洪一纬赴任,常熟各乡镇的义兵将洪一纬包围在练塘。八月十七日,清兵至,严拭率众同清兵战于常熟华荡,义兵战败溃去。后来,常熟福山沿江苏一带仍然有明福山营将何凤翔、芮观等抗清,清兵破福山城后,何凤翔等由长江入海,成为一支抗清势力。②

清兵入关之后,社会发生了巨变。钱谦益的家乡常熟遭遇战火,钱谦益家也经浩劫,损失惨重。当清军入常熟城时,有的人以为钱谦益为降官,匿于钱谦益家里可借以免死,后来传闻匿藏钱家而被杀的独多,均是儒巾儒服者。当时,吴中士人还传言常熟屠城是钱谦益所指使。对此,钱谦益内心非常痛苦,感慨经劫之后的社会实态,说:"劫末之后,怨对相寻。拈草树为刀兵,指骨肉为仇敌。虫以二口自啮,鸟以两首相

---

① 《清实录》,《世祖实录》卷二十六,中华书局1985年版。
② 常熟市地方志编纂委员会办公室标校:《重修常昭合志》,上海社会科学院出版社2002年版,第327页。

残。"①钱谦益为返回故里做准备,撰《与邑中乡绅书》,申述常熟遭遇清军屠戮并非自己所引发。文中说:"仆老矣病矣,卒然未可知。为燕山之鬼,则亦已矣。"钱谦益自述当清军兵临南京城下之时,知道大势已去,于是自己挺身入清军兵营,只是为保全南京城老百姓之计而招抚四郡。钱谦益说:"诸公果以剃头责我,以臣服诮我乎?诸公杖节举义,顶天立地,个个是张睢阳,人人是文信国。仆之愚劣,玷辱乡党,俯仰惭愧,更复何言!若谓大兵入虞,出自不肖主张,此大冤也,此大诬也。大兵到京城外才一日,仆挺身入营,创招抚四郡之议。"同时,申述自己"吴中变后,面启豫王,恳求禁戢抢杀,别明逆顺。抗论往复数四,王颇变色动容"。钱谦益述自己表面上投清,获得清朝的信任,才有能力暗中保护抗清诸公。钱谦益说:"海寇之入虞也,有主其谋者,有受其聘币者,有勾引居停者,有飞书走檄者,事后密报,络绎不绝。若非此中有人,一力遮盖,曲意斡旋,恐诸公亦将交臂引领。"钱谦益提醒邑中乡绅勿惹恼清廷,避免招来更残酷的杀戮。②

钱谦益丙戌称疾辞职南还,在所撰《秋槐诗集》中有丙戌六月书于燕山桂邸行馆的《观管夫人画竹并书松雪公修竹赋敬题短歌》《丙戌南还赠别故侯家妓人冬哥四绝句》《丙戌七夕有怀》等篇。③

钱谦益在南下路上至德州与柳如是相聚于卢德水尊水园内的画扇斋,柳如是先期从南京到达德州。中秋日,钱谦益、柳如是同卢德水、卢德水的舅爷程泰(字鲁詹)、程泰子程先贞(字正夫)、卢德水与程先贞共同的学生赵其星等分别赋诗酬答,柳如是借助酒兴题诗于尊水园杜亭壁上。钱谦益又为程先贞《海右陈人集》撰序,述:"余堕落尘网中,谨而得归,老病缠绵,于正夫重有感焉。"④程先贞(1607—1673),字正夫,德州人。广交名士,与钱谦益、顾炎武交谊深。入清后任工部员外郎,顺

---

① 钱谦益:《募刻大藏方册圆满疏》,《牧斋有学集》卷四十一疏,《钱牧斋全集》,上海古籍出版社 2003 年版,第 1398—1400 页。
② 钱谦益:《与邑中乡绅书》,《牧斋外集》卷二十二书一,《牧斋杂著》,《钱牧斋全集》,上海古籍出版社 2003 年版,第 823—825 页。
③ 钱谦益:《秋槐诗集》,《牧斋有学集》卷一目录,《钱牧斋全集》,上海古籍出版社 2003 年版,第 1—5 页。
④ 钱谦益:《〈海右陈人集〉序》,《牧斋集再补》,《牧斋杂著》,《钱牧斋全集》,上海古籍出版社 2003 年版,第 920—922 页。

治三年(1646)告病辞官回家,所撰《海右陈人集》中有《和钱牧斋先生柳姬题杜亭壁韵》等。钱谦益还品评卢德水所作《亡妻谢安人墓志铭》。

十月上旬,钱谦益与柳如是回到江南故土。

第七章　秘密反清复明

钱谦益在明朝作为全国统一政权灭亡后,在严酷高压的政治环境里经历了廿年卧薪尝胆的生活,特别是在称疾辞归之后,一直到生命的终点,18年间冒着生命危险秘密从事反清复明活动,并先后资助黄毓祺抗清,联络海上的郑成功、广西的瞿式耜,游说总兵马进宝等,柳如是也变卖了私产,到崇明海上犒师,为抗清义军打气。虽则后来南明政权覆灭,复明事业没能实现,但钱谦益为反清复明所做努力是实实在在的。钱谦益在生命的最后阶段,先是涉反清之案两次遭逮,又千方百计投身于复明活动。

第一节　反清涉案

顺治三年(1646)六月,钱谦益称疾辞归,十月回到江南故土,原有的乡居生活环境已经不复存在。此时,清军屠戮烧杀,发生扬州十日、嘉定三屠、昆山之屠、嘉兴之屠、金华之屠、江阴八十一日、常熟之屠等一系列暴行事件,激起了广大民众的强烈反抗,大江南北涌动着反清斗争,复明活动此起彼伏。钱谦益先后涉谢陛案有丁亥急征,涉黄毓祺案有戊子江宁之逮,度过了近三年的牢狱生活。

一、丁亥急征

顺治四年(1647)三月晦日,钱谦益因好友卢德水、谢陛等人"私藏兵器"案发受到牵连而急征遭逮。

钱谦益在《和东坡西台诗韵六首(并序)》中有序文记述:"丁亥三月晦日,晨兴礼佛,忽被急征。银铛拖曳,命在漏刻。河东夫人沉疴卧蓐,蹶然而起,冒死从行,誓上书代死,否则从死。慷慨首涂,无刺刺可怜之语。余亦赖以自壮焉。狱急时,次东坡御史台寄妻诗,以当诀别。狱中遏纸笔,临风暗诵,饮泣而已。生还之后,寻绎遗忘,尚存六章。值君三十设帨之辰,长筵初启,引满放歌,以博如皋之一笑,并以传视同声求属和焉。"根据序文记载,钱谦益被急征,关键时刻柳如是冒着生命危险慷慨同往。诗记:"朔气阴森夏亦凄,穹苍四盖觉天低。青春望断催归鸟,黑狱声沉报晓鸡。恸哭临江无壮子,徒行赴难有贤妻。重围不禁还乡梦,却过淮东又浙西。阴宫窀室昼含凄,风色萧骚白日低。天上底须论玉兔,人间何物是金鸡?肝肠迸裂题襟友,血泪模糊织锦妻。却指恒云望家室,滹沱河北太行西。纣绝阴天鬼亦凄,波吒声沸柝铃低。不闻西市曾牵犬,浪说东城再斗鸡。并命何当同石友?呼囚谁与报章妻?可怜长夜归俄顷,坐待悠悠白日西。三人贯索语酸凄,主犯灾星仆运低。溲溺关通真并命,影形绊縶似连鸡。梦回虎穴频呼母,话到牛衣并念妻。尚说故山花信好,红阑桥在画楼西。六月霜凝倍憯凄,骨消皮削首频低。云林永绝离罗雉,砧几相邻待割鸡。堕落劫尘悲宿业,皈依法喜愧山妻。西方西市原同观,县鼓分明落日西。桁杨扶将狱气凄,神魂刺促语言低。心长尚似拖肠鼠,发短浑如秃帻鸡。后事从他携手客,残骸付与画眉妻。可怜三十年来梦,长白山东辽水西。"①六首诗中,每首的五、六句都押"妻"字韵来写柳如是,毫无保留地表达对柳如是赴难相从的感激。诗中也反映了在柳如是的鼓励下,钱谦益在狱中毫不畏死的浩然意气。

钱谦益还在事后十年之顺治十四年(1657)所撰《梁母吴太夫人寿序》中记丁亥急征至真定,得到明重臣梁梦龙(1527—1602)第四子梁志之妇、梁维枢母亲等人的帮助。序文说:"丁亥之岁,余坐饮章急征,妇河东氏匍匐从行。狱急,寄孥于梁氏。太夫人命慎可卜雕桥庄以居。

---

① 钱谦益:《和东坡西台诗韵六首(并序)》,《秋槐诗集》,《牧斋有学集》卷一,《钱牧斋全集》,上海古籍出版社2003年版,第8—13页。

慎可、杜夫人酒脯粗粝,劳问络绎。"①钱谦益在这篇序文中记丁亥急征,柳如是匍匐从行,至河北真定时,寓居梁氏雕桥庄。柳如是通过与钱氏家族三代世交的梁氏联络各方,营救钱谦益。梁维枢(1589—1662),字慎可,别号西韩。真定人。万历四十三年(1615)举人,官户部主事,以党论削籍。入清后,任武德兵备道。梁维枢与南京最高长官洪承畴有乡试同年之谊,与当时的江南总督马国柱也有交情。柳如是就是利用这些人脉关系解救钱谦益。

钱谦益在《病榻消寒杂咏四十六首》之十六记:"缧绁重围四浃旬,仆僮并命付灰尘。三人缠索同三木,六足钩牵有六身。伏鼠盘头遗宿溺,饥蝇攒口啖余津。频年风雨鸡鸣候,循省颠毛荷鬼神。"自注:"记丁亥羁囚事。"②

以上钱谦益两篇序文、一篇诗注,均述顺治四年(1647)丁亥急征,但没有明确为何事遭逮。钱谦益自记"丁亥三月",清代官书记载为顺治五年(1648)戊子,比钱谦益自记晚一年,将丁亥急征与戊子之逮混为一谈。徐中玉主编的《中国古典文学精品普及读本·小品笔记类选》一书选《和东坡西台诗韵序》,"说明"中也称:"顺治四年,江阴贡生黄毓祺起兵海上,谋复常州,纠合师徒,自舟山进发。钱谦益命其妻柳如是,至海上犒师。三月事发,牧斋被捕。"③对此,陈寅恪先生在《柳如是别传》中引《国朝耆献类征初编》四六三载田雯撰《谢陛墓志铭》等文献考证,断定清代所撰官书,终不如钱谦益本身及其友人记述之为信史。④ 当时的情况是,钱谦益好友卢德水、程先贞、谢陛等,因"甲申德州之变"时曾拥明宗室朱帅𨨏复明受到清人猜忌。顺治三年(1646),德州知州李大升为报杀舅吴征文之仇,诬以私藏武器的罪名,将卢德水、程先贞、谢陛等人抓进监狱。钱谦益称疾辞归时在德州与卢德水等相会过,因而也

---

① 钱谦益:《梁母吴太夫人寿序》,《牧斋有学集》卷二十五序三,《钱牧斋全集》,上海古籍出版社2003年版,第974—976页。
② 钱谦益:《病榻消寒杂咏》,《东涧诗集下》,《牧斋有学集》卷十三,《钱牧斋全集》,上海古籍出版社2003年版,第649页。
③ 徐中玉主编:《中国古典文学精品普及读本·小品笔记类选》,广东人民出版社2019年版,第53—54页。
④ 陈寅恪:《柳如是别传》,北京三联书店2009年版,第896—898页。

受牵连遭逮。当时的武德道刘源湛了解真相后,制止了李大升的报仇计划,将卢德水、谢陛等人予以无罪释放,至此谢陛等人之案才了结。谢陛案,清廷讹传为谢陞案。谢陛(1572—1645)为明监察御史谢廷策长子,谢陞之兄,曾开德州城门献城池,归附清廷,官至光禄大夫、左柱国、少傅兼太子太傅、吏部尚书、建极殿大学士。李大升为报仇逮卢德水、谢陛等人时,谢陛已于顺治二年(1645)正月病亡。

钱谦益因谢陛案急征在苏州遭逮至燕京,如其在《病榻消寒杂咏四十六首》之十六中记所述经过"缧绁重围四浃旬",历时四十日才了结释放。

二、戊子之逮

钱谦益在谢陛案了结之后,接着又涉黄毓祺案遭逮。钱谦益所涉黄毓祺抗清事件是常熟周边反清斗争之一。黄毓祺(1579—1649),字介之,一作介祉,号大愚。江阴人。天启间恩贡生,崇祯时加入复社。明亡之后参加江阴的抗清守城战斗,后来潜往城外,谋求援兵。城破,伏处乡间,伺机再起。次年在浙江舟山起师抗清失败,在泰州一寺庙被捕入狱,不屈不服,死于南京狱中。著有《大愚老人集》等。

钱谦益遭逮理由是,相传钱谦益指派柳如是去海上犒师,资助黄毓祺起师抗清。当时,黄毓祺被凤阳巡抚陈之龙擒拿于通州法宝寺,搜出其印信及反诗。陈之龙告钱谦益曾留黄毓祺在家中住宿,还给黄毓祺五千两银子让他招兵买马。钱谦益被逮时,黄毓祺于顺治三年(1646)冬起义失败后被逮,他在病死狱中之前,为保护钱谦益,极力否认与钱谦益相识。江南总督马国柱从中帮助钱谦益,称钱谦益与黄毓祺两人根本没见过,钱谦益得以保全。

其实,钱谦益与黄毓祺不仅相识,且关系不一般。抗清义士黄毓祺被南明政权授予江南总督官职,赐江南总督印,后被授予明朝兵部尚书官职,赐兵部尚书印。黄毓祺组织的队伍,在当时的抗清力量中很有影响。钱谦益虽降过清,但明朝遗民"犹谅其心,仍与往还",黄毓祺就是典型代表,"以为尚可与言,时相过从"。①

---

① 柴德赓:《清代学术史讲义》,商务印书馆2013年版,第302页。

钱谦益在黄毓祺殉义后一年撰《天童密云禅师悟公塔铭》，以"慰介子于九原"。铭文记："偕忞公二通辈结集语录书问，标揭眼目者，江阴黄毓祺介子也。师既殁，介子裁书介天童上座某属余为塔铭。遭世变，不果作。而介子殉义以后，又十年矣。余为此文，郑重载笔，平心直书，誓不敢结枯仇朽，欺诬法门，月以副忞公之请，且慰介子于九原也。"①钱谦益在文中为天童密云禅师悟公立传，同时，慰黄毓祺于九原，没有隐瞒自己与黄毓祺的关系。试想，如果没有黄毓祺极力否认与钱谦益相识，钱谦益很可能十年前就不在人世了。

《重修常昭合志》载有涉及钱谦益与黄毓祺关系的三条史料，在《钱谦益传》中记钱谦益因黄毓祺案牵连被逮："入清，授内秘书院学士兼礼部右侍郎，寻谢病归。顺治丁亥，以江阴黄毓祺起义一狱牵连，被逮讼系金陵，逾年放归乡里。"②《重修常昭合志》又载钱谦益命柳如是至海上犒师："江阴祝氏《孤忠录》云：丁亥正月，黄毓祺自舟山起兵，常熟钱谦益命其妻柳如是至海上犒师。"③《重修常昭合志》中《许彦达传》记："许彦达，武科举人，任侠好义，与江阴黄毓祺游，乙酉江阴破，毓祺挈党匿山中。次年冬，袭城不克，逸去。伪为卜者，偕彦达至通州，主湖荡桥之薛周家，罗致将卒，同谋起义，遣人致书钱谦益，提银五千，谦益却之，持空函返。有人涎其此行，必得重赍，诣营告变，彦达遂与毓祺、薛周同陷江宁狱，寻被杀。时有邓大临者，亦常熟人，毓祺门人也，敛葬毓祺毕，变服为黄冠去。"④《许彦达传》中说钱谦益却许彦达为黄毓祺提银五千，当时钱谦益意识到，前来提银之人徐摩及知悉行动的江阴江纯一可能会走漏消息，因而却付。果然，后来江纯一告发黄毓祺的起义计划，黄毓祺遭捕入狱而死，邓大临为其殓葬。《重修常昭合志》中《邓大临传》记："（邓）钹曾孙大临，字起西，号丹邱。幼孤稍长，学于江阴黄毓祺。

---

① 钱谦益：《天童密云禅师悟公塔铭》，《牧斋有学集》卷三十六塔铭，《钱牧斋全集》，上海古籍出版社2003年版，第1257页。
② 常熟市地方志编纂委员会办公室标校：《重修常昭合志》，上海社会科学院出版社2002年版，第1040页。
③ 常熟市地方志编纂委员会办公室标校：《重修常昭合志》，上海社会科学院出版社2002年版，第1442—1443页。
④ 常熟市地方志编纂委员会办公室标校：《重修常昭合志》，上海社会科学院出版社2002年版，第1100页。

明亡,毓祺起兵竹塘以应城守,事败入金陵狱,大临职纳橐饘。毓祺坐法死,大临号泣守丧,锋刃之中赎其首联之于颈,棺敛送归,为黄冠以终。"①不只是钱谦益对黄毓祺殉义有高度评价,同时代的黄宗羲对黄毓祺及其黄门高弟邓大临也予以高度评价。② 钱谦益与黄宗羲、黄毓祺及其学生邓大临为共同的抗清复明事业秘密往来,黄毓祺、邓大临等明朝遗民把钱谦益视为抗清复明志友。

  这次钱谦益因黄毓祺案遭逮,按照其记录是逮至南京。钱谦益对此次遭逮记忆是深刻的,他在《病榻消寒杂咏四十六首》之十七记:"讼系金陵忆判年,乳山道士日周旋。过从漫指龙门在,束缚真愁虎穴连。桃叶春流亡国恨,槐花秋踏故宫烟。于今敢下新亭泪,且为交游一惘然。"自注:"事具戊子《秋槐集》。"③"乳山道士"即林古度,字茂之,号那子,晚号乳山道士,福清人。明亡,寓居江宁珍珠桥南陋巷窟门。钱谦益遭戊子之逮,林古度为之奔走周旋,并以诗唱和。钱谦益在《新安方氏伯仲诗序》中记自己羁囚金陵时林古度前来慰问之事,说:"戊子岁,余羁囚金陵,乳山道士林茂之,偻行相慰问。桐皖间遗民盛集陶、何霨明亦相过从,相与循故宫,踏落叶,悲歌相和,既而相泣,忘其身为楚囚也。再过金陵,乳山游迹益广。都人士介乳山谒余者,名纸填门,诗卷推案。翰墨淋漓,长干传为盛事。"④钱谦益在《黄氏千顷斋藏书记》中回忆自己"讼系金陵"时通过林古度介绍借阅黄氏千顷斋藏书,说:"戊子之秋,余讼系金陵,方有采诗之役,从人借书。林古度曰:'晋江黄明立先生之仲子,守其父书甚富,贤而有文,盍假诸?'余于是从仲子借书,得尽阅本朝诗文之未见者,于是叹仲子之贤,而幸明立之有后也。"⑤"采诗之役"指编辑《列朝诗集》。钱谦益记自己在戊子岁讼系金陵期间采诗

---

① 常熟市地方志编纂委员会办公室标校:《重修常昭合志》,上海社会科学院出版社2002年版,第1019页。
② 黄宗羲:《黄宗羲全集》,第10册,浙江古籍出版社1993年版,第427页。
③ 钱谦益:《病榻消寒杂咏》,《东涧诗集下》,《牧斋有学集》卷十三,《钱牧斋全集》,上海古籍出版社2003年版,第650页。
④ 钱谦益:《新安方氏伯仲诗序》,《牧斋有学集》卷二十序七,《钱牧斋全集》,上海古籍出版社2003年版,第843页。
⑤ 钱谦益:《黄氏千顷斋藏书记》,《牧斋有学集》卷二十六记一,《钱牧斋全集》,上海古籍出版社2003年版,第994页。

编《列朝诗集》,说:"戊子中秋,予以银铛隙日,采诗旧京。"①钱谦益《秋槐诗集》中有《次韵林茂之戊子中秋白门寓舍待月之作》《次韵茂之戊子秋重晤有感之作》《再次茂之他字韵》等篇,均记戊子顺治五年(1648)在南京之事。② 这些与《重修常昭合志》中《钱谦益传》载被逮讼系金陵的记录是一致的。

根据《清实录·世祖实录》记载,钱谦益被逮讼系金陵时间在顺治五年五月:"顺治五年戊子夏四月丙寅朔。……辛卯凤阳巡抚陈之龙奏:自金(金声恒)之叛,沿海一带,与舟山之寇止隔一水,故密差中军各将稽察奸细,擒到伪总督黄毓祺并家人袁五,搜获铜铸伪关防一颗,反诗一本,供出江北窝党薛继周等,江南王觉生、钱谦益、许念元等,见在密咨拏缉。疏入,得上旨:黄毓祺著正法。其江北窝贼薛继周等,江南逆贼王觉生、钱谦益、许念元等,著马国柱严饬该管官访拏。袁五著一并究拟。"③此年七月,马国柱任江南、江西、河南总督,负责处理钱谦益所涉案件。《清史列传·钱谦益传》载:"(顺治)五年四月凤阳巡抚陈之龙擒江阴黄毓祺于通州法宝寺,搜出伪总督印及悖逆诗词,以谦益曾留黄毓祺宿其家,且许助资招兵入奏。诏总督马国柱逮讯。谦益至江宁诉辨:前此供职内院,邀沐恩荣,图报不遑,况年已七十,奄奄余息,动履藉人扶掖,岂有他念? 哀吁问官乞开脱。会首告谦益从逆之盛名儒逃匿不赴质,毓祺死狱中,乃以谦益与毓祺素不相识定谳。马国柱因疏言:'谦益以内院大臣归老山林,子侄三人新列科目,必不丧心负恩。'于是得释归。"④钱谦益被逮至金陵具体时间,顾苓在《东涧遗老钱公别传》中记为顺治五年五月:"戊子五月,为人牵引,有江宁之逮。颂系逾年,复解。"⑤钱谦益在顺治五年五月廿七日所撰《题钞本元微之集后》中记:"……著雍困敦之岁,皋月廿七日,东吴蒙叟识于临顿里之寓所。"⑥其

---

① 钱谦益:《列朝诗集》,上海三联书店1989年版,第2829页。
② 钱谦益:《秋槐诗集》,《牧斋初学集》卷一,《钱牧斋全集》,上海古籍出版社2003年版,第20—25页。
③ 《清实录》,《世祖实录》卷三十八,中华书局1985年版。
④ 《清史列传》卷七十九《贰臣传乙·钱谦益传》,中华书局1928年版,第39册。
⑤ 顾苓:《东涧遗老钱公别传》,《牧翁集再补》附录,《牧斋杂著》,《钱牧斋全集》,上海古籍出版社2003年版,第960页。
⑥ 钱谦益:《题钞本元微之集后》,《牧斋外集》卷二十五题跋,《牧斋杂著》,《钱牧斋全集》,上海古籍出版社2003年版,第845页。

中,署"东吴蒙叟识于临顿里之寓所"。可见,钱谦益金陵之逮发生在顺治五年(1648)五月廿七日之前,被逮时地点是在苏州城"临顿里之寓所"。

顺治五年秋天,钱谦益在金陵。钱谦益在《题〈秋槐小稿〉后》中记:"余自甲申以后,发誓不作诗文。间有应酬,都不削稿。戊子之秋,囚系白门,身为俘虏。闽人林叟茂之,偻行相劳苦,执手慰存,继以涕泣。感叹之余,互有赠答。林叟为收拾残弃,楷书成册,题之曰秋槐小稿,盖取王右丞'叶落空宫'之句也。己丑冬,子羽持孟阳诗帙见示,并以素册索书近诗。简得林叟所书小册,拂拭蛛网,录今体诗二十余首,并以近诗系之。"①钱谦益于"戊子秋尽",在"秦淮讼系之所"撰有《题曹能始寿林茂之六十序》,序文称:"余与能始宦途不相值,晚年邮筒促数,相与托末契焉。然予竟未识能始为何如人也。今年来白下,重逢茂之,剧谈能始生平,想见其眉目颦笑,显显然如在吾目中,窃自幸始识能始也。……而予也,楚囚越吟,连蹇不即死。予之眉目颦笑,临流揽镜,往往自憎自叹,趣欲引而去之。而犹怅怏能始知予之浅也。不亦愚而可笑哉!戊子秋尽,虞山钱谦益撰于秦淮讼系之所。"②钱谦益至顺治六年(1649)三月仍然在金陵,他在《题纪伯紫诗》中记"余方银铛逮狱,累然楚囚",文末署"己丑春王三月,题于桃叶渡之寓舍"。③ 钱谦益题诗处"桃叶渡"为南京古渡,为金陵四十八景之一,位于今南京秦淮河与青溪合流处。

最终,江南、江西、河南总督马国柱以钱谦益与黄毓祺素不相识定狱,钱谦益才得以放还。钱谦益在《赠别胡静夫序》中记"己丑之岁,讼系放还"。④ "讼系放还"当在顺治六年三月之后。

---

① 钱谦益:《题〈秋槐小稿〉后》,《牧翁有学集文钞补遗》,《牧斋杂著》,《钱牧斋全集》,上海古籍出版社2003年版,第503页。
② 钱谦益:《题曹能始寿林茂之六十序》,《牧翁外集》卷二十五题跋,《牧斋杂著》,《钱牧斋全集》,上海古籍出版社2003年版,第843—844页。
③ 钱谦益《题纪伯紫诗》,《牧斋有学集》卷四十七题跋二,《钱牧斋全集》,上海古籍出版社2003年版,第1548—1549页。
④ 钱谦益:《赠别胡静夫序》,《牧斋有学集》卷二十二赠序一,《钱牧斋全集》,上海古籍出版社2003年版,第897—899页。

第二节　复明活动

钱谦益秦淮讼系放还之后,于顺治六年(1649)六月回常熟家。顺治六年六月三日钱谦益撰《题王德操诗卷跋语》,跋文署"己丑六月三日虞山蒙叟谦益书于绛云楼下"①,说明此时钱谦益已经回到常熟家里。同时,跋文内容反映,经历丧乱,钱谦益所藏书画"荡为劫灰",损失惨重。

在此之前,钱谦益称疾辞归之后近三年涉反清之案两次遭逮,并没有回常熟家中,因当时钱谦益自感不被乡人理解,所谓"人情恶薄"。钱谦益在写给孙永祚的《与孙子长》之一中说道:"人情恶薄,无甚于吾乡。囹圄之中,四方走问者不绝,而吾乡之人,惟恐其不身填牢户,何相过之深也!……九死余生,幸保首领,皆恃圣明护持。此番查核,似亦无他过求。幸得了局,便可解网。握手之期,当在春夏之交耳。人便附一行不尽。"②

钱谦益回到常熟家中后,秘密从事复明活动,联络各方复明势力,特别是与永历朝廷的联系。顺治六年七月,钱谦益寄密信给在桂林的瞿式耜,为永历朝廷复明二陈三局,出谋划策。瞿式耜据此呈永历帝,称"谦益身在房中,未尝须臾不念本朝。规画形势,瞭如指掌,绰有成算。而忠驱义感,溢于楮墨之间"。③ 钱谦益的密信内容,由瞿式耜在同九月上《报中兴机会疏》中转呈,载于《瞿式耜集》卷一奏疏之中,其引述道:"夫天下要害必争之地不过数四,中原根本自在江南。长淮汴京,莫非都会,则宜移楚南诸勋重兵全力以恢荆襄,上扼汉沔,下撼武昌,大江以南在吾指顾之间。江南既定,财赋渐充,根本已固,然后移荆汴之锋扫清河朔。其次所谓要着者,两粤东有庾关之固,北有洞庭之险,道通

---

① 钱谦益:《题王德操诗卷跋语》,《牧翁外集》卷二十五题跋,《牧斋杂著》,《钱牧斋全集》,上海古籍出版社2003年版,第856页。
② 钱谦益:《与孙子长》,《钱牧斋先生尺牍》卷二,《牧斋杂著》,《钱牧斋全集》,上海古籍出版社2003年版,第290—291页。
③ 金鹤冲:《钱牧斋先生年谱》,《牧斋杂著》附录,《钱牧斋全集》,上海古籍出版社2003年版,第942页。

滇黔,壤邻巴蜀。方今吴三桂休兵汉中,三川各郡数年来非熊在彼,联络布置,声势大振,宜以重兵径由遵义入川。三川既定,上可以控扼关陇,下可以掇拾荆襄。……至彼中现在楚南之劲敌惟辰常马蛟麟为最。传闻此举将以蛟麟为先锋,幸蛟麟久有反正之心,与江浙提镇张天禄、田雄、马进宝、卜从善辈皆平昔关通密约,各怀观望。……蛟麟倘果翻然乐为我用,则王师亟先北下洞庭。但得一入长江,将处处必多响集。我得以完固根本,养精蓄锐,恢楚恢江,克复京阙。"①钱谦益的复明规划如棋局,设计很周密。

此时,钱谦益撰文多署书于家里的"沁雪石"下,以显其复明沁雪之志。钱谦益在顺治七年(1650)正月所撰《跋偈庵诗册》中记:"孟阳仙逝,去今八年,此册则癸酉之春,孟阳柱吊先太夫人,为书于山庄者也。八年之中,天地翻覆,劫火洞然。而孟阳残编烂简,人间藏弄者,不啻如洞章玉书。子羽此册,良可宝也。"文末署"虞山友弟钱谦益书于沁雪石下"。② 同年二月二十五日,钱谦益撰《题〈秋槐小稿〉后》,文末署"庚寅二月二十五日,蒙叟钱谦益书于绛云楼左厢之沁雪石下"。③ 同年四月朔日,钱谦益撰《孟凫先生七十寿序》,文末署"书于绛云楼左厢之沁雪石前"。④ 钱谦益沁雪石的来历,据《重修常昭合志》载:"沁雪石,相传赵文敏鸥波亭前物。文敏二石,一曰沁雪,一曰垂云。石质黑,而额上一方雪著即销。上勒隶书沁雪二字。旧在县治中,后钱昌计取之。其下盘已失,昌得之陈湖中。又人环秀。即城西蒋氏宅。《鹿苑闲谈》云:昌子承德事。承德以石在公所,力莫能致,会令之女病,使人言石祟,令昇之水中,遂归钱。后人不能守,复归徐尚书家,在东门外园中。王应奎《柳南随笔》云:既归徐廷庸,复归钱宗伯。绛云楼火,并石亦烬。"⑤ 绛云

---

① 瞿式耜:《报中兴机会疏》,《瞿式耜集》卷一奏疏,上海古籍出版社1981年版,第106页。
② 钱谦益:《跋偈庵诗册》,《牧翁有学集文钞补遗》,《牧斋杂著》,《钱牧斋全集》,上海古籍出版社2003年版,第503—504页。
③ 钱谦益:《题〈秋槐小稿〉后》,《牧翁有学集文钞补遗》,《牧斋杂著》,《钱牧斋全集》,上海古籍出版社2003年版,第503页。
④ 钱谦益:《孟凫先生七十寿序》,《牧翁有学集文钞补遗》,《牧斋杂著》,《钱牧斋全集》,上海古籍出版社2003年版,第447页。
⑤ 常熟市地方志编纂委员会办公室标校:《重修常昭合志》,上海社会科学院出版社2002年版,第419页。

楼失火时,沁雪石亦烬。

顺治七年(1650),钱谦益还与黄宗羲相约合作抗清。此年三月,黄宗羲访钱谦益于绛云楼下。表面上,黄宗羲来访是尽翻绛云楼书籍。实质上,钱谦益与黄宗羲互相通报永历朝廷、鲁王政权等复明势力的活动。钱谦益以柳如是的名义赠七金给黄宗羲,作为活动费用,以策反婺中镇将马进宝。当时,马进宝为镇守古称婺州的金华总兵,下辖金华、衢州、严州、处州四府。黄宗羲在《思旧录》中有记这件事,说:"余数至常熟,初在拂水山房,继在半野堂绛云楼下。后公与其子孙贻同居,余即住于其家拂水,时公言韩、欧乃文章之《六经》也。见其架上八家之文,以作法分类,如直叙,如议论,如单序一事,如提纲,而列目亦过十余门。绛云楼藏书,余所欲见者无不有。公约余为老年读书伴侣,任我太夫人菽水,无使分心。一夜,余将睡,公提灯至榻前,袖七金赠余曰:'此内人即柳夫人意也。'盖恐余之不来耳。是年十月,绛云楼毁,是余之无读书缘也。"①黄宗羲所记当然不能明言抗清复明事情,金鹤冲在《钱牧斋先生年谱》中引《思旧录》所记并点明黄宗羲"是年三月,来见先生,欲因先生以招婺中镇将南援。有事则遣使入海告警,令为之备"。②

夏五月,钱谦益亲自去金华,往返将匝月,策反马进宝。钱谦益撰有《庚寅夏五集》,他在自序中记:"岁庚寅之五月,访伏波将军于婺州。以初一日渡罗刹江。自睦之婺,憩于杭,往返将匝月。漫兴口占,得七言长句三十余首,题之曰《夏五集》。春秋书'夏五',传疑也。疑之而曰'夏五',不成乎其为月也。不成乎其为月,则亦不成乎其为诗。系诗于夏五,所以成乎其为疑也。《易》曰:'或之者,疑之也。'作诗者其有忧患乎?"③东汉光武帝时,马援官至伏波将军,世称马伏波,钱谦益以伏波将军暗喻当时镇守金华,管辖金、衢、严、处四府的总兵马进宝。钱谦益亲自去金华拜访马进宝,即涉及当时反清复明的谋划。

钱谦益以《庚寅夏五集》诗记述为复明事业而忧患。《庚寅夏五集》

---

① 黄宗羲:《思旧录》"钱谦益",《黄宗羲全集》,第1册,浙江古籍出版社2012年版,第341—342页。
② 金鹤冲:《钱牧斋先生年谱》,《牧斋杂著》附录,《钱牧斋全集》,上海古籍出版社2003年版,第942页。
③ 钱谦益:《庚寅夏五集》,《牧斋有学集》卷三,《钱牧斋全集》,上海古籍出版社2003年版,第83页。

目录作《夏五诗集》,"起庚寅五月,尽一年"。诗集载《早发七里滩》《五日钓台舟中》《五日夜泊睦州》《婺州怀古》《归舟过严先生祠下留别》《桐庐道中》《留题湖舫》《西湖杂咏(有序)》《东归漫兴六首》《感叹勺园再作》《婺归以酒炙饷韩兄古洲口占为侑》《书〈夏五集〉后示河东君》等篇。《西湖杂咏》序表达物是人非、凭今吊古之感慨,说:"想湖山之佳丽,数都会之繁华。旧梦依然,新吾安往?况复彼都人士,痛绝黍禾;念此下民,甘忘桑梓。侮食相矜,左言若性。何以谓之?嘻其甚矣!昔日南渡行都,愁遗南市;西湖隐迹,追抗西山。嗟地是而人非,忍凭今而吊古。"《西湖杂咏》六首其一:"板荡凄凉忍再闻?烟峦如赭水如焚。白沙堤下唐时草,鄂国坟边宋代云。树上黄鹂今作友,枝头杜宇昔为君。昆明劫后钟声在,依恋湖山报夕曛。"钱谦益感慨明清易代,时空变迁,沧海桑田,借咏西湖古迹,描写西湖的山水、堤草、黄鹂、杜鹃等多种物象,赋予每一种物象以物是人非的意蕴,抒发对亡明的悲悼之情。《西湖杂咏》六首其五:"建业余杭古帝丘,六朝南渡尽风流。白公妓可如安石,苏小湖应并莫愁。戎马南来皆故国,江山北望总神州。行都宫阙荒烟里,禾黍丛残似石头。"钱谦益感慨时光流逝,朝代更替,清军占领下的昔日杭州华丽宫殿,如今像石头城南京一样残破荒凉,远望神州大地满目疮痍,明朝江山所余不多,悲悯故国破败,抒发亡国之痛。《书〈夏五集〉后示河东君》表达故国之思:"帽檐欹侧漉囊新,乞食吹箫笑此身。南国今年仍甲子,西台昔日亦庚寅。闻鸡伴侣知谁是?画虎英雄恐未真。诗卷丛残芒角在,绿窗剪烛与君论。"钱谦益自注:"皋羽西台恸哭,亦庚寅岁也。"①

顺治七年(1650)十月,绛云楼失火,钱谦益遭受焚书之痛。钱谦益在《跋宋史四百九十六卷》中卷首记:"岁庚寅四月朔日阅始。"卷一百七十九后记:"十月初二日,夜半野堂火。时方雷电交作,大雨倾盆,后楼前堂,片刻煨烬,乃异灾也。读《隋经籍志》,知书籍所聚,遑遑遭厄。宋、元之缮本,研精五十余年,转辗困厄,遭值兵燹,肆力靡休,告成书于望古稀之晨。而一旦为火焚却,此为何者也?伤哉!先是朔日午时,日

---

① 钱谦益:《庚寅夏五集》,《牧斋有学集》卷三,《钱牧斋全集》,上海古籍出版社2003年版,第83—111页。

食几又既,昼晦星克。至次日,风雷雨电,不减盛夏。海溢,漂溺人畜。崇明更甚,亦灾异之不轻者矣。"①钱谦益在这里记庚寅书厄家难,也记"崇明更甚"的海溢国难。钱谦益在《赠别胡静夫序》中记:"余自丧乱以来,旧学荒落,己丑之岁,公系放还,网罗古文逸典,藏弄所谓绛云楼者。经岁排纘,摩挲盈箱插架之间,未遑于雒诵讲复也。而忽已目明心开,欣如有得。劫火余烬,不复料理,蓬心茅塞,依然昔我。每谓此火非焚书,乃焚吾焦腑耳。"②钱谦益记绛云楼劫火,表达自己"依然昔我"之志。庚寅之火使钱谦益家半野堂后楼前堂煨烬,而其荣木楼藏书尚存,钱谦益把一部分绛云烬余之书相赠钱曾,鼓励钱曾向学。

绛云楼失火之后,钱谦益撰文多署"书于绛云余烬处"。钱谦益撰《〈浩气吟〉序》署"岁在单阏重光小岁日,蒙叟谦益再拜书于绛云余烬处"。③钱谦益撰《题沈石天浣纱花闲话》,记:"绛云一炬,万卷成灰。并腹笥中西瓜大十许字,亦被六丁收去。此中空无所有,便宜作结绳以前人矣。且病眩经年,又如儿女子守闺阃,不得空阔一步。灰烬之余,巢栖树宿,并无少文壁染神山水。胶蜗冻蝇,目光如许。人生之趣,于我何有或?……辛卯余月,蒙叟谦益书于绛云余烬处。"④

顺治八年(1651),钱谦益又有诗集《绛云余烬诗》,"起辛卯,尽一年",载《湖上送孟君归甘州二首》《故司礼卢太监》《方庵诗为心函长老作》等篇。⑤ 其中,《辛卯春尽,歌者王郎北游告别,戏题十四绝句,以当折柳赠别之外杂有寄托,谐谈无端隐谜间,出览者可以一笑也》之十一记:"江南才子杜秋诗,垂老心情故国思。金缕歌残休怅恨,铜人泪下已多时。"⑥诗"有寄托",钱谦益借歌舞人事来抒写亡国之痛,诗中从艺人

---

① 钱谦益:《跋宋史四百九十六卷》,《牧斋集再补》,《牧斋杂著》,《钱牧斋全集》,上海古籍出版社2003年版,第922—924页。
② 钱谦益:《赠别胡静夫序》,《牧斋有学集》卷二十二赠序一,《钱牧斋全集》,上海古籍出版社2003年版,第897—899页。
③ 钱谦益:《〈浩气吟〉序》,《牧斋有学集》卷十六序三,《钱牧斋全集》,上海古籍出版社2003年版,第743页。
④ 钱谦益:《题沈石天浣纱花闲话》,《牧斋外集》卷第二十五题跋,《牧斋杂著》,《钱牧斋全集》,上海古籍出版社2003年版,第851—852页。
⑤ 钱谦益:《绛云余烬诗》,《牧斋有学集》卷四,《钱牧斋全集》,上海古籍出版社2003年版,第113—178页。
⑥ 钱谦益:《绛云余烬诗》,《牧斋有学集》卷四,《钱牧斋全集》,上海古籍出版社2003年版,第127页。

将老、金缕歌残引发联想,感慨故国沦亡已多时,抒写故国之思,表达沉痛心情,亡国之痛溢于言表。《哭稼轩留守相公一百十韵》为钱谦益得知瞿式耜慷慨就义消息而作,以诗为瞿式耜小传,"庚寅降生""少壮授经""登朝贬谪"等,梳理瞿式耜生平,以及自己与瞿式耜同遭贬谪,休戚与共的体验,反映在诗中字字为泪,句句流血,呈现师徒情深,气谊相投,蒙难知己,复明初心同现。

同年腊祭次日,钱谦益又为瞿式耜的《浩气吟》撰《〈浩气吟〉序》。① 瞿式耜的《浩气吟》八首,表达自己誓与城同亡,被刑不屈,以明厥志的浩气。钱谦益的《〈浩气吟〉序》文辞抗烈,与《浩气吟》并传。序文中评价瞿式耜慷慨誓死,慨然赴难,为宇宙之真元气;正气之歌,鼎钟铭勒,成今古之大文章。钱谦益把瞿式耜视为文天祥,表达对瞿式耜的深切哀悼和对明朝沦亡的深哀巨痛。② 钱谦益以文存史,记录瞿式耜的浩气,以文补叙明朝痛史。

瞿式耜抔土营葬时,钱谦益又撰《瞿留守赙引》。③ 序文中,钱谦益以"数行老泪,一纸哀词",首先叙述瞿式耜在国家存亡之际顶天立地,英勇顽强,"奋半臂以回天,百身枝柱",经过"八载拮据",最后"角巾就縶",从容就义,存浩然之气。然后,又叙述瞿式耜"旅榇还归"时,"未营七尺之高坟,且掩一抔之浅土",只看见"野烧荒磷","伴苌弘之碧血"。钱谦益颂扬瞿式耜剖肝报命、完节成仁,重点在勉励后死同人图报忠魂,也表达自己"尚想飞鸣而图报"的决心。

瞿式耜慨然赴难之后,钱谦益没有偃旗息鼓,而是义无反顾,继续秘密从事复明活动。从《绛云余烬诗》所记嘉禾(嘉兴)之行等,隐约可见其活动信息。顺治八年(1651),钱谦益至嘉禾会见黄宗羲之弟、曾徒步迎鲁王的黄宗炎,作书介绍黄宗炎面见马进宝,再次策反马进宝。④

---

① 钱谦益:《〈浩气吟〉序》,《牧斋有学集》卷十六序三,《钱牧斋全集》,上海古籍出版社2003年版,第742—743页。
② 李金松:《钱谦益:一个有待认识的骈文家》,王水照、侯体健主编:《中国古代文章学的形态与体系》,复旦大学出版社2020年版,第360页。
③ 钱谦益:《瞿留守赙引》,《牧斋有学集》卷十五序二,《钱牧斋全集》,上海古籍出版社2003年版,第727—728页。
④ 金鹤冲:《钱牧斋先生年谱》,《牧斋杂著》附录,《钱牧斋全集》,上海古籍出版社2003年版,第943页。

顺治九年(1652),钱谦益又有浙江之行,涉密之事缺少文献记录。仲夏,在长水,撰有《古惠明寺重修禅堂记》。①

此时,传钱谦益受命联络东南。顾苓撰《东涧遗老钱公别传》记:"会安西将军李定国以永历六年七月克复桂林,承制以蜡书命公及前兵部主事严栻联络东南。公乃日夜结客,运筹部勒,而定国师还。"②

同年,钱谦益所辑《列朝诗集》由毛晋汲古阁刻印。钱谦益九月十三日撰《〈列朝诗集〉序》,记编辑《列朝诗集》以"论次昭代之文章,蒐讨朝家之史集",意在以诗寓史,说:"孟阳之言曰:'元氏之集诗也,以诗系人,以人系传。中州之诗,亦金源之史也。吾将仿而为之,吾以采诗,子以庀史,不亦可乎?'山居多暇,撰次《国朝诗集》,几三十家,未几罢去。此天启初年事也。越二十余年,而丁开、宝之难。海宇板荡,载籍放失,濒死讼系,复有事于斯集。托始于丙戌,彻简于己丑。"③尤其在改朝换代背景下,钱谦益的存史意识特别浓烈,采诗庀史的想法十分迫切。《列朝诗集》止于丁,寓意希望恢复朱明,强盛成实。钱谦益在《江田陈氏家集序》中表达同样的寓意,说:"余近辑《列朝诗集》,蟁为甲乙丙丁四部,而为之序曰:'遗山《中州集》止于癸,癸者,归也。余辑列朝诗止于丁,丁者,万物皆丁壮成实,大盛于丁也。'盖余窃取删诗之义,顾异于遗山者如此。"④《列朝诗集》以诗存史,分甲、乙、丙、丁四集,另设乾集,置于卷首,收录明朝历代帝王诗作;卷末设置闰集,收录僧道、妇女、宗室、域外诗,共选录1832位诗人的诗歌,小传收录1790位诗人(包括附见诗人),有81人仅录其名而无小传。范围广及域外,闰集第六卷收录朝鲜、日本、滇南、交趾、占城5个明朝周边国家及地区的诗歌和诗人小传,朝鲜所占比重最大,共选录41位朝鲜诗人的170首朝鲜汉诗。

顺治十年(1653)春,钱谦益又有武林之行,撰有《题武林两关碑

---

① 钱谦益:《古惠明寺重修禅堂记》,《牧斋有学集》卷二十七记二,《钱牧斋全集》,上海古籍出版社2003年版,第1019—1021页。
② 顾苓:《东涧遗老钱公别传》,《牧斋杂著》附录,《钱牧斋全集》,上海古籍出版社2003年版,第961页。
③ 钱谦益:《〈列朝诗集〉序》,《牧斋有学集》卷十四序一,《钱牧斋全集》,上海古籍出版社2003年版,第678—679页。
④ 钱谦益:《江田陈氏家集序》,《牧斋有学集》卷十七序四,《钱牧斋全集》,上海古籍出版社2003年版,第771—772页。

记》,以钱时俊子孙钱祖寿榷临清关、北新关事,弘扬"故国先王之精神"。文中称:"今日者,南北两关考贞珉而镌乐石,金银之管,琬琰之录炳焕,于沧桑变易,劫火洞然之后,德泽之在人心,与天壤俱敝可知已矣。"①寓含封章留帝所德泽在人心之意。

顺治十年至十一年间,钱谦益常往吴门,负有特殊任务。金鹤冲《钱牧斋先生年谱》乙未七十四岁载:"自去年(甲午)以来,先生常往吴门,盖国姓有五大商在京师、山东、苏、杭等省,经营财货,以济其用。此先生所以常往还苏、杭也。"②陈寅恪《柳如是别传》述其时"牧斋之屡游苏州,或与通海之举动有关"。③

顺治十一年(1654)四月,正好是马进宝过四十大寿并添子之际,钱谦益赴金华,表面上为马进宝祝寿,实际上是游说马进宝,策划反清。此年仲秋,钱谦益又有金华之行,策反马进宝。钱谦益撰有《张念瞿令永诸刻序》,记张念瞿:"起孤生中,厚自矜奋,射策甲科。令永七载,卓异之声,腾踊浙河东。""余病废家居,念瞿念再世之谊,郑重见存。比游婺东,饫闻其政绩,得治婺诸刻翻阅之,盖三叹焉。"序文末署"甲午仲秋,虞山钱谦益书于婺中七宝寺之五观堂"。④ 张念瞿为钱谦益弟子、毗陵张冶生之孙,令永康七载,有再世之谊,接待钱谦益金华之行。

钱谦益时撰观棋诗,以棋局喻时局。顺治十一年,钱谦益撰《敬他老人诗》,⑤自注"起甲午年,尽乙未秋",时间跨度两年。其中,即有《武陵观棋六绝句》,"武陵"此指武林,诗歌记录钱谦益奔走联络各方之事,关注抗清局势的变化。⑥ 其一有"初桐清露又前期"句,其六有"太白芒

---

① 钱谦益:《题武林两关碑记》,《牧斋有学集》卷四十九题跋四,《钱牧斋全集》,上海古籍出版社2003年版,第1597页。
② 金鹤冲:《钱牧斋先生年谱》,《钱牧斋全集》,上海古籍出版社2003年版,第944页。
③ 陈寅恪:《柳如是别传》,上海古籍出版社1980年版,第1044页。
④ 钱谦益:《张念瞿令永诸刻序》,《牧斋外集》卷四序二,《牧斋杂著》,《钱牧斋全集》,上海古籍出版社2003年版,第654—656页。
⑤ 钱谦益:《敬他老人诗》,《牧斋有学集》卷五,《钱牧斋全集》,上海古籍出版社2003年版,第179—250页。
⑥ 钱谦益:《武陵观棋六绝句》,《敬他老人诗》,《牧斋有学集》卷五,《钱牧斋全集》,上海古籍出版社2003年版,第193—195页。

寒秋气澄"句,表明为记金华之行,又入秋过杭州之经历。钱谦益为贺马进宝夫人生子,又作《伏波弄璋歌》①六首,其五:"龙旗交曳矢频悬,绣褓金盆笑胁骈。百福千祥铭汉字,浴儿仍用五铢钱。"《后汉书·马援传》:"初,援在陇西上书,言宜如旧铸五铢钱。"钱谦益用"铭汉字"、用汉钱的典故,隐含勉励马进宝复明反正。其六:"充闾佳气溢长筵,孔释分明抱送年。授记不须寻宝志,老夫摩顶是彭篯。""彭篯"即彭祖。篯姓,又封于彭,故称。钱谦益自称篯后人。说明马进宝添子时,钱谦益前往致贺。钱谦益另撰《马总戎四十寿序》,其中说道:"大元戎马公,专征秉钺,开府婺州者七载余,而春秋方四十。四月十有三日,为悬弧之辰。……予以衰老,辱知于公。礼之以函丈,申之以盟好,其能不叙次一言,以效封人之祝?……今伏波果胜古伏波也。"②钱谦益记赴金华贺马进宝过四十大寿,期望马进宝胜过东汉马援,其策划反正用意清晰。

顺治十二年(1655),钱谦益与柳如是居住在常熟白茆的红豆山庄,这里位于长江边,便于秘密联络各方。钱谦益还先后避地东山,遍访雅人高士。钱谦益在《太学生约之翁君墓表》中记顺治十二年秋东山之行:"余以乙未秋避地东山,遍访雅人高士。而君已病,不及见。间与二三父老,论此山人士风概,以为约之如介圭苍璧,温润缜密,而其精神,乃时时见于山川,不可掩也。"文末署"岁在壬寅十月,而文成于九月十五日。石渠旧史虞山东涧遗老钱谦益为表"。③

顺治十二年(1655),钱谦益有淮南之行,之后又留滞金陵。钱谦益有《秋槐诗别集》,载顺治十三年(1656)撰,有《丙申元日》《王式之参军五十》《为康小范题李长蘅画》等篇。④ 其中,《丙申春就医秦淮,寓丁家水阁,浃两月,临行作绝句三十首留别,留题不复论次》其四:"苑外杨花

---

① 钱谦益:《伏波弄璋歌》,《敬他老人诗》,《牧斋有学集》卷五,《钱牧斋全集》,上海古籍出版社2003年版,第196—197页。
② 钱谦益:《马总戎四十寿序》,《牧斋外集》卷十寿序一,《钱牧斋全集》,上海古籍出版社2003年版,第705—707页。
③ 钱谦益:《太学生约之翁君墓表》,《牧斋有学集》卷三十五神道碑二墓表,《钱牧斋全集》,上海古籍出版社2003年版,第1247—1249页。
④ 钱谦益:《秋槐诗别集》,《牧斋有学集》卷六,《钱牧斋全集》,上海古籍出版社2003年版,第264—314页。

待暮潮,隔溪桃叶限红桥。夕阳凝望春如水,丁字帘前是六朝。"①记秦淮风物依旧,而物是人非,经历沧海桑田之变,寄托对晚明的惋惜之情,期望复兴的"暮潮"与春水。

钱谦益临行作绝句三十首送别其留滞金陵相与交往人员,其诗保存自注的二十一首中有顾与治、乳山道士林茂之、薛更生、余怀、澹心、杜于皇、杜苍略、胡其毅、康小范、张季筱、陈古公、黄帅先、僧介丘、曹波臣之子、僧旭伊等人,可见交往人员之多。这些交往人员多为复明志士,钱谦益公开就医金陵,留滞金陵联络复明志士。"丁家水阁"是钱谦益赴南京经常寓居的地方,主人丁继之与钱谦益的关系非常密切,钱谦益撰有《寿丁继之七十初度》诗。钱谦益"讼系金陵"期间,即寓居丁氏秦淮河边之河房。丁继之参与复明志士活动,孔尚任把丁继之写进《桃花扇》以颂其民族气节。据陈寅恪先生考证:"牧斋所以于丙申春初由大报恩寺移寓丁氏水阁者,以此水阁位于青溪笛步之间,地址适中,与诸有志复明之文士往来,较大报恩寺为便利。由是言之,丁氏水阁在此际实为准备接应郑延平攻取南都计划之活动中心。"②

顺治十二年(1655)冬,钱谦益还赴淮甸访蔡士英。蔡士英,字伯彦,号魁吾。顺治九年(1652)任江西巡抚,十二年首任漕运总督兼凤阳巡抚,加兵部左侍郎。钱谦益到访,或是联络各方所为。钱谦益为蔡士英题《大学衍义补删序》,撰《赠蔡总河》二首,又有《致蔡魁吾》书信四首。蔡士英辑《滕王阁征汇诗文》,诗文前有钱谦益等序,钱谦益撰《新修滕王阁诗文集序》《江右蔡中丞新建滕王阁寄题四首》《丙申闰五月十又四日读新修滕王阁诗文集重题十绝句》。

钱谦益一直到顺治十三年(1656)仲春仍在金陵,他所撰《跋留题丁家水阁绝句》末署"丙申仲春少三日,蒙叟书于燕子矶舟中"。③至三月间,钱谦益才回到常熟碧梧红豆山庄。

---

① 钱谦益:《丙申春就医秦淮,寓丁家水阁,浃两月,临行作绝句三十首留别,留题不复论次》,《秋槐诗别集》,《牧斋有学集》卷六,《钱牧斋全集》,上海古籍出版社 2003 年版,第 281 页。
② 陈寅恪:《柳如是别传》,三联书店 2001 年版,第 1089 页。
③ 钱谦益:《跋留题丁家水阁绝句》,《牧斋集补》,《牧斋杂著》,《钱牧斋全集》,上海古籍出版社 2003 年版,第 906 页。

同年，钱谦益又有吴门、松江、金陵之行，特别是松江之行，钱谦益参与文人诗会。钱谦益有《高会堂诗集》，其《高会堂酒阑杂咏》有序，称："顷者菰芦故国，兵火残生。衰晚重游，人民非昔。……儿童生长于别后，竞指须眉；门巷改换于兵前，每差步屦。常中逵而徙倚，或当飨而欷歔。若乃帅府华筵，便房曲宴。……语同隐谜，词比俳优。语云惟食忘忧，又曰溺人必笑。我之怀矣，谁则知之？是行也，假馆于武静之高会堂，遂以名其诗。……丙申阳月十有一日，书于青浦舟中。"①序文记松江经改朝换代战乱后"人民非昔"之景象，述同人诗会"相与继响"为一美谈，以及《高会堂诗集》命名原因。钱谦益松江之行从事秘密联络工作，再次游说马进宝反清，配合郑成功率师北伐，诗文中不得不"语同隐谜，词比俳优"。

　　钱谦益此行"假馆于武静之高会堂"，高会堂主人徐武静，名致远，华亭县人，明朝内阁首辅徐阶弟徐陟曾孙。其兄徐孚远正在参与反清复明活动。徐孚远（1599—1665），字闇公，晚号复斋。明亡，清兵南下，参加松江保卫战。城破，入闽奔赴唐王，任大兴司礼，又以兵科给事中随张肯堂水师沿海北上。鲁王监国，充行人司，与陈子龙、夏完淳策反清松江提督吴兆胜。清军破舟山，与张名振等护送鲁王到厦门。曾作为监军，参加张名振、张煌言北伐。钱谦益有《徐武静生日置酒高会堂赋赠八百字》。

　　《高会堂诗集》所载诗除了《高会堂酒阑杂咏》，还有《云间诸君子肆筵合乐，饷余于武静之高会堂，饮罢苍茫欣感交集，辄赋长句二首》《席间观李素心督学孙七岁童子草书歌》《海上赠姚方伯时年九十有四》等篇。② 钱谦益松江之行，作为又一联络各方所为，以文人诗会形式，聚集复明力量，特别是秘密从事策反任提督苏松等处总兵的马进宝。序文述"帅府华筵，便房曲宴"，"帅"即指马进宝。"帅府华筵"，指马进宝设宴招待。序文所谓"又若西宗宿好，耳语慨慷；北里新知，目成婉

---

① 钱谦益：《高会堂酒阑杂咏》，《高会堂诗集》，《牧斋有学集》卷七，《钱牧斋全集》，上海古籍出版社2003年版，第315—316页。

② 钱谦益：《高会堂诗集》，《牧斋有学集》卷七，《钱牧斋全集》，上海古籍出版社2003年版，第318—360页。

娈。……我之怀矣,谁则知之?"陈寅恪认为:"意谓筵席间或与座客隐语戏言,商讨复明之活动,终觉畏惧不安,辞不尽意也。"①钱谦益用"隐语",是在严酷的环境里特殊的表达方式。此后,郑成功、张煌言率师北伐时,经马进宝防区,而马进宝按兵不动,保持中立,这等于把阻碍郑成功水军进入长江口的屏障给撤了,使郑成功得以顺利通过长江口,溯江西上。这与钱谦益连续不断游说马进宝密切相关。

第三节 壮心暮年

钱谦益秘密从事复明活动,年复一年,渐渐步入高龄,随着复明前景越来越黯然,在生命的最后岁月里,钱谦益的复明意志仍然坚定如初。

顺治十四年(1657),钱谦益继续从事联络活动。陈寅恪在《柳如是别传》第四十四章复明运动(附钱氏家难)中论证:"顺治十三年丙申秋冬间,牧斋往松江游说马进宝反清告一段落,次年复往金陵,盖欲阴结有志复明之人,以为应接郑延平攻取南都之预备,其流连文酒、咏怀风月不过一种烟幕弹耳。"②钱谦益在《华徵君仲通墓志铭》中记,顺治十四年四月,钱谦益与王廷璧至锡山访时年六十的"故国老民"华时亨。③ 华时亨(1598—1659),字仲通,无锡人。明会元拱芳之侄,诸生。高攀龙讲学东林时,华时亨参列其间,自命东林弟子。崇祯二年(1629),入复社。明亡后,杜门不出,从事著述。顺治五年(1648),以作愤诗被捕,不久释出。盲目后仍不废著述,有《春秋法鉴录》等。王廷璧,字双白,武进人,明遗民,为遗民和尚弘储弟子,同是钱谦益所谓"故国老民",为怀"故国"之思者。据钱谦益《秋日遇广陵顾舍人于虎丘别后却寄(丁酉)》

---

① 陈寅恪:《柳如是别传》,北京三联书店 2001 年版,第 1132 页。
② 陈寅恪:《柳如是别传》,北京三联书店 2001 年版,第 1168 页。
③ 钱谦益:《华徵君仲通墓志铭》,《牧斋有学集》卷三十一墓志铭四,《钱牧斋全集》,上海古籍出版社 2003 年版,第 1135 页。

载,秋日,他又在苏州虎丘与广陵顾舍人相聚。①

顺治十四年(1657)农历十月至腊月,钱谦益在金陵,于长干塔附近多与怀有复明理想并有积极行动的遗民进行广泛的交往,为郑成功率师北伐夺取南都做联络活动。当时,有不少抗清志士也加入僧徒队伍,所谓遗民逃禅。据陈寅恪考证,"夫牧斋于顺治十二年乙未既在金陵度岁,十三年丙申及十四年丁酉又连岁来往虞山金陵之间,则其与金陵之密切关系,必非仅限于游览名胜、寻访朋旧而已"。②

钱谦益撰有《长干塔光诗集》"起丙申年,尽丁酉年",有《秋日曝书得鹤江生诗卷题赠四十四韵》《大观太清楼二王法帖歌》《题含光法师像二首》等诗,多记金陵之行。③ 其中,《秋日曝书得鹤江生诗卷题赠四十四韵》诗注"生名高,金坛人",诗末称明"遗民",诗记:"萧晨将戒寒,遗民在沟畎。新诗何用多,残年共须勉。君如终念我,一水会乘舠。荒村红豆庄,寒灯为君剪。"鹤江即潘高(1624—约1678),字孟升,号鹤江,金坛人,诸生,少有经世之志,明亡,自甘寂寞,受业于钱谦益,与龚鼎孳有交游,有《南村先生诗集》。

《大观太清楼二王法帖歌》诗注"为山阴张尔唯作"。诗末称:"吾家圆印铭忠孝,长依书史缄筐箱。作歌无才继石鼓,开笔载拜朝墨皇。"张学曾,字尔唯,号约庵,绍兴人。画家,崇祯六年(1633)副贡,官苏州知府。张学曾参加文人社集,抒发故国之思。钱谦益在诗中表达对社会动荡、文物被劫的哀伤。"为心《西升》失至宝"句,有钱谦益自注:"褚河南《两升经》,余购得之新安,乙酉城陷失去。"钱谦益由二王法帖联想到自家文物在清军入常熟城时遭劫。其《〈内阁小识〉序》记:"丧乱以后,劫火焚如,《内阁掌故》与《西清东观》,咸归天上。"④

《棹歌十首为豫章刘远公题扁舟江上图》诗注"远公故相文端公之

---

① 钱谦益:《秋日遇广陵顾舍人于虎丘别后却寄(丁酉)》,《苦海集》,《牧斋杂著》,《钱牧斋全集》,上海古籍出版社2003年版,第80—81页。
② 陈寅恪:《柳如是别传》,北京三联书店2001年版,第1093页。
③ 钱谦益:《长干塔光诗集》,《牧斋有学集》卷八,《钱牧斋全集》,上海古籍出版社2003年版,第361—424页。
④ 钱谦益:《〈内阁小识〉序》,《牧斋有学集》卷十四,《钱牧斋全集》,上海古籍出版社2003年版,第693—694页。

孙、西佩尚宝之子"，钱谦益为晚明故相刘一燝之孙豫章刘远公题画，以"黯淡江山夜未晨，濑上芦中恨未消"记遗民刘远公。刘远公，南昌人，明亡后，常坐舟夜读，吹箫抒恨。其六："扁舟惯听浪淘声，昨天危沙今日平。唯有江豚吹白浪，夜来还抱石头城。"①钱谦益从不同角度描绘江涛，动静互补展现长江的雄伟壮观与磅礴气势；同时，以大浪淘沙喻明清改朝换代巨变，以江豚喻指郑成功大军，期望江豚吹浪，复明活动有起色。

《顾与治书房留余小像自题四绝句》其一记："峻嶒瘦颊隐灯看，况复撑衣骨相寒。指示傍人浑不识，为他还著古衣冠。"②顾与治即顾梦游（1599—1660），字与治，江宁人，一作吴江人。明副使顾英玉曾孙，好结四方名士，入清以遗民终老。诗中记自己来南京旧地无比伤心，悔恨自己降清为世所笑骂。"古衣冠"指明朝服色，表达身虽降清，心思复明。

《题许有介诗集》《再读许友诗》评书、画、诗兼三绝"世乱才难尽"的许友。许友，原名案，又名宰、友眉，字有介，一字瓯香。福建侯官人，许豸子。明崇祯间举孝廉，以诸生终，入清不仕，著有《米友堂诗集》等，钱谦益录其诗入《吾炙集》。

《水亭承邓元昭致饩诸人偶集醉饱戏书为谢》记与邓元昭相集。邓旭（1609—1683），字元昭，安徽寿州人。顺治四年（1647）进士，授国史院检讨，官至甘肃洮岷道副使，罢官归居江宁万竹园，著有《林屋诗集》。

《至日作家书题二绝句》之二："松火柴门红豆庄，稚孙娇女共扶床。金陵无物堪将寄，分与长干宝塔光。"③"长干宝塔光"在钱谦益的心目中象征着对明朝不息的心火，并预示未来的希望，意在与柳如是分享复明之共同理想。本年金陵事为主，金陵长干寺塔光或为取集名缘由。

《示藏社介丘道人兼识乩神降语》《腊月八日长干薰塔同介道人、孙鲁山、薛更生、黄舜力、盛伯含众居士》记与在明末遗民中享有很高声望

---

① 钱谦益：《棹歌十首为豫章刘远公题扁舟江上图》，《长干塔光诗集》，《牧斋有学集》卷八，《钱牧斋全集》，上海古籍出版社2003年版，第379页。
② 钱谦益：《顾与治书房留余小像自题四绝句》，《长干塔光诗集》，《牧斋有学集》卷八，《钱牧斋全集》，上海古籍出版社2003年版，第379页。
③ 钱谦益：《至日作家书题二绝句》，《长干塔光诗集》，《牧斋有学集》卷八，《钱牧斋全集》，上海古籍出版社2003年版，第391页。

的髡残等名人交往。髡残(1612—1692),本姓刘,字介丘,号石溪、白秃、石道人、石溪道人。武陵人,明亡时参与反清。擅画山水,后寓金陵牛首山幽栖寺,曾在大报恩寺修藏社负责校勘大藏经版。孙晋(？—1654),字明卿,号鲁山。桐城人,天启五年(1625)进士,官至大理寺卿、兵部侍郎,以疏劾温体仁被谪,因疾归休,入清不仕。薛正平,字更生。华亭人,明亡不降清,遁入佛门。钱谦益撰有《薛更生墓志铭》记之,文中也记薛更生在长干与诸僧交往。① 盛伯含,即盛丹,字伯含,金陵人,工画山水、花卉、兰竹,山水得黄公望笔墨之法,萧疏风致。

《长干塔光诗集》中,仅这些诗所记便可见钱谦益在金陵交往人物之多,隐含联络各方事之复杂。陈寅恪先生考证钱谦益《和普照寺纯水僧房壁间诗韵,邀无可、幻光二道人同作》称"颇疑与郑延平率舟师攻南都之计划不能无关。牧斋共此二人作政治活动,自是意中事也"。② 钱澄之自记"戊戌冬夜,予与虞山牧斋先生抵足长干僧舍中,相与论诗"。③ 普照寺在南京聚宝门外长干的范围内,为永兴寺下属寺。据《金陵梵刹志》卷三十六"永兴寺"载,在都门外,南城。西去所领永兴寺半里,北去聚宝门二里。当时,长干范围内的寺院群落为反清复明运动的重要基地之一,以寺院作为反清复明志士们的庇护所,具有较好的隐蔽性。④

此外,钱谦益所撰文记录其在金陵还联络了其他名人。如钱谦益在《赠王平格序》中记:"乙酉之阳月,余在南京,豫章王于一介一士以见曰:'此秦人王天佐字平格者也。'"⑤王猷定,字于一,号轸石,江西南昌人。明贡生,曾入史可法幕。明亡不仕,以诗文自娱,有《四照堂集》。

顺治十五年(1658),77岁高龄的钱谦益渐入力不从心,"老而加病"的暮年,但"志气尚在"。此年长夏,钱谦益撰《彭达生晦农草序》。彭达生晦农,即彭士望(1610—1683),本姓危,字达生,号躬庵,又号晦

---

① 钱谦益:《薛更生墓志铭》,《牧斋有学集》卷三十一,《钱牧斋全集》,上海古籍出版社2003年版,第1144—1145页。
② 陈寅恪:《柳如是别传》,北京三联书店2001年版,第1175—1176页。
③ 钱澄之:《龙眠诗录引》,《田间文集》卷十六,黄山书社1998年版,第298页。
④ 汤宇星:《从桃叶渡到水绘园——17世纪的江南与冒襄的艺术交往》,中国美术学院出版社2012年版,第219—220页。
⑤ 钱谦益:《赠王平格序》,《牧斋有学集》卷二十二赠序一,《钱牧斋全集》,上海古籍出版社2003年版,第913—914页。

农。南昌人。少时受其父彭晢影响,重名节。崇祯间,直臣黄道周被逮,曾倾力营救。弘光元年(1644),史可法督师扬州,召入幕府,劝史可法用高杰、左良玉兵清君侧,可法不能用。后拒不仕清,与魏禧等隐居宁都翠微峰,为"易堂九子"之一,有《彭躬庵诗文集》等。钱谦益的序文回顾弘光元年时自己与彭达生等人为弘光"小朝廷"效力,思有所作为:"弘光南渡,东南旌弓舆马之士举集南都。彭子达生、韩子茂贻将应维扬幕辟,客余宗伯署中。莫不竖眉目,舌齿牙,骨腾肉飞,指画天下事,数着可了。旋观诸子顾盼凌厉,如饥鹰之睨平芜,如怒马之临峻坂。余固有经营四方之志,恃诸子以益强,何其壮也!"可是,"一年天子小朝廷",好景不长。序文记顺治八年(1651)于广陵僧舍相遇景况:"越七年辛卯,遇达生于广陵僧舍,风尘憔悴,抠衣杂坐,久之乃辨识颜面,起而再拜,涕泗沾衣袂,喉吻喀喀然有言,而各不能吐。"至七八年后的如今:"余老而加病,头童耳聩,颓然退院老僧。少年茂贻辈多物故,达生声尘阻绝,如在异国,侧身天地,每自伤孤另而已。"钱谦益回想当年情景,感慨万千。序文中"韩子茂贻""少年茂贻",即韩绎祖(1601—1651),字茂贻,号止菴,湖州乌程人。韩敬子。诸生,入复社。史可法督师扬州,绎祖为参军,扬州破,绎祖走归,尽出家财,倡议起兵,迎芜湖总兵黄光志于太湖,光复湖州,但遭清军镇压,后韩绎祖为僧于江淮间,秘密从事复明活动,顺治八年(1651)九月卒于金台旅次,一说死于苏州狱中。韩绎祖儿子韩咸士被诬为通海,死于杭州监狱。值得注意的是,韩绎祖的父亲韩敬曾经在钱谦益主考浙江乡试时,故意设套害钱谦益失察科场案,钱谦益因此而去官,钱谦益没有记韩绎祖父亲的仇恨,而因韩绎祖曾效力弘光小朝廷在文中给予褒彰,并为韩绎祖从事抗清活动去世而表达怀念之意。钱谦益聊以慰藉的是收到志士彭达生的书信与诗文作品,并且感到彭达生的诗文有少见的志气,可惜彭达生也是生不逢时,没有遇到齐桓公这样的鼎盛时期。钱谦益勉励彭达生也同时自勉"文章之未衰,而知其志气尚在","余虽老瘉,视后而鞭,犹将恃子以少强"。[1] 其中,"今将以斯文投眢井,实鱼腹,沉埋于羊年犬月,吾知必有精灵光怪,

---

[1] 钱谦益:《彭达生晦农草序》,《牧斋有学集》卷十九序六,《钱牧斋全集》,上海古籍出版社2003年版,第810—811页。

抉肩发匮,飞跃而去",暗用宋遗民郑思肖《心史》藏于古井终发灵光之典故,可见钱谦益心迹。①

此年,钱谦益长孙桂哥病殇,给钱谦益带来重大打击,他啜泣忍泪,撰《桂殇四十五首》,连教读师谢恒也为之"哭而神伤,逾二年遂不起"。②《桂殇四十五首》有序:"桂殇,哭长孙也。孙名佛日,字重光,小名桂哥。生辛卯孟陬月,殇以戊戌中秋日。聪明勤敏,望其早成,拟作志传,毒痛凭塞,啜泣忍泪,以诗代之,效东野杏殇之作。凡七言长句十二首,断句三十三首。岁在屠维大渊献,如月二十五日。蒙叟记。"③钱谦益为长孙取名佛日,字重光,小名桂哥,表达抗清复明的政治态度。"佛日",反映柳如是的宗教信仰。"重光",光复,表示再次见到光明,暗寓复兴明室之义。典出《文选·陆云诗》:"辰暑重光,协风应律。"李善注引张晏曰:"重光,谓日、月也。"小名"桂哥",表达对南明桂王的思念。由此可见,钱谦益、柳如是的复明之意,在长孙取名上昭然若揭。④

顺治十五年(1658),钱谦益撰有《红豆诗初集》,"起戊戌,尽一年",有《题孟阳仿大痴仙山图》《和些庵和尚补山堂歌》等篇。⑤ 其中,《题孟阳仿大痴仙山图》有序记怀念孟阳前尘影事,感慨"人世俯仰,不堪把玩"。钱谦益说:"万历丁巳夏五月,余与孟阳栖拂水山庄。中峰雪崖师藏大痴仙山图,相邀往观。是日毒热,汗濯濯滴筱舆上,日落仍还。次日,孟阳忆之,作图,笔砚燥渴,点染作焦墨状,至今犹可辨也。去画时四十一年,孟阳仙去亦十五年矣。子羽偶从集上购得以示余。人世俯仰,不堪把玩。孟阳每拈《首楞严》中前尘影事一语,念之悯然,因作歌题其上。"《送萧孟昉还金陵》《秦淮花烛词十二首为萧孟昉作》与钱谦益故友萧士玮二弟季公之子萧孟昉有关。十一月八日,钱谦益为萧孟昉撰《慧命篇赠萧孟昉四十称寿》,序文称萧孟昉承萧士玮之志刻大藏流

---

① 陈福康:《论钱谦益对〈心史〉的态度》,《新世纪图书馆》2012年第8期,第14—16,88页。
② 钱谦益:《教读谢君坟表》,《牧斋有学集》卷三十五神道碑二墓表,《钱牧斋全集》,上海古籍出版社2003年版,第1249—1250页。
③ 钱谦益:《桂殇四十五首》,《红豆诗初集》,《牧斋有学集》卷九,《钱牧斋全集》,上海古籍出版社2003年版,第455页。
④ 陈寅恪:《柳如是别传》,北京三联书店2001年版,第1135页。
⑤ 钱谦益:《红豆诗初集》,《牧斋有学集》卷九,《钱牧斋全集》,上海古籍出版社2003年版,第425—474页。

通,说道:"自吾友伯玉西归,而海内文章性命之友尽矣。孟昉惇笃风义,不愧伯玉犹子。去年访余江村,丰容咳唾,如见故人。余为呜咽沾襟,所谓喜心翻倒极也。……昔者紫柏和尚滑佛法垂秋,刻大藏为方册,以便流通,为末法众生续佛慧命,经始七十年未告成事。伯玉徼子晋诸善人发愿蒇事,迄今且三十年,伯玉往矣,而孟昉担荷之志不衰,此吾所日月以几也。"①钱谦益又为萧孟昉撰《跋萧孟昉花烛词》,跋文述:"孟昉自西昌来就婚南都,词人才士,有名士悦倾城之羡,并赋《花烛词》,流艳人口。孟昉要余继声。……孟昉归,属子晋刻其诗,趣为跋语甚急。"②钱谦益还于十一月撰成《萧伯玉墓志铭》,铭文记与萧伯玉之友情,说:"余交海内贤士大夫,风操不一,若其居然不俗,得免于鲁直之訾敖者,惟吾伯玉而已。""崇祯初,枚卜阁员,伯玉遗余方寸牍曰:政将及子,勉赴物望。余以阁讼下狱,伯玉谋于李忠文,间行走,使赍千金为纳橐饘。此伯升兄弟所未及知,行状阙载者。"③《孟冬十六日,偕河东君自芙蓉庄,泛舟拂水,瞻拜先茔,将有事修葺,感叹有效坡公上巳之作,词无伦次》《采花酿酒歌示河东君》涉柳如是,后者有序:"戊戌中秋日,天酒告成,戏作《采花酿酒歌》一首。以诗代谱,其文烦,其辞错,将以贻世之有仙才、具天福者。非是人也,则莫与知而好,好而解焉。"④钱谦益称赞柳如是有超凡绝俗的才华和福德,能"知而好,好而解",两人有共同志向,从事联络各方抗清复明,慷慨解囊出资募军。⑤

顺治十五年(1658),钱谦益有杭州、金陵之行。季春,钱谦益至杭州,访黄宗羲兄弟于杭州西湖畔的昭庆寺,参与黄宗羲、黄宗炎兄弟和武林大佛头寺僧澹斋为抗清将领张煌言家属妻董氏、子张祺经纪赎狱之事。金鹤冲撰《钱牧斋先生年谱》记:"戊戌:七十七岁。季春游武林,

---

① 钱谦益:《慧命篇赠萧孟昉四十称寿》,《牧斋有学集》卷二十四序二,《钱牧斋全集》,上海古籍出版社2003年版,第963—965页。
② 钱谦益:《跋萧孟昉花烛词》,《牧斋有学集》卷四十七题跋二,《钱牧斋全集》,上海古籍出版社2003年版,第1555页。
③ 钱谦益:《萧伯玉墓志铭》,《牧斋有学集》卷三十一墓志铭四,《钱牧斋全集》,上海古籍出版社2003年版,第1127—1130页。
④ 钱谦益:《采花酿酒歌示河东君》,《红豆诗初集》,《牧斋有学集》卷九,《钱牧斋全集》,上海古籍出版社2003年版,第449页。
⑤ 顾诚:《李岩质疑明清易代史事探微》,光明日报出版社2012年版,第390—391页。

访黄太冲兄弟于昭庆寺。已而,晦木来告:张苍水妻董、子祺在仁和狱中,且十年矣,今开赎例,得五十金,则二人可出也。先生慨然畀以五十金赎之。太冲等劝张氏母子他往,迁延不决,复见收捕,终及于难。太冲《书澹斋事》,参《鲁春秋》。顾苓云:'先生于前后死国之臣,必经纪其家。大声疾呼,罔所顾忌,不独赎苍水妻子而已。'"①太冲,即黄宗羲。黄宗羲在《书澹斋事》中载有赎狱之事本末,发现可以赎狱的是澹斋,澹斋是什么人?黄宗羲记道:"澹斋者,武林大佛头寺僧也。金陵人,尝以杀人入狱,为狱吏所困苦,久之得脱,以为人世不堪,无逾于囚,遂舍身为僧,发愿以济狱中之人。……盖数十年如一日也。"顺治十五年(1658)四月,黄宗羲正好寓居在昭庆寺。澹斋来请求黄宗羲为他写募化财物的文章,澹斋想给佛头做泥金,黄宗羲就作了一偈给澹斋。有一天,澹斋貌似无意地从袖中掉出一张纸条,黄宗羲拾起一看,不禁大吃一惊,只见纸条上面写着张煌言的妻室和儿子两人的姓名。黄宗羲盘问:"你为什么写下两人的姓名?"澹斋假装不知。黄宗羲坚持反复问澹斋,澹斋才告诉黄宗羲说:"两人在仁和狱中,僧因饭囚,故习之,知其为忠臣家属也,今开赎例,得四十金,则两人可出矣。世路悠悠,无可告语,书之以识吾愿耳。"黄宗羲对澹斋说:"这应该是我们这些人的事,为什么麻烦你呢?"当时,钱谦益也居住在武林,黄宗羲弟弟黄宗炎前去告诉钱谦益这件事,钱谦益拿出五十两银子给澹斋。过了三天,张煌言的儿子前来告知已经被赎出。黄宗羲劝张煌言的妻子和儿子另投他乡,但是两人拖延了很久都没有定下来,就又被官府收捕了。虽然事情如此结果,但澹斋的心意是尽到了。黄宗羲特作《书澹斋事》表彰澹斋说:"至其救忠义,行任侠,吾不得以浮屠目之矣。"②据此,赎狱之事清楚。钱谦益在杭州与黄宗羲、黄宗炎兄弟商量的其他秘密事项,缺乏文献记载。

此外,钱谦益在杭州与张缙彦交往。张缙彦时为浙江左布政使,后

---

① 金鹤冲:《钱牧斋先生年谱》,《牧斋杂著》附录,《钱牧斋全集》,上海古籍出版社2003年版,第945页。顾苓:《东涧遗老钱公别传》,《牧翁集再补》附录,《牧斋杂著》,《钱牧斋全集》,上海古籍出版社2003年版,第961页。

② 黄宗羲:《书澹斋事》,《南雷诗文集》上,《黄宗羲全集》,浙江古籍出版社2012年版,第229—231页。

来，张缙彦在顺治十七年(1660)六月为刘正宗《逋斋诗二集》作序，说刘正宗为"将明之才"，被曲解为"辅助明朝之才"，即含反清复明之意，因此被捕下狱，流徙宁古塔。顺治十五年(1658)孟夏，张缙彦邀请钱谦益去杭州，当面告诉钱谦益说自己在古书店重金购得一部《后汉书》，书扉页上有钱谦益题跋和藏书印。钱谦益看到原书，果然有自己的笔迹、印章，于是放声痛哭。张缙彦为之感动，就请人抄录一部《后汉书》赠予钱谦益。钱谦益撰《书旧藏宋雕两汉书后》记其事，题跋文说："庚寅之冬，吾家藏书，尽为六丁下取，此书却仍在人间。然其流落不偶，殊可念也。今年游武林，坦公司马携以见示，谘访真赝。予耸恿亟取之。司马家插架万签，居然为压库物矣。呜呼！甲申之乱，古今书史图籍一大劫也。吾家庚寅之火，江左书史图籍一小劫也。"①文末署"岁在戊戌孟夏廿一日，重跋于武林之报恩寺"。钱谦益还为张缙彦撰《张坦公集序》，作于张缙彦将离开杭州去北京之际。②

顺治十五年(1658)冬，钱谦益有金陵之行，与钱澄之等交往。钱澄之以诗文著称，与顾炎武、吴嘉纪并称江南三大遗民诗人，参加过嘉善义军，任过永历朝编修，一时制诰文字大多出自钱澄之手，所论均能切中时弊。钱澄之还与留守桂林的瞿式耜过从唱和，所写诗对弘光、隆武、永历三朝时事记载详细，足证野史之误，有《藏山阁诗存》等。钱谦益很看重钱澄之的诗，在其所编《吾炙集》中收钱澄之诗作74首，倍加赞誉，把钱澄之的诗作视为南明诗史。钱谦益与钱澄之抵足金陵长干僧舍中，相与论诗，两人交往颇深。钱澄之在《田间文集》卷十六《龙眠诗录引》中记："戊戌冬夜，予与虞山牧斋先生抵足长干僧舍中，相与论诗。"③当郑成功北上时，四方响应，皆谓中兴。钱谦益、钱澄之等均是郑军北伐的积极策应者。

顺治十六年(1659)，钱谦益撰《红豆诗二集》，"起己亥，尽一年"，记录个人一年的生活，有《己亥正月十三日过子晋湖南草堂张灯夜饮追忆

---

① 钱谦益：《书〈旧藏宋雕两汉书〉后》，《牧斋有学集》卷四十六题跋一，《钱牧斋全集》，上海古籍出版社2003年版，第1529—1530页。
② 钱谦益：《张坦公集序》，《有学集文集补遗》，《牧斋杂著》，《钱牧斋全集》，上海古籍出版社2003年版，第533—535页。
③ 钱澄之：《龙眠诗录引》，《田间文集》卷十六，黄山书社1998年版，第298页。

昔游感而有赠凡四首》《酒逢知己歌赠冯生研祥》《后秋兴八首》等篇。①钱谦益此年交往多明遗民、高僧等。其中,《己亥正月十三日过子晋湖南草堂张灯夜饮追忆昔游感而有赠凡四首》记在毛晋湖南草堂夜饮事,追忆崇祯十四年(1641)八月"六十初度避客南湖"时的感受,"饮罢归舟,被酒不能寐,申旦成咏。越七日,回舟过玉峰,捉笔书之,以贻子晋,聊博一笑,兼祈继声。"《酒逢知己歌赠冯生研祥》中的冯研祥即冯文昌,字研祥,一作砚祥,一字文元。嘉兴人,寓余杭。诸生,钱谦益弟子。冯文昌祖父冯梦祯、父亲冯权奇均好藏书。钱谦益与冯氏一家交谊深厚,冯氏藏有宋刊赵明诚《金石录》残本十卷。《乳山道人劝酒歌》记与林古度交往之事。《载花易书诗赠泰和杨弱生》记杨弱生载花易书事:"载得名花换异书,章江一棹好春余。花如姹女辞金屋,书比黄衣下玉除。青镜瑶芳嗤换马,碧山芸草唤焚鱼。新书塞屋花仍放,载酒争过杨子居。"《己亥夏五十有九日灵岩夫山和尚偕鱼山相国静涵司农枉访村居双白居士确庵上座诸清众俱集即事奉呈四首》记诸清众在钱谦益村居寓所集聚事。与聚者有灵岩夫山和尚弘储(1605—1672),俗姓李,字继起,号退翁、担雪老人,通州人,灵岩山寺临济宗第三十二世、抗清志士,在明遗民文人圈富有影响力。钱谦益评价弘储从事复明活动,能以度世之深心兼经国之大手。鱼山相国熊开元(1599—1676),字玄年,号鱼山,法名正志,号檗庵,一作蘖庵,嘉鱼(今属湖北)人,祖籍金溪(今属江西)。天启五年(1625)进士,曾任崇明知县、吴江知县、吏科给事中等。入福建抗清,唐王授工科左给事中、太常寺卿、左佥都御史、东阁大学士兼右副都御史权理院事。顺治八年(1651)隐居灵岩山寺,为弘储嗣法弟子。静涵司农张有誉(1589—1669),字谁誉,号静涵,法号大圆,江阴人。天启二年(1622)进士,官至南明户部尚书、太子太保。弘光政权灭亡后,隐居武康山为僧。钱谦益此年五月撰《答张静涵司农第一札》,又撰《再答张静涵书》,七月撰《三答静涵张司农书》。双白居士王廷璧,号双白,江阴人,明遗民,弘储身边的居士。钱谦益为王廷璧撰《赠双白居

---

① 钱谦益:《红豆诗二集》,《牧斋有学集》卷十,《钱牧斋全集》,上海古籍出版社 2003 年版,第 474—518 页。

士序》,称:"忠孝,佛性也。忠臣孝子,佛种也。未有忠臣孝子不具佛性者,未有臣不忠、子不孝而不断佛种者。远公以此为师,诸贤以此为资……双白居士老困逢掖,身为遗民,好从灵岩游,栖一瓶拂之下,羹藜啖葛,终已不顾。"①确庵上座陈瑚,字言夏,太仓人。崇祯十六年(1643)举人,与陆世仪、江士韶、盛敬合称"太仓四先生"。明亡,避居昆山蔚村。《徐元叹劝酒词十首》称明遗民徐波:"皇天老眼慰蹉跎,七十年华小劫过。天宝贞元词客尽,江东留得一徐波。"徐波(1590—1663),字元叹,吴县人。明亡后,居天池,构落木庵,以枯禅终。《戏咏雪月故事短歌十四首》序记中秋脚病时撰:"中秋脚病,伏枕间思,良辰美景,无如雪月,此中乐事可快心极意者,古今亦罕。寻绎各得七事,系短歌以资调笑。若山阴、蓝关之雪,牛渚、赤壁之月,不免寒饿,虽可清神濯骨,今无取焉。"《觉浪和上挽词八首》系为高僧觉浪道盛(1592—1659)所撰挽词,序记:"予与浪丈人武林邂逅,契在忘言。吴苑暌违,迹同交臂。俄闻顺世早已隔生,叹夜壑之负趋,感晨钟而深省。刹竿却倒,智镜云亡。斯世如长夜之熄灯,伊余如跛人之夺杖,未能免俗。敬制挽词以哭吾私,非谁为恸云尔。"此年五月廿四日钱谦益撰有《答觉浪和尚》《又答觉浪和尚》。《后秋兴八首》也收入《投笔集》中,少数字有异。

顺治十六年(1659)七月起,钱谦益陆续创作《后秋兴》组诗,收入《投笔集》。②组诗载顺治十六年诗作有《金陵秋兴八首次草堂韵》自注:"己亥七月初一日作",诗中讴歌顺治十六年六月郑成功进军长江的胜利,钱谦益感到复明中兴的时机已经到来,称颂郑成功所属水师"龙虎新军",高唱"戈船十万指吴头",呼唤"依然南斗是中华"。③钱谦益在诗中间接表达反清复明的思想感情。

《后秋兴八首之二》自注:"八月初二日闻警而作"。"闻警",指郑成功义军兵败金陵城下之事。其四:"由来国手算全棋,数子抛残未足悲。小挫我当严警候,骤骄彼是灭亡时。中心莫为斜飞动,坚壁休论后起

---

① 钱谦益:《赠双白居士序》,《牧斋有学集》卷二十二赠序一,《钱牧斋全集》,上海古籍出版社2003年版,第911—912页。
② 钱谦益:《投笔集》卷上,《牧斋杂著》,《钱牧斋全集》,上海古籍出版社2003年版,第1—31页。
③ 钱谦益:《投笔集》卷上,《牧斋杂著》,《钱牧斋全集》,上海古籍出版社2003年版,第2页。

迟。换步移形须着眼,棋一误后转堪思。"鼓励郑成功勿因小挫灰心,要审时度势,从全局出发,慎重思考,算全棋,数子抛残,未足为悲,着眼换步移形,稳住阵脚,反思误棋,以图转机。在诗组其五中,钱谦益为郑成功出谋划策:"金陵要莫南朝鼎,铁瓮须争北顾关",提出要攻下金陵首先要控扼镇江,以切断清军在长江下游的通道。然而,郑成功没有退守镇江,以图东山再起,而是直退入海。诗其八钱谦益自注:"是役,惟伏波殿后,全军而返。"伏波,指郑成功部将马信为左提督,当时统水军于江,与韩英以舟师堵江口,周全斌、黄昭、吴豪及左冲镇黄安均为后殿,郑成功全军而返。

《后秋兴之三》自注:"八月初十日,小舟夜渡,惜别而作。"记此年八月初十郑成功水军撤退,经过常熟白茆港时,有小舟夜渡,赶赴军前,会见义军,而与柳如是惜别之事。诗其三还追记柳如是资助抗清义士招募军队的往事,"破除服珥装罗汉"句,钱谦益自注:"姚神武有先装五百罗汉之议,内子尽囊以资之,始成一军。"内子,指柳如是,记录柳如是慷慨资助义军。"娘子绣旗营垒倒"句,钱谦益自注:"张定西谓阮姑娘'吾当派汝捉刀侍柳夫人。'阮喜而受命。舟山之役,中流矢而殒,惜哉。""将军铁稍鼓音违"句,自注"乙未八月,神武血战,死崇明城下。"姚神武,即姚志悼,借助柳如是的资助始成一军,投奔张名振军并参加了其顺治乙未长江之役。

《后秋兴之四》自注:"中秋夜,江村无月而作。"钱谦益前往松江劝说马进宝,后返回红豆山庄于中秋夜追忆作此组诗。其四:"身世浑如未了棋,桑榆策足莫伤悲。孤灯削柿丸书夜,间道吹箫乞食时。雨暗芦中双桨急,月明江上片帆迟。荒鸡唤得谁人舞?只为衰翁搅梦思。""未了棋",喻当前抗清局势,激励抗清义军。诗中追忆秘密参与郑成功与马进宝之间联络谈判活动,小舟出入水军并与义军惜别返回的情景。其八"途危祇仗心魂过,路芕才容脚指移"句,钱谦益追忆江乡夜行,自注:"梦度险岸,劣容脚指,江乡夜行,光景宛然。"期望松江劝说马进宝"此行期奏济河功"。

《后秋兴之五》自注:"中秋十九日,暂回村庄而作。"从八月初二日闻警至十九日,义军从金陵退出入海,事态发生重大变化,钱谦益所做事情已成秘密。村庄，指红豆山庄。暂回，指暂时返回红豆山庄以观事变。其四："起手曾论一着棋，明灯空局暗生悲。萧疏齿发凋残日，突兀乾坤赌赛时。海水怒飞龙起急，天梁横截雁来迟。盘锠大有中原约，酌酒加餐慰尔思。""一着棋"，指郑成功进军长江之棋局。虽然义军遭到挫败，而"盘锠大有中原约"，期待再次兴师反攻，达到目的。

《后秋兴之六》自注："九月初二日，泛舟吴门而作。"钱谦益九月初二日泛舟吴门，必有重要事情，或许马进宝在吴门，或许与郑成功在吴门的商行联络，具体内容不能详知。郑成功有十商组织，山、海路各五商，其中，山路以金木水火土五行命名，在京师、山东、苏州、杭州等地设商行，负责在北京、苏州、杭州等地采购生丝、瓷器、绸缎、绫罗、茶叶等货物及运销外洋，苏州有以商行名义的联络地方。其四："棋罢何人不说棋，闲窗覆较总堪悲。故应关塞苍黄候，未是天公皂白时。火井角芒长焰焰，日宫车辇每迟迟。腐儒未谙楸枰谱，三局深惭厘帝思。"记顺治六年（1649）时寄密信给瞿式耜，为永历朝廷复明上陈三局，规划如棋局周密设计，当时何人不说棋，如今抗清失利，感慨不已。

《后秋兴》组诗于顺治十六年（1659）开始创作第一叠至第六叠，至康熙二年（1663）完成十三叠，每叠八首，一共108首，均步杜甫《秋兴八首》之韵。钱谦益从顺治十六年开始，几乎至生命的最后，从事总结性的诗史《后秋兴》组诗的创作，与当时反清复明的斗争形势紧密相连，投笔以诗存史。[1] 陈寅恪在《柳如是别传》第五章复明运动中指出："《投笔集》诸诗，摹拟少陵，入其堂奥，自不待言。且此集牧斋诸诗中颇多军国之关键。为其所身预者，与少陵之诗仅为得诸远道传闻及追忆故国平居者有异。故就此点而论，《投笔》一集实为明清之诗史，较杜陵尤胜一筹，乃三百年来之绝大著作也。"[2]《投笔集》在钱谦益生前未刊，其原稿不存。《投笔集》中有八首诗最早收入康熙十三年（1674）邹式金所刻《有学集》五十卷，题为《后秋兴八首》。"投笔"之名仅见康熙四十四年（1705）玉诏堂初刻钱曾笺注本《有学集》卷十二目录，诗目下注"阙"字，正文缺，标题下注"慎不敢抄"四字，后亦被剜除。最早完整收录《投笔

---

[1] 王小舒：《钱谦益的诗学观及其前后期创作之异同》，《文艺研究》2009年第5期，第65—73页。
[2] 陈寅恪：《柳如是别传》，北京三联书店2001年版，第1193页。

集》的刻本为康熙五十年(1711)沈炌如所刻《牧斋诗抄》。①

顺治十六年(1659)钱谦益所撰文多褒彰忠义,或反映时事与个人景况。六月二十日,钱谦益撰《太仆寺少卿宁侯席君家传》,为东山席本祯家传。② 席本祯(1601—1655),端攀子。崇祯末,以救灾授文华殿中书,加太仆寺少卿。明末清初,本祯率乡人捍御一方。子席启兆、启图、启疆、启寓。席启图秉承父志,广置义田,族中无依者多赖以存活,官内阁中书舍人,储书万卷,辑《畜德录》。钱谦益又撰《答席》,其中,谈到时局,"江海骚动,风鹤震惊",指郑成功第三次北伐与张煌言会师,最终在南京神策门大败而归之事。③ 钱谦益又在《与曾青藜书》中述时事:"足下记存衰朽,不啬千里枉驾。狗马属疾,扶携一见,不能具宾主礼。别后简达生《山居》诗,循览章、贡故章,生平慕悦奇士……达生报章,敢烦侍史。兵尘方起,恐旦夕未便江行,或更得执手剧谈。孟公奇士,逃禅非其本色,唯足下有以报之。"④曾灿(1626—1689),原名传灿,字青藜,号止山,自号六松老人,江西宁都人。曾参南明唐王军事,败后为僧出游,侨居苏州二十余年。钱谦益七月朔日撰《李忠毅公遗笔跋》,跋文追忆往事,褒彰"伟人"李应升,说:"江阴之东原,里名长泾、赤岸,相去五六里……其中有二伟人焉,一为宫谕谥文贞缪公当时,一为御史谥忠毅李公次见。余与当时游,识次见书生时。天启乙丑,逆奄钩党急,刺促长安中,篝灯夜坐。当时絮语及应山,余抚几叹曰:'应山拼一死糜烂,为左班立长城。微应山,党人骈首参夷,他日有信眉地乎。'次见击节以为知言,目光炯炯激射,寒灯翳然,为之吐芒。相与长叹而罢。明年,二公同时被祸。奄败,卒与应山偕恤录,盖三十余年矣。"⑤李应升(1593—

---

① 杨柳、杨崇和:《量校法:异文校勘中的一种统计方法——以钱谦益〈投笔集〉为研究案例》,《图书馆杂志》2021年第11期,第133—147页。
② 钱谦益:《太仆寺少卿宁侯席君家传》,《有学集文集补遗》下,《牧斋杂著》,《钱牧斋全集》,上海古籍出版社2003年版,第579—582页。
③ 钱谦益:《答席》,《钱牧斋先生尺牍》卷第一,《牧斋杂著》,《钱牧斋全集》,上海古籍出版社2003年版,第267页。
④ 钱谦益:《与曾青藜书》,《牧斋有学集》卷三十八书一,《钱牧斋全集》,上海古籍出版社2003年版,第1334—1335页。
⑤ 钱谦益:《李忠毅公遗笔跋》,《牧斋有学集》卷四十六题跋一,《钱牧斋全集》,上海古籍出版社2003年版,第1533—1534页。

1626),字仲达,号次见,江阴人。万历四十四(1616)年进士,天启三年(1623)授都察院西台御史,因抨击魏忠贤身遭迫害,以"忠臣不怕死,怕死不忠臣"之气节,坚贞不屈,慷慨赴义。崇祯初昭雪平反,追赠"太仆寺卿",谥号"忠毅"。钱谦益在随后的顺治十七年(1660)春正月望日所撰《明福建道监察御史赠通议大夫太仆寺卿谥忠毅李公墓志铭》文中褒彰忠烈,并痛惜故国说:"迄今三十余年,国鱼烂矣,世陆沈矣,宫邻、金虎胥化为飞尘余烬矣。祖宗在天之灵,将安在乎?将安吁乎?起公于今日,不知其抚膺陷胸,又何如也?斯可为痛哭也矣。"①

顺治十七年(1660),钱谦益患起足疾,开始行动不便。钱谦益在此年撰《致李石台》中述:"某屏迹水村,江天寥廓。……年来绝迹城市,足疾新愈,须人而行。"②钱谦益在《与周安石》中又记:"足疾作苦,絮叨不已。"③《与徐元叹》称:"日来脚气作苦,想因日日翻残经,钻故纸,便应作折脚法师。今幸少差矣,然毕竟懒出柴门,视虎丘、天池,如在天外。未知中秋前后,能破此铁门限否也?"④钱谦益《书史记齐太公世家后》记:"流俗语云:'太公八十遇文王。'……今秋脚病,蹒跚顾影。明年八十,耻随世俗举觞称寿,聊书此以发一笑,而并以自励焉。"⑤钱谦益庚子中秋十三夜书《戏咏雪月故事短歌十四首》有序述"中秋脚病"。⑥ 钱谦益在《报慈图序赞》中记:"壬寅冬,余八十余生,中寒病足。"⑦足疾困扰了钱谦益的日常生活。

此年,郑成功、张煌言攻南京失利后,钱谦益多次策动反正的苏松

---

① 钱谦益:《明福建道监察御史赠通议大夫太仆寺卿谥忠毅李公墓志铭》,《牧斋有学集》卷二十九墓志铭二,《钱牧斋全集》,上海古籍出版社 2003 年版,第 1072—1076 页。
② 钱谦益:《致李石台》,《钱牧斋先生尺牍》卷第一,《牧斋杂著》,《钱牧斋全集》,上海古籍出版社 2003 年版,第 207 页。
③ 钱谦益:《与周安石》,《钱牧斋先生尺牍》卷第一,《牧斋杂著》,《钱牧斋全集》,上海古籍出版社 2003 年版,第 238 页。
④ 钱谦益:《与徐元叹》,《钱牧斋先生尺牍》卷第一,《牧斋杂著》,《钱牧斋全集》,上海古籍出版社 2003 年版,第 252 页。
⑤ 钱谦益:《书史记齐太公世家后》,《牧斋有学集》卷四十五杂文三,《钱牧斋全集》,上海古籍出版社 2003 年版,第 1501—1502 页。
⑥ 钱谦益:《戏咏雪月故事短歌十四首》,《红豆诗二集》,《牧斋有学集》卷十,《钱牧斋全集》,上海古籍出版社 2003 年版,第 493 页。
⑦ 钱谦益:《报慈图序赞》,《牧斋有学集》卷四十二赞,《钱牧斋全集》,上海古籍出版社 2003 年版,第 1425 页。

提督马逢知也因交通海上被清廷治罪。钱谦益行动不便,居家读书写作,继续创作《后秋兴》组诗之七至之九,以诗存史。

钱谦益撰《后秋兴之七》自注:"庚子中秋。"①其四:"破碎山河惜举棋,斜飞一角总堪悲。可怜纸上楸枰局,便是军前画筹时。帐殿咨嗟如宿昔,芒鞋奔赴转稽迟。谁将姑妇中宵语,借箸从容启睿思。"钱谦益感慨山河破碎,可怜自己复明大业三楸棋的规划,已是纸上谈兵。《后秋兴之八》自注:"庚子阳月初一,拂水拜墓作。"其四:"撼户秋声剥啄棋,惊心局外转伤悲。每于典籍论终古,只道乾坤似昔时。已破关河惆怅在,未招魂魄却回迟。长明灯上诸天近,时有空音答仰思。"钱谦益为抗清复明失利而伤悲。《后秋兴之九》自注:"庚子十月望日。"②其四:"三阵凋残御制棋,祖宗眷顾不胜悲。可知仙杖巡游日,还是钧天谒请时。八树分茅朱喝永,六龙拥驾赤乌迟。殊方未及樱桃荐,寝庙应深白露思。"钱谦益以宋时史典喻今,深感时局不利,不胜悲痛。钱谦益此年又撰《红豆诗三集》,"起庚子年,尽辛丑年"。③

钱谦益撰《光禄大夫柱国太子太师吏兵二部尚书武英殿大学士赠特进光禄大夫左柱国太傅谥文贞路公神道碑》,传抗清志士路振飞事迹。④ 路振飞(1590—1655),字见白,号皓月,曲周人。天启五年(1625)进士,任泾阳知县、御史,不畏权贵,连参奸臣周延儒等,上书陈时事十大弊端。崇祯六年(1633)巡按福建,海盗刘香数度勾结荷兰入侵者犯边,路振飞大力保疆保土,激励将士,杀寇驱敌。曾派郑成功之父郑芝龙大破海盗,守护疆土。南明唐王先后封路振飞为太子太保、吏部尚书、文渊阁大学士等,卒于粤中。神道碑文除保存南明史料之外,还记钱谦益亲历路振飞耿直不阿事迹:"谦益罢枚卜里居,常熟奸民上变告讦,次及给事瞿式耜。乌程票严旨镌责,公抗疏为余伸理,且曰:'怨家自有对头,是

---

① 钱谦益:《投笔集》卷上,《牧斋杂著》,《钱牧斋全集》,上海古籍出版社2003年版,第1—31页。
② 钱谦益:《投笔集》卷下,《牧斋杂著》,《钱牧斋全集》,上海古籍出版社2003年版,第40—52页。
③ 钱谦益:《红豆诗三集》,《牧斋有学集》卷十一,《钱牧斋全集》,上海古籍出版社2003年版,第519—563页。
④ 钱谦益:《光禄大夫柱国太子太师吏兵二部尚书武英殿大学士赠特进光禄大夫左柱国太傅谥文贞路公神道碑》,《牧斋有学集》卷三十四神道碑一,《钱牧斋全集》,上海古籍出版社2003年版,第1218—1224页。

非岂无清议。'乌程起牢修、朱竝之狱,操刀必割。公两言刺其阴事,恚且惭,亦用是魄夺。公坐降三级调外任。"文中追忆当年钱谦益、瞿式耜为奸民张汉儒所讦,首辅温体仁欲加治罪,路振飞竭力为钱谦益、瞿式耜辩白无罪,为此招致温体仁怨恨,把路振飞降三级调外任。

  此年,钱谦益为重订《大佛顶首楞严经疏蒙钞》撰《重记》,述顺治十四年(1657)丁酉长至以来自己逾三年的钞辑重订的经历。钱谦益记:"丁酉长至,遇雪藏韶师于长干,出斯钞就正。韶师偕介丘残师,呵冻开卷,废寝食五昼夜。"①文中记雪藏韶师对《大佛顶首楞严经疏蒙钞》的评价"此得《楞严》大全,古圣师面目各在,亟宜流布,勿复疑滞"。钱谦益在《大佛顶首楞严经疏蒙钞》序言中记,顺治十四年"岁在强圉作噩中秋十有一日辍简再记于碧梧红豆庄,是岁长至日书于长干大报恩寺之修藏社",在红豆山庄里完成此著。

  钱谦益敬慕归有光,为传承归有光经世致用思想,编次归有光集。此年五月二十八日,撰《与归进士论校震川集书》,与归庄族叔归裔兴述:"荒村僻远,伏承亲枉玉趾,命雠《震川先生文集》,不敢以荒落为辞。寻绎旧学,排缵累日,乃告成事。……披金拣沙,务求完美。以一生师承在兹,良欲效攻王之勤于遗编也。编次大意,略序梗概,以求正于法眼。或召玄恭详审商榷,如有未当,不妨改正。编次之法,略仿韩、柳、苏三集。……右编次震川先生文集三十卷,别集十卷,余集不分卷,约三百余篇。先生于词章,刊落皮肤,独存真实。虽其牵率应酬,或质而少文,或放而近易,有识者精求之,可以窥见先生摆脱流俗,信心师古之大致。"②钱谦益述编集意在精心选择"去取","见先生摆脱流俗,信心师古之大致"。钱谦益从归有光作品体会到真正的古学并不是流俗之学,是古人的本质,像归有光作品能摆脱流俗,独存真实。钱谦益另撰《新刊震川先生文集序》。在清代,归有光著作被列为禁书,而这些被禁毁的书几乎是由钱谦益和吕留良编辑,包括《震川集》《震川别集》和《归震

---

① 钱谦益:《重记》,《牧斋有学集文钞补遗》,《牧斋杂著》,《钱牧斋全集》,上海古籍出版社2003年版,第478—479页。
② 钱谦益:《与归进士论校震川集书》,《牧斋有学集》卷三十八书一,《钱牧斋全集》,上海古籍出版社2003年版,第1335—1337页。

川诗文稿》。

顺治十八年(1661),钱谦益80岁,谢绝外界贺寿。钱谦益撰《黄庭表忍庵诗序》称:"余年八十,避人称寿。"①钱谦益开始关注家族文献,正月元夕撰《谱图后序上篇》《谱图后序下篇》《谱图后序》,二月又撰《吴越钱氏旁支图序》,以存钱氏家族史。② 值得注意的是,钱谦益晚年所撰的这组家乘文,称明初为"国初",称明代皇帝为"先帝",好像没有经历过改朝换代,尤其是"华夷同贯,口有伊川之叹,于吾身亲见"等语,"篇中屡见之,亦可见其愤慨之情老而弥甚。是卷《有学集》未收,惟抄本流传,至宣统间始刊传焉"。③

同年三月初,钱谦益在红豆山庄的居所遭劫,人身幸免于难。钱谦益《与赵月潭》述:"逆贼之来,焚如突如,意诚不在货财也。仆以石台公祖赴酌,仓卒入城,彼不及知,幸免于难。数日前,敝乡迎关帝赛会,示梦社人云:'钱家庄上有大难。廿八至初二日,要往救护,过此方许出会。'则此日之得免,与一家之九死不死,大帝之救护昭昭矣。方以为感,岂复有芥蒂于中乎?举家狼狈,五月披裘。石台公祖分俸为制绨绔,少可蔽体。而家中百物罄尽,贱内累年为嫁女奁具,亦一卷而去。"④当时,钱谦益与柳如是及其赘婿赵管同住在红豆山庄。钱谦益担心红豆山庄遭劫,意不在货财,有人身安全隐患,此后考虑入常熟城居住。

钱谦益有自注"起庚子"的《红豆诗三集》,记录其此年交往,有《辛丑二月四日宿述古堂张灯夜饮酒罢有作》《读豫章仙音谱漫题八绝句呈太虚宗伯并雪堂梅公古严计百诸君子》《孙郎长筵劝酒歌》等篇。⑤ 其中,《辛丑二月四日宿述古堂张灯夜饮酒罢有作》记宿述古堂之行,其三

---

① 钱谦益:《黄庭表忍庵诗序》,《牧斋有学集》卷二十序七,《钱牧斋全集》,上海古籍出版社2003年版,第846页。
② 钱谦益:《族谱后录上篇》,《牧斋晚年家乘文》,《牧斋杂著》,《钱牧斋全集》,上海古籍出版社2003年版,第130—168页。《族谱后录上篇》,第168—184页。《谱图后序》,第168—186页。《吴越钱氏旁支图序》,第186—188页。
③ 伦明:《伦明全集》,第4册,广东人民出版社2017年版,第353页。
④ 钱谦益:《与赵月潭》,《钱牧斋先生尺牍》卷第一,《牧斋杂著》,《钱牧斋全集》,上海古籍出版社2003年版,第254—255页。
⑤ 钱谦益:《红豆诗三集》,《牧斋有学集》卷十一,《钱牧斋全集》,上海古籍出版社2003年版,第519—563页。

回忆明季太平时钱宅景况,"繁华第宅太平时,山满高楼夜宴迟",感慨至今"弹指昔游今四世"。钱谦益之前在《与遵王》中就述古堂命名与钱曾约聚撰记,"逼除冗沓,颇无作诗况味。要必待登堂之日,饮酒既醉,方可拨枯肠,发老笔耳。"又述:"明日有事邑中,便欲过述古,了宿昔之约。但四海遏密,哀痛之余,食不下咽,只以器食共饭,勿费内厨,所深嘱也。先此订,不一。"①金鹤冲《钱牧斋先生年谱》记:"正月五日,先生自拂水山庄与遵王书云:'明日有事于邑中,便欲过述古堂,了宿昔之约。但四海遏密,哀痛之余,食不下咽,只以器食共饭,勿费内厨,所深嘱也。'按:永历帝为北兵所得,今已逾月,先生盖知之矣。"②钱谦益宿述古堂,读钱曾藏书,题跋所见各书,撰《述古堂宋刻书跋序》记:"辛丑暮春,过遵王述古堂观所藏宋刻书,缥青朱介,装潢精致,殆可当我绛云楼之什三。纵目流览,如见故物。任意渔猎,不烦借书一瓻,良可喜也。吴儿穷眼,登汲古阁,相顾愕眙,如入群玉之府。令得睹述古堂藏书,又复如何?遵王请予题跋,乃就所见,各书数语归之。"③钱谦益另撰《述古堂记》,称:"族孙曾,字遵王,粪除厥父室庐,读书其中,以新堂来请名,余遂名曰'述古',而告之曰:'子有志学古,请言吾籛氏之古。'"④

顺治十八年(1661)夏五月,钱谦益撰《遵王敕先共赋胎仙阁看红豆花诗吟叹之余走笔属和八首》,附有钱曾《红豆树二十年不花今年夏五忽放数枝牧翁先生折供胎仙阁邀予同赏饮以仙酒酒酹命赋诗援笔作断句八首》。秋九月,又撰《红豆树二十年复花九月贱降时结子才一颗河东君遣僮探枝得之老夫欲不夸为己瑞其可得乎重赋十绝句示遵王更乞同人和之》附有钱曾《奉和红豆诗十首》,钱谦益与同人和诗,多表达故国之思。⑤《丁老行送丁继之还金陵兼简林古度》记秋日丁继之与林古

---

① 钱谦益:《与遵王》,《钱牧斋先生尺牍》卷第二,《牧斋杂著》,《钱牧斋全集》,上海古籍出版社 2003 年版,第 223 页,第 228 页。
② 金鹤冲:《钱牧斋先生年谱》,《牧斋杂著》附录,《钱牧斋全集》,上海古籍出版社 2003 年版,第 950 页。
③ 钱谦益:《述古堂宋刻书跋序》,《牧斋有学集》卷四十六题跋一,《钱牧斋全集》,上海古籍出版社 2003 年版,第 1512 页。
④ 钱谦益:《述古堂记》,《牧斋有学集》卷二十六记一,《钱牧斋全集》,上海古籍出版社 2003 年版,第 992—993 页。
⑤ 钱谦益:《红豆三集》,《牧斋有学集》卷十一,《钱牧斋全集》,上海古籍出版社 2003 年版,第 550 页。

度、方文来访,"丁老裹粮自白下,贺我八十来江乡",并约"明年清秋再过我"。钱谦益顺治十三年(1656)春初曾住在金陵丁继之水阁,这里当时或为接应郑成功攻取南都计划的活动中心。①《读方尔止嵞山诗稿却寄二十韵》为读方文诗稿《嵞山集》而撰。方文(1612—1669),字尔止,号嵞山,原名孔文,字尔识,桐城人。明末诸生,明亡后更名一耒,别号淮西山人、明农、忍冬,入清不仕。

同年十月望日,钱谦益撰《恤庐诗》,自注:"为牧云和上作也。和上有怀二人,将结庐祀奉,以没其身,作衔《恤诗》十章。牧翁读之而赞许焉,故作是诗。""岁在辛丑,易月望日,虞山白衣海印弟子钱某制。"牧云和上,即通门(1599—1671),俗姓张,字牧云,号卧庵,晚号澹云。常熟人。初为诸生,后投虞山兴福寺洞闻和尚出家,后得法于密云,归住破山,刻《法乳录》。顺治九年(1652),主天童寺,终主苏州秀峰寺,归退于湖村恤庐。能诗文、善书,待人慈和,有《懒斋集》。《恤庐诗》既记牧云和尚,又为牧斋老人自述与自画像。② 从中可以体味出钱谦益晚归空门并非传统意义上士大夫借逃禅以获取心理上的平衡,而是残酷的形势迫使避祸,所谓终守研削,如抱茧蚕,装聋作哑,为无奈的选择,以避免杀身之祸的障眼法。钱谦益虽如秋虫秋吟,"为雷为风",血性仍存,有振聋发聩之为,"有倾听者,三日耳聋"。

此年,钱谦益继续创作《后秋兴》组诗之十至十一,以诗存史。《后秋兴之十》自注:"辛丑二月初四日,夜宴述古堂,酒罢而作。"《红豆诗三集》收此诗自注为:"辛丑二月四日宿述古堂,张灯夜饮,酒罢而作。"顺治十八年(1661)二月初四日,其时哀诏已到江南,国有大丧,而诗注中公然记录述古堂仍然夜宴,其意不言而喻。钱谦益认为,顺治帝之死正是复明好机会。其一"长白一山仍汉塞,卅年松漠怨秋砧"句,与《辛丑二月四日宿述古堂张灯夜饮酒罢有作》同有弹指昔今之慨。其二"而今建女无颜色,夺尽燕支插柰花"句,写顺治帝死。"星弧日矢天王阵,凤盖龙舟帝子槎"句,述南明永历帝即将御驾出师亲征。其四:"毳帐喧呼

---

① 陈寅恪:《柳如是别传》,北京三联书店2001年版,第1089页。
② 钱谦益:《恤庐诗》,《红豆诗三集》,《牧斋有学集》卷十一,《钱牧斋全集》,上海古籍出版社2003年版,第555—556页。

夜赌棋，朝来劈面枕尸悲。那知雾塞飙回候，乍见天开地裂时。草外流人欢服匿，御前和尚泣军迟。衔须引颈多元老，哭到穹庐辍论思。"此年正月初六顺治驾崩了，三月郑成功率领将士横渡台湾海峡，抵达台湾西海岸，世事无常，毳帐夜赌棋，反清复明大业仍有机会。其五"云台高筑点苍山，异姓勋名李郭间"，"整束交南新气象，恢张辽左旧河关"句，述李定国、郑成功两路出击，可望收拾山河，恢复辽左。其六"而今好击中流楫，已有先声达豫州"句，表达此时正是复明良机，不可错失。其八"日吉早时论北伐，月明今夕稳南枝"句，希望及早北伐，以期"传语故人开口笑，莫因晼晚叹西垂"。

《后秋兴十一》自注："辛丑岁逼除作。时自红豆江村徙居半野堂绛云余烬处。"①顺治十八年（1661）三月初红豆山庄居所遭劫之后，钱谦益深感不安，至此时自红豆江村徙居半野堂绛云余烬处，柳如是及其女儿、女婿仍然居住在红豆山庄。当时，郑成功经营台湾，大陆上抗清活动陷入低潮。其一："当风一叶战层林，抚已孤怀抱郁森。屋老空亭笼壁响，牎疏隙纸划灯阴。鸡豚麦饭荒江泪，粔籹椒盘故茝心。噩梦惊回成独语，谁于寒夜捣秋砧。"诗中述秋风过后一叶起兴，复明无望，只有孤灯相伴，纸上谈兵了，故国之思、复明之心封存，寒夜中惊回噩梦，只有独语与捣秋砧声。其孤寂失望的心情溢于言表。其四："廿载光阴四度棋，流传断句和人悲。冰凋木介侵分候，霜戛风筝决战时。觚竹悬车多次舍，皋兰轻骑尚透迟。灯前历历残棋在，全局悠然正可思。"钱谦益在诗中总结廿载复明事业，四度布棋，即弘光元年（1645）企图登莱开府，力挽残局；顺治年间为复明义军筹集资金，东窗事发而下金陵狱；顺治六年（1649）通过瞿式耜给永历上"楸枰三局"之疏，秘密接受永历任命，联络东南；顺治十六年（1659）接应郑成功、张煌言水军进南都。四度布棋，为复明事业呕心沥血，如今灯前残棋历历在目，全局悠然可思。

顺治十八年（1661）夏，钱谦益有杭州之行，会友、撰文。钱谦益在《与陈金如》中记："薄游湖上，兰陔遇我甚厚。此中知己，稍稍盘桓，即

---

① 钱谦益：《投笔集》卷下，《牧斋杂著》，《钱牧斋全集》，上海古籍出版社2003年版，第58—63页。

谋返棹。西湖六月,非去意也。失盗一案,承县父母留心,爰书已具,感甚!感甚!"①陈式,字金如,号绛跌,常熟人,副贡生。钱谦益在杭州交往多人,夏日于杭城适轩撰《李笠翁传奇叙》。②"辛丑夏,余过武林",撰《宋玉叔安雅堂集序》。③"在杭",又撰《与宋玉叔》。④ 六月二十日,钱谦益为黄宗羲的儿子黄正义撰《书黄正义扇》。⑤ 又为黄宗羲弟黄宗炎撰《黄扶木字说》⑥,黄宗炎曾参与钱谦益、黄宗羲联络各方复明事业。辛丑季夏,为吕留良撰《吕留侯字说》⑦。钱谦益杭州之行天气炎热难受,生活费用紧张。钱谦益撰《与陆敕先》,称:"西湖之行,天时人事,俱在炉炭地狱中。闭门搁笔,不能拈一韵。"⑧又撰《与陈昆良》,称:"湖上游客如林,老人无处着脚。从宋玉叔索得百余金,仅供往还之费。落得与一二名僧俊人,盘桓一番耳。洞庭旧游,一切如梦,近岁亦无一人以片纸相闻者。八十老人,世皆唾为长物,何堪为人作曹丘生耶?拜命之辱,幸勿以为讶云云。此格外存问之礼。当岁凶盗劫,百费猬集之候,自谓不遗余力矣。昧来教,似犹存乎见少,此非所望于知己也。秋热未退,伏枕草草。归时,幸一枉晤,为荷。"⑨此年,钱谦益忙于"文债"。他撰《隐湖毛君墓志铭》,并撰《与毛华伯、奏叔、黼季》,文中述:"为文债所苦。两日以来,头涔涔然,拥被僵卧,遂不得倒屣相迎,深用为愧。文债

---

① 钱谦益:《与陈金如》,《钱牧斋先生尺牍》卷第二,《牧斋杂著》,《钱牧斋全集》,上海古籍出版社2003年版,第293页。
② 钱谦益:《李笠翁传奇叙》,《有学集文集补遗》上,《牧斋杂著》,《钱牧斋全集》,上海古籍出版社2003年版,第528—530页。
③ 钱谦益:《宋玉叔安雅堂集序》,《牧斋有学集》卷十七序四,《钱牧斋全集》,上海古籍出版社2003年版,第763—764页。
④ 钱谦益:《与宋玉叔》,《钱牧斋先生尺牍》卷第一,《牧斋杂著》,《钱牧斋全集》,上海古籍出版社2003年版,第244—245页。
⑤ 钱谦益:《书扇》,《牧斋有学集》卷五十题跋,《钱牧斋全集》,上海古籍出版社2003年版,第1652—1653页。
⑥ 钱谦益:《黄扶木字说》,《牧斋有学集》卷五十题跋五,《钱牧斋全集》,上海古籍出版社2003年版,第1646—1647页。
⑦ 钱谦益:《吕留侯字说》,《牧斋有学集》卷五十题跋五,《钱牧斋全集》,上海古籍出版社2003年版,第1645页。
⑧ 钱谦益:《与陆敕先》,《钱牧斋先生尺牍》卷第二,《牧斋杂著》,《钱牧斋全集》,上海古籍出版社2003年版,第287页。
⑨ 钱谦益:《与陈昆良》,《钱牧斋先生尺牍》卷第二,《牧斋杂著》,《钱牧斋全集》,上海古籍出版社2003年版,第281—282页。

相逼,应是枯肠作祟,不知与头脑何与？李代桃僵,殊可一笑也。"①钱谦益《与遵王》述说自己手穷腹穷景况："岁行尽矣,有两穷为苦。手穷欠钱债多,腹穷欠文债多。手穷尚可延挨,东涂西抹,腹穷不可撑补,为之奈何？"②钱谦益平常不依田产收入维持生活,而主要依靠卖文来维持,年老多病后,生活渐渐难以撑补。

此年十月起,钱谦益与徐芳频繁交往,二人同有复明之志。徐芳(1618—1671),字仲光,号愚山子、拙庵,法号道明。江西南城人,任泽州知州,南明隆武朝任吏部文选司郎中、翰林编修等。入清后隐居,著有《悬榻编》《诺皋广志》《藏山稿外编》等。徐芳从侯记原处知悉钱谦益有复明之心,很想拜访。侯记原、侯研德为钱谦益、徐芳共同的志友,钱谦益撰有《简侯研德并示记原》。顺治十八年(1661)十月,徐芳"以嘉定山水之役,还过虞山,牧斋先生闻而见访"。③ 徐芳"见访"钱谦益后撰《与钱牧斋宗伯》《答钱牧斋宗伯》《寿钱牧斋宗伯序》等,钱谦益知徐芳于弘光改元后,岁时家祭,称崇祯年如故,存故国之思,特为徐芳撰《戏题徐仲光藏山稿后》《书南城徐府君行实后》《赠愚山子序》。④

康熙元年(1662),81 岁的钱谦益撰《东涧诗集上》,"起壬寅,尽一年",载《春初过严文靖公锦峰书院敬题十韵》《一月五日山庄作》《六日述古堂文燕作》等诗,记录其一年的生活片段。⑤

其中,《二月五日遵王第四郎试周饷余于述古堂喜而有作》《三月二日遵王生第五雏走笔驰贺》《遵王第五子名东周字思卜》记钱曾举第四子于述古堂宴请取名字等事。钱谦益撰有《书遵王四子字叙》,文述："遵王以辛丑二月五日举第四子。是日,燕余于述古堂。佳气充闾,殊有抱送之喜。今年周年,大设晬盘之会,请余名四子。……以名四子:

---

① 钱谦益:《与毛华伯、秦叔、龥季》,《钱牧斋先生尺牍》卷第二,《牧斋杂著》,《钱牧斋全集》,上海古籍出版社 2003 年版,第 317—318 页。
② 钱谦益:《与遵王》,《钱牧斋先生尺牍》卷第二,《牧斋杂著》,《钱牧斋全集》,上海古籍出版社 2003 年版,第 224—225 页。
③ 徐芳:《悬榻编》,《明别集丛刊》第 5 辑第 89 册,黄山书社 2015 年版,第 441 页。
④ 薄晓婧:《徐芳与钱谦益交游考》,《玉林师范学院学报》2023 年第 1 期,第 64—69 页。
⑤ 钱谦益:《东涧诗集上》,《牧斋有学集》卷十二,《钱牧斋全集》,上海古籍出版社 2003 年版,第 564—614 页。

曰东夏,字思祚;曰东镇,字思烈;曰东汉,字思光;曰东表,字思勋。"①《壬寅三月十六日,太仓太原王端士、异公、怪民、虹友、琅琊王惟夏、次谷、许九日、顾伊人、吴江朱长孺、族孙遵王、塈微仲,集于小阁,是日敬题烟客奉常所藏文肃公南宫墨卷论文,即事欣感交并,予为斐然不辞首作》记与钱曾邀太仓太原王氏兄弟四人、琅琊王氏兄弟两人及顾湄、许旭等于拂水山庄、述古堂雅集之事。

  此年,钱谦益继续创作《后秋兴》组诗之《后秋兴之十二》,自注:"壬寅三月二十三日以后,大恸无时,啜泣而作。"②此年四月,南明永历帝朱由榔在昆明被吴三桂杀害,郑成功知悉后赍恨以殁,抗清复明败局已定。钱谦益三局揪枰复明之策虽然没有实现,而其心系故国之心昭然若揭。其三:"凌晨野哭抵斜晖,雨怨云愁老泪微。有地祇因闻浪吼,无天那得见霜飞。廿年薪胆心犹在,三局毳帐算已违。完卵破巢何限恨,衔泥梁燕正争肥。"钱谦益为桂王遇害而悲痛欲绝,面对"三局揪枰算已违"败局,廿年卧薪尝胆之心犹在,感慨如破巢完卵无限悔恨苟活于世。其四:"百神犹护帝台棋,败局真成万古悲。身许沙场横草日,梦趋行殿执鞭时。忍看末运三辰促,苦恨孤臣一死迟。惆怅杜鹃非越鸟,南枝无复旧君思。"钱谦益面对时局已成万古悲,回忆往昔身许沙场,梦趋行殿,如今自己成为末运孤臣,并非越鸟,无南枝可依,唯如蜀鹃啼血思旧君。其五:"橘中何地有商山?只影孤拳盖载间。十日焚天人少种,九幽持地鬼为关。诘盘周诰封京观,雕琢淮碑颂伯颜。叹息申胥重跰后,报吴异策尚班班。"钱谦益述自己为南明朝廷抗清献策的拳拳忠心,叹息时运不济,如今只剩只影孤拳的悲凉处境。

  三月二十九日,钱谦益又撰《吟罢自题长句拨闷二首》。钱谦益知永历帝被害后,以明室末世孤臣表达悲痛。其一:"孤臣泽畔自行歌,烂漫篇章费折磨。似隐似俳还似谶,非狂非醉又非魔。呕心自笑才华尽,扪腹其如倔强何?二祖列宗恩养士,几人吟咀泪痕多?"其二:"不成悲

---

① 钱谦益:《书遵王四子字叙》,《牧斋有学集》卷五十题跋五,《钱牧斋全集》,上海古籍出版社2003年版,第1649—1650页。

② 钱谦益:《投笔集》卷下,《牧斋杂著》,《钱牧斋全集》,上海古籍出版社2003年版,第64—69页。

泣不成歌,破砚还如墨盾磨。拌以余生供漫兴,欲将秃笔扫群魔。途穷日暮聊为尔,发短心长可奈何？赋罢无衣方卒哭,百篇号咷未云多。"①钱谦益述自己悲泣不成歌的心情,点明《后秋兴》笔法,投笔以"秃笔扫群魔",钱谦益的《后秋兴》结集时起名《投笔集》,即取自班超投笔从戎之意。

钱谦益关注瞿式耜家族文献,关心瞿式耜后人,康熙元年(1662)正月撰《题瞿氏家乘》,文述:"稼轩,文章事业,彪炳海内,以藐然一孤臣,竖节于粤山桂水,而海虞瞿氏,遂与日月争光不朽。壬寅岁,稼轩长君伯申持其《家乘》,问序于余……康熙元年正月,契家老友蒙叟钱谦益书。"②文中大力表彰瞿式耜文章、事业,"彪炳海内",竖节殉国,"与日月争光不朽"。钱谦益又在《明经顾云美妻陆氏墓志铭》中记访顾苓塔影园,见入赘顾氏的瞿式耜幼子玄镜,文述:"留守相国瞿稼轩既殉国,其幼子玄镜奉其骨归自桂林。甲午正月至常熟,顾苓云美来吊,玄镜从其兄拥杖出拜。……云美告余曰:'苓以女字留守相公之幼子矣,夫子其谓我何？'……服除,而玄镜孤贫无倚,云美收为赘婿。壬寅五月,吉安施伟长见玄镜于云美之侧,喜而告余。及秋,余过虎丘塔影园,云美出玄镜拜床下,抠衣奉手,目光射人。归而贻书云美曰:'忠贞之后,仅存一线。今得端人正士,以尊亲为师保。稼轩忠魂,亦稍慰于九京矣。'郑重丁宁,泣数行下。"③文记其关心瞿式耜仅存之后瞿玄镜,以告忠魂于九泉之下。

此年,钱谦益复发足疾,行动已经不便。钱谦益在《徐季重诗稿叙》记"新秋病足"。④ 钱谦益在癸卯中秋所撰《赠双白居士序》中称"去年脚气作苦"。⑤ 钱谦益年来穷困,自知老之将至,力不从心。钱谦益《复林

---

① 钱谦益:《投笔集》卷下,《牧斋杂著》,《钱牧斋全集》,上海古籍出版社2003年版,第70—71页。
② 钱谦益:《题瞿氏家乘》,《牧斋集再补》,《牧斋杂著》,《钱牧斋全集》,上海古籍出版社2003年版,第928—929页。
③ 钱谦益:《明经顾云美妻陆氏墓志铭》,《牧斋外集》卷十八墓志铭二,《牧斋杂著》,《钱牧斋全集》,上海古籍出版社2003年版,第783—784页。
④ 钱谦益:《徐季重诗稿叙》,《牧斋有学集》卷十八序五,《钱牧斋全集》,上海古籍出版社2003年版,第799页。
⑤ 钱谦益:《赠双白居士序》,《牧斋有学集》卷二十序七,《钱牧斋全集》,上海古籍出版社2003年版,911页。

茂之》述:"弟年来穷困,都无人理。盗劫岁荒,催征叠困。上下无交困,无斗粟,天地间第一穷人,人不知也。案头无墨,每向人乞墨,如尺璧斗金,莫有应者,不能有余墨奉寄也。可笑如此,亦复可叹!尔止已游齐矣,秋期未可刻定。奈何!奈何!"①

康熙二年(1663),钱谦益撰《东涧诗集下》,"起癸卯,尽一年",载《放歌行为绛跗堂主人姚文初作》《迎神曲十二首》《答新安方望子投诗枉访》《新安潘子伦,故人景升之孙也,年六十矣,方望子索诗为寿》《杨枝挑牙杖歌》《和成社初会诗》《和遵王述怀感德四十韵兼示夕公敕先》《病榻消寒杂咏四十六首》等诗。其中,钱谦益为纪念瞿式耜撰《迎神曲十二首》,有序记:"吴人喧传瞿稼轩留守降灵郡城西,相率诣东皋招魂,塑像迎请上任。聋骏道人惊喜鸣咽,放言作绝句十二首,用代里社迎神送神之曲。"其九:"三年蜀血肯销沉,我所思兮在桂林。却望苍梧量泪雨,湘江何似五湖深?"其十一:"真王异性指河山,箫鼓丛祠报赛间。咫尺灵飞催后命,红云仍押祝融班。"常熟有迎神、送神之俗,《重修常昭合志》卷十四《风俗志》载:"田家报赛,专以祈年祝苗,乃迎神集会,漫衍军仪,涂饰厉鬼之形,炫骇市人之目。"而迎神、送神之神,通常是民间崇拜的神,如"武夫子"之类,"里人重建武庙,侯示梦于大烈,俾为立石,并作迎神送神之歌"。② 由此可见,当时常熟人崇拜瞿式耜,视之为神,相率至瞿式耜的东皋住处招魂。常熟人许珽还招魂营葬瞿式耜,"庐墓三年"。③ 钱谦益特意为作《迎神曲十二首》。

钱谦益撰《和成社初会诗》记"聊蘸药汁"和诗,序述:"定远帅诸英妙结社赋诗,武伯以《初会诗》见眎。寒窗病气,聊蘸药汁属和。劳人之歌,不中玉律,聊以代邪许而已。"有《和长至日文燕》《和腊梅》《和烧香曲》等和诗,以及《和遵王述怀感德四十韵兼示夕公敕先》和钱曾《述怀诗四十韵呈东涧先生》诗。

---

① 钱谦益:《复林茂之》,《钱牧斋先生尺牍》卷第一,《牧斋杂著》,《钱牧斋全集》,上海古籍出版社 2003 年版,第 253—254 页。
② 常熟市地方志编纂委员会办公室标校:《重修常昭合志》,上海社会科学院出版社 2002 年版,第 484、948 页。
③ 常熟市地方志编纂委员会办公室标校:《重修常昭合志》,上海社会科学院出版社 2002 年版,第 1121 页。

《病榻消寒杂咏四十六首》为钱谦益回味平生的个人诗传,对自己一生的经历、性情作了全面的展示,成为研究钱谦益生平,尤其是晚年的思想、经济、身体、情感状况最珍贵的第一手资料。① 钱谦益在序中说:"癸卯冬,苦上气疾,卧榻无聊,时时蘸药汁写诗,都无伦次。升平之日,长安冬至后,内家戚里,竞传《九九消寒图》,取以铭诗,志《梦华》之感焉。亦名三体诗者,一为中麓体,章丘李伯华少卿罢官后,好为俚诗,嘲谑杂出,今所传《闲居集》是也;其二为少微体,里中许老秀才好即事即席为诗,杯盘梨枣,坐客赵、李,胪列八句中,李本宁叙其诗,殊似其为人;其三为怡荆体,怡荆者,江村刘老,庄家翁不识字,冲口哦诗,供人册笑,间有可为抚掌者。有诗一册,自谓诗无他长,但韵脚熟耳。余诗上不能寄托如中麓,下亦不能绝倒如刘老,揆诸孟季之间,庶几似少微体,惜无本宁描画耳。或曰:三人皆准敕恶诗,何不近取佳者如归玄恭为四体耶?余辴然笑曰:有是哉!并识其语于后。腊月廿八日,东涧老人戏题。"诗作多追忆往日事,间有自注,以解读诗传。诗作也录近事,"丈室挑灯饯岁余,披衣步屧有相于。诗诠丽藻金壶墨,谓编次《唐诗》。史覆神逵玉洞书。余将订《武安王集》。穷以文章为苑囿,老将知契托虫鱼。无终路阻重华远,自合南村订卜居。"自注:"除夜定远、夕公、遵王见过。"定远即冯班。夕公即钱龙惕。遵王即钱曾。这些人,在钱谦益生命的最后时光守护在其身边。"满堂欢笑解寒冰,红烛青烟煖气凝。妇子报开新冻饮,儿童催放隔年灯。旧朝左个凭宵梦,早拜东皇戒夙兴。银牓南山烦远祝,长筵朋酒为君增。"自注:"归玄恭送春联云:'居东海之滨,如南山之寿。'"归玄恭即归庄。"新年八十又加三,老耄于今始学憨。入眼欢娱应拾取,随身烦恼好辞担。山催柳率先含翠,水待桃红欲放蓝。看取护花幡旋动,东风数日到江潭。""排日春光不暂停,凭将笑口破沉冥。苔边鹤迹寻孤衲,花底莺歌拉小伶。天曳酒旗招绿醑,星中参宿试红灯。条风未到先开冻,闲杀凌人问斩冰。"自注:"元旦二首。"②

---

① 孙之梅:《〈病榻消寒杂咏〉与〈投笔集〉——兼论钱谦益七律诗在题材上的开拓》,杜桂萍主编:《原创性与文学、美学》,社会科学文献出版社2001年版,第111页。
② 钱谦益:《东涧诗集下》,《牧斋有学集》卷十三,《钱牧斋全集》,上海古籍出版社2003年版,第615—674页。

钱谦益《苦海集》载《癸卯佛日随喜桃源涧赠睿公讲席十韵》，记癸卯佛日随喜出游。①

康熙二年(1663)五月，钱谦益最终完成了《后秋兴》组诗，《后秋兴之十三》自注："自壬寅七月至癸卯五月，讹言繁兴，鼠忧泣血，感恸而作，犹冀其言之或诬也。"②诗写于南明桂王政权覆灭之时，钱谦益在组诗其一中称之"地坼天崩"。其二："海角崖山一线斜，从今也不属中华。更无鱼腹捐躯地，况有龙涎泛海槎。望断关河非汉帜，摧残日月是胡笳。嫦娥老大无栖处，独倚银轮哭桂花。"作此诗之前一年，明永历帝朱由榔身死，钱谦益作此感时伤世之作。"海角"两句，借宋朝亡国事喻南明永历帝政权的覆灭，述说自己已不能像陆秀夫那样投海殉国，葬身鱼腹，更何况永历帝流亡海外，传闻已不在人间，清朝统治了全国的陆地，还控制了海上。"望断"两句，述明王朝从此灭亡，自己没有归宿之处，只有独自痛哭被杀的桂王朱由榔。其四："自古英雄耻败棋，靴刀引决更何悲。君臣鳌背仍同国，生死龙胡肯后时。事去终嗟浮海误，身亡犹叹渡河迟。关张无命今犹昔，筹笔空烦异代思。"诗中悼念郑成功于台湾逝世，歌颂郑成功勇赴国难的英雄气概，抒写对其一招失算败走台湾，致使抗清失败的痛惜，以关、张、孔明喻之，表达对英雄生不逢时的感慨，嗟叹郑成功浮海之误。

同年五月六日，钱谦益又撰《癸卯中夏六日重题长句二首》。其一："漫漫长夜独悲歌，孤愤填胸肯自磨。敌对灾星凭酒伯，破除愁垒仗诗魔。逢人每道君休矣，顾影还呼汝谓何。欲共老渔开口笑，商量何处水天多。"其二："百篇学杜拟商歌，墨沉频将渍泪磨。世难相寻如鬼疰，国恩未报是心魔。射潮霸主吾衰矣，观井仙人奈老何？取次长谣向空阔，江天云雾为谁多？"③诗中概括《后秋兴》组诗"百篇学杜拟商歌"的诗史主旨，表达复明之志。

此年，钱谦益经年卧病，老态龙钟，足疾而行动不便，又出现耳

---

① 钱谦益：《癸卯佛日随喜桃源涧赠睿公讲席十韵》，《苦海集》，《牧斋杂著》，《钱牧斋全集》，上海古籍出版社2003年版，第105—106页。
② 钱谦益：《投笔集》卷下，《牧斋杂著》，《钱牧斋全集》，上海古籍出版社2003年版，第72—76页。
③ 钱谦益：《投笔集》卷下，《牧斋杂著》，《钱牧斋全集》，上海古籍出版社2003年版，第77页。

聋,只能以画字代口,交流已不便,断绝了交游。钱谦益在《与方尔止》中述:"耳聋画字不便,往复伸纸代口,勿以为笑。"① 钱谦益又在《送方尔止序》文中称:"余向苦半聋,今特甚,用稚孙书版画字,如隔重译。"② 钱谦益在《复赵》书中记:"一别七年,音徽辽绝。惟方尔止来,得闻起居,少慰契阔耳。……但仆累年积痾,真病真衰,真聋真喎,日噉粥糜半盂,两臂瘦如削蔗,已自分饰巾待尽。医者教以守心魂、断笔墨,或可支缀余生。今祇得谨守其戒。偶一犯之,头眩胁胀,百病交作。恭承来命,责以飞文遣词,实不能勉强从事,徒有浩叹而已。经年一榻,断绝交游,又岂能招摇词坛,遍征歌颂。"③ 钱谦益十二月撰《题观梅纪游诗》述:"经年卧病,仰看屋梁,戚戚都无好怀。"④

此年七夕,钱谦益在收到钱曾《笺注》稿本就正手书之后撰《复遵王书》,交代自己的诗文事,"愿得一明眼人,为我代下注脚,发皇心曲,以俟百世"。⑤ 钱谦益希望钱曾为自己的诗文"下注脚","廋辞隐语",不经下注脚,后人难以读懂。后来,钱曾因此有笺注钱谦益《初学》《有学》《投笔》三集之作,使钱谦益诗中的隐衷,尤其是鼎革之际诗旨幽晦之处得以大白天下。

康熙三年(1664),83岁的钱谦益走入生命的最后岁月。春日,钱谦益撰《为王兆吉赠陆仲德序》,记:"甲辰春,余方有幽忧之疾,闻王子兆吉病且亟,为之失席骇叹。既而闻其良已,喜满大宅。"⑥

立春日,钱谦益撰《立春日口占》,有序:"立春日早诵《金刚经》

---

① 钱谦益:《与方尔止》,《牧斋有学集》卷三十九书二,《钱牧斋全集》,上海古籍出版社2003年版,第1357页。
② 钱谦益:《送方尔止序》,《牧斋有学集》卷二十二赠序一,《钱牧斋全集》,上海古籍出版社2003年版,第905页。
③ 钱牧斋:《复赵》,《钱牧斋先生尺牍》卷第一,《牧斋杂著》,《钱牧斋全集》,上海古籍出版社2003年版,第268—269页。
④ 钱谦益:《题观梅纪游诗》,《牧斋有学集》卷四十八题跋三,《钱牧斋全集》,上海古籍出版社2003年版,第1357页。
⑤ 钱谦益:《复遵王书》,《牧斋有学集》卷三十九书二,《钱牧斋全集》,上海古籍出版社2003年版,第1359—1360页。
⑥ 钱谦益:《为王兆吉赠陆仲德序》,《有学集文集补遗》上,《牧斋杂著》,《钱牧斋全集》,上海古籍出版社2003年版,第531页。

一卷,适河东君以枣汤饷余,坐谈镇日。检赵文敏金汁书蝇头小楷《楞严经》示余。余两眼如蒙雾,一字不见。腕中如有鬼,字多舛谬,叹筋力之衰也。口占一绝,并志跋后。甲辰立春日蒙叟题。"诗记:"老眼模糊不耐看,璠经尽日坐蒲团。东君已漏春消息,犹觉摊书十指寒。"①此时,钱谦益病入膏肓,看书已经困难。

仲春朔,钱谦益撰《题顾伊人诗》,留下最后存世的作品:"杜子美诗云:'陶潜一老翁,匡道苦不早。有子贤与愚,何其挂怀抱?'及其晚年居蜀,喜宗文、宗武诵诗入学,欢喜吟赏,累见于诗。有子贤愚,何尝不挂怀抱也。东坡云:'轼穷困本缘文字,在海外见适文字一篇,辄数日喜。'今观织帘父子唱和之诗,去之十余年,旁观者尤为动色,而况其父子之间乎?聊书其后,以见古人之意,亦庸以励儿曹也。甲辰仲春朔,东涧老人谦益书。"②

四月,黄宗羲到常熟探望病中的钱谦益,钱谦益已经没法撰文,委托黄宗羲完成《顾华封翁墓志》《华云诗序》《庄子注序》三篇文债,并以丧事相托。黄宗羲有记:"甲辰,余至,值公病革,一见即云以丧葬事相托,余未之答。公言顾盐台求文三篇,润笔千金,亦尝使人代草,不合我意,固知非兄不可。余欲稍迟,公不可,即导余入书室,反锁于外。三文,一顾云华封翁墓志,一云华诗序,一庄子注序。余急欲出外,二鼓而毕。公使人将余草誊作大字,枕上视之,叩首而谢。余将行,公特招余枕边云:'唯兄知吾意,殁后文字,不托他人。'寻呼其子孙贻,与闻斯言。其后孙贻别求于龚孝升,使余得免于是非,幸也。"③黄宗羲把钱谦益引为知己,事后第二年,他作《八哀诗》,其中有《钱宗伯牧斋》以哀诗作为钱谦益殁后的纪念文字:"四海宗盟五十年,心期末后与谁传?凭裀收烛烧残话,嘱笔完文抵债钱。红豆俄飘迷月路,美人欲绝看筝弦。平生知己谁人是?能不为公一泫然!"

---

① 钱谦益:《立春日口占》,《牧斋集再补》,《牧斋杂著》,《钱牧斋全集》,上海古籍出版社2003年版,第911页。
② 钱谦益:《题顾伊人诗》,《牧斋有学集》卷四十八题跋三,《钱牧斋全集》,上海古籍出版社2003年版,第1578页。
③ 黄宗羲:《思旧录》,《黄宗羲全集》第一册,浙江古籍出版社1985年版,第374页。

五月十一日,钱谦益撰与龚鼎孳书,托身后事。龚鼎孳撰《祭虞山先生牧斋钱学士文》记:"维康熙三年,岁在甲辰,五月二十四日,皇清嘉议大夫礼部右侍郎管内翰林秘书院学士事虞山牧斋钱先生,以疾终于里第。其遗孤遣使告哀,通家后学都察院左都御史龚鼎孳发函卒读,则先生五月十一日手书,俨然在焉。郑重垂讬,叮咛身后之事甚具。"①龚鼎孳,字孝升,号芝麓,合肥人,与钱谦益、吴伟业并称"江左三大家",有《定山堂集》。

　　五月二十四日,钱谦益带着幽忧之疾离开人世。钱谦益的门生、故旧撰有大量挽诗,表达哀思。② 故旧多为同路人,如朱彝尊《曝书亭集》卷六载康熙五年(1666)撰《题钱宗伯谦益文集后集杜》五律:"海内文章伯,周南太史公。衣裳判白露,门巷落青枫。兴与烟霞会,人今出处同。白头无籍在,愁坐正书空。"钱仲联先生解读说:"钱氏抗清之迹,莫大于与瞿式耜、李定国、郑成功之联系。郑成功进军长江之举,祁理孙、班孙,以及魏耕、朱士稚、屈大均等在山阴祁氏院秘密参与谋划,竹垞亦奔走其间。《曝书亭集》所载当时踪迹,可以隐约窥寻。而屈大均、魏耕则奔走于钱氏之门者,则钱氏心事,竹垞不难于二人处得之。故此诗有'人今出处同'之语,盖引钱为抗清之同路人也。"③

---

① 龚鼎孳:《祭虞山先生牧斋钱学士文》,《牧斋杂著》附录,《钱牧斋全集》,上海古籍出版社2003年版,第963页。
② 谢正光:《探讨清初诗文对钱牧斋评价之转变》,《清初诗文与士人交游考》,南京大学出版社2001年版,第60—71页。
③ 钱仲联主编:《清诗纪事》第5册,江苏古籍出版社1987年版,第2722页。

第八章　钱氏身后遭遇

康熙三年(1664)五月二十四日,钱谦益病逝,享年83岁。钱谦益一生坎坎坷坷,最后凄惨戚戚离开了人间,而其身后不得安宁,遭遇家难,著作遭毁。

第一节　钱氏家难

钱谦益去世后的六月,即发生钱氏家难,柳如是被迫自缢。

关于钱氏家难事,《重修常昭合志·柳是传》载:"柳是,字如是,亦名隐,本姓杨,名爱,嘉兴人。年二十四,归钱宗伯谦益,始称河东君,尝筑绛云楼居之。性敏慧,工诗,唱酬之作,传遍东南,名流争为赓和。作书得虞褚法,风雅冠绝一时。乙酉之变,尝劝宗伯殉国难,后宗伯赴都对簿,如是橐饘以从,狱解始归。晚年祝发入道,旋遘家难,自缢死。宗伯门人顾苓为作传。"注:"顾苓《河东君传》,参钮琇《觚剩》。"①《河东君传》,即顾

图2　柳如是像

---

① 常熟市地方志编纂委员会办公室标校:《重修常昭合志》,上海社会科学院出版社2002年版,第1432页。

苓撰《河东君小传》。文中记:"宗伯薨。族孙钱曾等求金于君,要挟蜂起。六月二十八日自缢死。宗伯子曰孙爱及婿赵某为君讼冤,邑中大夫士谋为君治丧葬。"①钮琇撰《觚賸》卷三《吴觚》下也有柳如是被迫投缳毕命的记载。《重修常昭合志》著录二条涉及钱氏家难的,一是钱谦益之子钱孙爱汇辑的《钱氏家变录》:"钱上安,原名孙爱,字孺饴。谦益子。顺治丙戌举人,永城知县。《钱氏家变录》汇辑谦益副室柳氏殉家难事实。陈湖逸士《荆驼逸史》刊本。"②另一是阙名的《河东君殉家难事实》:"《河东君殉家难事实》,阙名,略同钱上安《钱氏家变录》。《恬裕斋书目》钞本。《虞阳说苑》活字本。"③

丁祖荫辑《虞阳说苑》本收入《河东君殉家难事实》一卷,丁祖荫目录注:"抄藏本,据《荆驼逸史》本校。"正文注:"据《荆驼逸史》本校,《荆驼逸史》本题'虞山钱孺饴辑'。"④《河东君殉家难事实》一卷,录钱谦益去世后,其族曾孙钱曾挟其族人、故副都御史钱朝鼎之势,向钱孙爱胁取财物,柳如是自缢。钱孙爱于是与其妹同告之官府,原任常熟知县瞿四达亦为具结,钱孙爱因汇辑有关家难文献编成此书,共收录文献15种,包括《钱孺饴门首报条》《钱孺饴门状》《公约》《常熟县士民公约》《负心杀命钱曾公案》《(顾苓)致钱遵王书》《(归庄)致钱遵王书》《(李浟)致钱黍谷大宪咸亭御史书》《(李浟)贻钱御史第二书》《(严熊)致钱求赤书》《原任苏州府常熟县知县瞿四达揭》《附各台谳词》《孝女揭》《公婿赵管揭》《柳夫人遗嘱》,均是涉及钱氏家难的重要史料。

其中,《钱孺饴门首报条》记:"家有易变,另期治丧。"⑤钱谦益子孺饴在门首公布家变。

《钱孺饴门状》载:"不肖孙爱,方遘闵凶,旋遭恶族聚肆屠戮,自甘柔懦,冤死莫辞。不幸庶母柳氏,复被威劫,立刻惨毙。敝庐已作检抵

---

① 顾苓:《河东君小传》,范锴:《华笑廎杂笔》卷一,道光刻本,第5—7页。
② 常熟市地方志编纂委员会办公室标校:《重修常昭合志》,上海社会科学院出版社2002年版,第763页。
③ 常熟市地方志编纂委员会办公室标校:《重修常昭合志》,上海社会科学院出版社2002年版,第889页。
④ 钱孙爱:《河东君殉家难事实》,丁祖荫辑《虞阳说苑》本,广陵书社2018年影印,第523—553页。
⑤ 钱孙爱:《河东君殉家难事实》,丁祖荫辑《虞阳说苑》本,广陵书社2018年影印,第523页。

之场,多难不成治丧之礼。倘蒙光吊先考,敬登尊柬,容泥首叩谢。不肖孤哀子钱孙爱泣血稽颡拜具。"①钱孺饴公布家难是因为"遭恶族聚肆屠戮"引发。

《公约》记:"不意(钱谦益)骨肉未寒,戈予顿起不止,纳叛招亡,几于破巢取子。虽高门自有夹持。吾党不容坐视,即日奔诉江南文武大臣,具题禁恤,实关世道人心,非为师门起见也。谨约。常熟县生员陈采齐具。"②常熟县生员陈采齐或为钱谦益妻陈氏族人,发布公约,为钱谦益讨回公道。

《常熟县士民公约》述钱氏家难惨案:"(钱谦益)骨肉未寒,田庐强夺殆尽。继之,狼贪难饱。甫五七,复致河东夫人威逼惨毙,慷慨殉夫。"公约"合叩当道旋鸣北阙,剪除三凶"。③ 士民公约一定程度上反映了当时要求"剪除三凶"的社会民意。

严熊《负心杀命钱曾公案》载:"窃闻恩莫深于知己,而钱财为下。罪莫大于负心,而杀命尤惨。牧斋钱公主海内诗文之柄五十余年,同里后学砚席侍侧者,熊与钱曾均受教益。今公甫逝,骨肉未寒,反颜肆噬,逼打家人徐瑞写身炙诈银三十六两。今月廿八日,复诬传族势赫奕,同钱天章虎临丧次,立逼柳夫人惨缢。亘古异变,宇宙奇闻。熊追感师恩,鸣鼓讨贼。先此布告,行即上控下诉,少效豫让吞炭之意。严熊武伯具。"④严熊为钱谦益门生,康熙三年(1664)与王梦鼎、陈式、顾苓等营葬柳如是于原拂水山庄秋水阁庭中。严熊文中点出了发难"三凶"中的姓名为钱曾、钱天章。

顾苓《致钱遵王书》、归庄《致钱遵王书》谴责钱曾负心逼命。⑤ 顾苓为钱谦益门生,以义称,明亡隐居虎丘山塘塔影园,怀故国之思。瞿式耜就义后,其子瞿玄镜孤苦无依,顾苓收为赘婿,抚教成名士。钱氏家难时,伸张正义,并撰《河东君传》。归庄为反清复明志士,曾寄居于钱谦益家。钱谦益死后,钱曾等人逼死柳如是后,归庄写信大骂钱曾,使

---

① 钱孙爱:《河东君殉家难事实》,丁祖荫辑《虞阳说苑》本,广陵书社 2018 年影印,第 523 页。
② 钱孙爱:《河东君殉家难事实》,丁祖荫辑《虞阳说苑》本,广陵书社 2018 年影印,第 523—524 页。
③ 钱孙爱:《河东君殉家难事实》,丁祖荫辑《虞阳说苑》本,广陵书社 2018 年影印,第 524 页。
④ 钱孙爱:《河东君殉家难事实》,丁祖荫辑《虞阳说苑》本,广陵书社 2018 年影印,第 525 页。
⑤ 钱孙爱:《河东君殉家难事实》,丁祖荫辑《虞阳说苑》本,广陵书社 2018 年影印,第 525—529 页。

其不敢进一步为恶。

李渷《致钱黍谷大宪咸亭御史书》,"钱黍谷大宪"即钱朝鼎,字禹九,号黍谷。顺治四年(1647)进士,官至左副都御史,有《山满楼集》。"咸亭御史"即钱延宅,字大士,号咸亭。钱时俊孙。顺治九年(1652)进士,官至陕西茶马御史。李渷书中谴责"伐丧杀命之祸",期望钱朝鼎、钱延宅"能直告当道","为牧翁九原吐气",让"攫金逼缢之遵王辈","按其罪状以伏法"。李渷《贻钱御史第二书》进一步申述前致书"为光明正大,皆二宪忠告之言"。①

严熊《致钱求赤书》,钱求赤即钱孙保,求赤为其字,系谦贞子、赵士春婿。严熊书中谈道:"往年牧翁身后,家难丛集,破巢毁卵,伤心惨目。孺贻世翁长厚素著,饮恨未申,至不能安居,薄游燕邸。弟客春在北,每见名贤硕彦,罔不怜念之者。岂归未逾月,仁兄首发大难,出揭噬脐,必欲斩绝牧斋先生之后,意何为耶?况仁兄此揭不过为索逋而起,手书历历,要挟在前,难免通国耳目。呜呼!索逋如此,万一事更有大于索逋者,仁兄又将何以处之乎?"②严熊书揭出钱求赤发难事。

瞿四达《原任苏州府常熟县知县瞿四达揭》,瞿四达,字鹤孙,河内人。进士,顺治四年(1647)至八年初任苏州府常熟县知县。瞿四达在揭文中谴责逼死柳如是的钱朝鼎"封芙蓉庄房屋","夺田四百亩","逼献银四百六十吊,米二百右"等种种豪霸恶迹。③瞿四达揭文证明,钱谦益之死是钱朝鼎在钱谦益"疾笃卧床"时,遣仆登堂,朝暮逼索,致钱谦益"含愤气绝",钱谦益去世后,钱朝鼎又逼死柳如是。因此,要求治钱朝鼎之罪。

《附各台谳词》中有《督粮道卢为伐丧杀命等事批》《盐院顾为乘丧抄逼活杀惨命事批》《抚院韩为乘丧抄逼活杀惨命事批》《总督郎为杀命屠门死生血恸事批》《兵备道陈驳语》《兵道安为婪杀漏辟等事批》《总督郎宪牌》《理刑龚审语》《兵道安驳语》。其中,《督粮道卢为伐丧杀命等事批》载:"钱谦光以宦门宗裔,甘作无良,乘丧挟威,逼柳氏投缳,命尽

---

① 钱孙爱:《河东君殉家难事实》,丁祖荫辑《虞阳说苑》本,广陵书社2018年影印,第529—533页。
② 钱孙爱:《河东君殉家难事实》,丁祖荫辑《虞阳说苑》本,广陵书社2018年影印,第533—535页。
③ 钱孙爱:《河东君殉家难事实》,丁祖荫辑《虞阳说苑》本,广陵书社2018年影印,第535—538页。

顷刻,诚变出意外也。尤可怪者,钱曾素以文受知太史,宜有知己之感,奈何亦为谦光附和耶?审讯犹哓哓申辩,如诈赃一百廿两,银杯九只。据张国贤供称,陆奎经收分受,则光等之娄赃杀命,律有明条,该县徇情玩纵,大乖谳法。但人命重情,必经地方官审究真确,方可转报。仰常熟县再将有名人犯各证严加讯究,并分赃确数、致死根由,依律定拟入招解道,以凭转解抚院正法,移明学道革黜。事关重案,该县务须大破情面,赃罪合律,毋得徇纵,复烦驳结,速速缴。"①"督粮道卢",即卢綋(1604—1687),字元度,号澹岩。其先自吴徙楚之梅川,永乐间迁居蕲州。顺治六年(1649)进士,任新泰知县、桂林府同知摄梧州政、东昌知府。康熙元年(1662),任苏松督粮道左参政,建节海虞。著有《四照堂集》。卢綋为钱谦益故交,顾有孝、赵沄选钱谦益、吴伟业、龚鼎孳三人诗为《江左三大家诗钞》,卢綋撰跋。卢綋为伐丧杀命等事批文要求秉公执法,"毋得徇纵"。

《盐院顾为乘丧抄逼活杀惨命事批》载:"钱宧弃世,曾几何时,而族人遽相逼迫,致其庶室投缳殒躯。风俗乖张莫此为甚,仰苏松道严究解报。"②盐院顾氏批请"苏松道严究解报"。

钱谦益嫡女的《孝女揭》历陈钱谦光、钱曾罪案,为其母亲柳如是申冤。揭文述:

> 谦光系行劣徒夫,不齿姻族,曾则为销奏之黜衿也,于份为曾侄孙,于谊为受业门人,其饮斯食斯,学书学字,得以名列胶庠,家称封殖者,伊谁之力?而一旦背义灭伦至此。……始焉逼我杯皿,以九爵进未已也,少焉扦钉胠六百亩矣,少焉俘获僮仆十数辈矣。痛毁之余,不敢爱及干戈,而恶等反视为弱肉,益肆鸱张,复于六月二十八日大声疾呼曰:我奉族贵命,立索柳氏银三千两,有则生,无则死,毋短毫厘,毋迟瞬息,毋代赀饰。……斯时吾母即不死不可得也,即不速死亦不可得也。因遂披麻就缢,解经投缳。③

---

① 钱孙爱:《河东君殉家难事实》,丁祖荫辑《虞阳说苑》本,广陵书社2018年影印,第538—539页。
② 钱孙爱:《河东君殉家难事实》,丁祖荫辑《虞阳说苑》本,广陵书社2018年影印,第539—540页。
③ 钱孙爱:《河东君殉家难事实》,丁祖荫辑《虞阳说苑》本,广陵书社2018年影印,第545—549页。

钱谦益嫡女钱氏控诉钱谦光、钱曾立逼立毙柳如是人命,并夺取钱谦益遗产,揭发钱谦光、钱曾"贿差杨安不解不审"。《孝女揭》中说:"主谋而令其杀者谁?呼其名,无不疾首痛心,称其爵,无不胆战股栗,叙其恶,无不发竖眦裂,在今血控,不敢显触其凶锋,嗣后登闻,势必直陈其恶款。"这个"主谋",即钱朝鼎,是当时有权有势的人物。

钱谦益女婿赵管的《公婿赵管揭》控诉钱曾、钱谦光逼死柳如是的实迹,为其岳母柳如是申冤。① 赵管揭发在其岳父钱谦益于五月二十四日去世之后,钱曾、钱谦光在"三日夜内"凌虐其岳母柳如是绝命之"实情实事"。其中,钱曾、钱谦光"奉族贵令"行事,凌虐柳如是绝命之后"躲匿族贵家中"。"族贵"者是谁没有点名,显然指钱朝鼎。

柳如是《柳夫人遗嘱》是钱氏家难中最重要的当事人文献,文载:

> 汝父死后,先是某某并无起头,竟来面前大骂。某某还道我有银,差遵王来逼迫。遵王、某某皆是汝父极亲切之人,竟是如此诈我。钱天章犯罪,是我劝汝父一力救出,今反先串张国贤骗去官银官契,献与某某。当时原云诸事消释,谁知又逼汝兄之田献与某某。赖我银子,反开虚帐来逼我命,无一人念及汝父者。家人尽皆捉去,汝年纪幼小,不知我之苦处。手无三两,立索三千金,逼得汝与官人进退无门,可痛可恨也。我想汝兄妹二人必然性命不保。我来汝家二十五年从不曾受人之气,今竟当面凌辱。我不得不死。但我死之后,汝事兄嫂如事父母。我之冤仇,汝当同哥哥出头露面,拜求汝父相知。我诉阴司,汝父决不轻放一人。垂绝书示小姐。(威逼者姓名未敢原稿直书,姑缺之。)②

《柳夫人遗嘱》中虽然"威逼者姓名未敢原稿直书,姑缺之",以"某某"指称,但文中"某某",明显指"朝鼎"。文中"遵王",则直呼其名。"钱天章",即钱谦光。柳如是遗嘱"未敢原稿直书",可见钱朝鼎在当时、当地的势力与影响。

钱氏家难在当时影响甚大,严熊等出面发出正义公道之声,盐院顾

---

① 钱孙爱:《河东君殉家难事实》,丁祖荫辑《虞阳说苑》本,广陵书社 2018 年影印,第 549—552 页。
② 钱孙爱:《河东君殉家难事实》,丁祖荫辑《虞阳说苑》本,广陵书社 2018 年影印,第 552—553 页。

氏批示要求严究,苏松督粮道左参政卢纮要求"毋得徇纵",但经过钱朝鼎在官场的周旋,又有平南王尚可喜的撑腰,此事最终不了了之,士民"剪除三凶"的要求没有实现。

对于《钱氏家变录》《河东君殉家难事实》的文献内容,也有人提出存疑,甚至为钱朝鼎、钱曾开脱。例如,《河东君殉家难事实》卷末有光绪二十七年(1901)常熟徐兆玮题记:"黍谷(按:此为钱朝鼎号)为吏有能名,又善画兰。遵王富藏书,以博洽闻。不读此录,乌知谋赂逼命,竟以此致柳如是之死耶?吾意此特一面之词。当日起衅,必有其端,断无凿空索金,豪夺田宅,不敢出一言以鸣诸当事,而饮泣含冤、毕命尺组者。"①然而,钱谦益去世不久,钱氏族人乘丧威逼,柳如是被迫自缢,是基本史实。

钱氏家难其实不只是钱氏一家之悲剧,也从一个侧面反映了当时社会大背景和钱氏家族小环境的混乱与失序。明末清初,长期战乱,经历社会剧变,动荡不安,民生艰难。天下大乱,导致整个社会秩序紊乱,管理失范。

钱谦益在世之时,整个常熟钱氏家族包括奚浦一支、鹿园一支已经呈现渐渐衰落、族风滑坡的趋势。

钱谦益生前对于钱氏的衰落,早已非常担忧。他在顺治十七年(1660)十二月十七日所撰《王氏柣荫楼祠堂记》中述王氏与钱氏"世为婚家年家",王氏滋大,而钱氏未能如是,感慨"古今之礼典悬矣"。钱谦益在《王氏柣荫楼祠堂记》文中从深叹近世"宗法之亡"开篇,称:"宗法之亡也,以近世士大夫不讨先王大宗小宗之义,有家祠而无宗庙也。盖封建既废,古今之礼典悬矣。"王氏能传承言子传统,"存宗法于既亡",因而"滋大"。"吾钱氏能如是乎?先君殁四十余年,而其言益信。余衰颓髦忘,惭负葛藟,于兆吉之请记也,有深慨焉。谨识先君之遗言,以告司祐,而兼以示吾子孙。"②钱谦益希望钱氏也能如王氏存宗法而滋大。钱谦益在为从孙钱裔肃所撰《族孙嗣美合葬墓志铭》中记鹿园一支衰落

---

① 江庆柏主编:《江苏地方文献书目》,广陵书社 2013 年版,第 1329 页。
② 钱谦益:《王氏柣荫楼祠堂记》,《牧斋有学集》卷二十七记二,《钱牧斋全集》,上海古籍出版社 2003 年版,第 1029—1030 页。

情况:"公车屡败,家门衰落,赋性峭独,不能骫骳随时。谣诼四起,突堕漂摇,摩肌戛骨,酸辛楮柱,十余年乃少熄,而身已不待矣。"①钱谦益从孙钱裔肃经历"家门衰落"、"谣诼四起",钱曾为钱裔肃第三子,就生活在这样的家庭里。

钱谦益对于钱氏族风出现滑坡问题,也非常揪心。他在顺治十八年(1661)所撰《吾宗篇寿族侄虎文八十》中述:"余读少陵诗至'吾宗老孙子'之章,辄为喟然太息。盖其衰白遭乱,流落剑外,兄弟分离,形容老病,故家遗俗之思,犹寄于仓曹之一老,其志有足悲者。余之遭乱,剧于少陵,其衰老又过之。屏迹荒村,邈然如蚕丛万里之外,自分为怪民异物,唯恐宗人子弟,噪而扶我。"钱谦益"唯恐宗人子弟,噪而扶我",对族风担忧溢于言表。为此,文章特意表彰族子虎文"宗有欺余失势、含沙相射者,奋臂批格,而不使余知之也"。感慨时势,恳请期望传承好的族风,能"富而保家,贫而农力"。文中说:"至于富而保家,贫而农力者,指不可胜数。其簪笔善讼,膏唇拭舌,圮族败群者,不过一二人而已矣。自今视之,问之先生长者,超然如上皇之民,不可以复作。……人知虎文之得全于斯世者为难,不知其得全于吾宗者为尤难也。"②

钱谦益晚年家中遭劫,多病欠债,靠卖文维持生活,有手穷、腹穷两穷之苦,生活日趋困难。顺治十八年(1661)三月,钱谦益居所遭劫,家中百物罄尽,连"嫁女奁具,亦一卷而去","举家狼狈,五月披裘"。③ 钱谦益撰《致蔡魁吾》记:"荒村匿迹,日与蒲团贝叶作缘。惟有向长明灯前,遥祝覆载而已。一室萧然,复遭盗劫。残年衣食,俯仰无计。幸少知禅理,万法俱空,五月披裘,付之一笑而已。"④康熙二年(1663),钱谦益撰《东涧诗集下》,载有《病榻消寒杂咏四十六首》诗,其中,记录自己当时疾病缠身、卖书抵债的景况:"衰残未省似今年,穷鬼揶揄病鬼缠。

---

① 钱谦益:《族孙嗣美合葬墓志铭》,《牧斋有学集》卷三十一墓志铭四,《钱牧斋全集》,上海古籍出版社2003年版,第1148—1149页。
② 钱谦益:《吾宗篇寿族侄虎文八十》,《牧斋有学集》卷二十三寿序一,《钱牧斋全集》,上海古籍出版社2003年版,第934—935页。
③ 钱谦益:《与赵月潭》,《钱牧斋先生尺牍》卷第一,《牧斋杂著》,《钱牧斋全集》,上海古籍出版社2003年版,第254—255页。
④ 钱谦益:《致蔡魁吾》,《钱牧斋先生尺牍》卷第一,《牧斋杂著》,《钱牧斋全集》,上海古籍出版社2003年版,第324—325页。

典库替支赊药券,债家折算卖书钱。陆机去国三间屋,伍员躬耕二耤田。叹息古人曾似我,破窗风雨拥书眠。"①可见,钱谦益去世后留下来的是债务。柳如是在《柳夫人遗嘱》中述当时已经"手无三两",而被威逼"立索三千金",于是"我不得不死"。

柳如是常熟"殉节所",后来"百余年来人不敢居",从一个侧面反映了当地民众对柳如是的崇敬。《重修常昭合志》载:"孙原湘《天真阁集诗序》云:钱尚书故宅,今为昭文署。斋东偏小楼,柳夫人殉节所也。百余年来人不敢居,新尹至于门外拜祭,加扃鐍焉。戊辰春,会稽谢培宰斯邑,适陈大令文述因事过虞,商之谢君洁此楼以奉夫人祀。出所藏夫人初访半野堂小像,属海陵朱鹤年重抚,奉之楼中。嘉庆二十一年,昭文知县黄峨将小像并顾苓撰传镌诸壁间,自为之记。"②《重修常昭合志》又载:"《河东君像传石刻》,嘉庆二十一年,王文治题像,顾苓撰传并隶,盱江黄峨跋,黄树苓记。石在昭文县署东偏小楼,今亡,据拓本。跋云:抵任日清理内署,询知署为钱牧斋先生旧居,东偏一楼即为河东君死节栖灵处。历宰斯邑者,皆以礼祀之于户外,楼仍封键如故云。记云:昭文官舍即钱宗伯旧第也,东偏有楼半楹,悬河东君初访半野堂小像,幅巾道服,有林下风,楼盖其殉节处。因检箧中顾云美所撰河东君小传,勒石陷置壁间,以表君志节云。"③当地百姓传说柳如是殉节楼内有狐仙出没,故称之为"大仙堂"。清雍正四年(1726),析常熟县东境置昭文县,两县治同城。钱谦益旧居被设为昭文县的衙署和城隍庙。中华人民共和国成立后,这一带成了常熟县公安局的所在地。处在公安局侧后的"大仙堂"周围,建立了新常熟县前小学,后并入常熟塔前小学。后来,2006年11月起,常熟实施了泰安街、东门大街、引线街道路拓宽改造工程及沿线地块综合整治项目,"大仙堂"所在区域位于拆迁范围之内。历史学家戴逸先生于2012年4月10日曾致函常熟市有关方面,

---

① 钱谦益:《病榻消寒杂咏四十六首》,《东涧诗集下》,《牧斋有学集》卷十三,《钱牧斋全集》,上海古籍出版社2003年版,第661页。
② 常熟市地方志编纂委员会办公室标校:《重修常昭合志》,上海社会科学院出版社2002年版,第436页。
③ 常熟市地方志编纂委员会办公室标校:《重修常昭合志》,上海社会科学院出版社2002年版,第955页。

提出保护"大仙堂"遗址。戴逸先生回忆"大仙堂"情况说:"我原住常熟东门内,为清初名人钱谦益的荣木楼旧居,我家附近有一座小楼,俗称'大仙堂',据说供奉着二位狐仙(实为柳如是)。该小楼建筑精致,雕画俱佳,别具匠心,是一座古代精美的建筑,材料均为上好木料,有走廊庭院小楼。我70多年前(小学时代)常到该处玩耍,每次赴祖母家(在大步道巷)必穿行此处,但童年无知,不名此楼之由来与可贵,因楼房关闭,未得上楼探视,以后外出求学工作常居北京,再未去过,闻'大仙堂'一直保持完整。""此小楼是钱牧斋夫人柳如是之绣楼,大学者陈寅恪专门著作《柳如是别传》数十万字,赞扬其人品诗文,海内无不知晓。""钱去世后,柳氏亦自缢死。后人敬其为人,故香火近三百年不绝,清朝视钱牧斋为贰臣,大逆不道,故柳氏此楼是秘密保存下来的。""钱氏是清初诗文大家,领袖全国,后因乾隆帝指责名声顿失,然柳夫人品高、诗佳,女中豪杰,足为常熟增光,建其遗址不为过当。"①当地百姓传说,因为柳如是生前一直暗中抗清,钱氏族人悯念她遗志,将棺木用绳索吊着,悬在墓穴中,以示不履清朝的土地。钱柳死后,钱氏家道中落,这座老宅基本上是空关着。②

  柳如是殉难后,徐芳撰写《柳夫人小传》,记钱谦益、柳如是深情厚谊,并高度评价柳如是:"往岁行脚三吴,闻柳夫人名甚沸。已过访虞山,读《初学集》中唱和诸篇,未尝不叹其才之超逸香奁也。昨岁闻虞山先生变,惋叹良久,不知柳夫人事。顷京口姜仲联至,始备述其从死状。盖其末路乃能如此,是可以为天下之须眉劝而不止巾帼也。贲皇使君,有心人也,征言于芳,次以应之。"③诚如刘梦溪先生所说,柳如是为"深明'天下兴亡,匹妇有责'大义的爱国者,明清鼎革之际恪守气节的巾帼女杰;她的闪耀着'独立之精神,自由之思想'光辉的充满传奇色彩的一生事迹,被埋没了三百余年,经大史学家陈寅恪先生的钩沉索隐,穷河探源,才彰显于世。"④

---

① 戴逸:《对常熟已拆柳如是"绣楼"复建的建议》,常熟市委办公室存原件。见孟东明:《戴逸传》,光明日报出版社2023年版,附录,第573—574页。
② 曹家俊:《柳如是梳妆楼传奇》,常熟市文联《常熟田》2012年第5期。
③ 徐芳:《悬榻编》,《明别集丛刊》第5辑第89册,黄山书社2015年版,第490页。
④ 刘梦溪:《八十梦忆》,生活·读书·新知三联书店2021年版,第476页。

柳如是殉难后,由钱谦益门生王梦鼎、陈式、严熊、顾苓等营葬于原拂水山庄钱氏秋水阁庭中,今位于常熟西郊虞山锦峰拂水岩下花园浜环山公路南,距钱谦益墓西侧约81米。嘉庆间,由常熟县知县钱塘陈文述重修,邑人孙原湘撰墓记,海昌查揆撰墓碣。新中国成立后屡修,墓前竖石灰石碑一通,镌刻"河东君之墓"。1957年8月曾公布为江苏省文物保护单位。

　　1982年6月20日,黄裳记访钱柳墓遗迹并考证:"按照指出的方向走去,没有好久就找到了钱谦益的墓。正好贴近公路左侧,在田垄的边上,有两个不显眼的'土墩',上面长满了荒草。钱谦益的墓上有两块石碑。一块是较小的旧碑,上面写着'东涧老人墓'和'集东坡先生书,尚湖渔者题'字样。但可以肯定,这不是陈文述所立的原碑了,碑文是一手工整的楷书,完全没有东坡的气息。较新而高的一块碑上写着'钱牧斋先生墓'五字,背后有'江苏省文物保护单位,三级,第一〇九四号'字样。……翁同龢在《瓶庐诗稿》里有一首《东涧老人墓》诗:'秋水堂安在,荒凉有墓田。孤坟我如是,独树古君迁。题碣谁摹宋,居人尚姓钱。争来问遗事,欲说转凄然。'翁同龢这诗可能作于光绪戊戌被放归田之后,那么所说应该是八十年前的光景了。大体上也就是今天所看到的状况。……陈文述写过一篇《蘩芜冢辞》,前面的小序说:'墓在拂水岩下钱园之内,即耦耕堂故址。孤冢荒没,华君竹楼为余访得,乃葺而新之,且树碣焉。'这就告诉我们,这一带正是'钱园'的故址,秋水阁、耦耕堂这些建筑物也都在这里。钱氏家族墓葬也附于此间。……补记:瞿凤起云:'柳氏墓在虞山西麓,丁丑夷寇入侵,虞山首当其冲。盗贼乘机横行,柳墓被发。逾时始有好事者饬工畚筑重封。得免风雨之侵蚀,以庇于安。'又引柳如是像跋云:'岁庚寅,柳夫人墓被发。逾数月,鹿门居士西郊祭扫,过而见之,亟饬工畚筑重封。'丁丑是一九三七年,庚寅是一九五〇年。这样,柳墓曾先后被盗掘过两次了。"①黄氏所记实录了柳如是墓于1982年11月调整为常熟县文物保护单位之前的状况。

　　2002年10月22日,钱谦益、柳如是墓公布为第五批江苏省文物保

---

① 黄裳:《钱柳的遗迹》,《黄裳散文》,浙江文艺出版社1998年版,第253—257页。

护单位。两墓均围以罗城和新建的墓石亭各1座,钱谦益墓亭柱镌有钱谦益书"遗民老似孤花在,陈迹闲随旧燕寻"楹联一副,占地面积约740平方米,封土底径2.8米,高1.3米,后竖墓碑2通,为清嘉庆间立"东涧老人之墓"碑和1949年后立"钱牧斋先生墓"碑。柳如是墓亭镌有柳如是书"远近青山画里看,浅深绿水琴中听"楹联一副,占地面积约250平方米,封土底径2.8米,高1.1米,后立墓碑1通,上铭"河东君之墓",前设花岗石墓门柱1对。两墓上原来的建筑均毁,20世纪80年代重修。

柳如是著作丰富,《江苏艺文志·苏州卷》常熟部分[①]中著录柳如是著述有:

柳如是家信稿　史部传记类

见清赵宗建《旧山楼书目》,原注:"十六通,自写。"

香园史1卷　史部杂史类

清顾湘辑抄《小石山房坠简拾遗》本,天津图书馆藏。

红豆庄杂录　子部典故类

(1) 2卷,清抄本,上海图书馆藏。

(2) 1卷,清乾隆抄本,一本有清鱼元傅校并跋,一本有清鱼元傅跋,均上海图书馆藏。

戊寅草不分卷　集部别集类

(1) 明崇祯刻本,浙江图书馆藏。清王士禄选其中赋2篇、诗10首收入《然脂集》。

(2) 近代钞本,常熟市图书馆藏。

(3) 1卷,《清代诗文集汇编》本,据明崇祯刻本。

柳如是诗1卷　集部别集类

(1) 清顺治十二年邹漪宜斋刻《诗媛八名家集》本,国家图书馆藏。

(2) 清康熙刻《名媛诗选》本,清佚名批校,惠兆壬跋,上海图书馆藏。

(3) 《佚丛甲集》本。

---

① 江庆柏主编:《江苏艺文志(增订本)》苏州卷第9册,凤凰出版社2019年版,第4429—4432页。

(4) 清抄本,国家图书馆藏。

(5) 1943年钱文选印入《诵芳堂文稿》六编。

戊寅草1卷尺牍1卷　集部别集类

1981年浙江图书馆影印明崇祯本,南京图书馆藏。

湖上草1卷柳如是诗1卷尺牍1卷　集部别集类

1981年浙江图书馆影印铁如意馆抄本,南京图书馆藏。

河东小集1卷　集部别集类

清抄本,与翁孺安《素兰集》2卷合抄,南京图书馆藏。

河东君尺牍1卷湖上草1卷我闻室剩稿2卷附录2卷　集部别集类

(1) 清抄本,上海图书馆、中国科学院图书馆藏。

(2)《清代诗文集汇编》本,据清抄本。

尺牍1卷湖上草1卷　集部别集类

(1) 明刻本,清林云凤、徐楙、惠兆壬跋,赵宗建题款,王国维题诗,浙江图书馆藏。

(2) 清刘履芬抄本,国家图书馆藏。

(3) 清徐康抄本,丁祖荫校,题作《柳如是尺牍》1卷《湖上草》1卷,上海图书馆藏。

(4) 清虞山周氏鸽峰草堂抄本,国家图书馆藏。

(5) 抄本,常熟市图书馆藏。

(6)《清代诗文集汇编》本。

尺牍1卷　集部别集类

收入王秀琴编《历代名媛书简》,1941年商务印书馆出版,1949年重印。

题画诗1卷　集部别集类

见《历代妇女著作考》卷12引《常熟瞿氏铁琴铜剑楼书目》。谓从柳是画稿中辑出。

我闻室梅花集句3卷　集部别集类

(1) 常熟濮康安小山书屋誊清稿本,常熟市图书馆藏。

(2) 2014年国家图书馆出版社出版《清代闺秀集丛刊》本。

我闻室梅花集句 3 卷 红梅集句 1 卷　集部别集类

抄本,常熟市图书馆藏。

河东君诗词尺牍　集部别集类

1930 年抄本,国家图书馆藏。

河东君诗文辑补 2 卷　集部别集类

胡文楷辑,民国抄本,常熟市图书馆藏。

柳如是诗文集　集部别集类

柳如是撰　谷辉之辑

2000 年上海古籍出版社出版,包括《戊寅草》《湖上草》《柳如是尺牍》三部分,另外有附编一《东山酬和集》,附编二《柳如是诗文补辑》;附录一《传记》,附录二《杂记》,附录三《题咏》。

柳如是集　集部别集类

柳如是撰　周书田校辑

2001 年辽宁教育出版社《新世纪万有文库》本。以 20 世纪 80 年代初浙江图书馆明末刻本影印的《戊寅草》《湖上草》和《尺牍》为底本,标点出版,另外增加了《柳如是诗》和《东山酬和集》,前者据顺治十二年邹氏鹭宜斋刻本,后者据姜德明所藏明末刻本。

柳如是集　集部别集类

柳如是撰　周书田、范景中辑校

2002 年中国美术学院出版社。上编系柳如是诗文,下编为有关文献。

柳如是集　集部别集类

2014 年凤凰出版社《古椿阁再造善本丛刊》影印本。据浙江图书馆藏明崇祯刻本《戊寅草》《湖上草》《柳如是尺牍》。

柳如是集　集部别集类

2015 年中华书局出版《清代闺阁诗集萃编》本。

柳如是遗集　集部别集类

　　柳如是撰　张兰思编校

稿本册线装本1册,119页,有章钰、俞平伯、谢国桢、范景中题跋。2022年西泠春拍品。

柳如是诗词评注　集部别集类

　　柳如是撰　刘燕远评注

2000年北京出版社出版。

东山酬和集2卷　集部总集类

　　《虞山丛刻》本。此为钱谦益、柳是唱和集。

古今名媛诗词选　集部总集类

　　柳是辑。1937年中华书局据传钞本排印。

我闻堂鸳鸯楼词　集部词曲类

　　见《众香词》书集,收其词6首。

绛云楼历代女子词选　集部词曲类

　　1936年上海大通图书社铅印本。柳如是编。收隋唐至明138位女词人作品407首。

　　今人对柳如是的研究著作有:陈寅恪撰《柳如是别传》(1980年上海古籍出版社),周法高撰《柳如是事考》(1978年台北三民书局),周采泉撰《柳如是杂论》(1986年江苏古籍出版社),范景中、周书田编著《柳如是事辑》(2002年中国美术出版社),吴正明、李烨编《钱柳说汇》(2013年广陵书社)等。

第二节　著作遭毁

　　在乾隆二十六年(1761)之前,钱谦益生前与身后的著作除稿本、抄本外,部分陆续刊行。如钱陆灿辑《列朝诗集小传》10卷,康熙三十七年诵芬堂刻本。钱谦益补注《皇明同姓诸王表》,明刻本。钱谦益辑《重编义勇武安王(关羽)集》8卷,清初刊本,康熙八年顾湄刻本。钱谦益辑《大佛顶首楞严经疏解蒙钞》10卷首1卷末1卷,顺治十七年刻本。钱谦益辑《金刚般若波罗蜜多经颂论疏记会钞》,顺治十三年毛氏汲古阁刻本。《初学集》110卷(诗20卷、文80卷、《太祖实录辩证》5卷、《读杜小笺》3卷、《读杜二笺》2卷),崇祯十六年瞿式耜序刻本。《初学集钞》13卷,崇祯十七年刻本。《牧斋有学集》50卷补遗1卷,康熙刻本。《牧斋有学集》51卷,康熙二十四年梁溪金匮山房主人订定重刻本。《钱牧斋先生尺牍》3卷,康熙三十八年常熟顾氏如月楼刻本。《牧斋尺牍》3卷,康熙三十八年宛委堂刻《归钱尺牍》本。《读杜小笺》3卷、《读杜二笺》1卷,崇祯毛氏汲古阁刻本,与卢世㴶《读杜私言》1卷合刻。《杜工部集笺注》20卷附年谱1卷诸家诗话1卷附录1卷酬倡1卷,康熙元年刻本,康熙六年泰兴静思堂刻本。《列朝诗集》81卷,顺治九年毛晋刻本。①

钱谦益身后遭到乾隆帝毁其著作、贬其人格。据《清高宗实录》载,乾隆帝批判钱谦益的谕旨有19道,其中6道谕旨专门针对钱谦益,其余13道谕旨提到钱谦益。

乾隆帝第一次对钱谦益及其著作的打压是在乾隆二十六年(1761),收入《国朝诗别裁集》中的钱谦益诗作遭删除。

沈德潜原纂《国朝诗别裁集》36卷,完成于乾隆二十四年(1759),在沈德潜的心目中,钱谦益的诗列为国朝诗第一,并撰钱谦益小传说:"尚书天资过人,学殖鸿博。论诗称扬乐天、东坡、放翁诸公。而明代如李、何、王、李,概挥斥之。余如二袁、钟、谭,在不足比数之列。一时帖耳推服,百年以后,流风余韵,犹足聋人也。生平著述,大约轻经籍而重内典,弃正史而取稗官,金银铜铁,不妨合为一炉。至六十以后,颓然自放矣。向尊之者,几谓上掩古人;而近日薄之者,又谓澌灭唐风,贬之太甚,均非公论。兹录其推激气节,感慨兴亡,多有关风教者,余靡曼噍杀之音略焉。见《初学》《有学》二集中,有焯然可传者也。至前为党魁,后逃禅悦,读其诗者应共悲之。"②沈德潜进所编《国朝诗别裁集》请乾隆作序,乾隆见到《国朝诗别裁集》以钱谦益为冠,严厉斥责沈德潜,讲究起

---

① 江庆柏主编:《江苏艺文志(增订本)》,凤凰出版社2019年版,第4337—4354页。
② 沈德潜:《清诗别裁集》卷一,岳麓书社1998年版,第1页。

名教、忠孝来，不仅反对把钱谦益的诗列为第一，而且提出不宜入选。乾隆即命沈德潜及内廷诸臣删去钱谦益诗，重新裁订为32卷，原版销毁。乾隆说："沈德潜来京，进所选《国朝诗别裁集》，求为题辞，披阅卷首，即冠以钱谦益。伊在前明，曾任大僚，复仕国朝，人品尚何足论？即以诗言，任其还之明末可耳，何得引为开代诗人之首！"①乾隆在所撰《御制沈德潜选国朝诗别裁集序》中又说："……列前茅者，则钱谦益诸人也。不求朕序，朕可以不闻，既求朕序，则千秋之公论系焉，是不可以不辨。夫居本朝而妄思前明者，乱民也，有国法存，至身为明朝达官，而甘心复事本朝者，虽一时权宜，草昧缔构所不废，要知其人，则非人类也。其诗自在，听之可也，选以冠本朝诸人则不可，在德潜则尤不可。且诗者何？忠孝而已耳。离忠孝而言诗，吾不知其为诗也。谦益诸人为忠乎？为孝乎？德潜宜深知此义，今之所选，非其宿昔言诗之道也，岂其老而耄荒，子又不克，家门下士依草附木者流，无达大义具巨眼人捉刀所为，德潜不及细检乎？此书出，则德潜一生读书之名坏，朕方为德潜惜之，何能阿所好而为之序！……因命内廷翰林为之精校去留，俾重锓以行于世，所以栽培成就德潜也，所以终从德潜之请而为之序也。乾隆二十有六年岁在辛巳仲冬月御笔。"②乾隆以"忠孝"作为评诗标准，把钱谦益定性为"非人类"。

第二次对钱谦益及其著作的打压是乾隆三十四年（1769）六月，乾隆阅钱谦益所著《初学集》《有学集》后，下诏禁毁钱谦益的所有著作。乾隆谕："其令各督抚将《初学》《有学集》于所属书肆及藏书之家，谕令缴出。至于村塾乡愚，僻处山陬荒谷，并广为晓谕，定限二年之内，尽行缴出，无使稍有存留。钱谦益籍隶江南，其书板必当尚存，且别省有翻刻而售者，俱令将全板一并送京，勿令留遗片简。"乾隆还撰《观钱谦益初学集因题句》诗评价钱谦益："平生谈节义，两姓事君王。进退都无

---

① 《清实录》第17册，《高宗实录》卷643，中华书局1986年影印本，"乾隆二十六年十一月己亥"条，第251—252页。
② 《御制沈德潜选国朝诗别裁集序》，沈德潜纂评：《钦定国朝诗别裁集》，乾隆二十八年武英殿印袖珍本，卷首。

据,文章那有光? 真堪覆酒瓮,屡见咏香囊。末路逃禅去,原为孟八郎。"①

乾隆命各省督抚将钱谦益《初学集》《有学集》缴出,汇齐送京销毁,在各地方迅速实施过程中,除钱谦益的《初学集》《有学集》之外,不断扩大查禁范围,凡是涉及钱谦益的其他著作,甚至载有钱谦益诗文的各种集子、佛经、方志等,均列入查禁范围。京城区域提督衙门五城顺天府率先奏报,共禁毁书肆与个人缴出的《初学集》《有学集》有67部。两江总督高晋奏报禁毁钱谦益《初学集》《有学集》1120部,另有残缺不全各集1556本,钱谦益与吴伟业、龚鼎孳三家合刻诗集及归有光合刻尺牍也列入"封固"范围。浙江巡抚永德奏报,销毁扩大至吴门五车楼藏版《五大家诗钞》,内有钱谦益、吴梅村、熊雪堂、龚芝麓、宋荔裳诗。两广总督李侍尧奏报,销毁扩大至康熙年间吴江县顾有孝集等编辑《江左三大家》一书,系钱谦益、吴伟业、龚鼎孳三人合刻,钱谦益诗三卷列于卷首。安徽巡抚富尼汉奏报,销毁扩大至列朝等选《三家诗钞》《归钱尺牍》,《盱眙县志》书内抽出刻钱谦益诗二首。各地的钱谦益全部著作遭禁毁,甚至在任何他人的著作中,凡是涉及或者引用钱谦益的文字,均一律销毁。②

第三次对钱谦益及其著作的打压是乾隆四十年(1775)十一月初十日,乾隆为彰显忠烈下令编修《胜朝殉节诸臣录》,乾隆特意说到钱谦益:"至钱谦益之自诩清流,腼颜降附;及金堡、屈大均辈之幸生畏死,诡托缁流,均属丧心无耻。若辈果能死节,则今日亦当在予旌之例。乃既不能舍命,而犹假语言文字以自图掩饰其偷生;是必当明斥其进退无据之非,以隐殛其冥漠不灵之魄。一褒一贬,衮钺昭然。使天下万世,共知朕准情理而公好恶。以是植纲常,即以是示彰瘅。"③乾隆四十一年(1776),乾隆令修《贰臣传》。在修纂过程中,乾隆明确要求将《贰臣传》分为甲、乙二编,并专门指出钱谦益不可与洪承畴等贰臣相提并论,只能

---

① 《清实录》第19册,《高宗实录》卷836,中华书局1986年影印本,"乾隆三十四年六月丙辰"条,第155—156页。
② 翁晖:《清高宗禁毁钱谦益著述续考》,《武夷学院学报》2022年第10期,第46—50页。
③ 纪昀等:《钦定胜朝殉节诸臣录》,《四库全书》本,卷首。

列入乙编:"钱谦益素行不端,及明祚既移,率先归命,乃敢于诗文阴行诋毁,是为进退无据,非复人类,若与洪承畴同列《贰臣传》,不示差等,又何以昭彰显恶?"乾隆四十八年(1783),乾隆又下令编纂《逆臣传》,专门为降清之后又反叛之人设《逆臣传》。如此,进入《清史列传》卷七十九《贰臣传》乙的"贰臣"钱谦益形象被钦定书写得劣迹斑斑,如参与明末党争、与宦官为伍,常受到弹劾、贬职,而在清兵南下时,钱谦益先是迎降,获新朝之位后又托病南归,在江南策划反清活动,传后还特意列出乾隆三十四年、四十一年、四十三年贬斥钱谦益的三道谕旨,①把钱谦益钉上铁板,让钱谦益永世不得翻身。

乾隆要求凡是涉及或者引用钱谦益的文字,均要一律销毁。这样一来,不仅钱谦益的著作直接遭毁,涉及钱谦益的文献记载也不容许留下来。乾隆下令编修的《四库全书》,严格按照这些要求办理,对呈进之书实施严格的审核,将大量的所谓"违碍"书籍肆意禁毁。乾隆五十二年(1787)十月,纪昀等上奏:"《国史考异》,系考订明太祖、成祖两朝国史之是非,其中引钱谦益之说甚多,而不著其名,且词相连属,难以删削,应行撤毁。姚之骃《元明事类考》、仇兆鳌《杜诗详注》,俱袭引钱谦益撰著而去其名,应一律删削。朱鹤龄《愚庵小集》,纪昀所指《书元好问集后》一篇,意在痛诋钱谦益,持论未为失当。诚如圣谕,若于推许钱谦益者既经饬禁,而于诋訾钱谦益者复事苛求,未为允协。惟朱鹤龄未与钱谦益绝交之先,往来诗文,有赠某先生诗等作,又《笺注李义山诗注序》内红豆庄主人皆系指钱谦益,应一律删削。"②钱谦益《初学集》《有学集》之外的《钱牧斋尺牍》《牧斋诗钞》,以及载有钱谦益诗文的《列朝诗集》《江左三大家诗钞》《四六初征》《启祯野乘》《唐诗鼓吹笺注》等著述均遭到禁毁。钱曾的《读书敏求记》著录书目634条,其中,提到"牧斋""牧翁""绛云楼"多达61处。《四库全书总目》的编纂充分利用、吸收了钱曾的解题目录《读书敏求记》的成果,而《四库全书》未收录《读书敏求记》,只把《读书敏求记》著录在《四库全书总目》的"存目"中。原因是,

---

① 《清史列传》卷七十九《贰臣传》乙《钱谦益传》,中华书局1987年版,第6577—6578页。
② 中国第一历史档案馆编:《纂修四库全书档案》,上海古籍出版社1997年版,第2065—2066页。

《读书敏求记》涉及"违碍",其中有关钱谦益的记载非常多。①

钱谦益的藏书凡有盖章或题字之处,也往往遭毁或者遭割。如钱谦益所藏原赵琦美钞校的《脉望馆钞校本古今杂剧》,孙楷第在《也是园古今杂剧考》中说:"凡谦益藏书及阅过之书传留至今者,往往缺页或割去一二行,是其盖章或题字之处。"②

今南京图书馆藏宋汪元量撰《湖山类稿》5卷、《水云集》1卷附录3卷,乾隆三十年(1765)鲍氏知不足斋刻后印本,凡钱谦益字号皆被刊销,文禁之密于此可见一斑。该书《水云集》第39页有陆嘉颖二跋:"史辰伯先生从琴川钱太史家借录,崇祯壬申夏四月廿一日钞完。研隐老人记于吴门之西郊草堂。"又:"乙酉夏六月十八日,避乱邓尉山印可僧寮。览竟,泪沾胸臆。嘉颖时年六十有八。"据陆嘉颖跋,《水云集》由史辰伯先生从钱谦益家藏本借录,崇祯五年(1632)夏四月廿一日钞完。顺治二年(1645)夏六月十八日,时清兵南下,陆嘉颖避乱邓尉山印可僧寮,览竟《水云集》,"泪沾胸臆"。因为书来源于钱谦益,后来乾隆三十年(1765)时,钱谦益字号皆被刊销。这是乾隆对钱谦益及其著作打压的印记。

今重庆图书馆藏《大清三藏圣教目录》,其中,钱谦益的《首楞严经疏解蒙钞》60卷,就是在皇帝的命令下被销毁的。《首楞严经疏解蒙钞》千字文序号为"色贻厥嘉猷勉"下面有小字:"此六个字系钱谦益著,前清奉旨抽毁。"③

钱谦益著作遭禁,连地方史志凡有钱谦益诗文及史事、书目等处"概行铲削",致使志内文词"多断续不接"。④

自乾隆二十六年至五十四年(1761—1789),《清高宗实录》中竟有19道谕旨与钱谦益直接相关。⑤ 删毁钱谦益著作、贬低钱谦益人格,长期以来影响了钱谦益著作的流布及其研究。甚至影响还波及海外,连

---

① 江庆柏:《〈四库全书总目〉与〈读书敏求记〉》,《图书馆杂志》2012年第3期,第75—79页。
② 孙楷第:《也是园古今杂剧考》,上杂出版社1953年版,第2页。
③ 龙达瑞:《重庆图书馆藏〈永乐北藏〉》,龙达瑞主编:《国际汉文佛教大藏经研究通讯》2022(9)第十六期,第9—16页。
④ 常熟市地方志编纂委员会办公室标校:《重修常昭合志》,上海社会科学院出版社2002年版,第1469—1470页。
⑤ 张小李:《乾隆帝批判钱谦益的过程、动因及影响》,《故宫学刊》2013年第1期,第151—152页。

朝鲜也出现了18世纪中期以朴趾源为代表的朝鲜文人对钱谦益的批判。①

虽然钱谦益遭受种种政治打压,但是由于钱谦益的学术成就与其广泛的社会交往,钱谦益的著作仍以各种形式在社会上保存与传播。例如,乾隆《江阴县志》收录11篇钱谦益的文章,其中有8处钱谦益名字被剜掉,而以"无名氏"的方式来保存了钱谦益的作品《陈江村集序》《送江上李生隐破山》。清代流行纂修族谱,家谱文献光绪《刘氏宗谱》保留了钱谦益的文章《题刘怡荆诗帙后》《寄柬澄江刘怡荆》。②

---

① 丁莲:《朝鲜后期钱谦益接受研究》,南京大学2019年硕士论文,第57—71页。
② 谢丹:《志谱所载钱谦益佚文考释》,《中国地方志》2023年第1期,第48—54页。

下篇

第九章 佛缘经历与儒佛思想

钱谦益在佛缘环境里成长,与众多佛教人士交往,其经世务实的儒佛思想愈加丰富,并且坚实践行护法纠偏,强调创立僧史、传承教风、弘阐经义、体验佛性。

第一节 佛缘环境

钱谦益的佛缘人生,与其所处时代、区域及家族环境、个人经历均有关。

常熟较早吸收域外文化,由于其滨江区位,陆地文化与海上文化及江湖文化交融发展。相传三国时佛教已传入常熟地区,梅李赤乌古刹至今已有1700多年的历史。南朝齐梁年间,佛学盛行,常熟有大慈(后改称兴福)、慧日、天宁、东灵、中峰、宝岩、齐乐、顶山、白龙、延福、白雀、明因、大慈、永庆、净居、天台、法轮、香山、永昌等10余座规模较大的寺院。自唐至清,常熟名刹相望,高僧辈出。道教在常熟地区也有近1500年历史,南朝梁天监中张道裕于虞山南麓建道观名招真治,昭明太子撰有《招真治碑记》。钱谦益收藏此类典籍,在《绛云楼书目》中设有释家、道家、星命、卜筮、相法、壬道、道藏、道书等类目。常熟是天主教传入中国初期最早的传教据点之一。明朝万历二十七年(1599),意大利传教士利玛窦由常熟人瞿太素(1549—1612)陪同巡游苏州、常熟。万历三十八年(1610)年底,意大利传教士艾儒略(1582—1649)至澳门,后由瞿太素引导来常熟传教。至清顺治末,常熟城内有大、小教堂甚多,教友逾万。常熟吴历(1632—1718)学诗于钱谦益,后来成为由中国主教擢升的最早的三名神父之一。钱谦益在《绛云楼书目》中有天主教类,著录了《天主实义》《天学初函》《交友论》《地震解》《七克》《职方外纪》《西儒耳目资》等书,可见区域天主教文献之丰富。

  钱氏先祖首任吴越王钱镠崇佛,吴越国境内儒、释、道三教均受尊崇,而佛教尤盛。钱镠孙钱俶亦崇佛,打造东南佛国。钱氏家族传承奉佛传统,钱谦益的祖辈、父辈均奉佛,钱家亲戚朋友多礼佛。常熟钱氏家族传承奉佛传统,钱氏子弟中还有出家破山寺的。《重修常昭合志》载:"普慈,字海舟,邑钱氏子,出家破山寺,听讲楞严。"①

  钱谦益的祖母卞氏舍宅为破山寺倡缘后钱家经济入不敷出,只能靠借债维持生活,以至于不得不卖掉城南的地以及故第来还债。崇祯十五年(1642)十二月,钱谦益撰《〈破山寺志〉序》,记其家舍宅倡缘破山寺的往事,并表达自己的两个心愿。序文记钱氏与破山寺的缘分说:"余为儿时,每从先君游破山寺。……长而卒业,壮而缚禅,栖息山中,往往经旬涉月。……尘网羁绁,余累未毕,未能以残生暮年,遂乐天草堂之约,俯仰今昔,为掩卷太息者久之。"钱谦益进而表示:"余于此山,有二愿焉。王母尝嘱余云:'……汝他日择善地,卜外王父母之宅兆而徙焉,用以妥先灵,忏宿业,汝其勿忘。'……余思王母之言,每一瞻拜,未尝不流涕。此一愿也。余欲斥寺西菜圃隙地,架杰阁,构广院,复宗教光明之旧,招延高人即中诸公,唱演其中,使教幢再树,魔焰顿熄。即中合掌赞叹,以为希有。此又一愿也。"②

  钱谦益从小就跟着长辈们去各大寺院进香拜佛,听佛经,读佛典。③钱谦益在佛教气氛极浓厚的家庭里成长,他本人亦信奉佛教。

---

① 常熟市地方志编纂委员会办公室标校:《重修常昭合志》,上海社会科学院出版社2002年版,第1251页。
② 钱谦益:《〈破山寺志〉序》,《牧斋初学集》卷二十九序二,《钱牧斋全集》,上海古籍出版社2003年版,第887—888页。
③ 钱谦益:《大佛顶首楞严经疏蒙钞缘起论》,《牧斋有学集文钞补遗》,《牧斋杂著》,《钱牧斋全集》,上海古籍出版社2003年版,第472页。

第二节　佛缘交往

钱谦益一生与众多的佛教人士交往,其中多一时的佛学大师。钱谦益从大师身上接受启蒙教育,体味大师佛学之外在文学、史学等众多领域的博学人生,探寻经世致用的人生共识。

一、钱谦益与四大高僧

钱谦益与云栖祩宏、憨山德清、紫柏真可、蕅益智旭四大师有因缘,受四大高僧佛教思想的影响。

1. 钱谦益与云栖祩宏

云栖祩宏(1535—1615),俗姓沈,名祩宏,字佛慧,别号莲池,因久居杭州云栖寺,又称云栖大师,后世尊为中国净土宗第八代祖师,与紫柏真可、憨山德清、蕅益智旭并称明末四大高僧。云栖祩宏强调以儒家伦常为本,彰显儒佛本旨,辨正儒佛界限,主张儒佛配合,儒佛相资为用,实行止恶行善,补救阳明后学狂禅弊端。万历三十八年(1610),钱谦益进士及第任翰林院编修,因丁父忧离职归里,九月曾至武林入云栖寺礼忏。钱谦益对净土宗逐步理解,始而置疑,继而推崇。① 崇祯六年(1633),钱谦益经历丧母之痛,崇祯七年(1634)撰《武林重修报国院记》。② 由云栖祩宏辑录明宋濂的佛教作品选集《宋文宪公护法录》,简称《护法录》,钱谦益为之校订,收录39篇高僧塔铭,称为《传灯录》,为一代僧史。万历四十四(1616)十一月朔日,钱谦益撰《〈宋文宪公护法录〉序》记合诸云栖所辑为搜校之事。③ 序文表达"圣祖称佛氏之教,幽赞王纲",时势"统合三教",对"生盛明之世,而墨守程、朱"十分担忧,尤敬仰宋濂"大圣人之作用","人海算沙,有如指掌,在儒门中,当为多闻

---

① 钱谦益:《莲蕊楼记》,《牧斋有学集》卷二十六记一,《钱牧斋全集》,上海古籍出版社2003年版,第999—1001页。
② 钱谦益:《武林重修报国院记》,《牧斋初学集》卷四十二记二,《钱牧斋全集》,上海古籍出版社2003年版,第1109—1111页。
③ 钱谦益:《〈宋文宪公护法录〉序》,《牧斋初学集》卷二十八序一,《钱牧斋全集》,上海古籍出版社2003年版,第861—862页。

总持"。钱谦益赞同宋濂的观点,反对墨守程、朱排佛,主张引佛入儒,强调儒佛一贯,立志以宋濂为榜样护法。

2. 钱谦益与憨山德清

憨山德清(1546—1623),俗姓蔡,字澄印,号憨山,法号德清,谥号弘觉禅师,安徽全椒人。为临济宗门下,复兴禅宗,列为明末四大高僧之一。万历四十五年(1617),憨山德清在常熟三峰佛寺燃灯说戒,钱谦益侍大师左右受教。① 此年,憨山德清撰《吴越忠懿王造铜阿育王舍利塔记》,②钱谦益撰《补憨大师吴越忠懿国王造铜阿育王舍利塔记》。③憨山德清在所撰《答钱受之太史》中称赞宋濂及其《宋文宪公护法录》,期望钱谦益如宋濂以护法门,匡时弊。④ 钱谦益自称"海印弟子",志在如宋濂所为立僧史、正清流。憨山德清圆寂之后,钱谦益全力流布憨山德清生平事迹及其著作。钱谦益托龚孝升在粤搜集憨山德清著作,校勘编次为《憨山老人梦游集》40卷传世。《憨山老人自叙年谱实录》2卷,由钱谦益依据原稿付梓流传。钱谦益撰《憨山大师庐山五乳峰塔铭》⑤《憨山大师真赞》《憨山大师大学纲领决疑》《憨山大师托生辩》《海印憨山大师遗事记》《憨山大师十六观颂后书》《海印憨山大师科经总义或问》《致憨山大师曹溪塔院住持诸上座书》《憨山大师曹溪肉身塔院碑》等,为憨山德清立传存史。

3. 钱谦益与紫柏真可

紫柏真可(1543—1603),俗姓沈,法名达观,后改名真可,晚年自号紫柏,世人称紫柏尊者,吴江人。精通儒、释、道,为佛教复兴的重要人物,列为明末四大高僧之一,致力于藏经刊行,著有《紫柏尊者全集》29卷。钱谦益没有见过紫柏真可,而敬仰紫柏真可及其学说。如果说,钱谦益与憨山德清是侍立受教;那么,钱谦益与紫柏真可是梦中"密语付

---

① 钱谦益:《憨山大师曹溪肉身塔院碑》,《牧斋有学集》卷三十六塔铭,上海古籍出版社2003年版,第1255页。
② 常熟市地方志编纂委员会办公室标校:《重修常昭合志》,上海社会科学院出版社2002年版,第927页。
③ 妙生主编:《常熟破山兴福寺志》,古吴轩出版社1993年版,第224页。
④ 憨山德清:《憨山老人梦游集》,北京图书馆出版社2005年版,第951—952页。
⑤ 钱谦益:《憨山大师庐山五乳峰塔铭》,《牧斋初学集》卷六十八塔铭一,《钱牧斋全集》,上海古籍出版社2003年版,第1559—1565页。

嘱,戒以勿忘","得受记莂"。钱谦益编《紫柏尊者别集》4卷,补《紫柏尊者全集》所缺,载有杂文、诗偈、书信、语录等。顺治十七年(1660)十一月,钱谦益撰《〈紫柏尊者别集〉序》,署"虞山白衣私淑弟子蒙叟钱谦益焚香肃拜谨序",对紫柏真可推崇备至。序文中称颂紫柏真可之生"有关于国运隆替、法运废兴"。同时,表达自己愿为紫柏真可立传正名。《〈紫柏尊者别集〉序》文述《紫柏尊者别集》由来,从僧史论述紫柏尊者继曾开往的地位与影响。①

钱谦益又撰《跋紫柏大师手札》,从文献上补《紫柏尊者全集》未收文献以及"甬东陆符搜访为别集而未尽"之紫柏真可手札。② 跋文中,钱谦益深感"读其手札,慈容悲海,俨然如生。一腔心血,倾倒为人",表达对紫柏真可的礼敬崇拜。

4. 钱谦益与蕅益智旭

蕅益智旭(1599—1655),俗姓钟,名际明,又名声,字振之,号素华,又号八不道人,晚号蕅益老人,晚居灵峰,世称灵峰蕅益大师,吴县木渎人。天启二年(1622),从憨山徒雪岭剃度为僧。后住九华山华严庵。弘扬延寿、袾宏思想,主禅、教、律三学统一,儒、道、佛三教一致。为净土宗第九代祖师,与憨山、紫柏、莲池并称明四大高僧。平生著述甚多,著《阅藏知津》《弥陀经要解》,注释《大乘起信论》《大乘止观论》,门人成时别编其遗文为《灵峰蕅益大师宗论》10卷。蕅益智旭晚钱谦益7岁,与钱谦益为亦师亦友的关系。钱谦益曾就修纂《续灯》与《首楞蒙钞》与蕅益智旭交流。③ 蕅益智旭也表达了自己的观点,《灵峰蕅益大师宗论》卷第五之二中载有其文《寄钱牧斋》《复钱牧斋》。④

顺治十五年(1658)夏四月,钱谦益在杭州报因院撰《书蕅益道人自传后》,为蕅益智旭立传存史,称赞蕅益智旭为紫柏真可、憨山德清二老

---

① 钱谦益:《〈紫柏尊者别集〉序》,《牧斋有学集》卷二十一序八,上海古籍出版社2003年版,第873—875页。
② 钱谦益:《跋紫柏大师手札》,《牧斋有学集》卷四十六题跋一,上海古籍出版社2003年版,第1535—1536页。
③ 钱谦益:《与素华禅师书》,《牧斋有学集》卷四十书三,上海古籍出版社2003年版,第1372—1373页。
④ 蕅益智旭:《灵峰宗论》,《明清四大高僧文集》,北京图书馆出版社2005年版,第317—318页。

之后的"斯世法将"。①

二、钱谦益与华严宗诸法师

1. 钱谦益与雪浪洪恩

雪浪洪恩(1545—1608),俗姓黄,名洪恩,字三怀,号雪浪,金陵人。12岁在南京大报恩寺听无极法师讲《八识规矩颂》,当下领悟,披剃为僧,开当时江南幼年出家之风。于儒书经史、筮卜方技,无所不通,博通内典,承华严与唯识两宗,以讲教华严经义而名世,主张融会性相,编纂《相宗八要》,著《心经说》《谷响集》。工诗文,善书,深受江南文士的喜好,称江南第一诗僧,晚为明江南佛门尚诗风习的引领者之一,有诗集《雪浪集》《续雪浪集》。

钱谦益很小的时候就知道雪浪洪恩,并逐步从"儿童之见"到真正认知雪浪洪恩大师的本色。钱谦益在《跋雪浪师书黄庭后》中记万历三十五年(1607)冬拜谒雪浪洪恩等事。②

钱谦益万历三十七年(1609)又撰《华山雪浪大师塔铭》,"谨按憨师所撰《雪浪大师传》而序",为雪浪洪恩立传存史。文中记自己与雪浪大师有缘而撰塔铭,述雪浪洪恩的承宗,重点评述雪浪洪恩的贡献。③ 雪浪洪恩"尝言不读万卷书,不知佛法。博综外典,旁及唐诗晋字,研朱益丹,帷灯画被",可见其学说与博学;"南北法席师匠,皆出师门,信乎中兴之盛",可见其在华严宗的地位;"说法三十年,黑白众日以万计",可见其影响。

2. 钱谦益与一雨通润

一雨通润(1565—1624),俗姓郑,字一雨,名通润,自号二楞庵,苏州西洞庭山人。师从雪浪洪恩。钱谦益撰《一雨法师塔铭》称一雨通润"经传雪浪,论续慈恩",记一雨通润说法精严孤诣,与士大夫交往风规

---

① 钱谦益:《书潆益道人自传后》,《牧斋有学集》卷五十题跋五,上海古籍出版社2003年版,第1627—1628页。
② 钱谦益:《跋雪浪师书黄庭后》,《牧斋初学集》卷八十六题跋四,《钱牧斋全集》,上海古籍出版社2003年版,第1800页。
③ 钱谦益:《华山雪浪大师塔铭》,《牧斋初学集》卷六十九塔铭二,《钱牧斋全集》,上海古籍出版社2003年版,第1571—1574页。

闲雅,注经 20 余种。①

3. 钱谦益与苍雪读彻

苍雪读彻(1588—1656),俗姓赵,初字见晓,后更字苍雪,号南来,昆明呈贡人。5 岁从父于昆明妙湛寺出家,博学多闻,工诗善画,王士禛推其为明代三百年第一诗僧。钱谦益撰《中峰苍雪法师塔铭》称颂苍雪读彻师承与贡献。② 顺治十五年(1658)秋,钱谦益在《南来堂拾稿题词》中评论华严与苍雪读彻遗文之旨。③

钱谦益还为华严宗诸法师撰塔铭,立传存史。钱谦益为汰如明河(1588—1640)撰《汰如法师塔铭》④,以及《汰如法师画像赞》《书汰如法师塔铭后》《又书汰如塔铭后》;为石林道源撰《石林长老塔铭》⑤,以及《寄巢诗序》《石林长老七十序》《石林长老小传》;为道开自扃(1601—1652)撰《道开法师塔铭》⑥;为固如通明(?—1633)撰《固如法师塔铭》⑦;等等,可见钱谦益与华严宗诸法师佛学观相通。

三、钱谦益与传统禅宗

钱谦益与禅宗主要派别有交往,与其人生后期践行联络各方、寻觅知音、同志共识的复明事业紧密联系。

1. 钱谦益与汉月法藏

汉月法藏(1573—1635),俗姓苏,号汉月,字于密,无锡人。临济宗

---

① 钱谦益:《一雨法师塔铭》,《牧斋初学集》卷六十九塔铭二,《钱牧斋全集》,上海古籍出版社 2003 年版,第 1574—1577 页。
② 钱谦益:《中峰苍雪法师塔铭》,《牧斋有学集》卷三十六塔铭,上海古籍出版社 2003 年版,第 1264—1266 页。
③ 钱谦益:《南来堂拾稿题词》,《牧斋有学集》卷四十八题跋三,上海古籍出版社 2003 年版,第 1585—1586 页。
④ 钱谦益:《汰如法师塔铭》,《牧斋初学集》卷六十九塔铭二,《钱牧斋全集》,上海古籍出版社 2003 年版,第 1577—1578 页。
⑤ 钱谦益:《石林长老塔铭》,《牧斋有学集》卷三十六塔铭,上海古籍出版社 2003 年版,第 1266—1267 页。
⑥ 钱谦益:《道开法师塔铭》,《牧斋有学集》卷三十六塔铭,上海古籍出版社 2003 年版,第 1268—1269 页。
⑦ 钱谦益:《固如法师塔铭》,《牧斋有学集》卷三十六塔铭,上海古籍出版社 2003 年版,第 1270—1271 页。

禅师,晚年开法于虞山三峰清凉禅寺,世称三峰藏公。汉月法藏住持的虞山三峰清凉禅寺,在钱谦益住宅不远处,钱谦益与汉月法藏早多往来。① 当时,常熟佛法衰微,钱谦益希望汉月法藏力振宗风。

2. 钱谦益与密云圆悟

密云圆悟(1566—1642),俗姓蒋,字觉初,自号密云,谥号慧定禅师,宜兴人。钱谦益于顺治十五年(1658)撰《天童密云禅师悟公塔铭》。塔铭在反清复明志士黄毓祺殉义后10年而撰,意在不负所托,告慰黄毓祺于九原。② 塔铭提到密云圆悟与嗣法弟子汉月法藏的争论,引发木陈道忞、继起弘储两派僧俗弟子之争,经张有誉、王廷璧等人调解,钱谦益修改塔铭部分文辞,两派终归和解。

3. 钱谦益与木陈道忞

木陈道忞(1596—1674),俗姓林,别号山翁,法号道忞,广东大埔人。密云圆悟弟子,继密云圆悟之后主浙江天童寺,继承弘扬临济禅法宗风。著有《北游集》《布水台集》《语录》。

木陈道忞请钱谦益为《山翁禅师文集》撰序,钱谦益在顺治十六年(1659)己亥春王二月望日撰《山翁禅师文集序》。序文推崇学佛者爱君忧国之心与忠义士大夫等,称颂木陈道忞的"血性"品质,这种品质正是当时复明志士应该具备的品质。③ 钱谦益撰《与木陈和尚》述:"丧乱残生,学殖荒落。恭承嘉命,令补造《密云老人塔铭》,以偿十五年旧逋。……十五年前,已诺江上黄介子之请矣。重以尊命,何敢固辞。……谨与晓上座面订,以明年浴佛日为期。"④此书述撰《天童密云禅师悟公塔铭》,并阅读木陈道忞《布水》二集作序事,当在顺治十四年(1657)。至顺治十六年(1659)六月,钱谦益又撰《再答木陈和尚书》,谈到塔铭引发天

---

① 钱谦益:《憨山大师曹溪肉身塔院碑》,《牧斋有学集》卷三十六塔铭,上海古籍出版社2003年版,第1255页。

② 钱谦益:《天童密云禅师悟公塔铭》,《牧斋有学集》卷三十六塔铭,上海古籍出版社2003年版,第1256—1260页。

③ 钱谦益:《山翁禅师文集序》,《牧斋有学集》卷二十一序八,上海古籍出版社2003年版,第876—878页。

④ 钱谦益:《与木陈和尚》,《钱牧斋先生尺牍》卷第二,《牧斋杂著》,《钱牧斋全集》,上海古籍出版社2003年版,第348—349页。

童、邓尉两家风波，塔铭原稿已经点检改窜。① 由于塔铭引发木陈道忞、继起弘储两派僧俗弟子之争，不可避免的是一方与钱谦益失和。

4. 钱谦益与继起弘储

继起弘储（1605—1672），俗姓李，字继起，号退翁，担雪老人，通州人。汉月法藏弟子，开法于常州夫椒山祥符寺，又历迁苏州之灵岩山崇报寺、尧峰山宝云寺、虎丘山云岩寺、秀州金粟广慧寺。明亡后曾投入抗清斗争，著有《南岳继起和尚语录》等。

钱谦益与继起弘储交往在所撰《天童密云禅师悟公塔铭》引发风波后，先与熊开元、张有誉、王廷璧等继起弘储门下书信往来，再与继起弘储本人有多次书信往来。钱谦益撰有《答张静庵司农第一札》《再答张静庵书》《三答静涵张司农书》，其中，《答张静庵司农第一札》述所撰《天童密云禅师悟公塔铭》作意："其大意全为先皇帝悔悟左道，存问耆年，表章末后一段光明，以著存千秋万劫法门盛事，亦借此为百年臣子倾洒一点血泪耳。"② 钱谦益与继起弘储本人至少有7次书信往来。钱谦益又撰《复灵岩老和尚书》自述有"一点血心"，称继起弘储"当世有一人知己"。③ 钱谦益再撰《与继起和尚》五首之一谈及自己"笺注《首楞》，已五易稿，而未能惬当"，希望自己"献岁发春，便当抠衣纳履，长侍法筵矣"。五首之五请继起弘储速遣门下王双白急往鸡足山探金襕袈裟消息，或指探永历帝之消息。④

顺治十六年（1659）夏，继起弘储与熊开元、张有誉、王廷璧、陈瑚拜访钱谦益，钱谦益撰《己亥夏五十有九日灵岩夫山和尚偕鱼山相国静涵司农枉访村居双白居士确庵上座诸清众俱集即事奉呈四首》记此事。⑤

---

① 钱谦益：《再答木陈和尚书》，《牧斋有学集》卷四十书三，上海古籍出版社2003年版，第1388—1389页。
② 钱谦益：《答张静庵司农第一札》《再答张静庵书》《三答静涵张司农书》，《牧斋有学集》卷四十书三，上海古籍出版社2003年版，第1385—1388页。
③ 钱谦益：《复灵岩老和尚书》，《牧斋有学集》卷四十书三，上海古籍出版社2003年版，第1394页。
④ 钱谦益：《与继起和尚》，《钱牧斋先生尺牍》卷第二，《牧斋杂著》《钱牧斋全集》，上海古籍出版社2003年版，第334—337页。
⑤ 钱谦益：《己亥夏五十有九日灵岩夫山和尚偕鱼山相国静涵司农枉访村居双白居士确庵上座诸清众俱集即事奉呈四首》，《红豆诗二集》，《牧斋有学集》卷十，《钱牧斋全集》，上海古籍出版社2003年版，第486—488页。

钱谦益为继起弘储撰有《虎丘退庵储和尚语录序》,序文记与继起弘储交往及其感受。①

顺治十八年(1661),钱谦益80岁,继起弘储持天台万年藤如意为寿,钱谦益撰《老藤如意歌》,序文记:"余年八十,灵岩和尚持天台万年藤如意为寿,余识之曰:此金华吴少君遗物也。歌以记之。"②

康熙二年(1663),钱谦益生病卧榻,继起弘储送参慰问。钱谦益于十一月撰《病榻消寒杂咏四十六首》诗注记"小尽日,灵岩长老送参"。③"灵岩长老",即熊开元,继起弘储弟子,从事复明活动。

康熙三年(1664)是钱谦益生命的最后一年,继起弘储60岁,钱谦益带病体特为撰《寿量颂为退和尚称寿》,表达对继起弘储敬意与寿颂。④ 寿颂可谓钱谦益在生命的最后"倾洒一点血泪",是对继起弘储作为佛学大师的歌颂,以及对继起弘储"以尘世之深心,兼经国之大手"的褒奖。

5. 钱谦益与宗宝道独

宗宝道独(1599—1660),俗姓陆,名道独,初名宗宝,别名空隐,南海人。师从曹洞宗无异元来。出住庐山,历主广州罗浮山、福州长庆、闽之雁湖、南台山之西禅寺、粤之芥庵、海幢等诸刹,著有《长庆宗宝独禅师语录》。作为遗民禅师,其弟子多明遗民。

在憨山德清圆寂之后,钱谦益为访求憨山德清遗稿,于顺治十三年(1656)托龚孝升在粤搜集憨山德清著作,宗宝道独全力以赴搜罗憨山德清散佚著作,由曹秋岳为集缮写并载以归吴,最后由钱谦益校雠编定,毛晋镂版刊为《憨山老人梦游集》40卷传世。宗宝道独为传播憨山德清著作,功不可没。

顺治十八年(1661),宗宝道独圆寂,弟子天然函昰手书行状,派弟

---

① 钱谦益:《虎丘退庵储和尚语录序》,《牧斋有学集》卷二十一序八,上海古籍出版社2003年版,第876—878页。
② 钱谦益:《老藤如意歌》,《东涧诗集》上,《牧斋有学集》卷十二,《钱牧斋全集》,上海古籍出版社2003年版,第605—606页。
③ 钱谦益:《病榻消寒杂咏四十六首》,《东涧诗集下》,《牧斋有学集》卷十三,《钱牧斋全集》,上海古籍出版社2003年版,第660页。
④ 钱谦益:《寿量颂为退和尚称寿》,《牧斋有学集》卷二十五寿序三,上海古籍出版社2003年版,第970—974页。

子间关五千里请钱谦益为宗宝道独撰写塔铭。钱谦益撰《华首空隐和尚塔铭》记之,塔铭文述:"显公奉师全身塔于罗浮华首台西谿之南,手次行状,遣侍者,今间关五千里,撰书币而谒铭于余。"塔铭记其致书宗宝道独请求收集憨山德清遗稿等事。①

6. 钱谦益与天然函昰

天然函昰(1608—1685),俗姓曾,法名函昰,字丽中,号天然,番禺人。崇祯十二年(1639)拜宗宝道独为师。以儒家忠孝廉节教诲门徒,以佛教慈悲喜舍之精神感化人心,交往仁人志士,著《楞伽心印》《楞严经直指》《天然语录》《瞎堂诗集》。钱谦益撰有《复天然昰和尚书》。②

7. 钱谦益与性因今释

性因今释(1614—1680),字性因,号澹归,俗姓金,名堡,字道隐,号卫公,仁和(今浙江省杭州市)人。崇祯十三年(1640)进士,官礼部都给事中。南明时,从事复明活动。两粤陷,投天然函昰出家,从至东莞十余年。擅长诗文,著有《遍行堂集》。康熙元年(1662),钱谦益撰《复澹归释公》题注"即金道隐"。文中表达与性因今释为同志同心,相与书信。③

第三节 儒佛思想

钱谦益受佛缘环境影响形成其儒佛思想,他与明末高僧交往,其一以贯之的经世务实的儒佛思想愈加丰富,并付诸实践。

一、创立僧史

钱谦益创立僧史的思想是针对明末三教融合后出现的伪儒、狂儒与伪禅、狂禅乱象,受到管东溟学术思想的影响。钱谦益年轻时师事管

---

① 钱谦益:《华首空隐和尚塔铭》,《牧斋有学集》卷三十六塔铭,上海古籍出版社 2003 年版,第 1271—1274 页。
② 钱谦益:《复天然昰和尚书》,《牧斋有学集》卷四十书三,上海古籍出版社 2003 年版,第 1391—1392 页。
③ 钱谦益:《复澹归释公》,《牧斋有学集》卷四十书三,上海古籍出版社 2003 年版,第 1392—1393 页。

东溟,并与其子管士珑交往。管东溟是明末三教融合的重要倡导者之一,钱谦益受其思想影响,在崇祯元年(1628)所撰《湖广提刑按察司佥事晋阶朝列大夫管公行状》中自称"门人",文述管东溟宗姚江良知之旨,并专重于绳狂砭伪。① 管东溟"以祖述宪章为学的,以圆宗方矩为教准",主要针对伪儒、狂儒,针砭时弊,以拨乱反正,正本清源。钱谦益主要针对伪禅、狂禅,效宋濂护法门,匡时弊。

创立僧史,钱谦益强调佛教史观与史实史料,同时,强调规范僧史撰写要求。钱谦益虽然没有写成一部完整意义上的僧史,但他通过为憨山大师立史传,以及他一生撰写大量的和尚塔铭、寺院塔院记文、募缘疏文、和尚语录序文等,为佛教立僧史,致力于辟伪禅,彰显正法。

钱谦益认为立僧史、续禅灯就是为续佛命。钱谦益在《题佛海上人卷》中批判"禅学蛊坏",从"续佛命"的高度倡导创立僧史"续禅灯"。②

钱谦益在《答觉浪和尚》中提出立僧史传录以"宣扬正法",继《传灯》《僧宝》,"使纲宗决定,眼目分明",要有"舍身为法"的勇气。③

创立僧史,钱谦益强调把握僧史文献。钱谦益一方面强调访求"宗门要典"、传灯之书;另一方面重视访贤人,请教尊宿。与此同时,对于僧史文献作去伪存真的考辨工作。钱谦益在《又答觉浪和尚》中强调访贤、搜史与辨别讹谬。④

钱谦益强调规范僧史撰写要求,他在为汰如明河(1588—1640)所撰《汰如法师塔铭》中,详细介绍汰如明河的师授关系。⑤ 又在《书〈汰如法师塔铭〉后》提出撰写佛教人物的三大要点,即记载佛教人物宗派授受源流、修行得法过程和历史地位功绩。⑥

---

① 钱谦益:《湖广提刑按察司佥事晋阶朝列大夫管公行状》,《牧斋初学集》卷四十九行状四,上海古籍出版社2003年版,第1252—1267页。
② 钱谦益:《又题佛海上人卷》,《牧斋初学集》卷八十六题跋四,上海古籍出版社2003年版,第1809—1810页。
③ 钱谦益:《答觉浪和尚》,《牧斋有学集》卷四十书三,上海古籍出版社2003年版,第1376—1377页。
④ 钱谦益:《又答觉浪和尚》,《牧斋有学集》卷四十书三,上海古籍出版社2003年版,第1377—1378页。
⑤ 钱谦益:《汰如法师塔铭》,《牧斋初学集》卷六十九塔铭二,《钱牧斋全集》,上海古籍出版社2003年版,第1577—1578页。
⑥ 钱谦益:《书〈汰如法师塔铭〉后》,《牧斋有学集》卷五十题跋五,上海古籍出版社2003年版,第1621页。

钱谦益撰有众多佛经与和尚塔铭的跋文,对流传僧史作考辨工作。钱谦益万历十一年(1583)正月撰《书金陵旧刻法宝三书后》,记:"金陵少宗伯殷秋崖先生手订《楞严解》十卷,采录《华严合论》为《约语》四卷,又得《宗镜会要》于长干精舍,锓梓行世。又七十有余年,而滇南陶仲璞太守获其版于公之诸孙,冷募送嘉兴经藏,以广流通,而属余书其事。"① 钱谦益撰《书宋文宪公壁峰和尚塔铭》,指出《金陵梵刹志》"载建寺缘起,章明法门盛事",以及多处之谬。② 钱谦益撰《跋善继上人血书〈华严经〉后》,指出其中之误,不可不订:"半塘寿圣禅师藏善继上人血书《华严经》,故学士承旨宋文宪为序赞,新安有谢陞少连者,为之跋尾,备载此经去来事。而曰永明师一转为善继,再转为文宪。以文宪为善继后身,误也。……三世去来,如屈信臂,不可思议。然以应身信之,则后先历然。谢氏之讹,不可不订也。丙辰冬十月,过半塘,瞻礼是经,因志其后。"③钱谦益撰《跋〈清教录〉》记:"《清教录》条列僧徒爱书交结胡惟庸谋反者,凡六十四人,以智聪为首,宗泐、来复,皆智聪供出逮问者也。"而"智聪之招,未可尽信"。《又跋〈清教录〉》指出"野史之传讹"。④ 钱谦益认为僧史考辨,正本清源,也是为续佛命的重要内容。

二、传承教风

钱谦益辟伪禅、狂禅,匡时弊,志在护法门,传教风,实现佛教经世。钱谦益撰《武林重修报国院记》,推崇"云栖之真净"。⑤ 钱谦益校勘编次《憨山老人梦游集》就是为佛教正清流,让憨山德清著作"发明大法"。⑥

---

① 钱谦益:《书金陵旧刻法宝三书后》,《牧斋初学集》卷八十六题跋四,上海古籍出版社2003年版,第1798—1799页。
② 钱谦益:《书宋文宪公壁峰和尚塔铭》,《牧斋初学集》卷八十六题跋四,上海古籍出版社2003年版,第1801—1802页。
③ 钱谦益:《跋善继上人血书〈华严经〉后》,《牧斋初学集》卷八十六题跋四,上海古籍出版社2003年版,第1802—1803页。
④ 钱谦益:《跋〈清教录〉》,《牧斋初学集》卷八十六题跋四,上海古籍出版社2003年版,第1803—1804页。
⑤ 钱谦益:《武林重修报国院记》,《牧斋初学集》卷四十二记二,《钱牧斋全集》,上海古籍出版社2003年版,第1109—1111页。
⑥ 钱谦益:《致憨山大师曹溪塔院住持诸上座书》,《牧斋有学集》卷四十书三,上海古籍出版社2003年版,第1382—1384页。

钱谦益编《紫柏尊者别集》,鉴于"尊者之出世,其关系国运、法运",撰《〈紫柏尊者别集〉序》"发辉塔铭未尽光明",阐明紫柏尊者承元以来"元叟、寂照、笑隐至楚石、蒲庵、季潭"①一脉,正脉教风相传,其地位之重要不言而喻。钱谦益撰《题十八祖道始颂》,称赞蕅益智旭郑重顶礼云栖、紫柏、憨山三老。②

三、弘阐经义

钱谦益认为阐扬法界,廓清教海,不仅要研经动嘴讲教,还需要研经动手释义,注经以返经明教。钱谦益全力以赴从事撰述《楞严疏解蒙钞》,注《华严经》。

钱谦益从18岁阅读亲近《首楞严经》,到顺治八年(1651)春开始撰述《楞严疏解蒙钞》,几乎投入其一生的主要精力。钱谦益撰《大佛顶首楞严经疏蒙钞缘起论》《后记》《重记》,不仅阐述《楞严疏解蒙钞》撰述缘起、经历等问题,而且论述其弘阐经义之旨、释经之例,表达其佛学思想。③《后记》中强调由于经文"文质理精,词简义富",担心读经者"未了宗源","不详利病",故作疏解,以使经文"大义炳然,微言不坠"。④《重记》中述重订经历、刻经缘因。钱谦益通过引述长干社中就正于雪藏韶师的评价,强调注经释义目的是使"古圣师面目各在"。⑤

四、体验佛性

钱谦益致力于弘扬佛教的经世价值,阐述儒家"忠孝"价值观与佛教"佛性"价值观的相融一致性,为从事复明业提供践行依据与心灵慰藉。

---

① 钱谦益:《〈紫柏尊者别集〉序》,《牧斋有学集》卷二十一序八,上海古籍出版社2003年版,第873—875页。
② 钱谦益:《题十八祖道始颂》,《牧斋有学集》卷五十题跋五,上海古籍出版社2003年版,第1616页。
③ 钱谦益:《大佛顶首楞严经疏蒙钞缘起论》,《牧斋有学集文钞补遗》,《牧斋杂著》,《钱牧斋全集》,上海古籍出版社2003年版,第472—475页。
④ 钱谦益:《后记》,《牧斋有学集文钞补遗》,《牧斋杂著》,《钱牧斋全集》,上海古籍出版社2003年版,第476—477页。
⑤ 钱谦益:《重记》,《牧斋有学集文钞补遗》,《牧斋杂著》,《钱牧斋全集》,上海古籍出版社2003年版,第478—479页。

钱谦益后期阐述"忠孝"与"佛性"的一致性。钱谦益反复引宋代大慧杲禅师之言"予虽学佛者,然爱君忧国之心,与忠义士大夫等",自述"引大慧方外人忠孝一段,鄙意良有寄托"。大慧杲禅师生逢变乱之世,家国蒙耻,人民流离,虽处方外,爱君忧国。大慧杲禅师顺应当时社会需要,将儒家"忠君爱国"思想引入佛教,认为就"忠君爱国"而言,"出世"的佛门弟子与"入世"的士大夫同样责无旁贷,只要身体力行儒家圣人的"忠孝"之教,也就达到了佛门修行的极高境界。钱谦益期望弘扬大慧杲禅师斧正禅风的精神,传承真正的佛性。在钱谦益看来,"忠孝"与"佛性"相融一致,佛教的经世价值为复明事业找到了儒佛共同的价值观。

第十章　史著编撰与史学思想

钱谦益一生有志修史，自述史局经历计30余年。他在长期的读史修史实践中，不断总结司马迁以来历代史学家的治史经验，提炼出经世致用史学思想及其方法论。

第一节　史著编撰

钱谦益治史受到时代史学趋向、区域文化、钱氏家族的影响。

钱谦益所在的江南为儒学兴盛区域，重视正经正史，人才辈出，著作纷呈，为史著编撰积累了丰富的史料。当时，藏书家们注重经史收藏，孙从添概况常熟藏书家收藏特色称："藏书之道，先分经、史、子、集四种，取其精华，去其糠秕。经为上，史次之，子集又次之。"① 私家藏书刻书家毛晋刻《十三经注疏》《十七史》，可见江南区域对正经正史的重视，适应社会对士人"通经明史""读尽经史"的要求。

中华民族自古十分重视历史传统、历史经验，史著丰富，不胜枚举。司马迁修纂《史记》，"究天人之际，通古今之变，成一家之言"，后之文士以此为奋斗目标。至明末，社会变迁，国破家亡，有识之士纷起撰史，记录时事，传承历史文脉，私史空前繁荣。仅《明史·艺文志》史部著录书目，除官修史书外，正史类有明代史36种、通史与前代史38种，杂史类

---

① 孙从添：《藏书纪要》，见祁承爜等：《藏书记》，广陵书社2010年版，第41页。

明代史 202 种、前代史 15 种，史抄类 34 种均为明代史，故事类明代史 35 种、通史与前代史 25 种及其他杂史，传记类明代史 53 种、通史与前代史 85 种。《中国古籍善本书目》中，史部著录明人史抄类著述今存者有 142 种，史评类今存 120 多种，为《明史·艺文志》未著录之书。可见，明代史部著述之丰。钱谦益在《少司空晋江何公〈国史名山藏〉序》中感慨："呜呼！本朝学士大夫，从事于史者众矣。以海盐之志焉而弗史，以太仓之力焉而弗史，以南充之位与局焉而弗克史。"①由于编纂私史多，有的著作违碍清朝统治者，仅康熙二年（1663）五月二十六日结案的《明史》之狱，重辟 70 人，凌迟 18 人，潘柽章为其中之一，钱谦益曾支持潘柽章撰写《国史考异》。②

钱氏家族先辈多有史著，钱泰著有《经传史通》《评史骘论》。钱体仁博通经史，著《虚窗手镜》。钱顺时撰《资世文钥》，为《通典》《通考》之流。钱世扬著《古史谈苑》《彭城世征》。钱岱著《两晋南北史合纂》。

钱谦益从小就喜读史书，曾撰《留侯论》，受到时人赞赏。自万历三十八年（1610）进士及第，任翰林院编修起，计有 30 余年，钱谦益担任史官，以纂修史书为责。钱谦益在《〈建文年谱〉序》中述："谦益往待罪史局三十余年，网罗编摩，罔敢矢坠。"③

钱谦益纂修有《国初事略》、《皇明开国功臣事略》、《开国群雄事略》、《太祖实录辨证》、《桑海遗录》、《三史备言》、《明史断略》、《明史》百卷稿等。

天启四年（1624）六月，钱谦益再度北上回京入朝，纂修《明神宗实录》。同年，开始纂述《皇明开国功臣事略》。天启五年（1625）五月，钱谦益奉诏削籍南归，继续撰写《皇明开国功臣事略》，书成于天启七年（1627）八月。天启七年十二月，钱谦益撰《〈皇明开国功臣事略〉序》，述此书史料"取征"、史书"取法"、成书经历。序文记："先之以国史，证之

---

① 钱谦益：《少司空晋江何公〈国史名山藏〉序》，《牧斋初学集》卷二十八序一，《钱牧斋全集》，上海古籍出版社 2003 年版，第 849 页。
② 钱谦益：《与吴江潘力田书》，《牧斋有学集》卷三十八书一，《钱牧斋全集》，上海古籍出版社 2003 年版，第 1319—1320 页。
③ 钱谦益：《〈建文年谱〉序》，《牧斋有学集》卷十四序一，上海古籍出版社 2003 年版，第 683—684 页。

以谱牒,参之以别录,年经月纬,州次部居,于是开国功臣之事状粲然矣。元人苏天爵撰《名臣事略》,疏其人若干,而系之以事,不用史传之体。而宋李焘《长编》,商订异同,举正得失,最为详慎。谦益窃于二家取法焉。古之史家,必先网罗放失旧闻,摭经采传……今简牍浩烦,是非漫漶,一无所援据……谦益之为书,姑志其小者近者,如掌故之籍,如甲乙之簿,或笔或削,发凡起例,则以俟后之君子,斯谦益之志已矣。"①

钱谦益述《皇明开国功臣事略》史料"取征"是"先之以国史,证之以谱牒,参之以别录",纂辑方式是"年经月纬,州次部居",纂辑取法于元人苏天爵(1294—1352)撰《元朝名臣事略》、宋李焘(1115—1184)《续资治通鉴长编》二家。苏天爵曾前后三度任职史馆,参与实录修撰,为后世元史研究留下重要史料文献。《元朝名臣事略》,又名《国朝名臣事略》,是苏天爵在史学上的佳作,也是集中代表元代史学成就的重要私修史著。《元朝名臣事略》仿南宋杜大《名臣碑传琬琰集》及朱熹《名臣言行录》的体例,书中直接利用诸家文集、日抄、墓表、行状、家传等原始资料成篇,按年按事选辑有关记载,分段注明出处。每传前有提要,概述传主的氏族、籍贯、简历、年岁等。传主祖先功业卓著者,在正文下用小字摘注其事迹,文中涉及的事件、人物有他书可补充的,也用小字注出,成为中国传记类史籍中一种创新的体裁。李焘仿照司马光《资治通鉴》体例,以40年之功撰成《续资治通鉴长编》。书中采用编年体,取材丰富,于正史、实录、政书之外,凡家录、野记,广征博采。同时,传承考异传统,排列不同史料,校其同异,订其疑误,考证详慎,多有依据。作者本着宁失于繁,无失于略的原则,凡记载不同者,则两存其说,时附己见,以注文标出。钱谦益纂述《皇明开国功臣事略》兼采二家之长,体例上每传都有简单的提要,概述传主生平主要事迹,再按年代顺序编排各类史料,每条史料均注明来源。钱谦益纂述《皇明开国功臣事略》也如《元朝名臣事略》出于"以史经世"的目的。

钱谦益又撰《开国群雄事略》,以"旧史官"名义撰《〈开国群雄事略〉

---

① 钱谦益:《〈皇明开国功臣事略〉序》,《牧斋初学集》卷二十八序一,《钱牧斋全集》,上海古籍出版社2003年版,第844—845页。

序》,表达此书之旨志创业,提供"殷鉴""前车","俾后世有观"。①《开国群雄事略》又题《群雄事略》《国初群雄事略》,为有关元末农民战争中起义领袖及元军将领事迹的史料汇编,有韩林儿、郭子兴、徐寿辉、陈友谅、明玉珍、张士诚等人起兵或割据的史料。钱谦益此书大约撰成于崇祯十六年(1643),志创业、志割据、志盗窃,为《明史》的编纂做前期的准备工作。书中广征博引,使一些今已散失的资料得以保存。钱谦益对有疑问的史事及错讹之处附按语详加校订,使之成为研究元末明初历史的重要史籍。但书非刊定之作,只传抄本。1916年,张钧衡以上海两抄本互校,题为《国初群雄事略》,分编十二卷,刊入《适园丛书》,本书始有刻本行世。张钧衡跋记:"牧斋博极群书,声望卓著……此书即其造史长编……分为十五篇。采自诸书,抵牾处不改定,参差处不画一,仍是长编之例,实非刊定之书。周在浚、黄俞邰徵唐、宋秘书本书目,此书在焉,然迄未刊行之者。今以汉唐斋马氏、兰味轩庄氏两钞本互校订定,以明升、察罕、何荣各从其父,定为十二卷。牧斋著作刊播于世,实为最后矣。"②1982年9月,中华书局出版张德信、韩志远点校本《国初群雄事略》十四卷,据中国社会科学院近代史研究所藏民国沈韵斋传抄张尔田藏本为底本,以《适园丛书》本校勘。国家图书馆另藏有抄本,为章钰旧藏,题《群雄事略》不分卷。③

　　钱谦益撰《太祖实录辨证》④五卷,针对《明太祖实录》中的曲笔、缺漏、失误进行详细的考证,充分展示钱谦益利用各种文献互证史实的方法。例如,《太祖实录辨证》一中第一条:"太祖高皇帝以天历元年戊辰九月壬戌十八日丁丑未时降诞于钟离。"钱谦益考证:"元天历戊辰,娄宿降灵,高帝以是年生。至洪武戊寅,娄星复明。周世宗征淮,以荆、涂二山,乃濠州之朝冈,有王者气,命断之。有梅族居此,因

---

① 钱谦益:《〈开国群雄事略〉序》,《牧斋初学集》卷二十八序一,《钱牧斋全集》,上海古籍出版社2003年版,第845—846页。
② 张钧衡:《〈国初群雄事略〉跋》,《国初群雄事略》民国五年(1916)《适园丛书》本。
③ 蔡美彪:《钱谦益〈群雄事略〉沈抄张尔田藏本及章钰藏本书后》,朱东润、李俊民、罗竹风主编:《中华文史论丛》1987年第1期总第41期,上海古籍出版社1987年版,第283—295页。
④ 钱谦益:《太祖实录辨证》,《牧斋初学集》卷一百一—一百五卷,《钱牧斋全集》,上海古籍出版社2003年版,第2098—2152页。

曰断梅山。后三百年,而太祖出焉。元末童谣曰:'富汉莫起楼,贫汉莫起屋。但看羊儿年,便是吴家国。'我太祖定都建康,改至正二十七年为吴元年,实丁未也。"①钱谦益考证太祖吴元年丁未降诞。《太祖实录辨证》五中最后一条:"洪武二十八年二月,宋国公冯胜卒。"钱谦益也对此进行了详细考证。②《太祖实录辨证》现存五卷五十二条,即在抽取其《国初事略》《开国群雄事略》二书考异成果的基础上,略加修改后汇编成书,以考订《明太祖实录》错讹。钱谦益在《复吴江潘力田书》中说《太祖实录辨证》为未成之书:"《实录辨证》,此鄙人未成之书,亦国史未了之案。"③

钱谦益在《策》之《第四问》中提出"宜录开国之功、革除之节、抗节之贤、抗节之贤",提出"亟宜网罗放失旧闻,考订得失,以修国史"。钱谦益认为明代国史存在谥号混乱问题,说:"愚闻之:谥者,纪行之迹也。大行受大名,小行受小名。谥之有法也,自周公昉也。晋、唐以来,谥典綦重。如贾充、何曾、许敬宗者,皆藉人主之威命,以乞灵一字,而卒不能柱驳议者之笔舌,盖劝惩系焉。我高皇帝以风教鼓舞一世,尤慎惜谥典,至以爱子重之为荒为憨,不少曲笔,而一时大臣,亦罕得赐谥。乃挽近则稍稍变矣。大抵爵位之崇卑,子孙之贵贱,与公论之轩轾,互相低昂。谥者未必贤,贤者未必谥。人得以觊觎出入,而易名之典稍轻。日者皇上特俞礼臣,请应补谥暨予谥者若干人,典刑不亡,九京可作,愚何能赞一辞哉?"钱谦益进而提出"谥之未定,由史之不立也",尤其是明代开国史记载不详。钱谦益提出"修国史"的方法,说:"以国史为经,以野史家乘为纬,州萃部居,条分缕析,而后使鸿笔之士,润色其辞,国史既定,衮钺随之。宜谥者谥,宜去者去,宜更定者更定,以史裁谥,以谥实史,庶无虚美隐恶之恨乎哉?是举也,创议易而卒业难,卒业易而尽善难。然而不可缓也,执事者其亟图之,生愿握管以从焉。"④

---

① 钱谦益:《太祖实录辨证》一,《牧斋初学集》卷一百一,《钱牧斋全集》,上海古籍出版社2003年版,第2098页。
② 钱谦益:《太祖实录辨证》五,《牧斋初学集》卷一百五,《钱牧斋全集》,上海古籍出版社2003年版,第2150—2152页。
③ 钱谦益:《复吴江潘力田书》,《牧斋有学集》卷三十九书二,《钱牧斋全集》,上海古籍出版社2003年版,第1350—1353页。
④ 钱谦益:《策》,《牧斋初学集》卷八十九制科二,《钱牧斋全集》,上海古籍出版社2003年版,第1854—1855页。

钱谦益有志于修《明史》，但不可能以职务行为修《明史》，只能以个人之力修《明史》。然而，顺治七年（1650）十月，绛云楼失火，延及半野堂，钱谦益所裒辑《明史》百卷稿、《皇明开国功臣事略》稿、《开国群雄事略》稿及《昭代文集》百余卷稿，尽毁于火。① 钱谦益在《与吴江潘力田书》中述自己撰史之艰辛，说："又为梁国公胡显错误，取证楚昭王行实，属游侍郎肩生从楚府觅得原本。楚藩密嘱，勿使人知，盖访求掌故，其难如此。……又八年，劫火告灾，遂成煨烬，初后司异，不复记忆。"② 钱谦益在《复徐巨源书》中表达自己斯文自任的努力，说："丧乱余生，讨论旧学，搜集明朝文史，州次部居，取次命笔，一夕而毁于劫火，如天之复假我以斯文也。"③

　　钱谦益写了许多史论文章，辨章史学，考镜文献，时或以史为镜，针砭时弊。钱谦益崇祯元年（1628）四月撰《春秋论》五篇，论"孔子之议狱也精"，"左氏之记事也核"，述《春秋》经谊笔法，以驳正"天启进药之狱"。④ 钱谦益撰《鸡鸣山功臣庙考》，参证《太祖实录》、《会典》、《一统志》、洪武《图志》、王景《黔宁神道碑》等史料，补充王世贞考核未及详处，纠正王世贞所支持的鸡鸣山功臣庙虚位塑像的观点。⑤ 钱谦益撰《致身录考》，"以墓表暨录参考之"，考证"万历中吴中盛传"的伪书《致身录》，"断其必无"，并载传书的吴江处士史鉴明后人史兆斗口述史料："去年兆斗过余，问侍书事真伪云何？余正告之曰：'伪也。'为具言其所以。兆斗色动，已而曰：'先生之言是也。'问其所藏秘本，则逊谢无有。"⑥ 钱谦益撰《书考致身录后》，考证踵《致身录》之伪的《从亡日记》，

---

① 金鹤冲：《钱牧斋先生年谱》，《牧斋杂著》附录，《钱牧斋全集》，上海古籍出版社2003年版，第943页。
② 钱谦益：《与吴江潘力田书》，《牧斋有学集》卷三十八书一，《钱牧斋全集》，上海古籍出版社2003年版，第1319—1320页。
③ 钱谦益：《复徐巨源书》，《牧斋有学集》卷三十八书一，《钱牧斋全集》，上海古籍出版社2003年版，第1323—1326页。
④ 钱谦益：《春秋论》，《牧斋初学集》卷二十一杂文一，《钱牧斋全集》，上海古籍出版社2003年版，第745—750页。
⑤ 钱谦益：《鸡鸣山功臣庙考》，《牧斋初学集》卷二十二杂文二，《钱牧斋全集》，上海古籍出版社2003年版，第751—755页。
⑥ 钱谦益：《致身录考》，《牧斋初学集》卷二十二杂文二，《钱牧斋全集》，上海古籍出版社2003年版，第755—758页。

"《日记》出而《致身录》之伪愈不可掩矣"。建文帝的史事,因《实录》缺乏记载,野史真赝错出,莫可辩证,钱谦益提出:"正史既不可得而见矣,后之君子,有志于史事者,信以传信,疑以传疑,无好奇撰异而遗误万世之信史,则可也。"①钱谦益天启六年(1626)七月撰《书杨仪金姬传后》,采辑《伪周事略》,知杨仪《金姬传》"尽诬",提出:"此传载伪周始末,缘饰形似,惧其为史家之蠹,不可以不正也。"②钱谦益撰《书瀛国公事实》,考证瀛国公事实,以权衡作《庚申帝大事记》,以闽人余应诗及袁忠彻记为征,"知信以传信,可备著国史,不当以稗官琐录例之",提醒"后之君子,有事于纂述,庚申帝之事,亦其大者"。③钱谦益万历四十八年(1620)庚申春正月撰《书钱塘大慈山甘露院二牒后》,以江阴李贯之所藏钱塘大慈山、甘露院二牒所载与史传考证为信史。④钱谦益在七年后的天启六年(1626)四月又撰《再书钱塘大慈山甘露院二牒后》,据王明清《挥麈录》、叶梦得《石林燕语》等补充之前未及深考处,纠正"臆考",体现实事求是的史学思想。⑤钱谦益天启二年(1622)十一月二十七日撰《记温国司马文正公神道碑后》,以神道碑考证司马光事迹,感慨"墓之废兴,关于有宋之存亡","后之君子,亦将有感焉"。⑥钱谦益崇祯九年(1636)撰《读卢德水所辑龙川二书后题》,"于《龙川二书》,窃窥其中兴之大志,悲其以英豪自命",有针对性地提出:"人主患不得英豪而用之。英豪者,有忠臣义士之心,而具谋臣辩士之略,如蜀之有亮,如吴之有瑜是也。"⑦钱谦益在《赠别方子玄进士序》中批评今世学者师法不古,

---

① 钱谦益:《书考致身录后》,《牧斋初学集》卷二十二杂文二,《钱牧斋全集》,上海古籍出版社 2003 年版,第 758—760 页。
② 钱谦益:《书杨仪金姬传后》,《牧斋初学集》卷二十二杂文二,《钱牧斋全集》,上海古籍出版社 2003 年版,第 760—761 页。
③ 钱谦益:《书瀛国公事实》,《牧斋初学集》卷二十五杂文五,《钱牧斋全集》,上海古籍出版社 2003 年版,第 794—796 页。
④ 钱谦益:《书钱塘大慈山甘露院二牒后》,《牧斋初学集》卷二十六杂文六,《钱牧斋全集》,上海古籍出版社 2003 年版,第 811—812 页。
⑤ 钱谦益:《再书钱塘大慈山甘露院二牒后》,《牧斋初学集》卷二十六杂文六,《钱牧斋全集》,上海古籍出版社 2003 年版,第 813—814 页。
⑥ 钱谦益:《记温国司马文正公神道碑后》,《牧斋初学集》卷二十六杂文六,《钱牧斋全集》,上海古籍出版社 2003 年版,第 814—817 页。
⑦ 钱谦益:《读卢德水所辑龙川二书后题》,《牧斋初学集》卷二十六杂文六,《钱牧斋全集》,上海古籍出版社 2003 年版,第 817—818 页。

非常担忧务华绝根、数典忘祖之俗学,说:"夫今世学者,师法之不古,盖已久矣。经义之敝,流而为帖括;道学之弊,流而为语录。是二者,源流不同,皆所谓俗学也。俗学之弊,能使人穷经而不知经,学古而不知古,穷老尽气。盘旋于章句占毕之中。此南宋以来之通弊也。弘治中学者,以司马、杜氏为宗,以不读唐后书相夸诩为能事。夫司马、杜氏之学,固有从来。不溯其所从来,而骄语司马、杜氏,唐以后岂遂无司马、杜氏哉?务华绝根,数典而忘其祖,彼之所谓复古者,盖亦与俗学相下上而已。驯至于今,人自为学,家自为师,以鄙俚为平易,以杜撰为新奇,如见鬼物,如听鸟语,无论古学不可得见,且并其俗学而失之矣。六经子史,譬如药物之有参苓也。参苓之剂,足以生人。假令投之毒药之中,则亦化而为毒药而已矣。今之学者,缪种已成,六经子史,一入其中,皆化为异物,又况司马、杜氏哉?余有忧之。"①钱谦益在《与卓去病论经学书》中批评今之学者流俗,说:"今之学者不然,汩没于举业,眩晕于流俗。八识田中,结轖晦蒙,自有一种不经不史之学问,不今不古之见解。执此以裁断经学,秤量古人,其视文、周、孔、孟,皆若以为堂下之人,门外之汉,上下挥斥,一无顾忌。于两汉诸儒何有?及其耳目回易,心志变眩,疑难横生,五色无主,则一切街谈巷说,小儿竖儒所不道者,往往奉为元龟,取为指南。此无他,学问之发因不正,穷老尽气而不得其所指归,则终于无成而已矣。"又说:"孔子曰:'述而不作,信而好古。'吾以为今人反之曰:'作而不述,疑而好今。'何也?以其疑于古,不疑于今,知援今而证古,不知援古而证今也。又曰:'学而不思则罔,思而不学则殆。'吾以为今人又反之曰:'学而不学则罔,思而不思则殆。'非不学不思也,学非其所学,而思非其所思也。"②

钱谦益一生撰写了大量的题跋、书序,保存了丰富的人物与书史文献。他创作的时人传记,为后世留下了珍贵的人物史料。钱谦益撰《吴中名贤表扬续议》,表扬吴中三贤行事,为常熟顾云鸿、吴江张世伟、吴

---

① 钱谦益:《赠别方子玄进士序》,《牧斋初学集》卷三十五序八,《钱牧斋全集》,上海古籍出版社 2003 年版,第 992—993 页。
② 钱谦益:《与卓去病论经学书》,《牧斋初学集》卷七十九启书,《钱牧斋全集》,上海古籍出版社 2003 年版,第 1705—1707 页。

县杨大滐立传。① 特别是,钱谦益所辑《列朝诗集》,编纂缘起于程嘉燧的倡议,以诗系人,以人系传,旨在论次昭代之文章,蒐讨朝家之史集,志在铺陈明朝,发挥才调,以诗庀史。② 钱谦益在所撰《爱琴馆评选诗慰序》中说:"余辑昭代诗集,征文献之阙遗,仿中州之序论,聊荟蕞及之耳。才人志士,爱慕良多,长洲叶圣野、吴江戚右朱手自缮写,勒成一集。其尤且谤之者则间作,爱我者未必果我之得,而尤且谤者,亦未必果我之失,信彼是之两行而已。"③钱谦益撰《季沧苇诗序》称:"甲午中秋,余过兰江,沧苇明府访余舟次,谭余所辑《列朝诗集》部居州次,累累如贯珠,人有小传,趣举其词,若数一二。"④《列朝诗集》以诗存史,使一代诗人精魂留存纸上。

钱谦益编辑了不少时人集子,保存文献。钱谦益在《〈黄陶庵先生全集〉序》中记:"余顷者屏居江村,追念平生师友,葺高阳孙文正公、吉水李忠文公之文,手自撰次,以示来者,又得陶庵之集而卒业焉,乃喟然而叹曰:'孟子有言:诵其诗,读其书,不知其人可乎?'余于此三君子者,既得而师之友之矣,请因其文以知其为人。"⑤可惜,所编文献有的毁于绛云楼失火。钱谦益在《〈赖古堂文选〉序》中说:"己丑之春,余释南囚归里,尽发本朝藏书,裒辑史乘,得数百帙,选次古文,得六十余帙,州次部居,遗蒐阙补,忘食废寝,穷岁月而告成。庚寅孟冬,不戒于火,为新宫三日之哭,知天之不假我以斯文也。"⑥

钱谦益鼓励后学撰史,指导撰写,并提供史料。钱谦益把潘柽章列为"学问道义之交",称许其有良史才,在《与吴江潘力田书》中评价

---

① 钱谦益:《吴中名贤表扬续议》,《牧斋初学集》卷二十六杂文六,《钱牧斋全集》,上海古籍出版社2003年版,第821—824页。
② 钱谦益:《〈列朝诗集〉序》,《牧斋有学集》卷十四序一,《钱牧斋全集》,上海古籍出版社2003年版,第678—679页。
③ 钱谦益:《爱琴馆评选诗慰序》,《牧斋有学集》卷十五序二,《钱牧斋全集》,上海古籍出版社2003年版,第713—714页。
④ 钱谦益:《季沧苇诗序》,《牧斋有学集》卷十七序四,《钱牧斋全集》,上海古籍出版社2003年版,第758—759页。
⑤ 钱谦益:《〈黄陶庵先生全集〉序》,《牧斋有学集》卷十六序三,《钱牧斋全集》,上海古籍出版社2003年版,第740—742页。
⑥ 钱谦益:《〈赖古堂文选〉序》,《牧斋有学集》卷十七序四,《钱牧斋全集》,上海古籍出版社2003年版,第768—770页。

潘柽章的《国史考异》"援据周详,辨析详密,不偏主一家,不偏执一见。三复深惟,知史事之必有成,且成而必可信可传也。一官史局,半世编摩,头白汗青,迄无所就,不图老眼见此盛事"。联系自己撰写《皇明开国功臣事略》《开国群雄事略》《太祖实录辨证》等书,就其中史事的裁断与潘柽章商榷,表达倾力相助潘柽章撰史,"墙角残书,或尚可资长编者,当悉索以备蒐采"。① 钱谦益撰《复吴江吴赤溟书》,鼓励吴炎(字赤溟)撰史,并给予史料支持,说:"仆自通籍,滥尘史局,即有事于国史。晚遭丧乱,偷生视息,犹不自恕⋯⋯去年逼除,得见今乐府一编,深推其采撷之富、贯穿之熟而评断之勇也。蛮然而喜,焕然而兴曰:'所谓斯人者,其殆是乎?天诱其衷,缘隙奋笔,以葳我正史。遗民老史,扶杖辍耕,抚绛云之余灰,泣蕉园之焚草,庶几可以少慰矣乎?'⋯⋯所征书籍,可考者仅十之一二。残编蠹翰,间出于蕉烂之余,他日当悉索以佐纲罗,不敢爱也。"② 钱谦益撰《为吴、潘二子征书引》,助吴、潘二子完成《明史记》,说:"近得松陵吴子赤溟、潘子力田,奋起有《明史记》之役,所为本纪、书、表、世家、列传,一仿龙门。取材甚富,论断甚覈。⋯⋯予因思澥内藏书诸家,及与二子讲世好者,不能一一记忆,要之,此书成,自关千秋不朽计,使各出所撰著及家藏本授之二子,二子必不肯攘善且忘大德也。"③ 康熙二年(1663),潘柽章因浙江南浔庄廷鑨明史案牵连,明史稿被焚,同年六月与吴炎同被凌迟于杭州弼教坊。钱谦益在潘柽章、吴炎遭遇庄史案之前,支持潘、吴两人撰史,可见其眼光与胆识。

  钱谦益在《与李映碧论史书》中,鼓励李清撰写信史,同时交流先理长编事略的撰史方法。④ 李清撰有《三垣笔记》《南渡录》等史学价值极高的明史专著。

---

① 钱谦益:《与吴江潘力田书》,《牧斋有学集》卷三十八书一,《钱牧斋全集》,上海古籍出版社 2003 年版,第 1319—1320 页。
② 钱谦益:《复吴江吴赤溟书》,《牧斋有学集》卷三十八书一,《钱牧斋全集》,上海古籍出版社 2003 年版,第 1367—1369 页。
③ 钱谦益:《为吴、潘二子征书引》,《牧斋有学集文钞补遗》,《牧斋杂著》,《钱牧斋全集》,上海古籍出版社 2003 年版,第 500—501 页。
④ 钱谦益《与李映碧论史书》,《牧斋有学集文钞补遗》,《牧斋杂著》,《钱牧斋全集》,上海古籍出版社 2003 年版,第 490—492 页。

第二节 史学思想

钱谦益总结前人的治史经验和史学传统,结合自身的读史与撰史实践,总结提炼其史学思想,散见于其史著前记、书后及其大量的题跋、书信等文中。

第一,强调史书治乱为方,治史需备才识。顺治十三年(1656),钱谦益撰《汲古阁毛氏新刻〈十七史〉序》,以问答之辞,就汲古之刻先经后史、编年纪传独取纪传、史取全史、史不择取诸问题一一论述。其中,述经、史关系:"经经纬史,州次部居,如农有畔,如布有幅。此治世之菽粟,救世之药石也。"述史书价值:"史者,天地之渊府,运数之勾股,君臣之元龟,内外之疆索,道理之窟宅,智谋之伏藏,人才之薮泽,文章之苑囿。以兴亡治乱为药病,史为其方。善读史者,如匠石之落材,如海师之采宝。"述司马迁的命世之才、旷代之识及史学:"司马氏以命世之才,旷代之识,高视千载,创立《史记》……太史公之才,秦、汉以来,一人已矣……太史公称君子,必曰好学深思。世有好学深思之君子,必不敢易视太史公之史而以为可学,必不敢薄视太史公以后之史而以为不足学。"①钱谦益在《〈赖古堂文选〉序》中批评当时的治史风气,期望治弊启新。序文指出史学时弊:"史学之缪三:一曰读史之缪,目学而食,踵温陵卓吾之论,而漫无折中者是也。二曰集史之缪,攘遗拾沉,昉毗陵荆川之集录,而茫无钩贯者是也。三曰作史之缪,不立长编,不起凡例,不谙典要,腐于南城《皇明书》,芜于南浔《大政记》,舛驳于晋江《名山藏》,以至于盲瞽僭乱,蟪声而纳鸣者皆是也。"②

第二,强调史学经世价值,史学关注现实。钱谦益崇祯十六年(1643)四月撰《向言三十首(并序)》,表达为学以经世,"修身齐家治国

---

① 钱谦益:《汲古阁毛氏新刻〈十七史〉序》,《牧斋有学集》卷十四序一,《钱牧斋全集》,上海古籍出版社2003年版,第679—682页。
② 钱谦益:《〈赖古堂文选〉序》,《牧斋有学集》卷十七序四,《钱牧斋全集》,上海古籍出版社2003年版,第768页。

平天下圣王之学",以经为经,以史为纬,提出经世之策。① 钱谦益为山东赵士喆的《建文年谱》撰《〈建文年谱〉序》,文中述:"独于逊国时事,伤心扪泪,细书染翰,促数阁笔,其故有三。一则曰实录无征也,二则曰传闻异辞也,三则曰伪史杂出也。蕉园蚕室,尽付灰劫;头白汗青,杳如昔梦。唯是文皇帝之心事,与让皇帝之至德,三百年臣子,未有能揄扬万一者。迄今不言,草亡木卒,祖宗功德,泯灭于余一人之手,魂魄私憾,宁有穷乎?"②他对"实录无征""传闻异辞""伪史杂出",忧心忡忡。钱谦益在《少司空晋江何公〈国史名山藏〉序》中表达修撰信史,"发名山之藏","传诸通邑大都",发挥史书益世功能。③

第三,强调编纂信史,发挥史书殷鉴价值。钱谦益注重史学要为现实服务,有补于世,即《汲古阁毛氏新刻〈十七史〉序》中所谓史书要成为"治世之菽粟","救世之药石",让读者读来"如匠石之落材","如海师之采宝"。钱谦益在《与吉水李文孙书》中强调史家信史,要求:"命笔之期,所以迁延改岁者,以斯文之作,殊非聊尔。用以证明信史,刊定国论,其考订不得不详,而叙述不得不慎也。状所载监抚二疏备矣,第未详初疏在某月某日,次疏在某日。词臣南迁之疏,相去又几日,此大事也,须用史家以日系月、以事系日之例,时日分明,奏封隔别,则同堂共事,交口合喙之心迹,可不辨而了然矣。"④

第四,强调辨别取征史料,史家考核真伪。钱谦益为梁溪邹流绮《启桢野乘》撰《〈启桢野乘〉序》,剖析"国史""家史""野史"可能的种种作伪情况、原因,以及针对修史之弊史家应具有的素质要求。文中提出:"史家之难,其莫难于真伪之辨乎?史家之取征者有三;国史也,家史也,野史也。于斯三者,考核真伪,凿凿如金石,然后可以据事迹,定褒贬。"同时,钱谦益进言邹流绮纂述需博求、虚己,又勉励邹流绮治史

---

① 钱谦益:《向言三十首(并序)》,《牧斋初学集》卷二十三、二十四杂文三、四,《钱牧斋全集》,上海古籍出版社2003年版,第763—793页。
② 钱谦益:《〈建文年谱〉序》,《牧斋有学集》卷十四序一,上海古籍出版社2003年版,第683—685页。
③ 钱谦益:《少司空晋江何公〈国史名山藏〉序》,《牧斋初学集》卷二十八序一,《钱牧斋全集》,上海古籍出版社2003年版,第848—850页。
④ 钱谦益:《与吉水李文孙书》,《牧斋有学集》卷三十八书一,《钱牧斋全集》,上海古籍出版社2003年版,第1330—1331页。

继承传统,勉之慎之。① 钱谦益提出的史家所应有的"博求""虚己"要求,就是要求史家撰写史籍要建立在广泛搜集资料的基础之上,同时,要求史家端正修史治学态度。钱谦益纂述《皇明开国功臣事略》《开国群雄事略》,即取征国史实录、家史、野史互证,考核真伪,最终成就信史。就端正治学思想,钱谦益撰《新刻〈十三经注疏〉序》,针对"俗学"时弊,提出包括治史的治学思想是返经正学:"孟子曰:我亦欲正人心。君子反经而已矣。诚欲正人心,必自反经始;诚欲反经,必自正经学始。……溯经传之源流,订俗学之舛驳,使世之儒者,孙志博闻,先河后海,无离经而讲道,无师今而非古。胥天下穷经学古,称圣明所以崇信表章至意。则是言也,于反经正学,其亦有小补矣夫!"② 钱谦益撰《苏州府重修〈学志〉序》,针对"万历之季,以缪妄无稽相夸,而士以读书为讳",提出"古之学者,九经以为经,注疏以为纬,专门名家,各仞师说,必求其淹通服习而后已焉。经术既熟,然后从事于子史典志之学,泛览博采,皆还而中其章程,隐其绳墨。于是儒者之道大备,而后胥出而为名卿材大夫,以效国家之用。"③ 钱谦益认为熟经术,才能从事子、史典志之学,而后经世致用,成为报国有用之才。钱谦益撰《跋〈东都事略〉》,强调掌握史料对于修史的重要性:"文献无征,岂独杞宋,虽无老成人,尚有典刑,斯孔文举所以泫然流涕也。修史之难,莫先乎征举典故,网罗放失。"④

第五,强调史家史德精神,发愤尽气撰史。钱谦益在《少司空晋江何公〈国史名山藏〉序》中以明史学家何乔远(1558—1632)的《国史名山藏》为例,表达自己的史学观,强调史家史德本于"史职",发愤撰史存史的史家使命。何乔远所撰《名山藏》109卷,为纪传体史书,分为37记,记载自明太祖迄至穆宗13朝200余年史事,多取材于当时流传的野史旧文,保

---

① 钱谦益:《〈启桢野乘〉序》,《牧斋有学集》卷十四序一,《钱牧斋全集》,上海古籍出版社2003年版,第686—687页。
② 钱谦益:《新刻〈十三经注疏〉序》,《牧斋初学集》卷二十八序一,《钱牧斋全集》,上海古籍出版社2003年版,第850—852页。
③ 钱谦益:《苏州府重修〈学志〉序》,《牧斋初学集》卷二十八序一,《钱牧斋全集》,上海古籍出版社2003年版,第852—854页。
④ 钱谦益:《跋〈东都事略〉》,《牧斋有学集》卷四十六题跋一,《钱牧斋全集》,上海古籍出版社2003年版,第1514—1515页。

存了不少稀有明史资料,有崇祯十三年(1640)刻本。钱谦益序文撰于崇祯五年(1632)何乔远殁之后、崇祯十三年书刊行之前,何乔远子何九说给钱谦益写信请为《国史名山藏》作序。钱谦益论述当代人以个人之力撰写国史有三难与三善,说:"东汉以后之史皆成于异代,今以昭代之人作昭代之史,忌讳弘多,是非错互。公羊托指于微词,韩愈戒心于显祸,一难也。迁、固之书,讨论于再世;晋、唐之史,假借于众手。今以一人一时网罗一代之事,既非尚门服习之学,又无史局纂修之助,二难也。龙门之采《世本》也,涑水之修《长编》也,述作之源流,笔削之先资也。今之纪载纷如,其可资援据者或寡矣。远无征于杞、宋,近或指乎隐、桓,三难也。公之为书也,果断以奋笔,采毫贬芥,不以党枯仇腐为嫌,此一善也。专勤以致志,年经月纬,不以头白汗青为解,此二善也。介独以创始发凡起例,不以断烂芜秽为累,此三善也。"钱谦益强调"史职"与发挥史书功能,并表达了对于修国史的使命感。①

第六,强调诗史互证方法,拓展治史文献。在诗与史的关系上,钱谦益认为诗反映历史,诗风可知世风,诗歌可以丰富史书记载的内容,弥补史书记载的缺失,诗、史可以互证。钱谦益在《胡致果诗序》中提出其"诗史"观。② 钱谦益认为,《春秋》未作以前之诗皆国史。曹植《赠白马》、阮籍《咏怀》等诗歌反映了"千古之兴亡升降",诗作表达个人"感叹悲愤",体现时代精神。至少陵诗,诗史大备。宋亡而遗民诗盛,反映易代变迁。至今空坑、厓山故事不为盛行的新史记载,而考诸当日诗歌,其人其事犹存在。因此,这些诗歌正是以诗续史,弥补新史之阙,而且诗人也立言不朽,"与金匮石室之书,并悬日月"。钱谦益躬身诗史互证创作实践,用诗史互证方法撰史,以诗史互证方法解读杜诗。他在撰《太祖实录辨证》等实践中,倡导国史、家史、野史等多史互证,注意史书记载与碑刻材料等多种文献互证,书面材料与民间口头材料互证。此外,还倡导以诗史互证,创新方法,拓展治史文献。崇祯六年(1633),钱

---

① 钱谦益:《少司空晋江何公〈国史名山藏〉序》,《牧斋初学集》卷二十八序一,《钱牧斋全集》,上海古籍出版社 2003 年版,第 848—850 页。
② 钱谦益:《胡致果诗序》,《牧斋有学集》卷十八序五,《钱牧斋全集》,上海古籍出版社 2003 年版,第 800—801 页。

谦益母丧居家,始撰三笺杜诗,撰《读杜小笺》①,续撰《读杜二笺》②,又撰《钱牧斋先生笺注杜工部集》,体现其诗史互证精神。季振宜在《〈钱注杜诗〉序》中称:"牧斋先生之书成,而后杜诗之精神愈出。"③钱谦益创作的《后秋兴》组诗等也是以诗存史的史诗。钱谦益所辑《列朝诗集》小传也意在借诗存史,以诗庀史。④ 钱谦益在《双凤顾氏族谱序》中强调治史应"知其本末,文献之足征","谱犹史也,信传信,疑传疑"。⑤ 钱谦益在《〈于氏日钞〉序》中提出经、史、诗文应兼通,不可割裂:"余观今世士大夫,著述繁多,流传错互。至于裁割经史,订驳古今,一人之笔可以穷溪藤,一家之书可以充屋栋。嗟乎!古之人穷经者未必治史,读史者未必解经,留心于经史者,又未必攻于诗文。而今何兼工并诣者之多也?"⑥钱谦益倡导的史家之法用诗史互证考订得失,以求信史。

---

① 钱谦益:《读杜小笺》上,《牧斋初学集》卷一百六,《钱牧斋全集》,上海古籍出版社 2003 年版,第 2153—2154 页。
② 钱谦益:《读杜二笺》,《牧斋初学集》卷一百九、一百九十,《钱牧斋全集》,上海古籍出版社 2003 年版,第 2187—2219 页。
③ 季振宜:《〈钱注杜诗〉序》,钱谦益:《钱注杜诗》,中华书局 1958 年版,第 1—2 页。钱谦益撰《钱牧斋先生笺注杜工部集》,康熙六年(1667)季振宜静思堂初刻本,1958 年中华书局上海编辑所(今上海古籍出版社)据此本断句排印,以《钱注杜诗》之名行世。
④ 钱谦益:《〈列朝诗集〉序》,《牧斋有学集》卷十四序一,《钱牧斋全集》,上海古籍出版社 2003 年版,第 678—679 页。
⑤ 钱谦益:《双凤顾氏族谱序》,《牧斋初学集》卷二十八序一,《钱牧斋全集》,上海古籍出版社 2003 年版,第 848—850 页。
⑥ 钱谦益:《〈于氏日钞〉序》,《牧斋初学集》卷二十九序二,《钱牧斋全集》,上海古籍出版社 2003 年版,第 884—885 页。

第十一章　创作实践与文学主张

钱谦益一生致力于传承文学传统，勤于创作，所撰诗文数量多，各体兼备，内容丰富。钱谦益通过撰写大量的"序""跋"文来阐述自己的文学主张，并以自己一生的创作实践来开启一代诗文新风。黄宗羲评其"主文坛坫者五十年，几于弇州相上下"；邹式金评其以诗文不朽"立言"；凌凤翔称其诗"有关时事之大，可备一朝典故，足称诗史"，"博大精深，固足开风气之先"，以诗"悯时忧世"，以文章思报国。受钱谦益影响形成的虞山诗派，成为有清一代举足轻重的文学流派。

第一节　创作实践

钱谦益从小生活的常熟，是一个有文学传统的书香城市。常熟的文学先贤言偃，文章博学，从事礼乐教育，重视以文载道。常熟被称为"文学之乡"，自先秦以来文学几乎一以贯之，文脉不断。据《常熟文学史》载，先秦时期，这里有原始歌谣、吴歌，以及文学始祖言偃。汉魏晋南北朝隋唐时期，这里留存有支遁诗歌、萧统读书台及《文选》、唐诗与唐代碑铭文，文化名人有草圣张旭。宋代，常熟进士及第者有45人之多，著名的文人有陆绾、庄绰、王伯广、冷世修、钟璇、钱佃、赵公豫、周甫、张攀、王万等人。元代，常熟文学之士有瞿孝祯、卢彦昭、王珪、盛彧、时太初、黄公望、清琪等人。明代，常熟戏曲、诗文、辞赋、文学批评等各领域均出现了在全国有影响的作家，尤其是桑悦、顾大韶等的辞赋,徐祯卿的诗歌、传奇杂剧与《曲论》《谈艺录》,吴讷的《文章辨体》。

钱谦益受到区域文化的影响,特别是深受钱氏家族文化的熏陶,从小爱好读书与写作,广学博取。他六岁就傅于钱继科,十岁跟随父亲学习,十三岁作文得到顾宪成的好评,十五六岁所作《武子胥论》为"长老吐舌击赏",二十岁学诗于邵濂"以文章事业相期许",为文又得到陈孟孺的赞赏。钱谦益自述其创作还受到归有光等人的影响,他在《〈新刻震川先生文集〉序》中说:"往余笃好震川先生之文,与先生之孙昌世访求遗集,参读是正,始有成编。……余少壮汩没俗学,中年从嘉定二三宿儒游,邮传先生之讲论,幡然易辙,稍知向方,先生实导其前路。"① 钱谦益前期创作曾"汩没俗学",烂熟明代复古派李梦阳、王世贞之书,后来受到汤显祖、程孟阳等人,特别是受学古而能出神入化、推为"明文第一"的归有光之影响,开始转益多师,博采众长,注重学问,才学兼资,趋向雅正。

钱谦益一生诗文创作数量非常多,主要诗文创作留存有《牧斋初学集》《牧斋有学集》,以及《投笔集》《苦海集》《牧斋晚年家乘文》《钱牧斋先生尺牍》《牧斋有学集文钞补遗》《有学集文集补遗》《牧斋外集》《牧斋集补》《牧斋集再补》等,还有《列朝诗集》《钱注杜诗》等。他的诗文各体兼备,内容丰富。

一、钱谦益的前期创作

钱谦益的诗文创作以入清为界分前期与后期,其前期诗文创作以《牧斋初学集》为代表。《牧斋初学集》一百十卷,包括诗二十卷、文八十卷、《太祖实录辨证》五卷、《读杜小笺》三卷、《读杜二笺》二卷。

钱谦益更早期的诗作没有列入,现存入集诗作自钱谦益39岁、万历四十八年(1620)八月还朝开始,一直至其生命的最后时光,他以诗抒叙其心路历程。《牧斋初学集》收诗二十卷,为万历四十八年至崇祯十六年(1643)所作诗。《牧斋初学集》收文八十卷,分类编排,收录杂文、序、记、行状、墓志铭、神道碑铭、墓表、塔铭、传、谱牒、祭文、哀词、启、

---

① 钱谦益:《〈新刻震川先生文集〉序》,《牧斋有学集》卷十六序三,《钱牧斋全集》,上海古籍出版社2003年版,第729—731页。

书、帐词、疏、赞、偈、题跋、奏疏、议、制科、外制。钱谦益的诗文内容主要为对内忧外患的关切、对贤良忠正的赞颂、对阉党权奸的痛恨、对史实的考订,以及阐述其反对明代前后七子因袭拟古、抨击竟陵派幽眇凄冷脱离现实的流弊,并要求通过"时"和"景"的描写来表现性情的文学主张,作品的内容丰富多样,现实性较强。

钱谦益在《答山阴徐伯调书》中自述《初学集》的创作情况,并略陈自己生平所得,说:"仆年十六七时,已好陵猎为古文。空同、弇山二集,澜翻背诵,暗中摸索,能了知某行某纸,摇笔自喜,欲与驱驾,以为莫己若也。……浮湛里居又数年,与练川诸宿素游,得闻归熙甫之绪言,与近代剽贼雇赁之病。……于是始覃精研思,刻意学唐、宋古文,因以及金元元裕之、虞伯生诸家,少得知古学所从来,与为文之阡陌次第。今所传《初学集》,皆三十七八已后作也。自嘉靖末年,王、李盛行,熙甫遂为所掩没。万历中,临川能讼言之,而穷老不能大振。仆以孤生瞍闻,建立通经汲古之说,以排击俗学,海内惊讶,以为希有,而不知其邮传古昔,非敢创获以哗世也。"① 钱谦益在创作实践中不断地"摸索",由烂熟李梦阳、王世贞之书转向归有光,传承"通经汲古"之学,并特别强调自己传承宋景濂(宋濂)、归熙甫(归有光)、汤若士(汤显祖)一脉,矫正竟陵、七子之弊,努力让文坛归于通经汲古正途。

瞿式耜、程嘉燧、曹学佺、萧士玮、凌凤翔等为《牧斋初学集》撰跋、序,在一定程度上反映了同时代人对钱谦益及其作品的评价。崇祯十六年(1643),瞿式耜编纂《牧斋初学集》,并撰《跋语》,述钱谦益诗"立朝之概","平生持论,一味主于和平,绝无欹帆侧柁之意",评价文集"诸体略备"。② 程嘉燧撰《牧斋先生〈初学集〉序》对《牧斋初学集》诗文"温柔忠厚"创作之旨,以及"忧国"与"救时匡世"的创作主旨作解读,说:"先生身虽退处,其文章为海内所推服崇尚,翕然如泰山北斗,虽鸡林蛋户,有能知爱之者。""其所遭罹祸患愈迫切,而其文章光焰,愈昌大宏肆,奇

---

① 钱谦益:《答山阴徐伯调书》,《牧斋有学集》卷三十九书二,《钱牧斋全集》,上海古籍出版社2003年版,第1347页。
② 瞿式耜:《跋语》,《牧斋初学集》卷七十九启书,《钱牧斋全集》,上海古籍出版社2003年版,1707—1708页。

怪险绝,变幻愈不可测。又且怨而不怼。忧而不慑,得风人讽谕之致,而不失温柔忠厚之意。"①崇祯十七年(1644)二月初二,曹学佺为钱谦益撰《钱受之先生集序》,述与钱谦益"矢志之不二",记其"阅世",可知为文之道。序文称:"忧乐无常,论其世而已。予与海虞先生之阅世,亦屡更矣。当其可乐,有有忧者存焉;当其可忧,则已亦难于独乐矣。乐行忧违,君子未尝以隐居为乐也,确乎其不可拔。予与先生当共勉之。庶天下后世知吾受之之诗与文,如严君平不作苟见而已。若谓动之,必固静之,若谓晓之,必固愚之,则又非。予与受之非有意于持世者也。惟无心于世者,而世数又乌足以局之者哉?时崇祯甲申中和节,友弟曹学佺能始识。"②萧士玮撰《读牧翁集七则》,评价钱谦益诗文有"怀古之思""忧国之思",其文"体气高妙",其诗"波澜老成"。③ 凌凤翔撰序评价钱谦益诗说:"适当诗派中衰之际,实开熙朝风气之先。"综观唐以后自五代历宋、元、明诗派,至前后七子"诗派至此衰微",而"牧斋宗伯起而振之,而诗家翕然宗之,天下靡然从风,一归于正。其学之淹博,气之雄厚,诚足以囊括诸家,保罗万有。其诗清而绮,和而壮,感叹而不促狭,论事广肆而不诽排,洵大雅元音,诗人之冠冕也"。钱谦益之诗"皆有关时事之大,可备一朝典故,足称诗史。宗伯诗博大精深,固足开风气之先"。于是,校印钱谦益集,"使今之作者,咸知自宋至今,诗派相传,至昭代而极盛者,由牧斋宗伯实开风气之先而集其成也。此亦予表扬诗学正宗之本怀云尔"。④

《牧斋初学集》后十卷,包括《太祖实录辨证》五卷、《读杜小笺》三卷、《读杜二笺》二卷,其体例不同于其百卷诗文,而充分展示钱谦益的史识与考史功力。《太祖实录辨证》针对《明太祖实录》中的曲笔、缺漏、失误进行详细的考证,充分展示钱谦益利用各种文献互证史实的方法。

---

① 程嘉燧:《牧斋先生〈初学集〉序》,《牧斋初学集》附录,《钱牧斋全集》,上海古籍出版社2003年版,第2224—2225页。
② 曹学佺:《钱受之先生集序》,《牧斋初学集》附录,《钱牧斋全集》,上海古籍出版社2003年版,第2226页。
③ 萧士玮:《读牧翁集七则》,《牧斋初学集》附录,《钱牧斋全集》,上海古籍出版社2003年版,第2227—2228页。
④ 凌凤翔:《序》,《牧斋初学集》附录,《钱牧斋全集》,上海古籍出版社2003年版,第2229—2230页。

钱谦益有志于私人完成国史，由于特殊的遭遇而"有志未逮"。钱谦益在《太祖实录辨证》末述："史家疏缪，不稽本末，昧丹书之惨酷，悼信誓之凌夷，斯则文献无征，可为叹息者矣。""愚不能深知国史之微词，亦不敢妄效诸公之别例，传疑传信，良惧厚诬前人；知我罪我，庶几俟诸百世云尔。"① 钱谦益撰《读杜小笺》《读杜二笺》笺杜诗，他自述作意是有鉴于学杜诗者与评杜诗者状况，"弘、正之学杜者，生吞活剥，以寻扯为家当，此鲁直之隔日疟也，其黠者又反唇于西江矣。近日之评杜者，钩深抉异，以鬼窟为活计，此辰翁之牙后慧也，其横者并集矢于杜陵矣"。②

文章千古事，得失寸心知。钱谦益以《牧斋初学集》为代表的前期诗文创作实践及其主张，在其所撰《黄子羽诗序》和《答唐训导（汝谔）论文书》等文中有所表达，对于了解其作品很有价值。钱谦益在《黄子羽诗序》中批评时下文风受李梦阳、王世贞"两家之雾之深且久"，不能自拔，表达自己"祈向于古人"的创作志向。③ 钱谦益在《答唐训导（汝谔）论文书》中评论弘正以来时风，批评俗学之弊，批评李梦阳、王世贞等人从形式、体貌，甚至字面上学习汉文、杜诗，认为他们完全没有继承汉文、杜诗的内在精神，因而致力于纠正本朝文风，更寄托唐汝询等有志于古学者，"壹本古人"，枕藉诗书，根植经史，本乎性情。④ 钱谦益还在《答杜苍略论文书》中，总结自己从学经历与《初学集》创作，说："仆狂易愚鲁，少而失学，一困于程文帖括之拘牵，一误于王（世贞）、李（梦阳）俗学之沿袭。寻行数墨，怅怅如瞽人拍肩。年近四十，始得从二三遗民老学，得闻先辈之绪论，与失古人诗文之指意、学问之原本，乃始豁然悔悟，如推瞌睡于梦呓之中，不觉流汗浃背。世网羁绁，日月逾迈，遂无从抟心屏虑、溯流穷源，以究极古昔孙志时敏之学，牵率应酬，支缀撰述，每一举笔，且愧且恧，胸中怦怦然。如与笔墨，举春相应和，今所传《初

---

① 钱谦益：《太祖实录辨证》五，《牧斋初学集》卷一百五，《钱牧斋全集》，上海古籍出版社2003年版，第2150—2152页。
② 钱谦益：《读杜小笺》上，《牧斋初学集》卷一百六，《钱牧斋全集》，上海古籍出版社2003年版，第2153—2154页。
③ 钱谦益：《黄子羽诗序》，《牧斋初学集》卷三十二序五，《钱牧斋全集》，上海古籍出版社2003年版，第925—926页。
④ 钱谦益：《答唐训导（汝谔）论文书》，《牧斋初学集》卷七十九启书，《钱牧斋全集》，上海古籍出版社2003年版，1707—1708页。

学集》者，皆是物也。"①钱谦益又在《再答苍略书》中说："古人之学，自弱冠至于有室，六经三史已熟烂于胸中。作为文章，如大匠之架屋，楹桷榱题，指挥如意。今以空疏缪悠之胸，次加以训诂，沿袭之俗学，一旦悔悟，改乘辕而北之，而世故羁绁，年华耗落，又复悠忽视荫不能穷老。"②钱谦益撰《陈百史集序》，表达自己不满意早期作品，选择一意从事于古的创作方向，说："余未弱冠，学为古文辞，好空同、弇州之集。朱黄成诵，能暗记其行墨，每有撰述，刻意模仿，以为古文之道，如是而已。长而从嘉定诸君子游，皆及见震川先生之门人，传习其风流遗书。久而翻然大悔，屏去所读之书，尽焚其所为诗文，一意从事于古。"③

钱谦益前期诗歌多愤慨党争阉祸、忧国感时之作，退居林下的诗作在一定程度上反映了明末社会矛盾与底层市民生活。表达对内忧外患的关切的诗歌，如《嫁女词四首》因"辽寇躐突，别母北上"，作诗表达"中心恻怆"。《临淮田舍题壁赠王鹤年》表达为国抗敌的决心，《经筵记事十首》其十盼望边关传捷报。《潞河舟中夜坐答茅止生见赠》以棋局喻时局，担忧国事。《中条行（己巳六月过沧州作）》担忧时局变幻的政坛，《癸酉元旦》表达存报国之心。④《黄河》表达对黄河水患的担忧。《五芳井歌》记保定民众在抵抗清兵入侵时的英勇与顽强，以及清兵破城后的暴行。《移居八首》之一表达身在山野而关注国事的心声。表达对阉党权奸的痛恨的诗歌，如《天启乙丑五月奉诏削籍南归自潞河登舟两月方达京口途中衔恩感事杂然成咏凡得十首》记阉党打击东林人及异己的严酷政治斗争情形。《十一月初六日召对文华殿旋奉严旨革职待罪感恩述事凡二十首》其一实录党争朝局。表达对贤良忠正的赞颂的诗歌，如《客涂有怀吴中故人六首》怀文震孟、周顺昌等志节之士。

钱谦益前期文章，尤其是史论文内容涉及朝政得失、党锢消长、内

---

① 钱谦益：《答杜苍略论文书》，《牧斋有学集》卷三十八书一，《钱牧斋全集》，上海古籍出版社2003年版，第1306—1308页。
② 钱谦益：《再答苍略书》，《牧斋有学集》卷三十八书一，《钱牧斋全集》，上海古籍出版社2003年版，第1309—1311页。
③ 钱谦益：《陈百史集序》，《牧斋外集》卷第四序二，《牧斋杂著》，《钱牧斋全集》，上海古籍出版社2003年版，第676—677页。
④ 钱谦益：《癸酉元旦》，《崇祯诗集六》，《牧斋初学集》卷十，《钱牧斋全集》，上海古籍出版社2003年版，第325页。

忧外患、军兴漕运等方面,剖析入微,辩论得当,多有精辟的见解。前期文章中多表达为国事献计献策,如《上高阳师相书》为老师献守关之策。许多文章表达为国家存亡担忧,如《〈兵略〉序》强调国家此时为多事之秋,"所患"在"明主"及"明主得其人而用之"。《兵使慈溪冯公进秩督学福建叙》提出应把握东南核心区域,重在"用人之大政"。《大司马吉安茂明李公参赞机务序》提出"今海内多事,王师在野"时刻,"天下根本在南",加强南都防务为重中之重。钱谦益前期文章中,序文达181篇,其中诗文序74篇、寿序49篇、书序25篇、赠序11篇,此外,还有族谱序、乡约序等。① 诗文序多反映其返经正学以致大雅的文学主张,寿序多反映时事人物并展示晚明社会动荡的历史背景,书序记录作品创作旨意与价值,赠序多论及朝政与时事并表达其经世之思。

二、钱谦益的后期创作

钱谦益后期诗文创作的主要成果以《牧斋有学集》及同期的《投笔集》《苦海集》为代表。

《牧斋有学集》五十卷,包括诗十三卷、文三十七卷。诗十三卷,编年排次。文三十七卷,分类编排,有序、赠序、寿序、记、墓志铭、神道碑、墓表、塔铭、传、祭文、哀词、书、疏、赞、偈、颂、杂文、题跋等。相对于前期,钱谦益的后期诗文创作数量少。

关于钱谦益的后期作品,他有文自述创作旨趣。在《复遵王书》中,钱谦益回顾自己"四十年来"的文学创作,说:"仆少壮失学,熟烂空同、弇山之书。中年奉教孟阳诸老,始知改辕易向。……晚而效香山、眉山。"②钱谦益概述自己的诗学,与程嘉燧"相上下","自初、盛唐及钱、刘、元、白诸家,无不析骨刻髓,尚未能及六朝以上,晚始放而之剑川、遗山",后来"思泝流而上,穷风、雅声律之由致","于声句之外,颇寓比物托兴之旨,廋辞隐语,往往有之"。钱谦益采用廋辞隐语,表达话中有话,言外有意,这与钱谦益写作的特殊时期及其人生际遇息息相关。钱

---

① 韦超群:《钱谦益序文研究》,华中师范大学2022年硕士论文。
② 钱谦益:《复遵王书》,《牧斋有学集》卷三十九书二,《钱牧斋全集》,上海古籍出版社2003年版,第1359—1360页。

谦益深知"以语言文字得祸"的文祸、诗祸就在身边,在当时的环境下写作不得不采用廋辞隐语。钱谦益在《戴初士文集序》中以笔为喻说得明白:"……毫管甚佳,出锋太短,伤于劲硬。所要优柔,出锋须长,择毫须细。锋长则洪润自繇,毛细则点画无失。此善喻也。孔子作《春秋》,隐、桓之际则章。太史公亦曰:'藏之名山,传之其人。'盖宽饶、杨恽之徒,以语言文字得祸者,锋短而毫劲之故也。"①

邹式金撰《〈牧斋有学集〉序》,评价钱谦益以诗文不朽立言,说:"牧斋先生产于明末,乃集大成。其为诗也,撷江左之秀而不袭其言,并草堂之雄而不师其貌,间出入于中晚、宋、元之间,而浑融流丽,别具罏锤,北地为之降心,湘江为之失色矣。其为文也,仰观云霞之变,俯察山川之奇,中究人物品类之盛。"②

凌凤翔撰《〈牧斋有学集笺注〉序》,称钱谦益诗"悯时忧世",志在以文章思报国。凌凤翔评钱谦益诗文,说:"余惟宗伯先生以文章通显,历神、熹、思三朝,名重天下。……以曾在史局,撰《神宗实录》,身任一代文献之重,未藏名山而传诸其人,如司马子长所云,则一死所系,岂等鸿毛哉?……时贤共称其昌大宏肆,奇怪险绝,变幻不可测者,洵煌煌乎一代大著作手。"又说:"顾其时际沧桑,有难察察言者,非好学深思,心知其意,为之诠解而阐幽发潜,亦孰知宗伯之诗,可以备汉三史、作唐一经,其关系重大有若此也哉! 河东子有言:每思报国,惟以文章。此宗伯先生志也。"③

《牧斋有学集》之外,有《投笔集》《苦海集》《牧斋晚年家乘文》《钱牧斋先生尺牍》《牧斋有学集文钞补遗》《有学集文集补遗》《牧斋外集》《牧斋集补》《牧斋集再补》等。

钱谦益后期以实际行动投入反清复明活动,在诗文中流露出对清朝的拒斥,正因如此,后来钱谦益的著作遭到乾隆皇帝钦定禁毁。钱谦

---

① 钱谦益:《戴初士文集序》,《牧斋初学集》卷三十三序六,《钱牧斋全集》,上海古籍出版社2003年版,第962—963页。
② 邹式金:《〈牧斋有学集〉序》,《牧斋杂著》附录,《钱牧斋全集》,上海古籍出版社2003年版,第952—953页。
③ 凌凤翔:《〈牧斋有学集笺注〉序》,《牧斋杂著》附录,《钱牧斋全集》,上海古籍出版社2003年版,第953—954页。

益经历故国沧桑、身世荣辱的巨大变故,大量作品体现了复杂难言的感情,而主调集中表现为对朱明王朝的悲悼和对清王朝的仇视。如《西湖杂咏》六首感慨明清易代,悲悯故国破败,抒发对清朝贵族的憎恨和对亡明的悲悼之情。《辛卯春尽,歌者王郎北游告别,戏题十四绝句,以当折柳赠别之外杂有寄托,谐谈无端隐谜间,出览者可以一笑也》之十一寄托故国之思、亡国之痛。《棹歌十首为豫章刘远公题扁舟江上图》其六抒发故国之思,期望复明活动有起色。尤其是《后秋兴》组诗记录当时的反清复明斗争,以诗没笔存史。钱谦益正是用个性化的诗歌语言,表达难以言说的易代体验,有助于人们体味明朝衰亡的痛史,以及经历明清鼎革文人的隐痛。①

钱谦益后期多碑传文,文学色彩鲜明,序跋、书信多涉诗文理论。在血雨腥风的环境里,钱谦益的诗文多用典故隐语等表达方式。黄宗羲在《思旧录》中评论说:"主文坛坫者五十年,几于弇州相上下。其叙事必兼议论,而恶夫剿袭;诗章贵乎铺序而贱夫凋巧,可谓堂堂之阵,正正之旗矣。"同时,也指出了其缺陷,说:"然有数病:阔大过于震川,而不能入情,一也;用六经之语,而不能穷经,二也;喜谈鬼神方外,而非事实,三也;所用词华,每每重出,不能谢华启秀,四也;往往以朝廷之安危,名士之陨亡,判不相涉,以为由己之出处,五也;至使人以为口实,掇拾为《正钱录》,亦有以取之也。"②

钱谦益后期直至生命的最后从事其心血之作笺注《杜工部集》,留下了《钱注杜诗》,即《钱牧斋先生笺注杜工部集》二十卷。明清易代后遗民的故国情怀和学术追求与杜甫的战乱流离生活场景有共鸣之处,杜甫诗歌受到广泛关注,而杜甫诗歌表现出的忠君爱国思想,传承的儒家精神,直陈时事的诗史书写,沉郁顿挫的诗风,成为大雅诗学的典范。所以,当时的学者们出现注杜之热。钱谦益从崇祯六年(1633)开始笺注杜诗,陆续完成了《读杜小笺》《读杜二笺》和《钱牧斋先生笺注杜工部集》。《读杜小笺》《读杜二笺》于崇祯十六年(1643)收入瞿式耜所刻《初学集》。

---

① 邹丽丹:《香远益清——清代诗词在北美》,吉林人民出版社2021年版,第137页。
② 黄宗羲:《思旧录》,《黄宗羲全集》第1册,浙江古籍出版社2005年版,第377—378页。

《钱牧斋先生笺注杜工部集》为钱谦益于康熙三年(1664)去世后,钱曾将原稿交由泰兴季振宜刻印行世,即康熙六年(1667)静思堂刻本,包括诗歌十八卷,文二卷,共二十卷,后附序跋、诗话、杜甫年谱。今有上海古籍出版社1979年出版的以此本为底本的排印本,以及上海古籍出版社2021年出版的郝润华整理本名《杜甫诗集》。季振宜在《〈钱注杜诗〉序》中说:"丙午冬,予渡江访虞山剑门诸胜,得识遵王。……一日指杜诗数帙,泣谓予曰:'此我牧翁笺注杜诗也,年四五十即随笔记录,极年八十,书始成。得疾著床,我朝夕守之。中少间,辄转喉作声曰:杜诗某章某句尚有疑义。口占析之以属我,我执笔登焉。成书而后又千百条。……'牧翁阅世者,于今三年,门生故旧无有过而问其书者。予读其书,部居州次,都非人间所读本。"①钱谦益得疾著床仍思考为杜诗析义。

钱谦益笺注杜诗意在还原杜诗面貌,他在《注杜诗略例》中说:"杜诗昔号千家注,虽不可尽见,亦略具于诸本中。大抵芜秽舛陋,如出一辙。其彼善于此者三家:赵次公以笺释文句为事,边幅单窘,少所发明,其失也短;蔡梦弼以捃摭子传为博,泛滥踳驳,昧于持择,其失也杂;黄鹤以考订史鉴为功,支离割剥,罔识指要,其失也愚。"同时,指出注家错缪有九种失误,即"伪托古人",各种"世所传伪苏注";"伪造故事,本无是事,反用杜诗见句增减为文,傅以前人之事";"傅会前史,注家引用前史,真伪杂互";"伪撰人名,有本无其名,而伪撰以实之者";"改窜古书","有引用古文而添改者","有引用古诗而窜易者";"颠倒事实","有以前事为后事者","有以后事为前事者";"强释文义";"错乱地理";"妄系谱牒"。② 钱谦益又在《草堂诗笺元本序》(即今《钱注杜诗》序言)中记自己撰写《钱注杜诗》的起因,说:"余为《读杜笺》,应卢德水之请也。孟阳曰:'何不遂及其全。'于是取伪注之纰谬,旧注之踳驳者,痛加绳削。文句字义,间有诠释。藏诸箧笥,用备遗忘而已。"接着,钱谦益又述自己注杜诗与朱鹤龄(字长孺)《朱氏补注》的关系,说:"吴江朱长孺,苦学强记,冥搜有年,请为余撝遗决滞,补其未逮。余忻然举元本畀

---

① 季振宜:《〈钱注杜诗〉序》,钱谦益笺注,郝润华整理:《杜甫诗集》,上海古籍出版社2021年5月版,序。
② 钱谦益:《注杜诗略例》,《牧斋初学集》卷一百十,《钱牧斋全集》,上海古籍出版社2003年版,2214—2219页。

之,长孺力任不疑,再三削稿,余定其名曰《朱氏补注》,举陆务观'注诗诚难'之语以为之序,而并及'天西采玉''门求七祖'二条,以道吾所以不敢轻言注杜之意。"①钱谦益笺注杜诗慎之又慎,他认为杜诗极其精妙,注杜实非易事,所以抱着不敢注杜之意撰稿,并不断丰富注杜内容。

钱谦益悉心笺注杜诗,力图恢复杜诗的真面目。钱谦益完成《读杜小笺》《读杜二笺》时,笺释精华已略备。顺治七年(1650),绛云楼失火,钱谦益藏书遭焚毁,幸亏杜诗笺注原稿尚存。钱谦益感到自己身体与精力已不如以前,于是将自己所有杜诗文献资料及杜诗笺注原稿提供给朱鹤龄,希望朱鹤龄能劾其完成注杜事业。钱谦益在《吴江朱氏杜诗辑注序》中说:"吴江朱子长孺,馆余荒村,出所撰《辑注》相质。余喜其发凡起例,小异大同,弊簏蠹纸,悉索举似。长孺概括诠次,都为一集。"②康熙元年(1662),朱鹤龄完成了补注,钱谦益见到书稿后大失所望。于是,钱谦益收回其所作序,二人交恶,各自注杜。康熙六年(1667),《钱注杜诗》二十卷由泰兴季振宜静思堂刻印行世之后,朱鹤龄的《辑注杜工部集》二十卷也刻印行世。

钱谦益撰《与朱长孺》,已向朱鹤龄表达补注不欲署名:"辱示草堂会笺,必欲首冠贱名,辗转思之,弥增惭悚。""良不欲以编摩附名,取怜于知己。"③钱谦益在《与遵王》中称朱鹤龄的补注"绝非吾笺本来面目",并劝其裁正而已付梓,说:"仆所以不欲居其名者,其说甚长。往时以笺本付长孺,见其苦心搜掇,少为规正,意欲其将笺本稍稍补葺,勿令为未成之书可耳。不谓其学问繁富,心思周折,成书之后,绝非吾笺本来面目。又欲劝其少少裁正,如昨所标举云云。而今本已付剞劂,如不可待,则亦付之无可奈何而已。"④钱谦益在《复吴江潘力田书》中也谈到

---

① 钱谦益:《草堂诗笺元本序》,《牧斋有学集》卷十五序二,《钱牧斋全集》,上海古籍出版社2003年版,第701—702页。
② 钱谦益:《吴江朱氏杜诗辑注序》,《牧斋有学集》卷十五序二,《钱牧斋全集》,上海古籍出版社2003年版,第699—700页。
③ 钱谦益:《与朱长孺》,《钱牧斋先生尺牍》卷第一,《牧斋杂著》,《钱牧斋全集》,上海古籍出版社2003年版,第234—235页。
④ 钱谦益《与遵王》,《钱牧斋先生尺牍》卷第二,《牧斋杂著》,《钱牧斋全集》,上海古籍出版社2003年版,第330—331页。

《钱注杜诗》及朱鹤龄补注不欲署名等问题,说:"《杜诗新解》不欲署名,曾与长孺再三往复。"又述撰写《钱注杜诗》起因、旨意及交与朱鹤龄补注而不合心意,说:"仆之笺杜诗,发端于卢德水、程孟阳诸老。云何不遂举其全?遂有小笺之役,大意尚为刊削有宋诸人伪注缪解烦仍蠢驳之文,冀少存杜陵面目,偶有诠释,但据目前文史,提撮纲要,宁略无烦,宁疏无漏,深知注杜之难,不敢以削稿自任,置之箧衍,聊代荟蕞而已。"①钱谦益反复申述自己的注杜观点,遗憾朱鹤龄注本与己意相违。

钱谦益在笺注杜诗过程中,征引文献丰富,其成果具有重要文献价值。② 钱谦益采用诗史互证方法,以宋代吴若本《杜工部集》二十卷为底本,参校宋、明诸善本,收录杜甫诗歌1471首。其中,笺注913首,58首有阐发杜诗深意的"笺曰"。钱谦益的注释侧重对杜诗中地理、职官、史事、名物的诠解,笺释则注重以唐代史事与杜甫诗歌相互参证,考察杜甫所处之社会环境与时代背景,深刻体会杜甫心态、情感与思想的微妙变化,澄清史实,阐明诗意。当然,钱谦益的笺注难免有对杜甫个别诗作,如《洗兵马》所涉史事及主旨作出不符合史实的解读。③

第二节　文学主张

钱谦益的文学思想在其广泛阅读,博采众长,长期从事文学创作的实践中逐步形成并不断丰富。虽然他没有为后人留下专门论述文学创作的理论专著,但《牧斋初学集》《牧斋有学集》中存有大量的题记、序跋、书信等,钱谦益通过这些文章来阐述自己的文学主张,广泛地论述

---

① 钱谦益:《复吴江潘力田书》,《牧斋有学集》卷三十九书二,《钱牧斋全集》,上海古籍出版社2003年版,第1350—1353页。
② 郝润华:《〈钱注杜诗〉与诗史互证方法》,黄山书社2000年版,第204页。
③ 卢多果:《从史家之心到诗人之眼——杜甫〈洗兵马〉史事及主旨新证》,《文学评论》2023年第3期,第198—206页。

文学创作和理论批评问题,以一生的创作实践开启一代诗文新风。①

图 3　钱谦益行书扇页

一、救世为务

钱谦益从诗文经世的要求出发,提出诗文以救世为先务。钱谦益将通经汲古、返经正学与救世致用、关注社会现实问题紧密联系起来,提出"以反经正学为救世之先务",钱谦益认为包括经术在内的一切均应达于世务,提出"古之学者,必有师承。颛门服习,由经术以达于世务,画丘沟涂,各有所指授而不乱",批评如今"世之为科举进士之业者,以帖括诵法荆川,为应举之资而已","俗学之蛊晦已久"。② 钱谦益把文运与国运联系起来,从这样的高度来看待文学,要让大雅永续,书种不绝。他担心俗学流传,影响文风,读书种子断绝。他在《列朝诗集》中说道:"国家当日中月满,盛极孽衰,粗材笨伯,乘运而起,雄霸词盟,流传讹种。二百年以来,正始沦亡,榛芜塞路,先辈读书种子从此断绝,岂细故哉!"③

钱谦益经历天崩地陷的时代剧变,深悟诗文之作与时代的密切关

---

① 霍松林主编:《中国诗论史》,黄山书社 2007 年版,第 946 页。
② 钱谦益:《常熟县教谕武进白君遗爱记》,《牧斋初学集》卷四十三记三,《钱牧斋全集》,上海古籍出版社 2003 年版,第 1120—1121 页。
③ 钱谦益:《列朝诗集》,中华书局 2007 年版,许逸民、林淑敏点校本,第 3466 页。

系。钱谦益在《〈纯师集〉序》中述忠臣志士之文章出于时代,序文说:"夫文章者,天地之元气也。忠臣志士之文章,与日月争光,与天地俱磨灭。然其出也,往往在阳九百六、沦亡颠覆之时。宇宙偏沴之运,与人心愤盈之气,相与轧磨薄射,而忠臣志士之文章出焉。"①钱谦益在《王侍御遗诗赞》中强调诗文反映时世,针砭时弊,要发挥诗人之救世针药作用。②

钱谦益强调文学应该关乎"世运",诗文为时、为事而作,诗文不应是"衰世之音",而应是"国家之余气"。诗人应"身系天下安危",让诗歌成为"国家之元气"。③

钱谦益认为诗文经世伟业,反映治学精气,志气不能衰。顺治十五年(1658),钱谦益撰《彭达生晦农草序》,表达志虽困而文章不能衰,文章未衰而知志气尚在。④ 钱谦益撰《题杜苍略自评诗文》,提出诗文之道是与灵心、世运、学问三者相值的重要命题,说:"夫诗文之道萌折于灵心,蛰启于世运,而茁长于学问,三者相值,如灯之有炷有油有火而焰发焉。"⑤世运是客观存在,作者的灵心与学问是主观因素,钱谦益强调三者统一,揭示了文学创作的规律,对促进文学发展具有积极意义。⑥

既然文学关乎世运,钱谦益强调作家素养,要做"端人正士",以国家民族的存亡复兴为己任,以诗文载其道。他在《十峰诗序》中述:"础日为理学、气节、文章中人,故其为诗也,志意发越,元气盘郁,粹然一归于中正。"进而提出:"《虞书》曰:'诗言志。'诗者,志之所之也,而要自直宽刚简出之。《周礼》:大师教六诗,曰《风》,曰赋,曰比,曰兴,曰《雅》,曰《颂》。所谓三经三纬也。而必以六德为本。……诗道大矣,非端人

---

① 钱谦益:《〈纯师集〉序》,《牧斋初学集》卷四十序十三,《钱牧斋全集》,上海古籍出版社2003年版,第1085页。
② 钱谦益:《王侍御遗诗赞》,《牧斋有学集》卷四十二赞,《钱牧斋全集》,上海古籍出版社2003年版,第1430—1431页。
③ 钱谦益:《孙幼度诗序》,《牧斋初学集》卷三十一序四,《钱牧斋全集》,上海古籍出版社2003年版,第915—916页。
④ 钱谦益:《彭达生晦农草序》,《牧斋有学集》卷十九序六,《钱牧斋全集》,上海古籍出版社2003年版,第810—811页。
⑤ 钱谦益:《题杜苍略自评诗文》,《牧斋有学集》卷四十九题跋四,《钱牧斋全集》,上海古籍出版社2003年版,第1594—1595页。
⑥ 何宗美:《明末清初文人结社研究》,上海三联书店2016年版,第203页。

正士不能为,非有关于忠孝节义纲常名教之大者,亦不必为。"①

从文学创作者做君子、为"端人正士"出发,钱谦益认为这样的人创作的诗文必然有阳刚之气,发于诗文之中。他在《赵文毅公文集序》中提出:"君子之文必刚,小人则柔;君子之文必阳,小人则阴",赵用贤"在史馆,慨然有志于经世之学","其忠君忧国,别白贤佞,见于文章者为多","读公之文,视其平生之大节,而万历以来,国论士风,皆可以考见焉。士君子阳明刚大之气,养而无害,其发于文章而关于世道如此"。②钱谦益认为文如其人,作品反映现实,得其为人。他在《徐司寇〈画溪诗集〉序》中,评徐乾学诗"学者诵先生之诗,因而得其为人"。③ 钱谦益强调诗文的社会性,反映自然灵气,表达作者灵心。他为李日华《恬致堂集》撰序,评李日华"为诗文,翕山水之轻清,结彝鼎之冷汰,煦书画之鲜荣,昔人之目李元宾,不古不今,卓然自作一体者也",提出:"文章者,天地英淑之气,与人之灵心结习而成者也。……故风流儒雅、博物好古之士,文章往往殊邈于世,其结习使然也。"④钱谦益在《刘司空诗集序》中,抨击"万历之季,称诗者以凄清幽眇为能","今天下兵兴盗起,民不堪命,识者以谓兆于近世之歌诗,类五行之诗妖",感慨"今之为诗者举若是,余有忧之而愧未有以易也"。⑤ 钱谦益认为诗文重在表达真情,他在《刘咸仲〈雪庵初稿〉序》中评刘咸仲的诗文有真情。⑥ 钱谦益认为诗应抒发真情,体现君子情怀,他在《范玺卿诗集序》中评范凤翼诗,说"其为诗终和且平,穆如清风,有忠君忧国之思,而不比于怨;有及时假日之乐,而不流于荒",强调"诗者,志之所之也。陶冶性灵,流连景物,各言

---

① 钱谦益:《十峰诗序》,《牧斋有学集》卷十九序六,《钱牧斋全集》,上海古籍出版社2003年版,第830—831页。
② 钱谦益:《赵文毅公文集序》,《牧斋初学集》卷三十序三,《钱牧斋全集》,上海古籍出版社2003年版,第899—900页。
③ 钱谦益:《徐司寇〈画溪诗集〉序》,《牧斋初学集》卷三十序三,《钱牧斋全集》,上海古籍出版社2003年版,第903—904页。
④ 钱谦益:《李日实〈恬致堂集〉序》,《牧斋初学集》卷三十序三,《钱牧斋全集》,上海古籍出版社2003年版,第906—908页。
⑤ 钱谦益:《刘司空诗集序》,《牧斋初学集》卷三十一序四,《钱牧斋全集》,上海古籍出版社2003年版,第908—909页。
⑥ 钱谦益:《刘咸仲〈雪庵初稿〉序》,《牧斋初学集》卷三十一序四,《钱牧斋全集》,上海古籍出版社2003年版,第908—910页。

其所欲言者而已。如人之有眉目焉,或清而扬,或深而秀,分寸之间,而标置各异"。①

钱谦益认为诗歌创作与诗人个性相关,诗歌表达独特的个性与学养,为"诗穷而后工"作出新的诠释。钱谦益在《冯定远诗序》中说:"古之为诗者,必有独至之性,旁出之情,偏诣之学,轮囷逼塞,偃蹇排奡,人不能解而已不自喻者,然后其人始能为诗,而为之必工。……故曰:诗穷而后工。诗之必穷,而穷之必工,其理然也。"②钱谦益认为诗歌本于性情,可以说理托寄,讽谕警世。他在《严印持〈废翁诗稿〉序》中说:"作为歌诗,往往原本性情,铺陈理道,讽谕以警世,而托寄以自广,若释然于功名身世之际。"③

钱谦益强调文学的认识功能,关乎世运,反映时事。钱谦益在《郑氏清言叙》中提出即使是说家作品,也应如刘义庆的《世说新语》那样"变史法而为之","习其读则说,问其传则史",可与《晋书》相为表里。④钱谦益反对多含"憪美猥亵之语"的通俗演义小说作品,以"征信"作为评判"说部"的首要依据,将稗官、说家并举,注重"说部"可资存史的价值。⑤

二、返经本祖

经历国衰世变,钱谦益反思文风,注重经世实学,深感实现诗文救世,创作贵在有"本",回归到文学的本质,走上正道,避免俗学与歪门邪道,以实现文学的功能。他强调文学溯源返经,经以经史,纬以规矩,返经以正学,返经达尊祖、本祖,将学习古人文学遗产与归返儒家经典、继

---

① 钱谦益:《范玺卿诗集序》,《牧斋初学集》卷三十一序四,《钱牧斋全集》,上海古籍出版社2003年版,第910—911页。
② 钱谦益:《冯定远诗序》,《牧斋初学集》卷三十二序五,《钱牧斋全集》,上海古籍出版社2003年版,第938—939页。
③ 钱谦益:《严印持〈废翁诗稿〉序》,《牧斋初学集》卷三十三序六,《钱牧斋全集》,上海古籍出版社2003年版,第951—952页。
④ 钱谦益:《郑氏清言叙》,《牧斋初学集》卷二十九序二,《钱牧斋全集》,上海古籍出版社2003年版,第881—882页。
⑤ 温庆新:《史学本位与钱谦益对"说家"的批评及意义》,《学术交流》2023年第5期,第168—179页。

承传统与纳入正统二者合而为一。① 钱谦益在《袁祈年字田祖说》中提出弘扬诗文传统,报本返始,各本其祖。"祖"即源,尊祖就是返经、本祖,寻根溯源,文学得以达真致雅。钱谦益探溯诗文源流说:"《三百篇》,诗之祖也;屈子,继别之宗也;汉、魏、三唐以迨宋、元诸家,继祢之小宗也。六经,文之祖也;左氏、司马氏,继别之宗也;韩、柳、欧阳、苏氏以迨胜国诸家,继祢之小宗也。古之人所以驰骋于文章,枝分流别,殊途而同归者,亦曰各本其祖而已矣。"② 钱谦益强调文学发展,文章驰骋,枝分流别,而各本其祖,回归传统,反对文学模拟因袭以非祖为祖,或者自我作古的时弊。钱谦益认为回归诗文之祖,沿流而溯得其源,诗文创作依据规矩绳墨,通其贯要,不会迷失方向。钱谦益在《葛端调编次诸家文集序》中说:"余闻古之学者,九经以为经,三史以为纬。降而游于艺,则秦、汉以下,迄于唐、宋诸家,其规矩绳墨也。九经三史之学,专门名家,穷老尽气,苟能通其条贯,穷其指要,则亦代不数人矣。"希望"世之君子,得吾言而存之,九经三史之学,未坠于地,吾犹有望焉"。③

返经本祖需要诗文创作者有广博的经史、文化素养,尚志与养气互相作用。钱谦益在《周教逸文稿序》中说:"根于志,溢于言,经之以经史,纬之以规矩,而文章之能事备矣!"④ 钱谦益总结嘉定四君的创作经验,在《〈嘉定四君集〉序》中称他们为诗文能够"以经经纬史为根柢,以文从字顺为体要","原本雅故","以蕲至于古之立言者"。⑤ 钱谦益撰《颐志堂记》,申述归有光等的"通经学古"说,进而提出"经经而纬史,繹韩、柳所读之书以进于古人,俾后之学者,涉焉而以为舵,称焉而以为衡",比较古今学者的区别,古之学者在于立"本"有衡。⑥ 钱谦益指出当

---

① 邬国平:《中国历代文论选新编明清卷》,上海教育出版社 2007 年版,第 213 页。
② 钱谦益:《袁祈年字田祖说》,《牧斋初学集》卷二十六杂文六,《钱牧斋全集》,上海古籍出版社 2003 年版,第 826—827 页。
③ 钱谦益:《双凤顾氏族谱序》,《牧斋初学集》卷二十八序一,《钱牧斋全集》,上海古籍出版社 2003 年版,第 848—850 页。
④ 钱谦益:《周教逸文稿序》,《牧斋有学集》卷十九序六,《钱牧斋全集》,上海古籍出版社 2003 年版,第 825—827 页。
⑤ 钱谦益:《〈嘉定四君集〉序》,《牧斋初学集》卷三十二序五,《钱牧斋全集》,上海古籍出版社 2003 年版,第 921—922 页。
⑥ 钱谦益:《颐志堂记》,《牧斋初学集》卷四十三记三,《钱牧斋全集》,上海古籍出版社 2003 年版,第 1115—1116 页。

今古学三变,学术和文学因道学流弊而陈腐、因科举考试而浅陋、因模拟文风而锢蔽的困境。

钱谦益经常勉励后学返经立本,要担当有为,有别裁真伪、格量是非的批评精神,践行返经成"千秋不朽之业"。钱谦益在《答徐巨源书》中勉励徐世溥(字巨源)有作当今之世,又"言文事"说:"仆尝观古之为文者,经不能兼史,史不能兼经,左不能兼迁,迁不能兼左,韩不能兼柳,柳不能兼韩。其于诗,枚蔡曹刘潘陆陶谢李杜元白,各出杼轴,互相陶冶,譬诸春秋日月,异道并行。今之人则不然,家为总萃,人集大成,数行之内,苞孕古今;只句之中,牢笼《风》《雅》。"又提出回挽风气"惟有反经",说:"今诚欲回挽风气,甄别流品,孤撑独树,定千秋不朽之业,则惟有反经而已矣。何谓反经,自反而已矣。"①钱谦益在《徐元叹诗序》中评徐波之诗"为一世之所宗",有责任"别裁伪体,使学者志于古学而不昧其所从"。钱谦益认为志于古学,"先河后海、穷源溯流,而后伪体始穷,别裁之能事始毕",即返诗之道"反其所以为诗者"。②钱谦益撰《王贻上诗集序》,抨击近代以来"诗道沦胥,浮伪并作",有"学古而赝者"和"师心而妄者"两种流弊,称赞王士禛"复以诗名鹊起",给予王士禛勉励。③王士禛没有辜负钱谦益的期望,继钱谦益为诗坛大宗。

钱谦益从返经出发,不断总结诗文源流变化规律。钱谦益强调返经正学要溯源流,辨真伪,识变化。钱谦益在《复李叔则书》中总结文章规律,强调文章之变不可胜穷,进而论真文必淡、必质、必简、必平、必变。钱谦益说:"夫文章者,天地变化之所为也。天地变化,与人之精华,交相击发,而文章之变,不可胜穷。……文章途辙,千途万方,符印古今、浩劫不变者,惟真与伪二者而已。"④钱谦益在《题燕市酒人篇》中论古今之真诗特点,说:"诗言志,志足而情生焉,情萌而气动焉,如土膏

---

① 钱谦益:《答徐巨源书》,《牧斋有学集》卷三十八书一,《钱牧斋全集》,上海古籍出版社2003年版,第1312—1315页。
② 钱谦益:《徐元叹诗序》,《牧斋初学集》卷三十二序五,《钱牧斋全集》,上海古籍出版社2003年版,第924—925页。
③ 钱谦益:《王贻上诗集序》,《牧斋有学集》卷十七序四,《钱牧斋全集》,上海古籍出版社2003年版,第765—766页。
④ 钱谦益:《复李叔则书》,《牧斋有学集》卷三十九书二,《钱牧斋全集》,上海古籍出版社2003年版,第1343—1346页。

之发,如候虫之鸣,欢欣噍杀,纡缓促数,穷于时,迫于境,旁薄曲折,而不知使然者,古今之真诗也。"①钱谦益在所撰《爱琴馆评选诗慰序》中强调学诗之道,溯古学源流,传承《诗经》以来言志咏言传统,达到诗学本质。② 钱谦益强调言志咏言,要宣导情性,陶写物变,将抒发情感和反映客观现实结合起来,从内容与形式的结合上,深刻揭示了诗歌具有抒情言志、陶写事物、反映其变化规律的特点。钱谦益的诗文创作体现了其表达真情、博学识变的价值趋向。

三、拨乱启新

不破不立,破中立新。钱谦益在不断反思文风、不遗余力地批驳时弊中开启诗文新风。

钱谦益批驳诗坛时弊,剖析明弘治至万历百余年间诗坛伪体流行,学诗者深受李梦阳、王世贞影响。③ 钱谦益在《曾房仲诗叙》中论学诗之法,"自唐以降,诗家之途辙,总萃于杜氏。大历后以诗名家者,靡不繇杜而出"。钱谦益批评今人学杜者李梦阳之辈"自误误人"。④ 钱谦益在《王元昌北游诗序》中批评近代"俗学",提出要"知学杜之利病,矫俗学之迷,而反其辙"。⑤ 钱谦益在《〈增城集〉序》中批评时作之病,说:"夫世之称诗者。较量兴比,拟议声病,丹青而已尔,粉墨而已尔。其属情藉事,不可考据也。其或不然,剽窃掌故,傅会时事,不欢而笑,不疾而呻,元裕之所谓不诚无物者也。"⑥钱谦益在《〈南游草〉叙》中批评近世诗作,

---

① 钱谦益:《题燕市酒人篇》,《牧斋有学集》卷四十七题跋二,《钱牧斋全集》,上海古籍出版社2003年版,第1550—1551页。
② 钱谦益:《爱琴馆评选诗慰序》,《牧斋有学集》卷十五序二,《钱牧斋全集》,上海古籍出版社2003年版,第713—714页。
③ 钱谦益:《黄子羽诗序》,《牧斋初学集》卷三十二序五,《钱牧斋全集》,上海古籍出版社2003年版,第925—926页。
④ 钱谦益:《曾房仲诗叙》,《牧斋初学集》卷三十二序五,《钱牧斋全集》,上海古籍出版社2003年版,第928—930页。
⑤ 钱谦益:《王元昌北游诗序》,《牧斋初学集》卷三十二序五,《钱牧斋全集》,上海古籍出版社2003年版,第931—932页。
⑥ 钱谦益:《〈增城集〉序》,《牧斋初学集》卷三十三序六,《钱牧斋全集》,上海古籍出版社2003年版,第958—959页。

说:"自近世之言诗者,以其幽眇峭独之指,文其单疏僻陋之学。"① 钱谦益在《答唐训导(汝谔)论文书》中,论述"夫文之必取法于汉也,诗之必取法于唐也",严厉批驳七子派的文学思想。② 钱谦益在《孙子长诗引》中评论本朝吴中诗风,期望恢复吴声传统,说:"本朝吴中之诗,一盛于高(启)、杨(基),再盛于沈(周)、唐(寅),士多翕清煦鲜,得山川钩绵秀绝之气。然往往好随俗尚同,不能踔厉特出,亦土风使然也。"③

钱谦益批驳伪文时弊,在《郑孔肩文集序》中批评"伪为古文"之病,说:"其病有三:曰傀,曰剽,曰奴。"又说:"百余年来,学者之于伪学,童而习之,以为固然。彼且为傀为剽为奴,我又从而傀之剽之奴之。沿讹踵缪,日新月异,不复知其为傀为剽为奴之所自来,而况有进于此者乎?"④ 钱谦益在《王元昭集序》中剖析古今作者之异,批评熊过、李梦阳不明古学。⑤ 钱谦益撰《〈赖古堂文选〉序》,批评近代文章败坏而不可救的现状,总结经学之缪三:一曰解经之缪,二曰乱经之缪,三曰侮经之缪;史学之缪三:一曰读史之缪,二曰集史之缪,三曰作史之缪。"凡此诸缪,其病在膏肓凑理,而症结传变,咸著见于文章。"⑥

钱谦益以身说法,反思自己的创作实践,从受李梦阳、王世贞影响到幡然醒悟,并与程嘉燧、李流芳等传承归有光的文人经学为己任。钱谦益在《答王于一秀才论文》中说:"学古之道,慨然思兴复古文,以仆礼先一饭,为识路之老马,再三扣击,俾指利病,蕲至于古之立言者。"⑦

钱谦益别裁真伪,格量是非,着意反思文风,批驳时弊,在文学批评

---

① 钱谦益:《〈南游草〉叙》,《牧斋初学集》卷三十三序六,《钱牧斋全集》,上海古籍出版社2003年版,第960—961页。
② 钱谦益:《答唐训导(汝谔)论文书》,《牧斋初学集》卷七十九启书,《钱牧斋全集》,上海古籍出版社2003年版,第1700—1703页。
③ 钱谦益:《孙子长诗引》,《牧斋初学集》卷四十序十三,《钱牧斋全集》,上海古籍出版社2003年版,第1086页。
④ 钱谦益:《郑孔肩文集序》,《牧斋初学集》卷三十二序五,《钱牧斋全集》,上海古籍出版社2003年版,第930—931页。
⑤ 钱谦益:《王元昭集序》,《牧斋初学集》卷三十二序五,《钱牧斋全集》,上海古籍出版社2003年版,第932—933页。
⑥ 钱谦益:《〈赖古堂文选〉序》,《牧斋有学集》卷十七序四,《钱牧斋全集》,上海古籍出版社2003年版,第768—770页。
⑦ 钱谦益:《答王于一秀才论文》,《牧斋有学集》卷三十八书一,《钱牧斋全集》,上海古籍出版社2003年版,第1323—1326页。

史上的贡献在于"对明代三百年的文学发展(特别是诗歌发展)作了一次自觉的总结",剖析"派别流变、更替、消长的变化和关系,而使史的概念又贯穿于其中,显示以流派为纲总结一代文学的方法特点"。①

钱谦益深知开启诗文新风,要靠躬身创作示范,勉励后学,与一批追随者共同营造新风氛围。虞山诗派就是在钱谦益的引领下,逐步形成的有一定辐射影响力的区域文学流派。《虞山诗约》是现存最早的虞山诗派的诗学选本,集中展示了虞山诗派的诗学观念,反映明清诗学转变的时代风气,成为宣告虞山诗派确立的重要文献。②钱谦益在《〈虞山诗约〉序》中总结自己的创作实践,走出俗学,进而论《风》《骚》之义,指导诸子进入诗道正轨。③钱谦益期待虞山同仁扛起"大雅"旗帜,纠正"俗学"之弊,恢复诗雅传统。

钱谦益本人全力矫正竟陵、七子之弊,试图让文坛归于大雅正途。钱谦益的诗文在当时极负盛名,东南一带奉为"文宗"和"虞山诗派"领袖,与吴伟业、龚鼎孳合称"江左三大家"。追随钱谦益的族人和门生有冯舒、冯班、瞿式耜、孙永祚、陆贻典、吴历、王誉昌、严熊、钱陆灿、钱曾、钱良择、钱龙惕等虞山诗派的重要作家。虞山诗派作家学古而不泥古,积极主张诗歌革新,并能取诸家之长而自成风格,与云间派、娄东派鼎足而三,对繁荣东南诗坛作出了贡献。

钱谦益同时鼓励同乡与门人弟子辈创作。冯舒、冯班是虞山诗派的核心人物。钱谦益在《冯已苍诗序》中高度评价冯舒诗学,论述学诗之法、诗学指归。④钱谦益在《冯定远诗序》中称冯班:"其为诗沉酣六代,出入于义山、牧之、庭筠之间。其情深,其调苦,乐而哀,怨而思,信所谓穷而能工者也。"⑤钱谦益在《陆敕先诗稿序》中评价陆贻典诗:"敕

---

① 王运熙、顾易生主编:《中国文学批评史新编》,复旦大学出版社 2007 年版,第 190 页。
② 朱国伟:《〈虞山诗约〉与虞山诗派的确立》,《光明日报》2023 年 2 月 27 日,第 13 版。
③ 钱谦益:《〈虞山诗约〉序》,《牧斋初学集》卷三十二序五,《钱牧斋全集》,上海古籍出版社 2003 年版,第 922—924 页。
④ 钱谦益:《冯已苍诗序》,《牧斋初学集》卷四十序十三,《钱牧斋全集》,上海古籍出版社 2003 年版,第 1086—1087 页。
⑤ 钱谦益:《冯定远诗序》,《牧斋初学集》卷三十二序五,《钱牧斋全集》,上海古籍出版社 2003 年版,第 938—939 页。

先盖斯世之有情人也,其为诗安得而不工?"①钱谦益撰《族孙遵王诗序》,评价钱曾诗:"其为诗,别裁真伪,区明风雅,有志于古学者也。"②钱谦益又为钱曾的诗集撰《题交芦言怨集》。③《吾炙集》为钱谦益所编选诗歌总集,现传的版本收诗人21家,诗作245首,以钱曾所作《秋夜宿破山寺绝句十二首》为"压卷之作"。由于钱谦益的引导,虞山诗派得以沿袭,影响深远。

---

① 钱谦益:《陆敕先诗稿序》,《牧斋有学集》卷十九序六,《钱牧斋全集》,上海古籍出版社2003年版,第824—825页。
② 钱谦益:《族孙遵王诗序》,《牧斋有学集》卷十九序六,《钱牧斋全集》,上海古籍出版社2003年版,第827—828页。
③ 钱谦益:《题交芦言怨集》,《牧斋有学集》卷十九序六,《钱牧斋全集》,上海古籍出版社2003年版,第829—830页。

第十二章　藏书经历与藏书思想

钱谦益生活在经济繁荣、文教昌盛的江南地区,钱氏为藏书世家,曾推为江南藏书第一家。明时,大江南北藏书之富,推钱谦益绛云楼为第一。以钱谦益为代表的虞山派藏书理念与藏书实践,对江南藏书乃至整个中国的私家藏书产生了深远的影响。

第一节　藏书经历

钱谦益的出生地常熟,有"文学乡里"和"藏书之乡"的美称。明代以来,常熟成为中国的私家藏书中心地之一。钱氏藏书,自宋室南渡时钱氏家居常熟奚浦、鹿苑以来,远有端绪。钱谦益七世祖奚浦一支钱宽、钱洪兄弟列景泰十才子、吴中七才子,分别有柳溪堂、竹深堂,收藏古籍和琴剑彝鼎,藏书读书风流一时。尔后,钱氏家族读书风气愈加浓烈,藏书越来越盛。钱氏鹿苑一支科第鼎食,多好藏书,直至钱谦益同时代出现的钱裔肃、钱曾父子藏书,成为鹿园一支藏书的集大成者,后来钱曾又得到钱谦益绛云楼焚余书的精品,汇合奚浦、鹿苑两支藏书,蔚为大观。

钱谦益从小读祖父、父亲的藏书,深受家庭藏书读书文化的滋养。钱谦益的父亲常常带上他去拜访前辈、亲朋好友,让钱谦益从小感受文化家族的藏书读书氛围。父亲曾带钱谦益与常熟赵氏交往,钱谦益称与赵氏有三世之交。父亲还带钱谦益拜访常熟翁宪祥,宪祥、应祥兄弟富有藏书,翁氏藏书传承数代。父亲曾带上钱谦益去与钱氏有姻亲关系的何钫家授读何氏子允澄、允泓,让钱谦益有机会读到丰富的何氏家藏。父亲又带钱谦益与常熟陈钦光家交往,后来钱、陈两家成为姻亲关系,钱谦益得以阅读陈氏虞山精舍至乐楼以来的旧藏。

由于受到祖辈与父辈的引领,周围长辈与亲朋好友的影响,以及区域藏书读书环境的耳濡目染,钱谦益从小就养成爱好藏书读书的习惯,并一生以藏书、读书、写作为业。钱谦益的藏书除继承钱氏家族遗书,也抄录与刻印了一部分。钱谦益抄本受到藏家重视,抄有陶弘景《真诰》20卷、唐彦谦《鹿门集》2卷、元稹《元氏长庆集》60卷集外文1集、李商隐《李商隐诗集》3卷、陈傅良《春秋后传》12卷、释德弘《石门文字禅诗抄》1卷、陈与义《简斋诗集》15卷、顾瑛《草堂雅集》13卷、释适之《金壶记》3卷、《天文玉历森罗记》12卷、《双陆谱》1卷、《玄玄棋经》1卷、《楞严蒙抄》60卷、陶宗仪《草莽私乘》1卷等。钱谦益所刻书有《列朝诗集》77卷、姚广孝《道余录》1卷、沈周《石田诗选》10卷、自辑《义勇武安王集》等。其中,《义勇武安王集》3卷,始编于顺治十八年(1661),文献源于元胡琦著《关王事迹》、明吕柟著《义勇武安王集》,补充正史、杂剧、小说等史料,意在弘扬忠义观念,鼓舞抗清斗志,书经顾湄、陈奂等人递藏,今存稿本。①

钱谦益精心搜访古书,精致护理善本。钱谦益在《跋高诱注〈战国策〉》中记访获《战国策》绝佳本双璧,说:"《战国策》经鲍彪淆乱,非复高诱原本,而剡川姚宏较正本,博采《春秋》《后语》诸书。吴正传较正鲍注,最后得此本,叹其绝佳,且谓于时蓄之者鲜矣。此本仍伯声较本,又经前辈勘对疑误,采正传补注,标举行间。天启中,以二十千购之梁溪安氏,不啻获一珍珠船也。无何,又得善本于梁溪高氏,楮墨精好,此本遂次而居乙。每一摩挲,不免以积薪自哂。要之,此两本实为双璧,阙一固不可也。"②钱谦益在《跋〈营造法式〉》中记搜访二十余年之力使《营

---

① 裴振濮、秦帮兴:《钱谦益〈重编义勇武安王集〉稿本考论》,国家古籍保护中心编:《古籍保护研究》2023年第1期,第154—165页。
② 钱谦益:《跋高诱注〈战国策〉》,《牧斋有学集》卷四十六题跋一,《钱牧斋全集》,上海古籍出版社2003年版,第1513页。

造法式》成为完整的藏本,说:"《营造法式》三十六卷,予得之天水长公。初得此书,惟二十余卷,遍访藏书家,罕有蓄者。后于留院得残本三册,又于内阁借得刻本,而阁中却阙六、七数卷,先后搜访,竭二十余年之力,始为完书。图样界画,最为难事,用五十千购长安良工,始能厝手。"①

钱谦益不惜重金购求古书,曾得刘凤、钱允治、杨仪、赵用贤四家部分遗书。刘凤的"扉载阁"、钱谷及子允治的"悬磬室"、杨仪的"万卷楼"、赵用贤子琦美的"脉望馆",均为明末苏、常地区藏弆至富之家,得到一家藏书已可观,坐拥四楼,于是"几埒内府"。钱谦益的弟子曹溶在《〈绛云楼书目〉题辞》中详记钱谦益藏书情况,说:"尽得刘子威、钱功父、杨五川、赵汝师四家书。更不惜重资购古板本,书贾闻风奔赴,捆载无虚日。用是所积充牣,几埒内府,视叶文庄、吴文定及西亭王孙或过之。中年,构拂水山房,凿壁为架,庋置其中。……居红豆山庄,出所藏书,重加缮治,区分类聚,栖绛云楼上,大椟七十有三。"②

钱谦益的藏书,据曹溶《〈绛云楼书目〉题辞》记列"大椟七十有三",多宋元本、孤本。钱谦益自编有《绛云楼书目》,非所藏全目,后人通过其藏书书目统计有 3900 多部。吴骞《拜经楼藏书题跋记·读书敏求记跋》载:"绛云未烬之先,藏书至三千九百余部。"③王红蕾研究统计黄永年所藏《绛云楼书目》著录钱氏藏书达 3951 种。④

钱谦益藏书为读书,他涉猎广博,于书无所不读,曹溶《〈绛云楼书目〉题辞》说,凡是钱谦益读过的书,他都能说出旧刻、新版如何,中间差别多少。钱曾把钱谦益称为"读书者之藏书"。钱谦益利用藏书撰《明史》250卷,以及《讳史》《列朝诗集》《明诗选》《明五七言律诗选》《笺注杜工部集》等。

钱谦益所藏多经校读,所撰藏书题跋之作甚多。今人潘景郑辑有《绛云楼题跋》,收录 265 篇题跋,以及《初学集》卷八十三至八十六,《有

---

① 钱谦益:《跋〈营造法式〉》,《牧斋有学集》卷四十六题跋一,《钱牧斋全集》,上海古籍出版社 2003 年版,第 1526 页。
② 曹溶:《〈绛云楼书目〉题辞》,《稿抄本明清藏书目三种》,北京图书馆出版社 2003 年版,第 271 页。
③ 吴寿旸:《拜经楼藏书题跋记》,上海古籍出版社 2007 年版,第 92 页。
④ 王红蕾:《〈绛云楼书目〉各抄本互异原因略考》,《文献》2010 年 7 月第 3 期,第 64—68 页。

学集》卷四十六至五十,抄本《牧斋外集》等。①

钱谦益藏书处先后有常熟城西廓锦峰之麓的拂水山庄,移居城北廓椐树弄口之半野堂、绛云楼,常熟白茆顾氏别业所筑芙蓉庄,又名红豆山庄、碧梧红豆庄。

拂水山庄,《重修常昭合志》载:"拂水山庄,在拂水岩下。今其地名花园浜,犹存石桥废址。初瞿纯仁筑,以为读书结社之所。后尚书钱谦益得之,建耦耕堂,宋珏书扁。既而斥山麓为父墓,改建明发堂。有朝阳榭、秋水阁、花信楼、留仙馆、玉蕊轩诸胜,曾《志》云:后归王材任。钱《志》参《府志》。谦益皆自为记。"②

半野堂、绛云楼,《重修常昭合志》载:"半野堂,在城北邵巷。初为知府张文麟所建,即端岩书屋,后增置娱晖阁、露香亭、雪圃诸胜。旋归中书严泽。数年后钱氏得之,堂后添建绛云楼,为藏书所。楼毁于火,藏书俱烬。嗣售于蒋陈锡,建蒋氏世恩祠,今称蒋家牌楼。曾《志》参张希咏《半野园记》、张翼诒《跋后》。"③

芙蓉庄,《重修常昭合志》载:"红豆村庄,在白茆古湫浜。本名芙蓉庄,云和知县顾立之别业也。小桥流水,曲折幽胜,周遭里许。绕堤植芙蓉数百本,又有红豆树与碧梧相错,故又名碧梧红豆庄。钱尚书为副使顾玉柱外孙,居其地者十余年,一时胜流翕集,舟车填咽。榜其门曰:岂有文章惊海内,漫劳车马驻江干。清顺治辛丑,红豆花盛开,邑中名士赋诗纪事。尚书殁后,仍归于顾。道光甲申红豆又花,庄久废矣。树今在村农徐姓屋后,庄前白石桥尚存遗址。"④

钱谦益与柳如是定情之后,柳如是成为钱氏藏书、读书、校勘书的得力助手,绛云楼成为钱、柳生活和读书、校书场所。沈虬《河东君记》:"在绛云楼,校雠文史。牧斋临文有所检勘,河东君寻阅,虽牙签万轴,

---

① 钱谦益撰,潘景郑辑校:《绛云楼题跋》,上海古籍出版社 2005 年版,第 1 页。
② 常熟市地方志编纂委员会办公室标校:《重修常昭合志》,上海社会科学院出版社 2002 年版,第 445—446 页。
③ 常熟市地方志编纂委员会办公室标校:《重修常昭合志》,上海社会科学院出版社 2002 年版,第 446 页。
④ 常熟市地方志编纂委员会办公室标校:《重修常昭合志》,上海社会科学院出版社 2002 年版,第 446 页。

而某册某卷,立时翻点,百不失一。所用事或有误舛,河东君从旁颇为辩证。"① 元刻本《阳春白雪》等即柳如是校藏本,校字作赵孟頫体,雅秀可爱,风韵妩媚。柳如是还参与了《李商隐诗集》的校写,并襄助钱氏编纂《列朝诗集》,勘定闺秀部分。钱谦益、柳如是夫妇藏书家。

钱谦益所藏书有"钱谦益""钱谦益印""钱受之""牧斋""牧斋老人""牧斋蒙叟""蒙叟谦益""牧翁""鸿朗籛龄""宗伯""敬它老人""东涧遗老""忠孝之家""虞山钱氏珍藏""海虞""籛后人兼益读书记""绛云楼""绛云楼书画印"等钤记。柳如是藏书处名惠香阁,藏印有"柳如是""女史""惜玉怜香""惠香阁"等。

顺治七年(1650)十月初二日,绛云楼失火,钱谦益所积图书毁灭殆尽,尚存其半野堂荣木楼中的部分图书。钱谦益绛云楼焚余书部分赠予其族曾孙钱曾,据孙楷第考证,钱谦益赠钱曾书中"泰半是脉望馆抄校本"。② 王红蕾据钱曾《读书敏求记》与《虞山钱遵王藏书目录汇编》及钱谦益诗文集统计研究,钱曾得钱谦益旧藏有52种,目录为:

1. 《王质诗总闻》二十卷
2. 《毛诗要义》四十卷
3. 《春秋经传集解》三十卷
4. 《春王正月考》前卷、《春王正月考辨疑》后卷
5. 《圣宋皇佑新乐图记》三卷
6. 《蔡氏律吕本原》一卷、《律吕辨证》一卷
7. 《礼部韵略》五卷
8. 朱长文《琴史》六卷
9. 《汗简》七卷
10. 《数书九章》十八卷
11. 《方言》十三卷
12. 《五代史》七十四卷
13. 刘祁《归潜志》十四卷
14. 孙逢吉《职官分纪》五十卷

---

① 沈虬:《河东君记》,《附录》,《牧斋杂著》,《钱牧斋全集》,上海古籍出版社2003年版,第966页。
② 孙楷第:《也是园古今杂剧考》,上杂出版社1953年版,第22页。

15. 李诫《营造法式》三十六卷
16. 《玉玺博闻》一卷
17. 《查考钱法》一卷
18. 《文房四谱》五卷
19. 《蟋蟀经》二卷
20. 《古列女传》七卷、《续列女传》一卷
21. 杨衒之《洛阳伽蓝记》五卷
22. 《劳山仙迹诗》一卷
23. 黄省曾《西洋朝贡典录》三卷
24. 《邵子皇极经世观物篇解》六十二卷
25. 《严君平道德指归论》七卷至十三卷
26. 文莹《玉壶野史》十卷
27. 《乾坤宝典》十二卷
28. 《天元玉历森罗记》十二卷
29. 《天文主管释义》三卷
30. 《乙巳略例》十五卷
31. 《丹溪手镜》二卷
32. 《眼科捷》一卷
33. 《数类》四十卷
34. 《东皋子集》三卷
35. 《王右丞文集》十卷
36. 《杜工部进三大礼赋》一卷
37. 《元氏长庆集》六十卷
38. 《白莲集》十卷
39. 黄庚《月屋樵吟》四卷
40. 《玉台新咏集》十卷
41. 《松陵集》十卷
42. 《谷音》二卷
43. 刘勰《文心雕龙》十卷
44. 《风月堂诗话》三卷

45.《诸家老杜诗评》五卷

46.《清教录》一卷

47.《昭示奸党三录》三卷

48.《酒经》一卷

49.《古今杂剧》

50.《宗镜小钞》一卷

51.《宗镜提纲》一卷

52.《全唐诗稿》七一六卷。①

钱曾得到钱谦益藏书精品,加上他所继承的鹿苑一支钱氏藏书,其书目著录藏书有3800余种,超过了《四库全书》收书数。钱曾成为奚浦一支钱谦益藏书精华的传承人,又是钱氏鹿园一支藏书的集大成者。

曾经的钱谦益藏书,如今有的在海外流传。例如,《齐东野语》二十卷,明正德十年(1515)刻本,有钱谦益批校、题跋,今存俄罗斯国立图书馆。②

第二节 藏书思想

虞山派(或称常熟派)藏书的提法,是后人依据以钱谦益为代表的常熟藏书家的藏书实践概括的。曹培根《常熟文献史在中华文献史上的地位论略》一文论述虞山派的收藏传统。③ 谢灼华《试论清代江南常熟派藏书家》一文详论常熟派藏书家之形成与传统特点,指出:"常熟派藏书家的特色是非常明显的。大致说来,是重视钞录、考证版刻源流与注重藏书装帧和整理。"④

以钱谦益为代表的虞山派藏书主要特点之一是读书者之藏书。脉望馆赵用贤、赵琦美父子喜藏书,精校勘,开虞山派藏书家藏书、校勘之

---

① 王红蕾:《钱谦益藏书研究》,南开大学出版社2013年版,第173—187页。
② 陈福盛:《论俄藏钱谦益批校本〈齐东野吾〉的文献价值》,王培源、任增强编:《汉籍知新》第1辑,山东人民出版社2021年版,第107—119页。
③ 曹培根:《常熟文献史在中华文献史上的地位论略》,《吴中学刊》1997年第1期,第33—38页。
④ 谢灼华:《试论清代江南常熟派藏书家》,《江苏图书馆学报》2000年第1期,第43—46页。

风。钱谦益是读书者之藏书的典型代表,他利用藏书著述甚丰,并不遗余力地褒扬先贤的读书藏书精神。尤其是弘扬"吴士读书好古"之风。在虞山派多读书者藏书这一点上,正如周星诒所说"藏书家首重"的"常熟派"是"所谓读书者之藏书者"。

虞山派藏书主要特点之二是好古者之藏书。以钱谦益为代表的虞山派首开好古收藏之风,所藏多宋元本、抄本及稿本。曹溶《〈绛云楼书目〉跋》记:"自宗伯倡为收书,虞山遂成风俗。冯氏、陆氏、叶氏皆相效尤,毛子晋、钱遵王最著,然皆不及宗伯。"[1]叶德辉在《书林清话》卷九"吴门书坊之盛衰"条中称:"国朝藏书尚宋元板之风,始于虞山钱谦益绛云楼、毛晋汲古阁。"[2]叶氏还在"明以来之抄本"条里,论述明以来抄本书最为藏书家所秘宝者共23家,其中常熟藏书家占了12家。[3] 顾广圻在《思适斋书跋》中已经注意到常熟藏书家好抄本的特点,甚至认为是"常熟派"的主要特色。[4] 而潘祖荫在序陈揆《稽瑞楼书目》中注意到虞山派藏家好收宋椠与精钞的特点。作为好古者之藏书的钱谦益,首开好古收藏之风,他崇古而能实事求是地对待古书,有错必纠。

虞山派的主要特点之三是开放者之藏书。在虞山派藏家中,藏书致用、流通古籍的思想占主导地位,他们通过编印家藏书目来传播藏书信息,或以刻书为己任来广传秘籍,或提供借用以共享私藏。脉望馆赵氏父子通过精校刊刻、编目撰跋、提供阅抄等途径交流私藏,为后人树立了榜样。钱谦益编录书目,创导抄书刻书,以传播秘籍,实现藏书致用。钱谦益以自己藏书支持潘柽章撰《国史考异》,撰《〈草莽私乘〉跋》颂扬李如一"天下好书,当与天下读书人共之"的藏书开放思想。[5]

虞山派的主要特点之四是有识者之藏书。一个成熟的藏书流派应该有自己的藏书理论,虞山派的藏书理论,早期大量散见于虞山派藏书家的藏书目录、藏书题跋等中,后来常熟孙从添撰《藏书纪要》一书加以

---

[1] 曹溶:《〈绛云楼书目〉跋》,《稿抄本明清藏书目三种》,北京图书馆出版社2003年版,第709页。
[2] 叶德辉:《书林清话》,中华书局1957年版,第254—257页。
[3] 叶德辉:《书林清话》,中华书局1957年版,第275—283页。
[4] 顾广圻著,王欣夫辑:《顾千里集》,中华书局2007年12月版,第331页。
[5] 钱谦益:《〈草莽私乘〉跋》,《牧斋集再补》,《牧斋杂著》,《钱牧斋全集》,上海古籍出版社2003年版,第925页。

系统总结,成为虞山派藏书理论代表作。钱谦益为大量的图书撰跋撰序,表达自己的收藏观,揭示与评判古籍价值,考订作者与版本,并为藏书家撰传,为藏书楼撰记,留存书史资料。

据范凤书先生统计,中国历代藏书家为 4715 人,其中,明代 869 人,清代 1970 人,最多的 10 个县市为:苏州 268 人,杭州 198 人,常熟 146 人,湖州 94 人,绍兴 93 人,宁波 88 人,福州 77 人,嘉兴 75 人,海宁 67 人,南京 60 人。① 可见,在环太湖、大运河区域集中了中国绝大多数的私藏家。而这一区域的藏书家在收藏志趣、收藏内容、藏用原则等方面,包括尚宋元板之风、好抄稿本、藏书偏重正经正史、重视编目、乐于交流等,深受虞山派影响。常熟黄廷鉴说:"绛云而集其成,其储藏之富、雠勘之精称雄海内,迨劫烧之后,尚有汲古毛氏、述古钱氏两家鼎峙,羽翼之者有叶石君、冯已苍、陆敕先诸君子,互相搜访,有亡通假,故当时数储存家莫不以海虞为称首。"②

第三节 藏书史料

钱谦益大力褒彰藏书名家,助推区域私家藏书。他曾计划撰写区域藏书与藏书家,"欲取吴士读书好古,自俞石硐以后,网罗遗逸,都为一编。老生腐儒,笃经蠹书者,悉附著焉。庶功甫辈流,不泯泯于没世,且使后学尚知有先辈师承在也"。③

钱谦益在改朝换代之际,倡导藏书,弘扬读书精神,传承文脉,难能可贵。钱谦益撰《列朝诗集小传》勾勒区域藏书历史,他在《列朝诗集小传》中说:"自元季殆国初,博雅好古之儒,总萃于中吴。南园俞氏、笠泽虞氏、庐山陈氏,书籍金石之富,甲于海内。景、天以后,俊民秀才,汲古多藏,继杜东原、邢蠢斋之后者,则性甫、尧民两朱先生,其尤也。其他

---

① 范凤书:《中国私家藏书概述》,虞浩旭主编:《天一阁论丛》,宁波出版社 1996 年版,第 259—282 页。
② 黄廷鉴:《〈爱日精庐藏书志〉序》,《第六弦溪文集》卷二,《清代诗文集汇编》影印清光绪十年(1884)后知不足斋刻本,第 475 册,第 286 页。
③ 钱谦益:《题钱叔宝手书续〈吴都文粹〉》,《牧斋初学集》卷八十四题跋二,《钱牧斋全集》,上海古籍出版社 2003 年版,第 1766—1767 页。

则又有邢量用文、钱同爱孔周、阎起山秀卿、戴冠章甫、赵同鲁与哲之流,皆专勤绩学,与沈南启、文徵仲诸公相颉颃,吴中文献,于斯为盛。"①他总结吴地诗歌兴盛的原因,将其归之于"博雅好古"

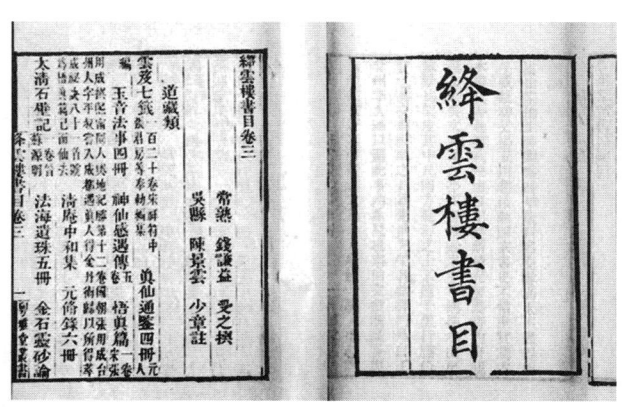

图4 《绛云楼书目》

读书的向学风气,"吴中前辈,沿袭元末国初风尚,枕籍诗书,以噉名干谒为耻"。② 他期望复兴博雅好古之风,"居今之世,后生末学,不复以读书好古为事,丧乱以后,流风遗书,益荡然矣。……庶几风流前辈,不泯没于后世,且使吴人尚知有读书种子在也。录诗而存理,俯仰感叹,而附志之如此"。③ 中国第一部以纪事诗体为古代藏书家立传的著作是叶昌炽的《藏书纪事诗》,该书以史料收集广泛、史论内容精当、编著体例适洽,成为藏书史乃至文献史的创辟之作,而《藏书纪事诗》中大量引用了钱谦益有关藏书的论述和史料。其中,有的引自《绛云楼题跋》,如《藏书纪事诗》"俞贞木"条。④ 有的引自《列朝诗集小传》,如《藏书纪事诗》"杜琼"条。有的引自钱谦益所撰人物传记、诗文序,如"顾苓"条,引钱受之《顾象垣墓志铭》。⑤ 有的引自钱谦益诗作,如"陈帆"条,引《海虞诗苑》。⑥ 这些藏书家的藏书史料,均是钱谦益"网罗遗逸"的文献。

钱谦益一生撰写了大量人物传记、图书题跋、书序,保存了丰富的藏书家与藏书史料。钱谦益与藏书名家毛晋交往,为毛晋撰诗文,为汲古阁留档存史,后人从这些诗文考知毛晋生平及汲古阁伟业。如崇祯

---

① 钱谦益:《列朝诗集小传》丙集"朱处士存理"条,上海古籍出版社2008年版,第303页。
② 钱谦益:《列朝诗集小传》,上海古籍出版社2008年版,第321页。
③ 钱谦益:《列朝诗集小传》,上海古籍出版社2008年版,第304页。
④ 叶昌炽:《藏书纪事诗》附补正,上海古籍出版社1989年版,卷一,第72—75页。
⑤ 叶昌炽:《藏书纪事诗》附补正,上海古籍出版社1989年版,卷四,第375—376页。
⑥ 叶昌炽:《藏书纪事诗》附补正,上海古籍出版社1989年版,卷三,第305—306页。

二年(1629)十一月,钱谦益撰《毛君墓志铭》,记毛晋父亲毛清兼及戈孺人,为藏书之家立传。① 崇祯十二年(1639)十一月,为毛晋撰《新刻〈十三经注疏〉序》,记毛晋"专勤校勘,精良锓版,穷年累月,始告成事"。② 顺治十三年(1656),钱谦益撰《汲古阁毛氏新刻〈十七史〉序》,记:"崇祯庚辰之岁,毛氏重镌《十三经》,余为其序。越十有七年,岁在丙申,《十七史》告成,子晋复请余序。"顺治十四年(1657)立春之三日,钱谦益撰《毛子晋六十寿序》,文中称:"颂其文则游、夏,颂其行则曾、史,颂其藏书则酉阳、羽陵,颂其撰述则珠林、玉海","世所谓名人魁士,登汲古之阁,旋其面目,望洋向若而叹"。③ 顺治十八年(1661)十二月,钱谦益撰《隐湖毛君墓志铭》,称赞毛晋"故于经史全书,勘雠流布,务欲使学者穷其源流,审其津涉。其他访佚典,搜秘文,皆用以裨辅其正学"。④ 钱谦益撰《毛子晋像赞》,称赞毛晋"考六经为钟鼓,奏四部为笙簧"藏书出版伟业。⑤ 读钱谦益的这些文章,毛晋及其汲古阁"当一览而知之"。钱谦益撰《题〈草莽私乘〉》《跋〈草莽私乘〉一卷》《江阴李贯之七十序》《李贯之先生墓志铭》《李贯之先生存余稿序》详细记录了江阴著名藏书家李如一的藏书史事。钱谦益撰《赵景之宫允六十寿序》《刑部郎中赵君墓表》《翰林院编修赵君室黄孺人墓志铭》《中宪大夫四川叙州府知府赵君墓志铭》等记录赵用贤及其子孙藏书史事。钱谦益撰《黄氏千顷斋藏书记》记录黄虞稷千顷堂藏书。钱谦益撰《莲蕊居士传》介绍黄翼圣莲蕊楼藏书史事。

  钱谦益撰写的图书题跋,包含了丰富的文化内容,体现了钱谦益的个人题跋特色,大凡考核古本、存疑备考、考异文字、指正讹伪、考证人

---

① 钱谦益:《毛君墓志铭》,《牧斋初学集》卷六十一墓志铭十二,《钱牧斋全集》,上海古籍出版社2003年版,第1467—1468页。
② 钱谦益:《新刻〈十三经注疏〉序》,《牧斋初学集》卷二十八序一,《钱牧斋全集》,上海古籍出版社2003年版,第850—852页。
③ 钱谦益:《毛子晋六十寿序》,《牧斋有学集》卷二十三寿序一,《钱牧斋全集》,上海古籍出版社2003年版,第936—937页。
④ 钱谦益:《隐湖毛君墓志铭》,《牧斋有学集》卷三十一墓志铭四,《钱牧斋全集》,上海古籍出版社2003年版,第1140—1142页。
⑤ 钱谦益:《毛子晋像赞》,《牧斋有学集》卷四十二赞,《钱牧斋全集》,上海古籍出版社2003年版,第1437页。

物、传记作者、敬仰藏家、叙得书乐、记失焚书、推荐图书、鉴赏书画、随笔体会、记录时事等等,均可入跋。

1. 考核古本。钱谦益撰《跋淳熙〈九经〉后》二题,其一记淳熙《九经》椠本原藏与递藏经过、书中王文恪题字、古本品相,以及原藏者石琜的人物介绍;其二评价淳熙《九经》椠本古本点断句读皆精审,与今本迥别,提示学者宜详考。① 钱谦益撰《跋〈方言〉》,描述旧藏《方言》宋刻本纸墨:"余旧藏子云《方言》正是此本,而纸墨尤精好,纸背是南宋枢府诸公交承启札,翰墨灿然。于今思之,更有东京梦华之感。"② 钱谦益撰《跋〈扬子法言〉》,考证刻书时间:"宋御府刻扬子《法言》,卷末署名韩琦、曾公亮在中书,欧阳修、赵概在政府。以编年考之……观四公署衔,则知此书之刻正在治平元、二间,亦必在元年闰月已后二年十月已前,先此则韩公未加仆射,后此则二年十一月欧公又进加光禄大夫兼上柱国,不如此结衔矣。"③ 钱谦益撰《跋〈礼部韵略〉》,考宋雕善本:"《礼部韵略》以宋雕本为准,元板去之远矣,凡字书皆然。"④

2. 存疑备考。钱谦益撰《记〈清明上河图〉卷》,考证此《清明上河图》多有疑点:"嘉禾谭梁生携《清明上河图》过长安邸中,云此张择端真本也。……金主之印,殊未可信。或云五言诗盖金章宗之作,尤非也。章宗所幸李元妃,性慧黠,知文义,即陈刚中所咏《李妃妆台》者,章宗何以不赐李而赐钱?《金史》所载章宗诸妃,亦无钱姓。此卷向在李长沙家,流传吴中,卒为袁州(指严嵩)所钩致。袁州籍没后,已归御府,今何自复流传人间? 书之以求正于博雅君子。"⑤ 钱谦益撰《题〈道德经指归〉》,介绍嘉兴刻《道德经指归》,备考与道藏本异同:"嘉兴刻《道德经

---

① 钱谦益:《跋淳熙〈九经〉后》,《牧斋初学集》卷八十三题跋一,《钱牧斋全集》,上海古籍出版社 2003 年版,第 1746 页。
② 钱谦益:《跋〈方言〉》,《牧斋有学集》卷四十六题跋一,《钱牧斋全集》,上海古籍出版社 2003 年版,第 1517 页。
③ 钱谦益:《跋〈扬子法言〉》,《牧斋有学集》卷四十六题跋一,《钱牧斋全集》,上海古籍出版社 2003 年版,第 1518 页。
④ 钱谦益:《跋〈礼部韵略〉》,《牧斋有学集》卷四十六题跋一,《钱牧斋全集》,上海古籍出版社 2003 年版,第 1524—1525 页。
⑤ 钱谦益:《记〈清明上河图〉卷》,《牧斋初学集》卷八十五题跋三,《钱牧斋全集》,上海古籍出版社 2003 年版,第 1786—1787 页。

指归》,是吾邑赵玄度本。后从钱功甫得,乃叔宝钞本。自七卷迄十三卷,前有总序,后有《人之饥也》至《信言不美》四章,与总序相合,其中为刻本所阙落者尤多。焦弱侯辑《老氏翼》,亦未见此本,良可宝也。但未知与道藏本有异同否。绛云余烬乱帙中得之,属遵王遣人缮写成本,更参订之。"①

3. 考异文字。钱谦益撰《跋王右丞集》,举例说明"《文苑英华》载王右丞诗,多与今行椠本小异",提示古本与俗本不同,"崔颢诗:'寄语西河使,知余报国心。'《英华》云:'余知报国心。'如俗本,则颢此句为求知矣。如此类甚多,读者宜详之"。② 钱谦益撰《题钞本元微之集后》,指出东吴董氏用宋本翻雕《微之集》,妄以己意揣摩填补空阙文字:"《微之集》,旧得杨君谦抄本,行间多空字。后得宋刻本,吴中张子昭所藏,始知杨氏钞空字,皆宋本岁久漫灭处,君谦仍其旧而不敢益也。嘉靖壬子,东吴董氏用宋本翻雕,行款如一,独于其空阙字样,皆妄以己意揣摩填补。如首'行山中思归乐',原空二字,妄补云'我作思归乐',文义违背,殊不可通。此本流传日广,后人虽患其讹,而无从是正,良可叹也。"③

4. 指正讹伪。钱谦益撰《跋东坡〈志林〉》,指正俗本讹伪:"马氏《经籍考》:《东坡手泽》三卷,陈氏以为即俗本大全中所谓志林也。今《志林》十三篇,载《东坡后集》者,皆辨论史传大事。世所传《志林》,则皆琐言小录,杂取公集外记事跋尾之类,捃拾成书,而讹伪者亦阑入焉。公北归《与郑靖老书》云:《志林》竟未成,但草得书传十三卷。则知十三篇者,盖公未成之书,而世所传《志林》者,缪也。宋人编公外集,尽去《志林诗话》标目,入之杂著中,最为有见。近代所刻《仇池笔记》《志林》之类,皆丛杂不足存也。"④ 钱谦益撰《跋〈玉台新咏〉》,考证俗本"矫乱":"《玉台新咏》宋刻本出自寒山赵氏,本孝穆在梁时所撰,卷中简文尚称

---

① 钱谦益:《题〈道德经指归〉》,《牧斋有学集》卷四十六题跋一,《钱牧斋全集》,上海古籍出版社 2003 年版,第 1521 页。
② 钱谦益:《跋王右丞集》,《牧斋初学集》卷八十三题跋一,《钱牧斋全集》,上海古籍出版社 2003 年版,第 1754—1755 页。
③ 钱谦益:《题钞本元微之集后》,《牧斋外集》卷第二十五题跋,《牧斋杂著》,《钱牧斋全集》,上海古籍出版社 2003 年版,第 845 页。
④ 钱谦益:《跋东坡〈志林〉》,《牧斋初学集》卷八十五题跋三,《钱牧斋全集》,上海古籍出版社 2003 年版,第 1782 页。

皇太子,元帝称湘东王,可以考见。今流俗本为俗子矫乱,又妄增诗二百首,赖此本少存孝穆旧观,良可宝也。"①钱谦益撰《跋〈列女传〉》,以自己所藏《列女传》古本指正黄鲁直刻本错迕与驳乱:"余藏《列女传》古本有二:一得于吴门老儒钱功甫,一则乱后入燕,得于南城废殿中,皆仅免于劫灰。此则内殿本也。……近又简吴中旧刻,赞后又赞,乃黄鲁直以己作窜入,与古文错迕,读者习焉不察久矣。秦汉古书多为今世妄庸人驳乱,其祸有甚于焚燎,不可不辨。"②

5. 考证人物。钱谦益撰《跋〈张司业诗集〉》,考证张籍籍贯:"唐《新书韩愈传》后云:张籍,和州乌江人。番阳汤中据退之《张中丞传后序》称吴郡张籍及司业《寄苏州白使君》云:'登第早年同座主,题诗今日是州民。'知司业为吴人,后尝居和,故唐史误以为和人也。同时张洎,亦曰苏州吴人。此本多古诗十数首,《学仙》《董公》二诗,乐天所称可上讽人主、下诲藩臣者,亦具载焉,较它本为完善。"③今常熟市图书馆藏《张司业诗集》,抄本,蓝色界栏,原为瞿氏铁琴铜剑楼藏书,书副页载有钱谦益此跋,卷终瞿启甲撰跋述书中批校当是钱谦益所为。书中有瞿氏铁琴铜剑楼藏书印和"何元锡印"白方印、"约庵居士"、"具臣"、"小桃花山"朱方印及"欣赏"椭圆朱印。钱谦益撰《跋鹿门集二卷旧钞本》,考证"鹿门集从无刊本",并考证鹿门先生说:"按:彦谦系咸通进士,乾符末避乱汉南,王重荣辟为河中从事,历晋、绛二州刺史。后为阆、璧二州刺史,卒于官。号鹿门先生,有集三卷。此只止有上下二卷,岂别有文一卷耶?"④

6. 传记作者。钱谦益撰《书王损仲诗文后》,刻画诗文作者王惟俭:"祥符王惟俭,字损仲,多闻强记。……其诗婉弱有俊语,为文简质,

---

① 钱谦益:《跋〈玉台新咏〉》,《牧斋有学集》卷四十六题跋一,《钱牧斋全集》,上海古籍出版社2003年版,第1513页。
② 钱谦益:《跋〈列女传〉》,《牧斋有学集》卷四十六题跋一,《钱牧斋全集》,上海古籍出版社2003年版,第1519页。
③ 钱谦益:《跋〈张司业诗集〉》,《牧斋初学集》卷八十五题跋三,《钱牧斋全集》,上海古籍出版社2003年版,第1782页。
④ 钱谦益:《跋鹿门集二卷旧钞本》,《牧斋集再补》,《牧斋杂著》,《钱牧斋全集》,上海古籍出版社2003年版,第926页。

以刻画自喜。"①钱谦益撰《题王司马手简》,记手简作者王洽(字和仲)。钱谦益撰《题瞿氏家乘》,述瞿式耜家族事。

7. 敬仰藏家。钱谦益撰《题钱叔宝手书续〈吴都文粹〉》,敬仰钱谷、钱允治父子的读书藏书精神。钱谦益撰《跋〈真诰〉》,特录存里中二藏家:"《真诰》未见宋本。近刻经俞羡长刊定者,至改握真辅为掘真辅,舛缪可笑。此钞依金陵焦氏本缮写,与道藏本及吾家旧刻本略同,比羡长刻,盖霄壤矣。里中有二谭生,长应明,字公亮,伉侠傲物,扳附海内巨公名士,好购书,多钞夲,客至郑重出视,沾沾自喜。次应征,字公度。此本则公度所藏也。公度纨绮儿郎,尤为里中儿贱简,不知其于汗简墨汁有少因缘。如是余悲两生身沈家亡,有名字翳然之感,故录而存之。"②

8. 叙得书乐。如钱谦益撰《跋宋版〈左传〉》记得宋版《左传》。钱谦益撰《跋高诱注〈战国策〉》,记访获绝佳本双璧。钱谦益撰《跋〈春秋繁露〉》,述其21岁时校读《春秋繁露》及见宋刻祖本。钱谦益撰《跋〈营造法式〉》,记搜访"竭二十余年之力"使《营造法式》成为完整的藏本。钱谦益撰《跋〈新语〉二卷》,述其15岁时开始藏书活动。

9. 记失焚书。钱谦益撰《跋〈酒经〉》,记绛云楼焚余又遭战乱损失后剩留书:"《酒经》一册,乃绛云楼未焚之书,五车四部书为六丁下取,独留此经。"③钱谦益撰《跋沈石田手抄〈吟窗小会〉前卷》,记其绛云楼所藏沈石田手抄《吟窗小会》前后卷遭遇:"石田先生《吟窗小会》前卷,皆古今人小诗警句心赏手抄者,今为遵王所收。后卷向在绛云楼,为六丁取去久矣。"④

10. 推荐图书。钱谦益撰《题归太仆文集》,说明文集特色:"归熙

---

① 钱谦益:《书王损仲诗文后》,《牧斋初学集》卷八十四题跋二,《钱牧斋全集》,上海古籍出版社2003年版,第1768—1769页。
② 钱谦益:《跋〈真诰〉》,《牧斋有学集》卷四十六题跋一,《钱牧斋全集》,上海古籍出版社2003年版,第1526—1527页。
③ 钱谦益:《跋〈酒经〉》,《牧斋有学集》卷四十六题跋一,《钱牧斋全集》,上海古籍出版社2003年版,第1525页。
④ 钱谦益:《跋沈石田手抄〈吟窗小会〉前卷》,《牧斋有学集》卷四十六题跋一,《钱牧斋全集》,上海古籍出版社2003年版,第1525页。

甫先生文集,昆山、常熟皆有刻;刻本亦皆不能备。……余与熙甫之孙昌世,互相搜访,得其遗文若干篇,较椠本多十之五,而误者芟去焉。于是熙甫一家之文章粲然矣。"① 钱谦益撰《书〈东都事略〉后》,介绍《东都事略》的史料价值:"河南王损仲数为余言《东都事略》于宋史家为优。长安吕少卿家有钞本,遂假借缮写。……贯穿一百六十余年,为北宋一代之史,以事在本朝,故孙而称《事略》云尔。其书简质有体要,视新史不啻过之。"②

11. 鉴赏书画。钱谦益撰《跋坡书〈陶渊明集〉》,鉴赏稀世之宝东坡之书。③ 钱谦益撰《跋〈渭南文集〉》,指出古今书画跋之异。④ 钱谦益撰《题〈怀素草书卷〉》,鉴赏怀素草书真迹。⑤

12. 随笔体会。钱谦益撰《读〈左传〉随笔》六题,其一批评今人学问粗浅,误读《左传》;其二举例说明"读书句读宜详,勿以小学而忽之";其三指出古本核流俗本讹误。⑥ 钱谦益撰《书史记项羽高祖本纪后》二题,其一举例论述"班氏父子踵太史公纪作书,以谓慎核其事,整齐其文,而其体例各有不同",认为"班、马之异同,学者之所有事也。繇吾言而求之,庶几大书特书,发凡起例,得古人作史之指要,而不徒汩没于句读行墨之间乎?书之以俟好学深思者政焉"。其二论述"以《项》《高》二《纪》观之,二公之序事,笔力曲折,盖亦有可窃窥者",提出"由此观之,二史之体例,岂不画然迥别与?抑亦班氏父子所谓慎核其事,整齐其文者,乃其所以不逮太史公者与?二书之可拟议者多矣,聊因二《纪》以发

---

① 钱谦益:《题归太仆文集》,《牧斋初学集》卷八十三题跋一,《钱牧斋全集》,上海古籍出版社 2003 年版,第 1759—1760 页。
② 钱谦益:《书〈东都事略〉后》,《牧斋初学集》卷八十五题跋三,《钱牧斋全集》,上海古籍出版社 2003 年版,第 1784 页。
③ 钱谦益:《跋坡书〈陶渊明集〉》,《牧斋初学集》卷八十五题跋三,《钱牧斋全集》,上海古籍出版社 2003 年版,第 1781—1782 页。
④ 钱谦益:《跋〈渭南文集〉》,《牧斋初学集》卷八十五题跋三,《钱牧斋全集》,上海古籍出版社 2003 年版,第 1783 页。
⑤ 钱谦益:《题〈怀素草书卷〉》,《牧斋有学集》卷四十六题跋一,《钱牧斋全集》,上海古籍出版社 2003 年版,第 1532—1533 页。
⑥ 钱谦益:《读〈左传〉随笔》,《牧斋初学集》卷八十三题跋一,《钱牧斋全集》,上海古籍出版社 2003 年版,第 1747—1749 页。

其端尔"。①

  13. 记录时事。钱谦益记录时事的题跋犹如日记，撰《跋〈抱朴子〉》记"壬寅正月四日"读宋刻《抱朴子》牌记，触动明朝灭亡的伤痛："《抱朴子内篇》二十卷，宋绍兴壬申岁刻，最为精致。其跋尾云：'旧日东京大相国寺东荣六郎家，见寄居临安府中瓦南街东开印输经史书籍铺，今将京师旧本《抱朴子内篇》校正刊行。'此二行五十字是一部《东京梦华录》也，老人抚卷为之流涕。"②

  钱谦益所撰题跋考核简质、援据详瞻、商订详审，学术性强，兼具文艺性，记录其所藏所见图书，为后人提供了珍贵的藏书文献。

---

① 钱谦益：《书史记项羽高祖本纪后》，《牧斋初学集》卷八十三题跋一，《钱牧斋全集》，上海古籍出版社2003年版，第1749—1753页。
② 钱谦益：《跋〈抱朴子〉》，《牧斋有学集》卷四十六题跋一，《钱牧斋全集》，上海古籍出版社2003年版，第1522页。

附录　钱谦益著述概况

钱谦益一生著述丰富,《江苏艺文志·苏州卷》常熟部分有著录钱谦益及其著述概况。[1]

钱谦益(1582—1664),字受之,号牧斋,晚号蒙叟,又号东涧老人、峨眉老衲、石渠旧史。清常熟人。世扬子。明万历三十八年(1610)进士第三人及第。授翰林院编修。天启间与修神宗实录,补少詹事。时魏忠贤罗织东林党罪状,词连谦益,削籍归。崇祯初召还朝,因与温体仁、周延儒争权失败,复削籍还家。弘光时事马士英。福王立,召为礼部尚书,加太子太保。清顺治二年(1645)迎降清军,授内秘书院学士兼礼部右侍郎。四年因江阴黄毓祺起义一事牵连被逮至金陵,逾年放归乡里。晚年居红豆山庄,志成《明史》。家有绛云楼,以藏书宏富著称。顺治七年(1650)遭火,典籍荡然,为江南图书一厄。后将烬余之书悉付族孙钱曾,自己则依芙蓉庄终老。诗文体博用宏,甚负盛名。乾隆时清廷以其语涉诽谤,板被禁毁。

周礼纂要 6 卷　经部周礼类

见清丁日昌《持静斋书目》卷 1,谓有清抄本。今不可见。

大方语苑　经部四书类

见《清代禁毁书目》。乾隆间遭禁。

---

[1] 江庆柏主编:《江苏艺文志(增订本)》苏州卷第 9 册,凤凰出版社 2019 年版,第 4337—4354 页。钱谦益著述概况以此版本内容为底稿,进行了增补。

明史断略 1 卷　史部别史类

(1) 清抄本，常熟市图书馆藏。

(2) 2002 年北京出版社《四库未收书辑刊》本。

北盟会编钞 3 卷　史部纪事本末类

见《千顷堂书目》卷 5"卢补"。

三史备言　史部杂史类

见谢国桢《增订晚明史籍考》卷 9。

东阳兵变 1 卷　史部杂史类

(1)《明季野史十种》本。

(2)《荆驼逸史》(宣统石印)本。

(3) 清抄本《海甸野史二十二种》本，国家图书馆藏。

(4)《中国内乱外祸历史丛书》本。

按：参见谢国桢《增订晚明史籍考》卷 18，考定为钱谦益作。

平蜀记事 1 卷　史部杂史类

(1)《荆驼逸史》本。

(2)《中国内乱外祸历史丛书》本。

绛云烬余史稿不分卷　史部杂史类

(1) 稿本，台北傅斯年图书馆藏。

(2) 3 册，《傅斯年图书馆藏古籍珍本丛刊·续编》本。邱仲麟主编，台北新文丰出版有限公司 2022 年出版。每册书均撰有提要，论述作者生平行略、撰述缘由、内容概要及价值等。

国初群雄事略　史部载记类

(1) 不分卷，清抄本，国家图书馆、南京图书馆藏。

(2) 12 卷，尚志堂抄本，浙江图书馆藏。

(3) 12 卷，《适园丛书》本。

(4) 14 卷，清抄本，浙江图书馆藏。

(5) 1982 年中华书局出版。

按：《千顷堂书目》卷 5 作《开国群雄事略》15 卷。

史斑不分卷　史部史评类

　　钱谦益辑。钱谦益抄本,见罗振常《善本书所见录》卷2。

明史开国功臣事略　史部传记类

　　见《重修常昭合志》卷18。

钱氏谱牒1卷　史部传记类

　　钱谦益纂修。清抄本,山西省文物局藏。

海虞钱氏谱系考2卷　史部传记类

　　钱谦益等撰。清抄本,中国科学院图书馆藏。

杜少陵年谱1卷　史部传记类

　　(1)收入钱谦益撰《杜工部集笺注》卷首。版本见《杜工部集笺注》,又参见谢巍《中国历代人物年谱考录》正编第4卷。

　　(2)《唐杜少陵先生甫年谱》,1978年台湾商务印书馆《新编中国名人年谱集成》本。

列朝诗集小传10卷　史部传记类

　　清钱谦益撰　钱陆灿辑

　　(1)清康熙三十七年(1698)诵芬堂原刻本,南京图书馆藏。

　　(2)清初抄本,柯逢时跋,存乾集上下、甲前集、甲集、乙集,湖北省博物馆藏。

　　(3)清梭亭抄本,孙原湘评点并跋,存丁集上、闰集,天津图书馆藏。

　　(4)1957年上海古典文学出版社标点本,1959年中华书局上海编辑所排印本,1982年、2008年由上海古籍出版社修订重印。

　　按:"小传"原在钱谦益编《列朝诗集》中,后由族孙钱陆灿汇辑成一编,单独刊行。

皇明同姓诸王表　史部传记类

　　明刻本,顾湄跋,钱谦益补注,存6册,北京大学图书馆藏。

重编义勇武安王(关羽)集8卷　史部传记类

　　钱谦益辑

(1) 稿本,陈奂、吴毓芬、毛怀、曹元忠跋,魏源题诗。国家图书馆藏。

(2) 清初刊本,台北历史语言研究所藏。

(3) 清康熙八年顾湄刻本,有顾湄辑附录2卷。

(4) 《北京图书馆古籍珍本丛刊》本。

黄山游记1卷　史部地理类

(1) 丁祖荫家钞《淑照堂丛书》本,常熟市图书馆藏。

(2) 《花近楼丛书补遗》本。

(3) 抄本,南京图书馆藏。

绛云楼书目4卷　史部目录类

钱谦益撰　陈景云注

(1) 《粤雅堂丛书》本。

(2) 《丛书集成初编》本。

(3) 1995年上海古籍出版社出版《绛云楼书目》4卷、《补遗》1卷。

绛云楼书目不分卷　史部目录类

(1) 清乾隆三十六年沈钱青抄本,国家图书馆藏。

(2) 清观我生斋抄本,四川省图书馆藏。

(3) 清抄本,国家图书馆、湖南省图书馆藏。

(4) 清抄本。佚名录清吴翌凤跋并录清陈景云批注,国家图书馆藏。

(5) 清张纳抄本,清张纳录清吴翌凤跋并录清陈景云批注,清李璋煜跋。国家图书馆藏。

(6) 清抄本,佚名录清吴翌凤跋并录清陈景云批注。国家图书馆藏本有清刘喜海校注并跋。南京图书馆藏本有清丁丙跋。

(7) 清抄本,邓邦述跋并录清吴翌凤跋又录清陈景云批注。南京图书馆藏。

(9) 清抄本。甘肃省图书馆藏本有清程式庄跋;上海图书馆藏本有清徐康跋。

(9) 旧抄本,瞿启甲、瞿凤起跋;清邵恩多钞本,邵恩多跋;清李文藻抄并校;抄本,俞鸿筹校。4 种均常熟市图书馆藏。

(10)《南京图书馆藏稀见书目书志丛刊》本。

绛云楼书目 2 卷　　史部目录类

(1)清康熙五十一年抄本,北京大学图书馆藏。

(2)清抄本,佚名录清吴翌凤跋并录清陈景云批注。国家图书馆、重庆市图书馆藏。

(3)清抄本,清李富孙录清吴翌凤跋并录清陈景云批注。南开大学图书馆藏。

(4)清抄本,佚名录清吴翌凤跋并录清陈景云批注,清袁芳瑛、叶德辉校并跋。湖南省图书馆藏。

(5)清抄本,佚名录清吴翌凤跋并录清陈景云批注,清翁同龢跋。国家图书馆藏。

(6)清抄本,南京图书馆藏。

绛云楼藏书目 2 卷　　史部目录类

清抄本,清周星诒校并跋,国家图书馆藏。

绛云楼书目 5 卷　　史部目录类

清嘉庆二十五年刘氏嘉荫簃抄本,国家图书馆藏。

虞山牧斋绛云楼书目不分卷　　史部目录类

清抄本。上海图书馆藏本有清吴骞校。山东博物馆藏本有清王芑孙跋。

牧斋书目不分卷　　史部目录类

清抄本,国家图书馆藏。中国科学院图书馆藏本有清李文藻校并跋。南京图书馆藏有胶卷。哈佛燕京图书馆藏有光绪二十六年叶德辉朱笔手校本。卷末有叶氏题记。

绛云楼书目补遗 1 卷　　史部目录类

(1)《观古堂所刊书》本。

(2)《观古堂书目丛刊》本。

(3)《郋园先生全书》本。

(3) 1995年上海古籍出版社出版附《绛云楼书目》4卷后。

(4) 2005年商务印书馆出版《中国著名藏书家书目汇刊》本。

(5)《丛书集成续编》本。

书目未分类,收书57种,每条著录书名、卷数、作者、版本等项,间有附注。

牧斋题跋2卷　史部目录类

清抄本,国家图书馆藏。

绛云楼题跋　史部目录类

清钱谦益撰　潘景郑校订

(1) 1958年中华书局上海编辑所出版。

(2) 台北《书目类编》本。

(3) 2005年上海古籍出版社出版。

性理钞珍　子部儒学类

见《海虞艺文目录》。乾隆间遭禁。

江左三大家诗画合璧　子部艺术类

清钱谦益、吴伟业、龚鼎孳撰

民国上海有正书局影印本,南京图书馆藏。

红豆庄杂录不分卷　子部典故类

题清钱谦益辑

(1) 清汪氏桃花潭抄本,重庆市图书馆藏。

书后附有佚名跋:"红豆山庄,乃钱牧斋先生读书之别墅。先生家居养志时,将绛云楼所藏秘本选录,编纂成书,各分其类,每类后贴典,系以唐诗体裁。若《海录碎事》,若兼诗话,可谓别开生面矣尔。每典均注明采录何书,亦足见据有根底,非杜撰可比。书成,即以《红豆山庄杂录》名之。后绛云楼遇禄,秘本尽失。牧翁之书又概遭禁行书,故知者少。惟钱氏家乘载之,并未传世。当钱氏避祸,秘不宣人。汪东山先生与钱氏世姻情笃,方肯假钞。彼时禁钱氏之书令严,东山先生一手亲书,未敢假手钞胥。原书名亦少钞一'山'字。牧翁之名亦未敢列入者,避禁令也。钞成后,东山先生又亲加点校,应稿本更加完善矣。东山先生未点殿元之先,书法早经名世,得之片纸只字者,珍如拱璧,载之《昭代尺牍》《名人小传》《昭常合志》。稿本,发匪扰常时,早经遗失。世传此书,原出牧翁手辑,加之东山先生亲钞,书法妩媚,墨妙无双,亦见便知先生真迹。秘本墨宝,可为希世之双珍,得者宝之。"

(2)清初抄本,清丁丙跋,南京图书馆藏。

书正文首卷有丁丙跋:"《红豆庄杂录》一卷,旧精抄本,怡府善本藏书。虞山蒙叟纂。分天文、地理、人伦、人事、花木、器用、禽兽、虫鱼各子目,各摘典故诗句,注明出处,洵渔录碎。"又:"《红豆庄杂录》一卷,旧本题'虞山蒙叟纂',盖钱谦益撰也。谦益有《绛云楼书目》,已书于后。是编分天文、时令、地理、人伦、人事、花木、器用、禽兽、虫鱼各子目,各摘典故诗句,注明出处,大率采自原书,非明季裨(稗)贩者可比,亦后来沈炳震《唐诗金粉》之类也。此江南图书馆所藏精抄本,不当以人而废之矣。"

大佛顶首楞严经疏解蒙钞目录后记不分卷　子部佛教类

手稿本,清郑文焯题诗并跋,2册,国家图书馆藏。

大佛顶首楞严经疏解蒙钞10卷首1卷末1卷　子部佛教类

(1)手稿本,残存3卷,1册,上海图书馆藏。

(2)手稿本,残存1册,美国伯克利大学东方图书馆藏。

(3)手稿本,残存1册,常熟曹大铁藏1册,2004年通过中国嘉德国际拍卖有限公司拍卖。

(4)清顺治十七年刻本,上海图书馆、天津图书馆藏。

(5)清光绪六年刻本,台北故宫博物院藏。

(6)清光绪十五年苏州玛瑙经房刻本,60卷首1卷,南京图书馆藏。

金刚般若波罗蜜多经颂论疏记会钞　子部佛教类

钱谦益辑。顺治十三年毛氏汲古阁刻本,上海图书馆藏。

子目:

《金刚般若波罗蜜经疏记悬判》1卷

《金刚般若波罗蜜经疏记会钞》3 卷

《金刚般若波罗蜜经论释悬判》1 卷

附《金刚般若波罗蜜经教起因缘》1 卷　张有誉纂

金刚般若波罗蜜多经颂论疏记会钞 8 卷附 2 卷　子部佛教类

钱谦益辑。清初毛氏刻本,南京图书馆藏。

子目:

《金刚般若波罗蜜经论释悬判》1 卷

《金刚般若波罗蜜经偈论会钞》3 卷

《金刚般若波罗蜜经疏记悬判》1 卷

《金刚般若波罗蜜经疏记会钞》3 卷

附《金刚般若波罗蜜经较证音释》1 卷《金刚经古今灵验集》1 卷 唐段成式撰

般若波罗蜜多心经略疏小钞 2 卷　子部佛教类

钞本,常熟市图书馆藏。

宗镜小钞 1 卷　子部佛教类

宗镜提纲 1 卷　子部佛教类

以上 2 种见清钱曾《也是园书目》。

内典文藏 100 卷　子部佛教类

见《重修常昭合志》卷 20 本传。

初学集 110 卷(诗 20 卷文 80 卷太祖实录辨证 5 卷读杜小笺 3 卷读杜二笺 2 卷)　集部别集类

(1) 明崇祯十六年瞿式耜序刻本,国家图书馆藏。

(2) 原刻清初印本,南京图书馆藏过云楼藏书。①

(3) 明崇祯十六年序刻、燕誉堂藏板印本,中国人民大学图书馆藏。

(4)《四部丛刊》本。

---

① 南京图书馆编:《霞晖渊映:南京图书馆藏过云楼珍本图录》,中华书局 2017 年版,第 324—326 页。

(5) 1985年上海古籍出版社出版钱仲联标校本。

(6)《清代诗文集汇编》本。

初学集钞 13 卷　集部别集类

明崇祯十七年刻本,华南师院图书馆藏。

牧斋诗钞不分卷　集部别集类

清初抄本,吴震行跋,南京图书馆藏过云楼藏书。

按:此书为钱谦益入清以前诗文集《初学集》之摘抄,包括还朝诗、归田诗、崇祯诗等。乾隆时《初学集》遭禁毁。抄本有康熙四年吴震行跋。[1]

牧斋初学集诗注 20 卷　集部别集类

清钱曾笺注

(1) 清同治间广东翻刻玉诏堂印本,四川省图书馆藏。

(2) 清宣统三年上海国学扶轮社石印本,附昆山葛万里撰《牧翁先生年谱》。南京图书馆藏。

(3) 清抄本,上海市文管会等藏。

初学集　集部别集类

清王时敏顺治六年抄本,潘重规藏。

王时敏抄本内钤有"蒙叟"阴文朱印,抄本后经过钱谦益本人过目审定,而其中内容与正式付梓的各种《初学集》多有出入。如卷一《临淮田舍题壁赠王鹤年》末句刻本阙漏四字"生取□□□□归"抄本为"生取又儿合赤归","又"即"奴"省写。见潘重规撰《钱谦益投笔集校本》附《王烟客手钞钱谦益初学集考》,文史哲出版社 1973 年出版。

牧斋初学集诗注汇校　集部别集类

清钱曾笺注,卿朝晖辑校

2012 年 11 月上海古籍出版社出版。

此书注释部分前 14 卷以苏州图书馆藏何焯旧藏残本为底本,后 6 卷则以上海图书馆藏清钞本为底本,取各本互校,总得注释 7000 多条,

---

[1] 南京图书馆编:《霞晖渊映:南京图书馆藏过云楼珍本图录》,中华书局 2017 年版,第 112—115 页。

比原凌凤翔、朱梅刻本多出一倍有余,而较周法高先生《足本钱曾牧斋诗注》中《牧斋初学集诗注》注释3036条多出1300多条,较1986年上海古籍出版社出版钱仲联标校本多出注解4300多条,为目前《初学集》诗注中最为详尽之本。

初学集1卷　集部别集类
　　清钱曾注
　　宣统二年萃珍书局刊本,复旦大学图书馆藏。

牧斋初学集20卷　集部别集类
　　清油印本,常熟市图书馆藏。

有学集(一作牧斋有学集)50卷　集部别集类
　　(1)清初抄本,存40卷,国家图书馆藏。
　　按:此本存卷1至11、13至32、37至41、47至50,以及钱氏谱牒与集外文。
　　(2)清抄本,上海图书馆藏。
　　(3)清初冯武抄本,存21卷,南京图书馆藏。
　　按:此本存卷1至7,为诗;卷15至19,为序;卷30至34,为墓志铭;卷35至36,为神道碑;卷37至38,分别为塔铭和传。所据底本较善。
　　(4)清康熙刻本,国家图书馆藏。
　　按:国家图书馆藏本有佚名校,并补录集外诗文。又江西师大图书馆藏本卷1配抄本,有佚名批点。
　　(5)《四部丛刊》(初次印本)影印康熙三年邹兹序刻本。
　　(6)神州国光社铅印本。

牧斋有学集50卷补遗1卷　集部别集类
　　清康熙刻本50卷,补遗1卷为抄本。国家图书馆藏。
　　按:此本前50卷有叶昌炽校并跋。

牧斋有学集50卷集外诗2卷　集部别集类
　　清抄本,国家图书馆藏。

牧斋有学集 51 卷　集部别集类

(1) 清康熙二十四年梁溪金匮山房主人订定重刻本，南京图书馆藏。

(2)《清代诗文集汇编》本。

牧斋有学集 50 卷补 1 卷附校勘记 1 卷　集部别集类

《四部丛刊》(二次印本、缩印二次印本)本。校勘记姜殿扬撰。

牧斋有学集 50 卷　集部别集类

钱仲联标校，1986 年上海古籍出版社出版。

牧斋有学集诗注　集部别集类

钱曾笺注，卿朝晖辑校

2023 年 2 月中华书局出版。

本书以上海图书馆藏清钞本《有学集》为底本，参校版本 30 余种，整理注释 6000 余条，并辑佚诗若干。

牧斋有学集 13 卷　集部别集类

(1) 田氏忍冬书屋抄本，吴葭校，上海图书馆藏。

(2) 清抄本，上海市文管会藏。

牧斋有学集 12 卷　集部别集类

清张深蓝格抄本，南京图书馆藏。

钱牧斋先生有学集 14 卷　集部别集类

(1) 清初抄本，清钱陆灿批校，上海图书馆藏。

(2) 油印本，常熟市图书馆藏。

有学集笺注 14 卷　集部别集类

清钱曾笺注

清初抄本，黄丕烈校并跋，上海图书馆藏。

钱牧斋先生有学集 14 卷　集部别集类

1917 年陈国衔抄本，山西省图书馆藏。

牧斋有学集定本 6 卷　集部别集类

　　抄本,日本京都大学图书馆藏。

牧斋有学集补遗不分卷　集部别集类

　　清抄本,上海图书馆藏。天津市图书馆藏本有白凤批校。

牧斋有学集补遗附有学外集　集部别集类

　　(1) 清抄本,国家图书馆藏。

　　(2) 2017 年国家图书馆出版社《清代诗文集珍本丛刊》本。

牧斋有学集补遗诗 1 卷投笔诗集 1 卷有学外集诗 1 卷文 2 卷续集文 2 卷外集补遗文 1 卷外集杂文 1 卷　集部别集类

　　清抄本,上海图书馆藏。

有学外集 5 卷外集补遗 1 卷有学集补遗 1 卷投笔集 1 卷　集部别集类

　　抄本,台湾"中央图书馆"藏。

牧斋有学集补遗 1 卷外集补遗 1 卷　集部别集类

　　清抄本,吉林大学图书馆藏。

(有学集)补遗诗 1 卷补遗文 1 卷　集部别集类

　　清黑格抄本,上海图书馆藏。

有学外集补遗 20 卷　集部别集类

　　清抄本,复旦大学图书馆藏。

牧斋有学集佚稿 1 卷　集部别集类

　　近代黄孝纾辑补。近代抄本,上海图书馆藏。

牧斋有学集文钞补遗 12 卷　集部别集类

　　(1) 清抄本,宋宾王补目,存卷 3、5、6、9、11、12,共 6 卷,上海图书馆藏。

　　(2) 清抄本,常熟市图书馆藏。

有学外集 1 卷　集部别集类

　　清抄本,中国科学院图书馆藏。

牧斋外集 43 卷　　集部别集类

牧斋先生诗 1 卷文 3 卷　　集部别集类

牧斋集补不分卷　　集部别集类

　　以上 3 种有抄本,瞿凤起藏。见《清人文集未刊稿本抄本知见目》,载《明清诗文研究资料集》第 1 辑。

　　按:《牧斋集补》又有稿本,常熟市图书馆藏。

牧斋初学集诗注 20 卷有学集诗注 14 卷　　集部别集类

　　清钱曾笺注

　　(1) 清刻玉诏堂印本。上海图书馆藏本有清李哲明过录查慎行评点。

　　(2) 清刻春晖堂印本,中国科学院图书馆藏本有邓之诚批并跋。

　　(3) 日本明治十六年东京拥书城木活字排印本,南京图书馆藏。

　　(4) 清抄本。上海图书馆藏。

牧斋初学集诗注 20 卷有学集诗注 14 卷投笔集注 1 卷　　集部别集类

　　清钱曾笺注

　　清抄本,国家图书馆藏

初学集诗钞 20 卷有学集诗钞 14 卷初学集文约钞不分卷有学集文约钞不分卷　　集部别集类

　　诗钞清钱曾笺注

　　清抄本,佚名批点,存 15 册。南京图书馆藏。

投笔集 1 卷　　集部别集类

　　(1) 清刘履芬抄校本,国家图书馆藏。

　　(2) 清同治七年赵烈文抄本,南京图书馆藏。

　　(3) 清光绪三十四年国学保存会铅印本,常熟市图书馆藏。

　　(4) 清戴望抄本,上海图书馆藏。

　　(5) 清末宗舜年刻本,顺昌绶批,郑文焯跋,苏州市图书馆藏。

　　(6) 近代抄本,上海图书馆藏。

　　(7) 丁祖荫家钞《淑照堂丛书》本,常熟市图书馆藏。

投笔集 2 卷　集部别集类
   (1)《国粹丛书》本。
   (2) 抄本,首都、南京、南京大学、北京大学等图书馆藏。
   (3) 观海堂藏抄本,河北大学图书馆藏。
   (4) 清乾隆十九年传是楼后人抄本,复旦大学图书馆藏。

投笔集笺注 2 卷　集部别集类
   清钱曾笺注
   (1) 宣统二年上海神州国光社排印本,南京图书馆藏。
   (2)《清代诗文集汇编》本。

牧斋苦海集 1 卷　集部别集类
   (1) 清抄本,上海图书馆藏。
   (2) 清赵烈文能静居黑格抄本,南京图书馆藏。

绛云余烬集 2 卷　集部别集类
   抄本,台北"中央图书馆"藏。

牧斋外集 25 卷　集部别集类
   (1) 清抄本,国家图书馆、常熟市图书馆藏。
   (2) 清抄本,丁祖荫校并跋,上海图书馆藏。
   (3) 九家诗文集本,见台湾《中国历代诗文别集联合目录》。
   (4) 日本昭和三十六年影印本,见《日本现存清人文集目录》。
   (5)《清代诗文集汇编》本。

钱牧斋先生集外诗 1 卷集外文 14 卷　集部别集类
   清抄本,佚名校,复旦大学图书馆藏。

钱牧斋先生集外诗 1 卷文集补遗 3 卷　集部别集类
   清抄本,上海图书馆藏。

牧斋集外诗 1 卷　集部别集类
   旧抄本,瞿良士校,常熟市图书馆藏。

钱牧斋未刻稿　集部别集类

抄本,见《日本现存清人文集目录》。

牧斋诗集9卷　集部别集类

(1) 清抄本,吴晋德校并跋,国家图书馆藏。

(2) 2017年国家图书馆出版社《清代诗文集珍本丛刊》本。

按:此包括《秋槐零集》《秋槐小集》《秋槐支集》《秋槐余集》《庚寅夏五集》《夏五集》《云间集》《长干塔光集》《绛云余烬集》各1卷。

野汀诗稿　集部别集类

(1) 清刘履芬抄本,国家图书馆藏。

(2) 2017年国家图书馆出版社《清代诗文集珍本丛刊》本。

牧斋诗抄　集部别集类

(1) 清沈炳震抄本,国家图书馆藏。

(2) 2017年国家图书馆出版社《清代诗文集珍本丛刊》本。

钱谦益诗选不分卷　集部别集类

清光绪抄本,上海图书馆藏。

牧斋诗钞3卷　集部别集类

清顾有孝、赵云辑。《江左三大家诗钞》本。

钱先生诗8卷　集部别集类

清邹漪辑。《五大家诗钞》本。

钱牧斋诗1卷　集部别集类

清魏宪辑。《皇清百名家诗》本。

牧斋诗钞不分卷　集部别集类

清沈忻如辑。清康熙五十年序刻本,国家图书馆、南京图书馆藏。

牧斋集外诗1卷补1卷　集部别集类

清张南裓辑。《佚丛甲集》本。

牧斋文集不分卷　集部别集类

清沈懋华编。清抄本,北京大学图书馆藏。

牧斋遗文不分卷　集部别集类
　　清抄本,南京图书馆藏。

绛云楼文录不分卷　集部别集类
　　抄本,台北中央图书馆藏。

钱牧斋文钞4卷　集部别集类
　　1914年上海中国图书公司铅印本,上海图书馆藏。

钱牧斋文钞不分卷　集部别集类
　　黄人选
　　1909年上海国学扶轮社排印本,1914年重印,南京图书馆藏。四川省图书馆藏本有双流刘咸炘批点。

牧斋晚年家乘文1卷附年谱1卷　集部别集类
　　(1)清宣统三年上海国学扶轮社排印本。南京图书馆藏。
　　(2)常熟瞿氏钞本,常熟市图书馆藏。该馆又另藏抄本一部。

钱牧斋先生书启不分卷　集部别集类
　　清汪森集录。清初裘抒楼抄本,复旦大学图书馆藏。

钱牧斋尺牍2卷　集部别集类
　　清抄本,南开大学图书馆藏。

钱牧斋先生尺牍3卷　集部别集类
　　(1)清康熙三十八年常熟顾氏如月楼刻本,国家图书馆、苏州大学图书馆藏。
　　(2)抄本,苏州市图书馆藏。

牧斋尺牍3卷　集部别集类
　　(1)清康熙三十八年宛委堂刻《归钱尺牍》本。
　　(2)清道光二十六年群玉山房重刻袖珍本。

钱牧斋尺牍3卷补遗1卷　集部别集类
　　(1)清宣统二年上海神州国光社排印邓氏风雨楼本,南京图书馆藏。

(2) 1914年上海商务印书馆铅字排印本,南京图书馆藏。

按:以上2本差异很大。

钱牧斋先生尺牍4卷　集部别集类

(1) 清宣统三年成都志古堂重校刻本,复旦大学图书馆藏。

(2) 台北《近代中国史料丛刊》影印志古堂本。

(3) 清抄本,常熟市图书馆藏。

钱牧斋尺牍1卷　集部别集类

(1) 1921年上海文明书局编辑、石印《明清十大家尺牍》本。

(2) 丁祖荫家钞《淑照堂丛书》本,常熟市图书馆藏。

牧斋全集163卷(初学集110卷有学集50卷有学集补遗2卷投笔集1卷)　集部别集类

诗有钱曾笺注

清宣统二年吴江薛凤昌邃汉斋铅印本,杭州大学图书馆藏。

钱牧斋全集163集　集部别集类

1925年上海文明书局据邃汉斋本排印,南京大学图书馆藏。四川省图书馆藏本有双流刘咸炘点。

按:以上集部别集类书目依据陆林《钱谦益诗文集版本知见录》(南京师范大学《文教资料》1992年第6期)及《钱谦益诗文集版本知见录续补》(《文教资料》1994年第1期)等资料整理。陆林《钱谦益诗文集版本知见录》,收入陆林著《知非集——元明清文学与文献论稿》,黄山书社2006年版,第387—404页。

牧斋杂著　集部别集类

钱仲联标校,2007年上海古籍出版社出版。

钱牧斋全集　集部别集类

钱曾笺注　钱仲联标校

这是目前最通行的版本,2003年上海古籍出版社出版,钱仲联辑录、校勘、标点,收入钱谦益《初学集》《有学集》《牧斋杂著》,包括《投笔集》《苦海集》《牧斋晚年家乘文》《钱牧斋先生尺牍》《牧斋有学集文钞补遗》《有学集文集补遗》《牧斋外集》《牧斋集补》《牧斋集再补》9 种。其中《牧斋有学集文钞补遗》以下 5 种，属首次付印，以前仅存抄本。《牧斋集再补》系标钱仲联多年搜辑所得。书后附有年谱、序跋、别传、祭文等资料。

钱谦益全集

2009 年上海古籍出版社出版。

按：收录《牧斋初学集》《牧斋有学集》《牧斋杂著》《钱注杜诗》《牧斋初学集诗注汇校》。

钱牧斋文集（校注）　集部别集类

卿朝晖辑录、点校、注释，入选 2021—2035 年国家古籍工作规划重点出版项目，待出版。

读杜小笺 3 卷二笺 1 卷　集部别集类

明崇祯毛氏汲古阁刻本，与卢世㴶《读杜私言》1 卷合刻，国家图书馆藏。北京大学图书馆藏本有墨笔眉批。

杜工部集笺注 20 卷附年谱 1 卷诸家诗话 1 卷附录 1 卷酬倡 1 卷　集部别集类

（1）清康熙元年刻本，国家图书馆藏。

（2）清康熙六年泰兴静思堂刻本，国家图书馆、南京图书馆藏。又浙江图书馆藏本有象山倪象古蓝笔批校。

（3）清宣统二年寄青霞馆主排印本。

（4）清宣统二年国学扶轮社排印本。

（5）清宣统二年上海神州国光社据静思堂本排印。

（6）清宣统二年上海图书集成公司据寄青霞馆主本排印。

（7）清宣统三年上海时中书局石印本。

（8）1915 年上海广益书局排印本。

（9）民国间顺德邓氏风雨楼排印本。

杜诗钱注 20 卷　集部别集类

（1）1935 年世界书局排印本。1936 年再版。

(2) 1958年中华书局上海编辑所排印本,改题《钱注杜诗》。

(3) 1979年、2009年上海古籍出版社排印本,题《钱注杜诗》。

归震川集　集部别集类

明归有光著　清钱谦益选

见《清代各省禁书汇考》。

紫柏尊者别集4卷附录1卷　集部别集类

明释真可撰　清钱谦益编

清康熙二十三年蒲月寂照庵刻本,见《贩书偶记续编》卷18。

黄摄六诗选2卷　集部别集类

清黄翼圣撰　钱谦益辑

抄本,常熟市图书馆藏。

王叔闻诗钞　集部别集类

钱谦益选并序。清乾隆间遭禁。见《清代各省禁书汇考》。

清三家诗选3卷　集部总集类

清钱谦益等撰

清抄本,佚名校补,南京图书馆藏。

吾炙集1卷　集部总集类

钱谦益编

(1) 清抄本,国家图书馆藏。

(2) 清光绪二十八年怡兰堂刻本,南京图书馆藏。

(3)《虞山丛刻》本。

(4)《佚丛甲集》本。

现传版本收诗人21家,诗作245首。钱谦益跋称:"正欲摘取时人清词丽句,随笔钞略,取次讽咏,以自娱乐。"

东山酬唱集2卷　集部总集类

钱谦益等撰

(1)《虞山丛刻》本。此为钱谦益、柳如是唱和集。卷一为柳如是与钱谦益在半野堂、鸳湖、拂水山庄、虎丘西溪等处泛舟、宴集、探梅所作唱和之诗。卷二为钱谦益、柳如是与徐波、冯班、冯舒、何云、陆贻典等人唱和之诗。

(2) 2002年中国美术学院出版社胶印本。

全唐诗稿本 716 卷　　集部总集类

清钱谦益、季振宜辑

(1) 清稿本,119册,台北"中央图书馆"藏。

(2) 1979年台北联经出版事业公司出版《明清未刊稿汇编》影印清稿本,南京图书馆藏。

按:此书由钱谦益初编,季振宜续成之。原有"稿本"与重新缮录的"正本"。康熙年间编纂《全唐诗》,即以"正本"为基础增补而成。此书"正本"今已不可见,"稿本"119册藏台北"中央图书馆"。联经出版事业公司即据此稿本影印。参见影印本卷首刘兆祐《御定全唐诗与钱谦益季振宜递辑唐诗稿本关系探微》。

评注唐诗鼓吹 10 卷　　集部总集类

1919年文明书局石印本,见《唐诗选本六百种提要》。

新刻钱太史评注李于鳞唐诗选玉 7 卷首 1 卷　　集部总集类

明万历间刻本,国家图书馆藏。

唐诗合选笺注　　集部总集类

清世荣堂刻本,开封市图书馆藏。

列朝诗集 81 卷　　集部总集类

(1) 清顺治九年毛晋刻本,毛晋、陆贻典校,国家图书馆、南京图书馆藏。

(2) 清宣统二年上海国学扶轮社铅印本。

(3) 清宣统二年上海神州国光社铅印本,南京图书馆藏。

(4) 1989年三联书店上海分店影印本。

(5) 2007年中华书局点校本,许逸民、林淑敏点校。

按:此仿元好问《中州集》例辑录明代1600余家诗人诗作。全书总分为乾(帝王诗)、甲前(元末明初诗)、甲、乙、丙、丁及闰(释道、妇女、宗室等)七集。顺治本因屡遭禁毁,流传极少。集中各诗人均有小传,康熙间族孙钱陆灿汇辑成《列朝诗集小传》单独出版。

列朝诗集稿本二种　集部总集类

稿本。徐隆垚考证,天一阁藏明诗选写本,旧题清范光文《明诗钞》抄本,著录有误,经过审慎考辨定为《列朝诗集》稿本二种,即实由甲、乙二种相对独立的写本缀合而成,二者都有钱谦益手书的增补或批点。乙本为足本,装订在后,写于崇祯十六、十七年间;甲本为残本,装订在前,亦写于明末清初。①

明诗选不分卷　集部总集类

稿本,蒋凤藻、翁同龢跋,国家图书馆藏。

---

① 徐隆垚:《新见钱谦益〈列朝诗集〉稿本考》,《文史》2021年第1辑(总第134辑),第207—236页。

主要参考文献

1. 图书著作

沈德潜纂评:《钦定国朝诗别裁集》,乾隆二十八年武英殿印袖珍本。
洪亮吉:《洪北江全集》,光绪三年阳湖洪氏曾孙用勤授经堂刊本。
程嘉燧:《耦耕堂集》,《续修四库全书》本,集部第1386册。
于成龙、王新命等:《江南通志》,清康熙二十三年江南通志局刻本。
王应奎:《柳南随笔》,商务印书馆1937年《丛书集成初编》本,第2961册。
孙楷第:《也是园古今杂剧考》,上杂出版社1953年11月。
叶德辉:《书林清话》,中华书局1957年1月版。
钱谦益:《钱注杜诗》,中华书局1958年版。
司马迁:《史记》,中华书局1959年版。
黄宗羲:《黄梨洲文集》,中华书局1959年1月版。
汪楫:《崇祯长编》,"中研院"历史语言研究所1962年版。
彭毅:《钱牧斋笺注杜诗补》,台湾大学出版中心1964年1月版。
潘重规:《钱谦益投笔集校本》,文史哲出版社1973年6月版。
周法高:《足本钱曾牧斋诗注》,三民书局1973年10月版。
张廷玉:《明史》,中华书局1974年1月版。
许维遹:《韩诗外传集释》,中华书局1980第1版。
吴晗:《简论明史》,中华书局1980年9月版。
杨伯峻:《春秋左传注》,中华书局1981年第1版。
瞿式耜:《瞿式耜集》,上海古籍出版社1981年11月版。
李希泌、张淑华编:《中国古代藏书与近代图书馆史料》,中华书局1982年

2月版。

顾炎武：《顾亭林诗文集》，中华书局1983年5月版。

王应奎：《柳南随笔续笔》，中华书局1983年10月版。

钱曾：《读书敏求记》，书目文献出版社1984年6月版。

黄宗羲：《黄宗羲全集》，浙江古籍出版社1985年11月版。

顾宪成：《泾皋藏稿》，《四库全书》，上海古籍出版社1987年1月版。

清国史馆臣：《清史列传》，中华书局1987年11月版。

简秀娟：《钱谦益藏书研究》，台北汉美图书公司1991年7月版。

钱陆灿纂：康熙《常熟县志》，《中国地方志集成·江苏府县志辑》第21册，江苏古籍出版社1991年6月版。

裴世俊：《钱谦益诗歌研究》，宁夏人民出版社1991年12月版。

严绍璗：《汉籍在日本的流布研究》，江苏古籍出版社1992年6月版。

黄宗羲：《明儒学案》，《黄宗羲全集》第8册，浙江古籍出版社1992年8月版。

妙生主编：《常熟破山兴福寺志》，古吴轩出版社1993年5月版。

陈田：《明诗纪事》，上海古籍出版社1993年12月版。

黄裳：《春夜随笔》，成都出版社1994年10月版。

周法高：《钱牧斋吴梅村研究论文集》，台北编译馆1995年1月版。

裴世俊：《钱谦益古文首探》，齐鲁书社1996年1月版。

孙之梅：《钱谦益与明末清初文学》，齐鲁书社1996年2月版。

［日］大庭脩著，徐世虹译：《江户时代日中秘话》，中华书局1997年7月版。

［日］大庭脩著，戚印平、王勇、王宝平译：《江户时代中国典籍流播日本之研究》，杭州大学出版社1998年3月版。

李庆西标校：《叶德辉书话》，浙江人民出版社1998年7月版。

商传：《明代文化志》，上海人民出版社1998年10月版。

王炳照：《中国古代书院》，商务印书馆1998年11月版。

钱陆灿：《调运斋集》，《四库未收书辑刊》第7辑第23册，北京出版社2000年1月版。

瞿镛编纂，瞿果行标点，瞿凤起复校：《铁琴铜剑楼藏书目录》，上海古籍出版社2000年9月版。

郝润华：《〈钱注杜诗〉与诗史互证方法》，黄山书社2000年12月版。

陈寅恪:《柳如是别传》,北京三联书店2001年1月版。

裴世俊:《四海宗盟五十年:钱谦益传》,东方出版社2001年7月版。

金日升:《颂天胪笔》,《续修四库全书》本,上海古籍出版社2002年4月版,第439册。

常熟市地方志编纂委员会办公室标校:《重修常昭合志》,上海社会科学院出版社2002年5月版。

张森材、马砾:《江苏区域文化研究》,江苏古籍出版社2002年12月版。

佚名:《皇明虞阳采芹录》,《稀见明史史籍辑存书目》第19册,线装书局2003年10月据清抄本影印。

金鹤冲:《钱牧斋先生年谱》,《钱牧斋全集》,上海古籍出版社2003年8月版,第930—958页。

钱谦益著,钱曾笺注,钱仲联标校:《钱牧斋全集》,上海古籍出版社2003年8月版。

钱谦益著,钱曾笺注,卿朝晖辑校:《牧斋初学集诗注汇校》,上海古籍出版社2012年11月版。

钱谦益著,钱曾笺注,卿朝晖辑校:《牧斋有学集诗注》,中华书局2023年2月版。

刘世南:《清诗流派史》,人民文学出版社2004年3月版。

邓洪波:《中国书院史》,东方出版中心2004年6月版。

黄仁生:《日本现藏稀见元明文集考证与提要》,岳麓书社2004年8月版。

憨山德清:《憨山老人梦游集》,北京图书馆出版社2005年1月版。

严志雄:《钱谦益之"诗史"说与明清易鼎之际的遗民诗学》,"中研院"中国文哲研究所2005年7月版。

钱谦益撰,潘景郑辑校:《绛云楼题跋》,上海古籍出版社2005年11月版。

[日]小野和子:《明季党社考》,上海古籍出版社2006年1月版。

丁功谊:《钱谦益文学思想研究》,上海古籍出版社2006年4月版。

常熟市碑刻博物馆编:《常熟碑刻集》,上海辞书出版社2007年11月版。

吴寿旸:《拜经楼藏书题跋记》,上海古籍出版社2007年6月版。

王应奎:《柳南随笔》,上海古籍出版社2007年10月版。

顾广圻著,王欣夫辑:《顾千里集》,中华书局2007年12月版。

钱曾著,管庭芬、章钰校证,余彦焱标点:《读书敏求记校证》,上海古籍出版社2007年12月版。

胡应麟:《少室山房笔丛》,上海书店2009年4月版。

梁启超:《清代学术概论》,岳麓书社2010年1月版。

曹培根、翟振业主编:《常熟文学史》,广陵书社2010年5月版。

赵炜:《明末清初虞山诗学研究》,百花洲文艺出版社2011年6月版。

严志雄:《钱谦益〈病榻消寒杂咏〉论释》,台北联经出版公司2012年5月版。

严志雄:《牧斋初论集:诗文、生命、身后名》,香港牛津大学出版社2018年4月版。

严志雄:《钱谦益的"诗史"理论与实践》,中华书局2019年9月版。

王红蕾:《钱谦益藏书研究》,南开大学出版社2013年2月版。

江庆柏主编:《江苏地方文献书目》,广陵书社2013年12月版。

商传:《走进晚明》,商务印书馆2014年7月版。

梅新林:《中国文学地理形态与演变》,上海人民出版社2014年8月版。

周德明、陈先行主编:《翁氏藏书与翁氏文献》,上海书画出版社2016年11月版。

丁祖荫辑:《虞阳说苑》,广陵书社2018年4月影印版。

严志雄:《钱谦益的"诗史"理论与实践》,中华书局2019年9月版。

江庆柏主编:《江苏艺文志(增订本)》,凤凰出版社2019年10月版。

钱谦益笺注,郝润华整理:《杜甫诗集》,上海古籍出版社2021年5月版。

郑杰文、刘心明编著:《欧洲地区所藏中国珍稀文献丛刊》,中华书局2021年12月版。

王彦明:《钱谦益佛教文献与文学研究》,中国社会科学出版社2020年1月版。

卿朝晖:《钱谦益年谱长编》,浙江古籍出版社2025年3月版。

2. 报刊收文

黄炎培:《清代各省人文统计之一斑》,《人文月刊》1931年第1卷第1册。

赵万里:《重整范氏天一阁藏书记略》,《国立北平图书馆馆刊》1934年第1期。

吴晗:《"社会贤达"钱牧斋》,《中国建设》1948年6月第5期。

王重民:《论〈四库全书总目〉》,《北京大学学报》1964年第2期。

[日]吉川幸次郎:《钱谦益与清朝经学》,《京都大学文学部研究纪要》1965年第9号,第1—82页。

蔡美彪:《钱谦益〈群雄事略〉沈抄张尔田藏本及章钰藏本书后》,朱东润、李俊民、罗竹风主编:《中华文史论丛》1987年第1期总第41期,上海古籍出版社1987年8月版,第283—295页。

李庆:《钱谦益:明末士大夫心态的典型》,《复旦学报》1989年第1期,第37—43页。

邬国平:《钱谦益文学思想初探》,《阴山学刊》1990年第4期,第9—17页。

连瑞枝:《钱谦益的佛教生涯与理念》,《中华佛学学报》第7期1994年7月版,第317—370页。

王俊义:《论钱谦益对明末清初学术演变的推动、影响及其评价》,《中国社会科学院研究生院学报》1996年第2期,第48—57页。

范凤书:《中国私家藏书概述》,虞浩旭主编:《天一阁论丛》,宁波出版社1996年11月版,第259—282页。

曹培根:《常熟文献史在中华文献史上的地位论略》,《吴中学刊》1997年第1期,第33—38页。

吴建华:《吴越国王钱俶墓志考释》,《中原文物》1998年第2期,第84—90页。

庄吉发:《清高宗禁毁钱谦益著述考》,《清史论集》(三),文史哲出版社(台北)1998年版,第175—197页。

谢灼华:《试论清代江南常熟派藏书家》,《江苏图书馆学报》2000年第1期,第43—46页。

周公太、金剑芬:《文徵明书陈寰墓志研究》,《东南文化》2000年第9期。

严志雄等:《钱谦益文学研究专辑》,台北"中研院"中国文哲研究所《中国文哲研究通讯》第14卷第2期2004年6月。(严志雄《"钱谦益文学研究专辑"前言》,吴宏一《"榛苓"与"先王之诗"——钱仲联标校牧斋集商榷之一》,谢正光《钱牧斋之酒缘与仙佛缘》,汪荣祖《钱牧斋的史笔》,钱仲联、严明《钱谦益诗中的棋喻》,严志雄《钱谦益攻排竟陵钟、谭侧议》,严志雄、邓怡菁《钱谦益文学研究要目》)

丁功谊:《双重自我:钱谦益创作中的人格设计》,《求索》2006年第3期,第161—165页。

王小舒:《钱谦益的诗学观及其前后期创作之异同》,《文艺研究》2009年第5期,第65—73页。

王红蕾:《钱谦益〈大佛顶首楞严经疏解蒙钞〉考论》,《世界宗教研究》2010年第1期,第69—76页。

王红蕾:《〈绛云楼书目〉各抄本互异原因略考》,《文献》2010年7月第3期,第64—68页。

卢川、孙之梅:《钱谦益入清后诗"诗其人"辩》,《齐鲁学刊》2010年第3期,第125—130页。

尹玲玲:《钱谦益〈列朝诗集小传〉对七子的抨击及其动因》,《苏州大学学报》2011年第2期,146—150页。

白一瑾:《清初在京贰臣文人社集唱酬活动探微》,《上海大学学报》2011年第2期,第77—86页。

孙家洲、高宏达:《"经世致用"学术传统的定位与诠释》,《光明日报》2011年3月31日第11版。

黄爱平:《明末清初学术潮流的转换与文献学的发展》,《江淮论坛》2012年第1期,第138—142,133页。

杨绪敏:《论钱谦益与明史的修撰与考证》,《徐州师范大学学报》2012年第2,第102—106页。

段晓亮:《略论钱谦益对明代史学的认识》,《史学史研究》2012年第2期,第30—37页。

袁进:《试论钱谦益的文学史观》,《社会科学》2012年第2期,第179—184页。

江庆柏:《〈四库全书总目〉与〈读书敏求记〉》,《图书馆杂志》2012年第3期,第75—79页。

杨义:《吴文化与黄河文明、长江文明之对角线效应》,《苏州大学学报》2012年第5期,第8—20页。

李忠明:《文人政治品格与南明弘光政权灭亡关系初探——以钱谦益、吴伟业、陈子龙为核心》,《江苏社会科学》2012年第6期,第159—165页。

李竞艳:《钱谦益列朝诗集小传的史料价值》,《史学月刊》2012年第7期,第127—130页。

陈福康:《论钱谦益对〈心史〉的态度》,《新世纪图书馆》2012年第8期,第14—16,88页。

张明强:《新发现钱谦益佚文考论》,《苏州大学学报》2013年第3期,第155—159页。

张献忠:《道统、文统与政统——明中后期科举考试中主流意识形态的分化》,《学术研究》2013年第9期,第98—105页。

张明强:《钱谦益集外文〈浮石禅师诸会语录序〉录考》,《文献》2014年第1期,第166—168页。

郑礼炬:《钱谦益〈漳浦刘府君合葬墓志铭〉疏证》,《闽台文化研究》2014年第1期,第103—107页。

周金标:《钱诗证杜——以钱谦益〈有学集〉为例》,《杜甫研究学刊》2014年第3期,第54—61页。

王俊义:《略论清代学术思想的发展与演变》,《社会科学战线》2014年第5期,第219—226页。

郭静云:《中华文明起源新论:长江流域是中原文明发祥地》,《中国社会科学报》2014年7月14日B2页。

孙中旺:《钱谦益集外佚文〈山居诗引〉考论》,《图书馆杂志》2014年第10期,第104—107页。

袁媛:《常熟藏书家与明末清初的学风》,《中国典籍与文化》2015年第2期,第88—96页。

赵会娟:《钱谦益集外文四则》,《文献》2015年第3期,第97—102页。

李舜臣:《钱谦益〈列朝诗集〉编选释氏诗歌考论》,《文学遗产》2015年第3期,第114—124页。

吴海兰:《钱谦益经学思想的形成与演变探究》,《郑州大学学报》2015年第4期,第140—146页。

丁国祥:《〈留都防乱公揭〉与复社的分化》,《江南大学学报》2015年第6期,第37—43页。

王广禄:《良渚文化:中华文明的曙光》,《中国社会科学报》2015年10月16日第824期。

叶晔:《材料的声音:〈钱谦益列朝诗集小传〉的选材策略》,《南京师大学报》2016年第3期,第135—144页。

[美]谢正光:《读万寿祺〈野果山禽图轴〉——兼论清初钱谦益朱彝尊于江浙之交游》,《南京大学学报》2017年第2期,第93—104页。

陈开林:《钱谦益集外佚文二篇辑释》,《常熟理工学院学报》2017年第3期,第103—106页。

黄鹏程:《〈列朝诗集小传〉诗人地理分布的可视化呈现与阐释》,《图书馆论坛》2017年第5期,第47—54页。

张循:《谁是清学开山祖?——从阎若璩论钱谦益看明清之际考证学的兴起》,《清史研究》2017年第4期,第59—73页。

丁国祥:《钱谦益复社领袖地位考论》,《学术交流》2017年第12期,第212—218页。

康竹:《钱谦益晚期诗歌中的"遗民"心态》,《哈尔滨师范大学社会科学学报》2018年第3期,第135—137页。

赵宏祥:《集序写作的"认题"与"立意"——以钱谦益集序为例》,《中南大学学报》2018年第3期,第169—175页。

[日]松尾恒一:《明清时期中国东海、南海的海盗活动和记忆——兼与日本、中国、东南亚的宗教史迹印证》,《南国学术》2018年第4期,第621—631页。

刘佳:《〈列朝诗集〉甲集前编的编次与寓意》,《理论界》2018年第10期,第81—90页。

李文玉:《崇祯朝士论困局与明末政治文化解析——以对温体仁的评价为例》,《史学集刊》2019年第2期,第63—73页。

张娜娜:《论钱曾注〈病榻消寒杂咏〉对钱谦益形象的书写》,《中南大学学报》2019年第4期,第158—165页。

张娜娜、蒋寅:《以诗言诗:钱谦益诗歌自注之探微》,《苏州大学学报》2019年第4期,第140—147页。

张何斌:《吴中文坛演进与钱谦益的转变》,《地域文化研究》2019年第5期,第97—113页。

张明强:《钱谦益集外文二篇考释》,《图书馆杂志》2019年第6期,第99—101页。

常方舟:《钱谦益如何洗刷"贰臣"名声》,《解放日报》2019年8月13日第12版。

沈津:《贞享刻本〈大佛顶首楞严经疏解蒙钞〉》,沈津:《伏枥集》,广西师范大学出版社,2019年9月版,第447—452页。

慈波:《四海宗盟与所得一半:黄宗羲明文统系中的钱谦益》,《北京社会科学》2019年第12期,第4—13页。

陈露:《论钱谦益序体写作中的对话行文方式》,《理论界》2019第12期,第85—90页。

管勇、张幼良:《钱谦益"真诗"论的内在逻辑及限度》,《中国文学研究》2020年第1期,第75—84页。

孙之梅:《钱谦益对诗学传统的开掘借鉴与创作成就》,《苏州大学学报》2020年第1期,第124—131页。

李志:《钱谦益〈列朝诗集〉成书时间举疑》,《哈尔滨职业技术学院学报》2020年第2期,第155—156页。

熊月之:《江南文化四变与海派文化红色文化诞生》,《解放日报》2020年5月27日11版。

邓菀莛:《清史〈文苑传〉对诗学史的改写——基于对钱谦益的探讨》,《社会科学家》2020年第8期,第136—141页。

肖虹:《论钱谦益与瞿式耜在崇祯朝的政治起落》,《文化学刊》2020年第10期,第221—224页。

徐隆垚:《新见钱谦益〈列朝诗集〉稿本考》,《文史》2021年第1辑(总第134辑),第207—236页。

刘彭冰:《〈柳如是别传〉研究综述》,《西部学刊》2021年1月下半月刊,第134—138页。

陶明玉:《古学理想与吴中传统——钱谦益对前后七子批评的动因探寻》,《嘉兴学院学报》2021年第2期,第103—107页。

李丽秋:《朝鲜朝文人对钱谦益的接受研究》,《东疆学刊》2021年第3期,第99—106页。

刘霞:《程嘉燧的志趣和诗学对钱谦益的影响及其创作》,《中国文化研究》2021年秋之卷,第133—144页。

王国良:《明末清初的典籍庋藏与传承——以钱谦益为主轴的探讨》,台湾《书目季刊》第54卷第4期2021年3月版。

郝婧:《钱谦益的文献学成就撷析》,《石家庄职业技术学院学报》2021年第5期,第37—40页。

王彦明:《〈春秋〉学与明末清初虞山诗学的演进》,《江西社会科学》2021年第5期,第110—118页。

范建明:《论钱谦益诗学对江户时代诗风诗论的影响》,《苏州大学学报》2021年第6期,第127—139页。

杨柳、杨崇和:《量校法:异文校勘中的一种统计方法——以钱谦益〈投笔集〉为研究案例》,《图书馆杂志》2021年第11期,第133—147页。

李秉星:《钱谦益"香观说"中的感官隐喻与明诗批评》,《文学遗产》2022年第1期,第141—152页。

张子悦、孙微:《杜甫求仕长安期间投赠诗中的讽刺意味辨析——以〈钱注杜诗〉为中心》,《杜甫研究学刊》2022年第1期,第63—76页。

姜克滨、张兰兰:《论钱谦益歌行体创作艺术风格》,《淮北师范大学学报》2022年第1期,第58—64页。

王迪:《钱谦益、柳如是的书画题咏及文艺思想》,《文学与文化》2022年第2期,第51—59页。

张娜娜:《歌舞与江山:故国影像与钱谦益的身份言说》,《中国文学研究》2022年第2期,第93—101页。

杨为刚、谢欣:《空间、身份与情感:柳如是与钱谦益的住居生活与文学表达》,《汕头大学学报》2022年第2期,第30—37页。

孙学堂:《"前后七子"并称与"前七子"塑造之完成——以钱谦益〈列朝诗集小传〉为重点》,《文史哲》2022年第4期,第142—155页。

温庆新:《史学本位与钱谦益对"说家"的批评及意义》,《学术交流》2023年第5期,第168—179页。

谷玲玲:《钱谦益〈红豆山庄杂录〉的版本流传及其学术价值发覆》,《新世纪图书馆》2022年第5期,第91—96页,封三。

关爱和:《陈寅恪的古典今典说》,《光明日报》2022年6月25日第11版。

彭涛:《〈列朝诗集小传〉的事件书写与诗史建构——以汤显祖批评王世贞事件为例》,《东华理工大学学报(社会科学版)》2022年第6期,第506—513页。

张娜娜:《明清易代士人"诗史"书写中的自我建构——以钱谦益为中心的探讨》,《中南大学学报》2022年第6期,第193—203页。

翁晖:《清高宗禁毁钱谦益著述续考》,《武夷学院学报》2022年第10期,第46—50页。

王启元:《新见云间派李雯尺牍考述——兼补〈柳如是别传〉》,《图书馆杂志》2022年第12期,第123—129页。

卢亚倩:《钱谦益对杜甫〈秋兴八首〉的结构解读析》,《黑河学院学报》2022年第12期,第107—109页。

谢丹:《志谱所载钱谦益佚文考释》,《中国地方志》2023年第1期,第48—54页。

裴振濮、秦帮兴：《钱谦益〈重编义勇武安王集〉稿本考论》，国家古籍保护中心编：《古籍保护研究》2023年第1期，第154—165页。

薄晓婧：《徐芳与钱谦益交游考》，《玉林师范学院学报》2023年第1期，第64—69页。

周玉华：《论清初诗坛盟主钱谦益批评柳宗元的复杂性》，《湖南科技学院学报》2023年第1期，第28—33页。

朱国伟：《〈虞山诗约〉与虞山诗派的确立》，《光明日报》2023年2月27日，第13版。

曹辛华：《现存〈吾炙集〉未收王渔洋诗问题考辨》，《光明日报》2023年2月27日，第13版。

卢多果：《从史家之心到诗人之眼——杜甫〈洗兵马〉史事及主旨新证》，《文学评论》2023年第3期，第198—206页。

宋艳：《黄丕烈〈也是园藏书古今杂剧目录〉成目于钱谦益事实考》，《文化遗产》2023年第3期，第74—82页。

高明祥：《钱谦益论诗诗对杜甫〈戏为六绝句〉的承传与新变》，《求是学刊》2023年第3期，第152—161页。

汤志波：《沈周诗歌接受与明中叶吴中文坛的建构》，《文学遗产》2023年第4期，第122—132页。

伏俊琏：《文学自觉与中国文学史著述的形成》，《光明日报》2023年8月21日，第13版。

3. 学位论文

李丙镐：《钱谦益文学评论研究》，台湾大学中国文学研究所1981年硕士论文。

廖美玉：《钱牧斋及其文学》，台湾大学中国文学研究所1983年博士论文。

裴世俊：《钱谦益诗歌研究》，苏州大学1985年博士论文。

杨晋龙：《钱谦益史学研究》，台湾高雄师范学院国文研究所1989年硕士论文。

胡幼峰：《钱、冯主导的虞山派诗论研究》，东吴大学中文所1991年博士论文。

连瑞枝：《钱谦益与明末清初的佛教》，台湾清华大学历史研究所1993年硕士论文。

范宜如:《钱牧斋诗学观念之反省:以〈列朝诗集小传〉为探究中心》,台湾师范大学国文研究所1993年硕士论文。

郝润华:《钱注杜诗与诗史互证方法》,南京大学1999年博士论文。

张永贵:《钱谦益与晚明社会》,复旦大学2000年博士论文。

刘福田:《钱曾〈牧斋诗注〉之史事考察》,东海大学中国文学系2000年博士论文。

[韩]朴璟兰:《明末清初的文学与思想:以震川与牧斋为中心》,复旦大学2001年博士论文。

袁丹:《钱谦益与文献学》,武汉大学2002年硕士论文。

邬烈波:《钱谦益心态与文学思想研究》,南开大学2003年博士论文。

陈丽纯:《明末清初性情诗论研究——以陈子龙钱谦益为考察对象》,台湾中山大学中国语言文学系研究所2003年硕士论文。

许蔓玲:《钱谦益〈列朝诗集〉文学史观研究》,淡江大学中国文学研究所2004年硕士论文。

古尊师:《钱谦益诗歌三变》,北京大学2005年硕士论文。

刘悦:《钱谦益诗学简论》,北京师范大学2005年硕士论文。

孔爱峰:《钱谦益〈列朝诗集〉的编纂学研究》,苏州大学2005年硕士论文。

丁功谊:《钱谦益文学思想研究》,首都师范大学2005年博士论文。

焦中栋:《论钱谦益的明代文学批评》,浙江大学2005年博士论文。

张永刚:《东林党议与晚明文学活动》,华中师范大学2006年博士论文。

李苹民:《清虞山诗派诗论研究》,复旦大学2007年博士论文。

王文荣:《明清江南文人结社研究》,苏州大学2009年博士论文。

尹玲玲:《清人选明诗总集研究》,苏州大学2012年博士论文。

楚江:《清代举人额数的统计》,湖南大学2012年硕士论文。

裴宏江:《明清之际江南城镇的特殊文化功能——以虞山诗派、娄东诗派和梅里词派为中心》,上海师范大学2012年博士论文。

王启元:《晚明僧侣的政治生活、世俗交游及其文学表现》,复旦大学2012年博士论文。

张清河:《晚明江南诗学研究》,武汉大学2012年博士论文。

王彦明:《牧斋与佛教》,福建师范大学2013年博士论文。

彭金安:《〈列朝诗集小传〉研究》,复旦大学2014年硕士论文。

曹鹤云:《钱曾年谱》,河北大学2014年硕士论文。

刘琴琴:《构建网络与寻求认同:钱谦益的交游与史学》,华中师范大学 2016 年硕士论文。

贾慧君:《〈钱注杜诗〉的诠笺特点及其诗学倾向》,内蒙古师范大学 2016 年硕士论文。

吴溢文:《常熟方志纂修中的"私"与"公"——以瞿式耜与钱谦益传为中心》,南京大学 2017 年硕士论文。

罗枫:《从七律创作看钱谦益对杜诗的接受》,西北大学 2017 年硕士论文。

余苓:《〈列朝诗集〉引用明诗总集考证》,江南大学 2018 硕士论文。

朱广霖:《〈牧斋初学集〉诗歌自注研究》,苏州大学 2018 年硕士论文。

丁莲:《朝鲜后期钱谦益接受研究》,南京大学 2019 年硕士论文。

吕姝焱:《晚清民国虞山文学世家与地域诗学》,南京师范大学 2019 年博士论文。

余优:《钱谦益棋诗研究》,华东交通大学 2020 年硕士论文。

李宗娟:《钱谦益"诗史"观念再探》,山西大学 2020 年硕士论文。

崔桐:《钱曾"牧斋诗注"研究》,湖南师范大学 2020 年硕士论文。

颜佳丽:《钱谦益戏曲批评理论研究》,淮北师范大学 2020 年硕士论文。

翟宇佳:《〈列朝诗集〉中朝鲜汉诗的选录与批评研究》,延边大学 2021 年硕士论文。

刘蔓雨:《〈列朝诗集〉女诗人及其作品研究》,西南大学 2022 年硕士论文。

韦超群:《钱谦益序文研究》,华中师范大学 2022 年硕士论文。

陈依桑:《清初杜集序跋研究》,华中师范大学 2022 年硕士论文。

陈宇新:《钱谦益书画鉴藏研究》,江苏大学 2022 年硕士论文。

李玲:《冯舒〈怀旧集〉研究》,西华师范大学 2022 年硕士论文。

后 记

 2020年5月22日,江苏省哲学社会科学规划办公室发出《江苏省社科基金项目立项通知书》,我申报的课题《钱谦益传》确定为2019年度江苏省社科基金"江苏文脉研究"江苏文化名人传专项,于是按申报书计划实施项目研究与撰写。

 "江苏文脉研究"专项意在继承和发展优秀传统文化,推进文化传承创新。文化名人多是对中华民族的文化进步作出重大贡献、产生重大影响的文学家、思想家、学问家。传主钱谦益是对明末清初学术文化产生重要影响的文化名人,其学识渊博,成为一代宗匠,经、史、子、集无不淹贯。由于他曾身仕两朝、降清又从事反清复明活动,是一个经历复杂、颇有争议的人物。

 根据传主的特点,《钱谦益传》定位在历史学范畴的人物传记,而非文学范畴的传记,重在把握本于事实、忠于历史,直面有争议人物的复杂性、多面性,不回避问题,不歪曲事实,尽可能真实地反映历史上的钱谦益,把他放在社会历史文化大背景上来实事求是、恰如其分地评价其是非功过、成就与贡献,还原钱谦益的生活经历与历史真相,真实地呈现钱谦益作为明末清初诗坛领袖、知识渊博的著名学者,对当时学术演变所起的推动作用,以及对中华文脉传承作出的贡献,讲好以钱谦益为代表的虞山诗派、虞山藏书流派等故事,传播中华优秀传统文化,服务当代文化建设。

 有鉴于此,本书采取传评结合,设绪论、上篇与下篇十二章,以及附录。绪论概述钱谦益在明末清初学术文化史上的地位。上篇设时地文化背景、钱氏文化世家二章,反映传主生活的时代、地域社会和家族文化背景。早年读书生活、早期曲折仕途、革职遭逮经历、改朝换代之际、秘密反清复明、钱氏身后遭遇六章,按时间顺序分章概述反映传主在不同历史时期的经历。力求以第一手文献为依据,还原历史真相。下篇设佛缘经历与儒佛思想、史著编撰与史学思想、创作实践与文学主张、藏书经历与藏书思想四章,重点展示与评述传主在儒佛、史学、文学、藏书等主要学术领域的经历与成就,对中华文脉传承的贡献,在学界文坛的地位与影响,这是钱谦益进入江苏文化名人传的基本点。附录概述钱谦益生平著述,介绍参考文献,为读者进一步研究提供查考线索。

  本书在撰写中注重吸收前人的研究成果,从钱谦益及相关的原始文献入手,梳理钱氏存世文献、钱氏家族史料、钱氏重要交往人物史料,重视如陈寅恪所论比清代官书更有价值的传主本身记述,挖掘新的史料;正确把握中国文学、史学与藏书文化、儒佛文化以及区域文化的特点,从史学、文学、佛学、文献学及学术史多学科领域、多层面来展示与剖析钱谦益的学术贡献与影响。

  长期以来,对钱谦益的研究及其著作的流布受到清朝皇权打压的影响。其著作在民间以传抄本形式流传不绝。《清史稿·钱谦益传》载:"谦益为文博瞻,谙悉朝典,诗尤擅其胜。明季王、李号称复古,文体日下,谦益起而力振之。家富藏书,晚岁绛云楼火,惟一佛像不烬,遂归心释教,著《楞严经蒙钞》。……乾隆三十四年,诏毁板,然传本至今不绝。"[①]域外人士也不惜出巨资收罗钱谦益著作,光绪九年(1883),东京拥书城刻《牧斋初学集诗注》20卷、《有学集诗注》14卷。邓实在《国学保存会藏书志》中记道:"牧斋《初学集》《有学集》当时禁毁最烈,故几至只字无存,偶有一二,亦当时士夫爱其书者,百计隐秘,藏之山岩屋壁。近今文网疏阔,始稍稍有出者,而日本人又贮巨金在苏门收罗,每一部出,即收购以去。余托书贾物色,将近十年,今乃获之。印刷至精,纸墨如新,并无残阙。盖此书自经禁毁,藏者惟恐不密,未数经人翻阅也。"[②]

---

① 赵尔巽等撰:《清史稿》卷四八四《文苑传》,中华书局1976年版,第13324页。
② 邓实:《国学保存会藏书志》,《国粹学报》1909年6月第54期,第1页。

钱谦益编撰的《列朝诗集》《列朝诗集小传》，在被列为禁书之前，早已传到了日本。① 钱谦益辑《大佛顶首楞严经疏解蒙钞》，顺治十七年(1660)毛晋出资刊印，日本有翻刻此书者。② 宣统二年(1910)，吴江薛凤昌排印《牧斋全集》，在《校印〈牧斋全集〉缘起》中述："蒙叟为一代文宗，与梅村、芝麓相伯仲，而蒙叟其尤也。著述宏富，流传海内，几于家置一编至于是。……盖板销于禁网，书亡于缴毁，江左士大夫所存亦仅。数十年来，京、津书估，日本行商，四出搜求，不惜悬巨金以待。一书偶出，辄为若辈挟之去，而所存乃益如星凤。"③

钱谦益降清成为其人生一大污点，然而他后来冒着生命危险投入复明活动也是事实。柴德赓先生评论说："牧斋虽以迎降失众望，当时遗民犹谅其心，仍与往还。清室自乾隆以后，对牧斋倍加痛恶，禁毁其书，贬斥其人。此固牧斋集中诋毁之语太多，亦由牧斋平时议论，不忘故国。故如黄介子者，以为尚可与言，时相过从。"④ 陈寅恪著《柳如是别传》又名《钱柳因缘诗释证》，引用第一手资料研究，为以诗证史、诗史互证之法研究复杂的历史人物提供了范例。陈寅恪"深入到一代知识分子的内心世界，察觉他们的欢乐和痛苦，高尚和庸俗，超世和入时"。⑤ 他博考慎取，让钱谦益生平心迹晦而复显，还其历史公道，既指出钱谦益"热中怯懦"的个性，又运用大量史料，隐讳者表出，诬枉者驳正，证明钱谦益后期从事反清复明行动。钱谦益密谋抗清事，陈寅恪为发其覆，自此兴起对钱谦益公平之论。⑥ 特别是，陈寅恪强调，对古人之学说，应具有了解之同情，方可下笔。原因在于古人著书立说，有其环境、背景及时代之特征，如无真正了解，如无契合同情，则可能流于隔阂肤廓。

---

① 范建明：《论钱谦益诗学对江户时代诗风诗论的影响》，《苏州大学学报》2021年第6期，第127—139页。
② 沈津：《贞享刻本〈大佛顶首楞严经疏解蒙钞〉》，沈津：《伏枥集》，广西师范大学出版社2019年9月版，第447—452页。
③ 薛凤昌：《校印〈牧斋全集〉缘起》，《牧斋杂著》，《钱牧斋全集》，上海古籍出版社2003年版，第938页。
④ 柴德赓：《清代学术史讲义》，商务印书馆2013年版，第302页。
⑤ 傅璇琮：《一种文化史的批评》，《解析陈寅恪》，社科文献出版社1999年版，第218页。
⑥ ［美］谢正光：《读万寿祺〈野果山禽图轴〉——兼论清初钱谦益朱彝尊于江浙之交游》，《南京大学学报》2017年第2期，第93—104页。

陈寅恪在史料的利用上，还特别重视钱谦益本人及其友人记述，他说："可以断定清代所撰官书，终不如牧斋本身及其友人记述之为信史。"① 这些论述对于我们今天研究钱谦益多有启迪。

全面研究人物，不可以人废言。张舜徽先生在《清人文集别录》中，首列钱谦益的《牧斋初学集》，并说道："谦益节概行事，多可訾议，宜儒林所不齿，然昔贤常称不以人废言，况谦益有大名于当时，固未可存而不论也。谦益涉览极广，所学遂浩博无涯涘。当时阎若璩以学问雄海内，而生平所最钦服三人，自顾炎武、黄宗羲外，则谦益也。……余细读《初学集》《有学集》，始知谦益湛深经史，学有本原，故论议通达，多可取者。"在列论钱谦益论学观点后，又说钱氏"凡此诸论，与顾、黄所言，如出一辙，宜昔人取与并论。世薄其为人，遽轻其书，过矣"。② 钱谦益的著作在今天仍具有一定的价值。钱谦益的大量著作不仅为我们研究明末清初传统学术，包括经学、史学、文学等留存了不可或缺的史料。尤其是，钱谦益"由经术以达于世务"的学术经世思想给后人带来多方面的启示。正如有学者指出，经世致用是中华传统学术经典中的精髓，重视把学习所得的知识，以力行的方式付诸实践、贡献社会，是在中华优秀传统文化熏陶之下成长起来的仁人志士为人处世的重要原则。③ 钱谦益身体力行从事经世学术，进而影响区域学术文化，为功尤巨。

本书在撰写过程中，得到江苏省社会科学院江苏文脉研究院副院长姜建研究员、王先勇博士的帮助。姜建研究员以及三位匿名评审专家均提出了详细的评审意见，对提高书稿质量给予了切切实实的指导与帮助。南京师范大学江庆柏教授、南京大学徐雁教授、苏州大学黄镇伟教授、国家图书馆王红蕾研究馆员、苏州图书馆卿朝晖研究馆员、广陵书社徐大军主任等，关注本项目，提供了部分参考文献。在本书出版过程中，江苏凤凰出版传媒股份有限公司总编辑徐海先生给予了切实的帮助，责任编辑刘风华女士精心编审了书稿。对于他们的帮助在此

---

① 陈寅恪：《柳如是别传》，北京三联书店2001年版，第913页。
② 张舜徽：《清人文集别录》，中华书局1983年版，第8页。
③ 孙家洲、高宏达："经世致用"学术传统的定位与诠释，《光明日报》2011年3月31日第11版。

表示衷心的感谢！此外，我的女儿曹燕宁副研究员、女婿李斌教授协助整理了书中涉及的文献。

  本书参考了相关学者的研究成果，正文中已以脚注形式注明出处，书末又附有主要参考文献，在此向作者致谢！书中存有差错之处，恳请读者不吝指正。

曹培根

2022 年 7 月 30 日于常熟理工学院

2024 年 3 月 22 日定稿